續資治通鑑

第四册

宋仁宗嘉祐六年辛丑九月起
宋神宗元豐七年甲子六月止

卷六十至
卷七十七

中華書局

續資治通鑑卷第六十

賜進士及第兵部尚書兼都察院右都御史總督湖北湖南等處地方軍務兼理糧餉世襲二等輕車都尉　畢　沅　編集

宋紀六十 起重光赤奮若(辛丑)九月，盡玄黓攝提格(壬寅)十二月，凡一年有奇。

仁宗體天法道極功全德神文聖武睿哲明孝皇帝

嘉祐六年 遼清寧七年。(辛丑、一〇六一)

1 九月，癸丑，詔三司，以河北秋稼甚登，其出內藏庫緡錢一百萬，助糴軍儲。

2 壬戌，知諫院楊畋、司馬光等言：「故事，凡臣僚上殿奏事，悉屏左右內臣，不過去御座數步，恐漏泄機事非便。」詔：「自今止令御藥使臣及扶侍四人立殿角以備宣喚，餘悉屏之。」

3 司馬光復奏請早定繼嗣曰：「臣不敢望陛下便正東宮之名，但願陛下自擇宗室仁孝聰明者，養以爲子，官爵居處，稍異於衆人，天下之人，皆知陛下意有所屬，以係遠近之心，願果斷而速行之。」

初，韓琦既默喻光所言，後十日，有詔令與殿中侍御史裏行陳洙同詳定行戶利害，洙與光屏人語曰：「日者大饗明堂，韓公攝太尉，洙爲監察，公從容謂洙曰：『聞君與司馬君實善，君實近建言立嗣事，恨不以所言送中書，欲發此議，無自發之。』行戶利害，非所以煩公也，欲洙見公達此意耳。」於是光復具奏，且面言：「臣向者進說，陛下欣然，意謂卽行，今寂無所聞，此必有小人言『陛下春秋鼎盛，何遽爲此不祥之事！』小人無遠慮，特欲倉卒之際，援立所厚善者耳。『定策國老』、『門生天子』之禍，可勝言哉！」帝大感悟曰：「送中書。」光至中書，見琦等曰：「諸公不及今定議，異日禁中夜半出寸紙以某人爲嗣，則天下莫敢違矣。」琦等皆拱手曰：「敢不盡力！」

洙尋具奏，乞擇宗室之賢者立以爲後。既發奏狀，謂家人曰：「我今日入一文字，言社稷大計，若得罪，大者死，小者貶竄，汝輩當爲之備。」下奏狀者未返，洙得病暴卒。御史中丞王疇等乞優加賻贈，與一子官，賜錢十萬。【考異】李燾引御史臺記云：洙飲藥死。按仁宗容納諫臣，洙不當有飲藥之事，今不取。

時知江州呂誨亦上言曰：「臣竊聞中外臣僚以聖嗣未立，屢有密疏，請擇宗人。伏望陛下念根本之重，爲宗廟之計，檢會前後臣僚奏議，廷對大臣，審擇宮邸，以親以賢，稽合大意。萬一姦臣陰有附會，陽爲忠實以緩上心，此爲患之最大者，不可不察也。」【考異】李燾曰：按神宗朱墨二錄、誨附傳，并云誨上疏請早建皇嗣，韓琦以誨及司馬光疏，遂定計，用英宗知宗正寺。而司馬光墓志銘獨不載其事，誨奏議又不存此本，不知何也。誨之孫謹嘗爲誨補傳，乃有此疏，亦不知何從得之。今掇取附見。

4 冬，十月，壬午，樞密院「請自今前後省內臣入仕，並理三十年磨勘；已經磨勘者，理二十年；其以勞得減年者，毋得過五年。」

初，沙苑闕馬，秦州置場，以券市之。內侍李繼和初領其職，不數月，得馬千數。梁適薦之，詔減磨勘三年。舊制，內侍入仕，二十年始得磨勘；自是有以勞進官者，皆引繼和爲例，故有是奏。詔從之。

5 詔太常禮院修謚法。初，本院言：「今所用謚法，乃雍熙年中所定，其間字數，比賀琛、沈約、王彥威所錄多舛誤，請別編修。」從之。

6 丙戌，詔京西、淮、浙、荆湖增置都同巡檢。

7 壬辰，起復前右衞大將軍、岳州團練使宗實爲秦州防禦使、知宗正寺。【考異】宋史作前右衞大將軍，長編作左衞大將軍。今從宋史仁、英兩本紀。

初，司馬光既以所上章送中書，內復出知江州呂誨章。宰相韓琦與同列奏事垂拱殿，讀光、誨二章，未及有所啓，帝遽曰：「朕有此意久矣，但未得其人。」因左右顧曰：「宗室中誰可者？」琦曰：「此事非臣等所可議，當出自聖擇。」帝曰：「宮中嘗養二子，小者甚純，近不惠；大者可也。」琦請其名，帝曰：「宗實，今三十許歲矣。」議定，將退，琦復奏曰：「此事甚大，臣等未敢施行。陛下今夕更思之，來日取旨。」明日，奏事垂拱殿，又啓之，帝曰：「決無疑矣。」琦曰：「事當有漸，容臣等商量所除官。」時宗實猶居父喪，乃議起復秦州防禦使、知宗正寺，帝喜曰：「甚善！」琦又曰：「事不可中止，陛下斷以不疑，乞從內批出。」帝曰：「此豈可使婦人知之，只中書行可也。」遂降此詔。

帝自至和末得疾，廷臣多請早立嗣，帝悉未許，如是五六年，言者亦稍怠。琦嘗獨請建學內中，擇宗室之謹厚好學者升于內學，冀得親賢，因屬大事，欲以此感動帝意，乘間即言宜早立嗣。帝曰：「後宮一二將就館，卿且待之。」後皆生皇女。一日，琦取漢書孔光傳懷之以進，曰：「漢成帝無嗣，立弟之子。彼中才之主，猶能如是，況陛下乎！願以太祖之心爲心，則無不可者。」於是因光等言，卒成帝意。【考異】李燾曰：韓琦新、舊傳云：包拯、范鎭交章論每輒留中。按嘉祐元年，范鎭最先建議，司馬光次之。包拯此時猶在江寧，十二月詔爲開封，拯本傳亦不云與鎭交章論述。及拯自開封遷御史中丞，始乞豫建，時嘉祐三年六月矣。今略加刪潤，使不失事實。又韓琦傳稱誨疏與司馬光疏同自內出，然光疏則先自納于中書矣，若謂同日進呈則可也。

8 癸巳，以諸王宮侍講、屯田員外郎、編校書籍長垣王獵爲宗正寺伴讀。獵爲宮僚凡十三年，於宗實有輔導功，故首用之。

初，吳奎在翰林，薦獵可任經筵、文館之職。宰相韓琦指獵名謂執政曰：「惟此人與孟恂不通私謁，足見其有守。」恂時爲都官郎中，遂與瓛並除編校書籍。

9 戊戌，以太廟南舊府司爲知宗正寺廨宇。

10 十一月，丁巳，起復右衛大將軍、秦州防禦使、知宗正寺宗實上表請終喪，帝以問韓琦，琦曰：「陛下既知其賢而選之，今不敢遽當者，蓋器識遠大，所以爲賢也。願固起之。」表四上，乃從其請。

11 庚申，左騏驥使、入內都知史志聰，落都知，提點集禧觀。

志聰市後苑枯木，私役親從官，木仆，折足而死。殿中侍御史韓縝言：「親從布列宿衞，所以奉至尊，戒不虞也。使主者得私役，則禁衞之嚴弛矣。」事下開封府。故事，有獄，司錄參軍必白知府乃敢鞫治。于是多爲志聰地者，司錄參軍南安呂璹獨窮竟之。志聰卒坐此黜。

12 癸亥，以壽星觀新作眞宗神御殿爲永崇殿。先是上清宮災而壽星殿獨存，遂建爲壽星觀。或言壽星殿像則眞宗御容也，於是别建神御殿。天章閣侍講呂公著言：「都城中，眞宗既有三神御殿矣，營創不已，非祀無豐昵之義，請罷其役。」不許。

13 己巳，夏國主諒祚言：「本國竊慕漢衣冠，今國人皆不用蕃禮，明年欲以漢儀迎待朝廷使人。」許之。

14乙亥，樞密院上所編機要文字一千一百六十一册，自初纂集訖成書，凡四年餘。

15戊寅，許康州刺史李樞以己官封贈父母。

16是月，遼以知黃龍事阿里質舊作阿里只，今改。爲南院大王。【考異】遼道宗紀繫於十一月壬午。考是月庚戌朔，不得有壬午日，壬午乃十二月三日也，今闕其日。

17十二月，丙戌，復豐州。

18庚寅，命諸路總管集隨軍功過簿，以備遷補。

19以周敦頤爲國子博士、通判虔州。

初，敦頤爲合州判官，部使者趙抃惑於譖口，臨之甚威，敦頤處之超然。至是抃守虔，熟視敦頤所爲，乃大悟，執其手曰：「吾幾失君矣！今日乃知周茂叔也。」

20太常禮院言：「明年正旦，大慶殿當受朝賀，其三日上辛，祈穀于上帝，前三日不作樂，請如慶曆元年故事用次辛。」從之。【考異】李燾曰：慶曆元年正月辛亥朔，御大慶殿受朝。二年正月丙午朔，不受朝。會要稱慶曆二年，誤也，當作元年。

21甲午，殿前都指揮使、建雄節度使許懷德卒，贈侍中，謚榮毅。

懷德年八十，猶筋力過人，在宿衞十四年，數乞身，帝不許。懷德曰：「臣年過矣，儻爲御史所彈，且不得善罷。」卽詔減數歲。懷德自擢守邊，連以畏懦被譴，已而與功臣並進典軍；及坐請託得罪，去而復還。遭時承平，保寵終祿，蓋有天幸云。

22辛丑，三館、祕閣上所寫黃本書六千四百九十六卷，補白本書二千九百五十四卷。遣中使詔中書、樞密院合三館、祕閣官，即崇文院賜宴以奬其勤。仍詔兩制看詳所獻遺書，擇可取者，令編校官覆校，寫充定本。

七年 遼淸寧八年。（壬寅、一〇六二）

1春，正月，癸丑，遼主如鴨子河。

2壬戌，帝御宣德門觀燈，顧從臣曰：「此因歲時與萬姓同樂耳，非朕獨肆游觀也。」先是諫官楊畋、司馬光等以去年水災，乞罷上元觀燈，故特宣諭之。

3辛未，復命皇姪宗實爲秦州防禦使、知宗正事〔寺〕。

4乙亥，詔太常禮院：「自今南郊以太祖皇帝定配，改溫成皇后廟爲祠殿，歲時令宮臣以常饌致祭。」

先是詔太常禮院檢詳郊廟未順之事，乃言：「自皇祐五年，詔書以三聖並侑爲定制，雖出孝思，然其事頗違經禮。又，溫成皇后廟四時祭奠，並同太廟之禮，蓋當時有司失于講求。昔高宗遭變，飭己思咎，祖己訓以祀無豐于昵。況以嬖寵列于秩禮，非所以享天心，奉祖宗之意也。」翰林學士王珪等議曰：「追尊尊以饗帝，義之至；推親親以饗親，仁之極。尊尊不可以瀆，故郊無二主；親親不可以僭，故廟止其先。今三后並侑，欲以致孝也，而適所以瀆乎饗帝；後宮有廟，欲以廣恩也，而適所以瀆乎饗親。請如禮官所議。」故降是詔。

5 二月，己卯朔，更江西鹽法。

初，江、湖運鹽既雜惡，官估復高，故百姓利食私鹽，由是盜販者衆，捕之急則起爲盜。江、淮間，雖衣冠士人，狃于厚利，或以販鹽爲事。江西則虔州地連廣南，而福建之汀州亦與虔接；虔鹽弗善，汀故不產鹽，二州民多盜販廣南鹽以射利。每歲秋冬，田事纔畢，往往數十百爲羣，持甲兵、旗鼓，往來虔、汀、漳、潮、循、梅、惠、廣八州之地，所至劫人穀帛，掠人婦女，與巡捕吏卒鬬格。至殺傷吏卒，則起爲盜，依阻險要。捕不能得，或赦其罪招之，歲月浸淫滋多。

朝廷以爲患，嘗遣職方員外郎黃炳乘驛會所屬監司及知州、軍、通判議。于是炳等合議，以謂：「虔州食淮南鹽已久，不可改，第損近歲所增官估，斤爲錢四十，以十縣五等戶夏稅率百錢，令糴鹽二斤，隨夏稅入錢償官。」繼命提點鑄錢沈扶覆視可否。扶及江西、福建、廣東轉運司、虔州官吏，又請「選江西漕船，團爲十綱，以三班使臣部之，直取通、泰、楚都倉鹽。」既又命比部員外郎曾楷詣廣南與監司復議通廣南鹽，而轉運判官陳從益，請「惠、循、梅、潮置五都倉貯鹽，令虔州募鹽鋪戶，入錢二州，趣五倉受鹽，還二州貿易。所謂變私鹽爲官鹽，易盜賊爲商旅。」廷議難之，卒用炳、扶等策；然歲纔增羅六十餘萬斤。

6 辛巳，以知蘄州張田提舉荆湖南路刑獄。諫官司馬光再疏言田傾邪險薄，不可任以監司。尋改知湖州。

7 癸卯，詔兗國公主入內，安州觀察使、駙馬都尉李瑋知衞州，瑋所生母楊氏歸其兄璋，公主乳母韓氏出居外，公主宅句當內臣梁懷吉歸前省，諸色祗應人皆散遣之。懷吉等既坐責，公主恚懟，欲自盡，或縱火欲焚第，以邀帝必召懷吉等還，帝不得已，亦爲召之。諫官楊畋、司馬光、龔鼎臣等皆諫，帝弗聽。然公主意終惡瑋，不肯復入中閤，狀若狂易，欲自盡數矣。苗賢妃與俞充儀謀，使內臣王務滋管句駙馬宅以伺瑋過。瑋素謹，務滋不得其過，乃告苗、俞曰：「但得上旨，務滋請以巵酒了之。」苗、俞白帝，帝不答；頃之，帝與皇后同坐，俞又白之，皇后曰：「陛下念章懿太后，故瑋得尙主，今柰何欲爲此！」都知任守忠在旁曰：「皇后之言是也。」務滋謀訖不行，尋有是命。

8 權陝西轉運副使薛向言：「陝西之兵，廂禁軍凡二十五萬，其間老弱、病患、技巧占破數乃過半，請下諸路，揀其不任征役者汰之，敢占技巧者論如法。」從之。

9 是月，遼主駐納葛濼。

10 三月，戊申朔，遼樞密使楚王蕭革致仕。

革以諂佞結主知，怙權黷貨，戕害忠直。遼主漸悟其姦，寵遇日衰，故罷，然猶進封鄭國王。

【考異】遼史於蕭革罷官不載其實事。長編云：皇太叔宗元與其相某謀作亂，及相以貪暴黜，宗元懼，謀愈急。所謂相某者，當指革而言。當時南北傳聞，不得其實；以重元爲宗元，亦傳聞之異也，今從遼史。

11 辛亥，詔禮部貢舉。

12 壬子，兗國公主降封沂國公主，安州觀察使李瑋爲建州觀察使，落駙馬都尉。

自公主入禁中，瑋兄璋上言：「瑋愚騃，不足以承天恩，乞賜離絕。」帝將許之。司馬光又言：「陛下始者追念章懿太后，故使瑋尚主，欲以申固姻戚，常貴其家。今瑋母子離析，家事流落，大小憂愁，殆不聊生，豈陛下初意哉！近者章懿太后忌日，陛下閱奩中故物，思平生居處，獨能無雨露之戚、悽愴之心乎！瑋既蒙斥，公主亦不得無罪。」帝感悟，遂并責公主，待李氏恩禮不衰，且賜瑋黃金二百兩，謂曰：「凡人富貴，亦不必爲主婿也！」

13 癸丑，大宗正司言右衞大將軍、岳州團練使宗實乞還秦州防禦使、知宗正寺告敕，不許。

14 乙卯，以禮部侍郎、參知政事孫抃爲觀文殿學士兼翰林侍讀學士、同羣牧制置使。

抃居兩府，年益耄，無所可否，又善忘，好事者至傳以爲口實。時樞密使張昪請老，朝議以抃當次補，必不勝任；殿中侍御史韓縝因進見，極言抃不材，雖無顯過，乞置諸散地，監察御史裏行傅堯俞亦以爲言。忭〔抃〕遂稱疾求免，許之。

以樞密副使、禮部侍郎趙槩爲參知政事，翰林學士、權知開封府吳奎爲右諫議大夫、樞密副使。

15 丙辰，召右正言、知蔡州王陶赴諫院供職。陶言：「臣與唐介、范師道、呂誨、趙抃同出爲郡，今獨召臣與師道，非是，請還介等職任。」時師道亦自福州召爲鹽鐵副使，誨、抃及介皆未還故。

16 丁巳，詔：「審刑院奏補京朝官，初該磨勘者，自今須有舉主一員，方聽改官。」

17 庚申，以龍圖閣直學士兼侍講錢象先爲右諫議大夫、知蔡州。

象先善講說，語約而義明。帝有所顧問，必依經以對，反覆諷諭，遂及當世之務，號知經術。留侍經筵前後十五年，時被恩禮。故事，講官分日迭進，象先已得請補外，帝曰：「大夫行有日，且講徹一編。」于是同列罷進者浹日。

18 以天章閣侍講、崇文院檢討呂公著爲天章閣待制兼侍讀。公著初召試中書，將除知制誥，三辭不就，故有是命。

19 辛酉，命參知政事歐陽修提舉三館、祕閣寫校書籍。

20 壬申，徐州言彭城縣白鶴鄉地生麪，凡十餘頃，民皆取食。帝遣內侍竇承秀往視之。

占曰：「地生麪，民將飢也。」既而濠州亦言鍾離縣地生麪，民取食之。

21 夏，四月，壬午，宰臣韓琦等上所修嘉祐編敕，起慶曆四年，盡嘉祐三年，凡十二卷；其元降敕但行約束而不立刑名者，又析爲續附令敕，凡五卷。詔頒行。

22 己丑，夏國主諒祚上表求太宗御製詩草隸書石本，欲建書閣寶藏之，且進馬五十匹，求九經、唐史、册府元龜及本朝正至朝賀儀。詔賜九經，還其馬。諒祚又求尙主，詔答以昔嘗賜姓，不許。

23 壬辰，改命起居舍人、知制誥兼侍講司馬光爲天章閣待制。

先是光與呂公著並召試中書，光已試而公著終辭。及除知制誥，光乃自言：「拙于文詞，本當辭召，初疑朝廷不許，故黽勉從命。繼聞公著終辭得請，臣始悔恨向者之不辭而妄意朝廷之不許也。」章九上，卒改他官。

24 五月，丁未朔，命起居舍人、天章閣待制兼侍講司馬光仍知諫院。

光上疏曰：「陛下有中宗之嚴恭，文王之小心，而小大之政多謙讓不決，委之臣下。誠所委之人常得忠賢則可矣，萬一有姦邪在焉，豈不危甚！古人所謂委任而責成效者，擇人而授之職業，叢脞之務，不身親之，至于爵祿、廢置、殺生、予奪，不由己出不可也。

又，頃以西鄙用兵，權置經略安撫使，一路之兵得以便宜從事，及西事已平，因而不廢。

其河東一路，總二十二州軍，畀時節度使之權，不過如是而已。」

又謂：「大臣典諸州者，多以貴倨自恃，轉運使欲振舉職業，往往故違戾而不肯從。夫將相大臣，在朝廷之時，則轉運使名位固相遠矣；及在外爲知州，則轉運使統諸州職也，烏得以一身之貴庇一州之事，而令轉運使不得問哉！

自景祐以來，國家怠于久安，樂因循而務省事，執事之臣，頗行姑息之政。于是胥吏讙譁而斥逐御史中丞，輦官悖慢而廢退宰相，衞士凶逆而獄不窮姦，其餘有一夫流言於道路而爲之變令推恩者多矣。凡此數者，殆非所以習民于上下之分也。夫朝廷者，四方之表儀也，朝廷之政如是，則四方必有甚焉者。遂至元帥畏偏裨，偏裨畏將校，將校畏士卒；姦邪怯懦之臣，或有簡省教閱，使之驕惰，保庇羸老，使之繁宂，屈撓正法，使之縱恣，詆訿粟帛，使之憤惋，甘言諂笑，靡所不至，于是士卒翕然譽之，而歸怨于上矣。

臣愚以爲陛下當奮剛健之志，宣神明之德，凡羣臣奏事，皆察其邪正，辨其臧否，熟問深思，求合于道，然後賞罰黜陟，斷而行之，則天下孰不曠然悅喜！其餘民事，皆委之州縣，一斷于法，或法重情輕、情重法輕，可殺可徒，可宥可赦，並聽本州申奏，決之朝廷，何必出于經略安撫使哉！轉運使規畫號令，行下諸州，違戾不從者，朝廷當辨其曲直。若事理實可施行，而州將恃貴勢故違之者，當罪州將，勿罪轉運使。將校士卒之於州縣及所統之官或公卿大臣，有悖慢無禮者，明著階級之法，使斷者不疑。將帥之官，廢法違道以取悅于下，歸怨于上者，當隨其輕重，誅竄廢黜；公正無私，御衆嚴整者，當量其才能，擢用褒賞。如是則上雖勤而下用命矣。」

又曰：「食貨者，天下之急務，願復置總計使之臣，使宰相領之。若府庫空竭，閭閻愁困，四方之民，流轉死亡，而曰我能論道經邦，燮理陰陽，非愚臣之所知也！」

25 己酉，龍圖閣直學士、吏部員外郎兼侍講、知諫院楊畋卒，贈右諫議大夫。畋素謹畏，每奏事，必發封數四而後上之。自奉甚約，及卒，家無餘貲。特賜黃金二百兩。其後端午賜講讀官御飛白書扇，亦遣使特賜，置其柩所。

26 己未，以知荆南府李參爲羣牧使。執政初議欲用參爲三司使，孫抃獨不可，曰：「此人若主計，外臺承風刻削，則天下益困弊矣。」乃不果用。

27 庚申，大宗正司言，右衞大將軍、岳州團練使宗實繳還秦州防禦使、知宗正事敕告，詔不許。

28 庚午，樞密副使、給事中包拯卒，贈禮部尚書，謚孝肅。拯性峭直，立朝剛毅，人以其笑爲黃河清。知開封府時，京師爲之語曰：「關節不到，有閻羅包老。」然奏議平允，常惡俗吏苛刻，務爲敦厚，雖甚疾惡，未嘗不推以忠恕。平居無私書，故人親黨有干請，一皆絕之。居家儉約，衣服器用飲食，雖貴如布衣時。

29 六月，丙子朔，歲星晝見。

30 遼主駐圖庫里。舊作拖古烈，今改。

31 癸未，以單州團練使劉永年知代州。

遼人取山木，積十餘里，輦載相屬於路，前守懼生事，不敢遏，永年曰：「敵人伐木境中而不治，他日將不可復制。」遣人縱火，一夕盡焚之。上其事，帝稱善。遼移文代州捕縱火盜，永年報曰：「賊固有罪；然在我境，何預汝事！」遼不敢復言。

32 鄜延經略司言：「得宥州牒，夏國改西市監軍司爲保秦〔泰〕軍，威州監軍司爲靜塞軍，綏州監軍司爲祥祐軍，左廂監軍司爲神勇軍。」且言：「諒祚舉措，近歲多不循舊規，恐更僭擬朝廷名號。漸不可長，乞擇一才臣下詔詰問，以杜姦萌。」從之。

于是遣供備庫副使張宗道賜諒祚生辰禮物。宗道初入境，迎者至，欲先宗道行馬；及就坐，又欲居東，宗道固爭之。迎者曰：「主人居左，禮之常也，天使何疑焉！」宗道曰：「宗道與夏主比肩以事天子，夏主若自來，當爲賓主。爾陪臣也，安得爲主人！當循故事，宗道居上位。」爭久不決，迎者曰：「君有幾首，乃敢如是！」宗道大笑曰：「宗道有一首耳，來日已別家人。今欲取宗道首則取之，宗道之死得其所矣，但夏國必不敢耳。」迎者曰：「譯者失詞，某自謂無兩首耳。」宗道曰：「譯者失詞，何不斬譯者！」乃先宗道。迎者曰：「二國之歡，有如魚水。」宗道曰：「然，天朝，水也，夏國，魚也。水可無魚，魚不可無水。」

33丁亥，祕閣上補寫御覽書籍。

先是歐陽修言：「祕閣初爲太宗藏書之府，並以黃綾裝潢，號曰太清本。後因宣取入內，多留禁中，而書頗不完。請降舊本，令補寫之。」遂詔龍圖、天章、寶文閣、太清樓管句內臣，檢所闕書錄上，于門下省補寫。至是上之，賜判祕閣范鎭及管句補寫官銀絹有差。

34辛丑，遼以右伊勒希巴舊作夷离畢，今改。瑪陸(舊作馬六。)爲奚六部大王。

35是月，遼主御清涼殿，放進士王鼎等九十三人。

36秋，七月，戊申，太白經天。

37壬子，太常禮院言：「皇祐參用南郊百神之位，不應祀法。宜如隋、唐舊制，設昊天上帝、五方位，以眞宗配，而五人帝、五官神從祀，餘皆罷。又，前一日親饗太廟，當時嘗停孟冬之薦。攷詳典禮，宗廟時祭，未有因嚴配而輟者。今明堂去孟冬晝日尙遠，請復薦廟。前者祖宗並侑，今因典獨配，前者地祇、神州並饗，今以配天而亦罷，是皆變禮中之大者也。開元、開寶二禮，五帝無親獻儀。舊禮，先詣昊天奠獻，五帝並行分獻，以侍臣奠幣，皇帝再拜，次詣眞宗神座，於禮爲允。」詔恭依，而五方帝亦行親獻。

38甲寅，廣西轉運使李師中、轉運判官劉牧，各罰銅二十斤。先是嶺南多曠土，茅菅茂盛，蓄藏瘴毒。師中募民墾田，縣置籍，期永無稅，以種及三十頃爲田正，免科役。于是地稍開闢，瘴毒減息。而師中與牧坐擅除稅不以聞，故蒙罰。

39甲子，以知虔州趙抃爲禮部員外郎兼侍御史知雜事。

40丁卯，右衞大將軍、岳州團練使宗實辭秦州防禦使、知宗正寺，不許。

41是月，右正言王陶上疏曰：「去歲親發德音，稽唐故事，擇宗子使知宗正寺。中外聞之，咸謂此舉設施安穩，不驚人耳目，而天下搖搖之心一旦而定。厥後寖聞稽緩，四方觀聽，豈免憂疑！流言或罪宗實，以爲自唐以來判宗正寺者，皆用宗子，求之典故，乃一尋常差遣，何必過爲辭讓。或云事由宮中嬪御、宦官姑息之言，聖意因而微惑。臣聞宗實自有此命以來，夙夜恐懼，閉門不敢見人。昨自二月服除，今半年有餘矣。臣恐天下之人，謂陛下始者順天心人欲而命之，今者聽左右姑息之言而疑之，不獨百世之後，使人歎惜聖政始卒之不一，亦恐自今遠近中外姦雄之人得以窺伺間隙矣。」因請對，言宮嬪、宦官有以惑聖聰，而使宗實畏避不敢前。帝問陶：「欲別與一名目，如何？」陶對曰：「此止是一差遣名目，乞與執政大臣議之。」帝曰：「當別與一名目。」於是韓琦等始有立爲皇子之議。

42八月，乙亥朔，內出明堂樂章迎神、送神曲，肄于太常。

43丙子，右衛大將軍、岳州團練使宗實辭秦州防禦使、知宗正寺，許之。

初，宗實屢乞繳還告敕，帝謂韓琦曰：「彼既如此，盍姑已乎？」琦曰：「此事安可中輟！願陛下賜以手札，使知出自聖意，必不敢辭。」比遣使召之，稱疾不入。琦與歐陽修等私議曰：「宗正之命既出，外人皆知必爲皇子矣，不若遂正其名。」修曰：「知宗正寺告敕付閤門，得以不受；今立爲皇子，止用一詔書，事定矣。」遂入對，乞聽宗實辭所除官。帝曰：「勿更爲他名，便可立爲皇子，明堂前速與了當。」琦因請諭樞密院。及張昪至，帝面諭之，昪曰：「陛下不疑否？」帝曰：「朕欲民心先有所繫屬，但姓趙者始〔斯〕可矣。」昪即再拜稱賀。琦等乞帝書手札付外施行。既退，輔臣未分廳，中使已傳手札至中書。

丁丑，琦召翰林學士王珪令草詔，珪曰：「此大事也，非面受旨不可。」明日，請對，曰：「海內望此舉久矣，果出自聖意乎？」帝曰：「朕意決矣。」珪再拜賀，始退而草詔。歐陽修歎曰：「眞學士也！」

己卯，詔曰：「人道親親，王者之所先務也。右衛大將軍、岳州團練使宗實，皇兄濮安懿王之子，猶朕之子也，少鞠于宮中，聰知仁賢，見於夙成。日者選宗子近籍，命以治宗正之事，使者數至其第，乃崇執謙退，久不受命，朕默嘉焉。夫立愛之道，自親者始，其以爲皇子。」辛巳，帝悉召宗室入宮，諭以立皇子之意。

壬午，詔入內內侍省皇城司，即內香藥庫之西偏，營建皇子位。

癸未，賜亞子名曙。

44 邈川首領嘉勒斯賚舊作唃廝囉，今改。既老，國事皆委其子棟戩，舊作董氈，今改。知秦州張方平嘗誘棟戩入貢，許奏爲防禦使，棟戩尋遣使入貢。知雜御史吳中復劾奏方平擅以官爵許戎狄，啓其貪心，方平議遂不行。

先是遼以女妻棟戩，與之共圖夏國，夏主諒祚與戰，屢爲所敗。及是諒祚舉兵擊棟戩，屯于古渭州，其熟戶酋長皆懼，亟請方平求救。方平懼，飾樓櫓爲守城之備，盡籍諸縣馬，悉發下番兵。皇祐末，古渭州熟戶反，增秦州戍兵甚多，事平，文彥博悉分屯永興、涇原、環慶三路，期有警則召之，以省芻糧，謂之下番兵。方平至是乃發之，關西震聳，仍驛奏乞發京畿禁軍十指揮赴本路。樞密使張昪言于帝曰：「臣昔在秦州，邊人言西戎欲入寇者甚衆，後皆無事實。今事未可知，而發京畿兵以赴之，驚動遠近，非計也，請少須之。」帝從其言。數日，方平復奏諒祚已引兵西去擊棟戩矣。諒祚尋復爲棟戩所敗，築堡于古渭州之側而還。

諫官司馬光因劾奏方平怯懦輕舉，請加竄謫；宰相曾公亮獨右方平，乃言曰：「兵不出塞，何名爲輕舉？且寇所以不入者，以有備故也。有備而賊不至，顧以輕舉罪之，邊臣自是不敢爲先事之備矣。」光奏三上。甲申，徙方平知應天府。

45 乙酉，詔太常寺登歌用柷、敔，用翰林學士王珪言也。

46 辛卯，以司封郎中江南李受爲皇子位伴讀，改宗正寺伴讀王獵爲皇子位說書。

壬辰，詔權以皇城司廨宇爲皇子位。乃命入內高班王中慶、梁德政發車乘津置行李入內。帝既下己卯詔書，皇子猶堅臥稱疾不入。司馬光、王陶等言：「凡人見絲毫之利，至相爭奪，今皇子辭不貲之富，已三百餘日不受命，其賢於人遠矣。有識聞之，足以知陛下之聖，能爲天下得人。然臣聞父召無諾，君命召不俟駕而行，使者受命不受辭；皇子不當避遜，使者不當徒反。凡詔皇子內臣，皆乞責降，且以臣子大義責皇子，宜必入。」帝與輔臣謀之，韓琦曰：「今既爲陛下子，何所間哉！願令本宮族屬敦勸，及選親信內人就諭旨，彼必不敢違也。」

丁酉，賜皇子襲衣、金帶、銀絹各一千。詔登州防禦使·同判大宗正事從古、沂州防禦使虢國公宗諤敦勸皇子，仍與潤王宮大將軍以上同入內，皇子若稱疾，即乘肩輿。己亥，從古等言皇子猶固稱疾。是夕，使者往返數四，留禁門至四鼓，皇子終不至，乃詔改擇異日。

庚子，以立皇子告天地、宗廟及諸陵。

辛丑，皇子以肩輿入內。先是宗諤責皇子曰：「汝爲人臣子，豈得堅拒君父之命而終不受邪？我非不能爲衆人執汝，強置汝于肩輿，恐使汝遂失臣子之義，陷于惡名耳。」

皇子初讓宗正，與記室周孟陽謀之，所上表皆孟陽筆也，每一表，餉孟陽十金。孟陽辭，皇子曰：「此不足爲謝，俟得請于朝，方當厚賞耳。」凡十八表，孟陽獲千餘緡。及立爲皇子，猶固稱疾，孟陽入見於臥內曰：「主上察知太尉之賢，參以天人之助，乃發德音。太尉獨稱疾堅臥，其義安在？」皇子曰：「非敢徼福，以避禍也。」孟陽曰：「今已有此迹，設固辭不拜，使中人別有所奏，遂得燕安無患乎？」皇子撫榻而起曰：「吾慮不及此。」遂與宗諤等同入內，良賤不滿三十口，行李蕭然，無異寒士，有書數櫥而已。

甲辰，皇子見帝于清居殿。自是，日再朝于內東門，或入侍禁中。

九月，乙巳朔，以皇子爲齊州防禦使，進封鉅鹿郡公。

47 己酉，朝饗景靈宮。庚戌，饗太廟。辛亥，大饗明堂，大赦。

令天下係帳存留寺觀及四京管內雖不係帳而舍屋百間以上者，皆特賜名額。諫官司馬光言：「釋、老之教，無益治世，而聚匿遊惰，耗蠹良民，是以國家著令，有創造寺觀百間以上者，聽人陳告，科違制之罪，仍即時毀撤。蓋以流俗戆愚，積弊已深，不可猝除，故爲之禁限，不使繁滋而已。今若有公違法令，擅造寺觀及百間以上，則其罪已大。幸遇赦恩，免其罪犯可矣，其棟宇瓦木，猶當毀撤，沒入縣官。今既不毀，又明行恩命，賜之寵名，是勸之也。今立法以禁之于前，而發赦以勸之于後，恐自今以往，姦猾之人，將不顧法令，依憑釋、老之教以欺誘愚民，聚斂其財，廣營寺觀，務及百間，以冀後赦之恩，不可復禁矣。伏望追改前命，更不施行。」

48初，帝饗明堂，方宿齋，而充媛董氏疾革，使白皇后曰：「妾不幸即死，願勿亟聞以恩上精意。」后泫然從之。壬子，帝臨奠悽惻，追贈婉儀；癸丑，加贈淑妃，特遷其父右侍禁貲爲內殿崇班，官其弟姪四人，葬奉先資福院。後又命有司爲之定謚及行册禮，于葬日仍給鹵簿。司馬光言：「古者婦人無謚，近世惟皇后有謚及有追加策命者。鹵簿本以賞軍功，未嘗施于婦人。伏望特詔有司，悉罷議謚及册禮事，其葬日更不給鹵簿，凡喪事所需，悉從減損。」帝嘉納之。

49己未，內外官並以明堂赦書加恩，宰相韓琦封儀國公。

50戊辰，改壽星觀爲崇先觀。

51冬，十月，乙亥，皇子上表辭所除官，賜詔不允。

52甲午，命知制誥王安石同句當三班院。

先是安石糾察在京刑獄。有少年得鬬鶉，其儕求之，不與，恃與之昵，輒持去，少年追殺之，開封府按其人罪當死。安石駁之曰：「按律，公取、竊取皆爲盜，此不與而彼強攜以去，是盜也。追而毆之，是捕盜也。雖當死〔死當〕勿論。」遂劾府司失入，府官不伏。事下審刑、大理，皆以府斷爲是，詔放安石罪。舊制，放罪者皆詣閤門謝，安石言我無罪，不肯謝；御史臺舉奏之，釋不問。

53 以祕閣校理蔡抗爲廣東轉運使。

先是岑水銅冶大發，官市諸民，止給空文，積逋鉅萬。姦民無所取資，羣聚私鑄，與江西鹽盜合，郡縣患之，督捕甚嚴。抗曰：「采銅皆惰游之民，銅悉入官而不畀其直，非私鑄，衣食安所給！又從而誅之，是罔民也。」因命銅入即給其直，民皆樂輸，私鑄遂絕。番禺歲運鹽給英、韶二州，道遠，多侵竊雜惡。抗命十舟爲一運，擇攝官主之，歲終，會其殿最。是歲，鹽課增十五萬緡。

54 乙未，太白晝見。丙申，詔：「天下常平倉多所移用，而不足以支凶年，其令內藏庫與三司共支緡錢一百萬，下諸路助糴之。」從右正言、判司農寺王陶所請也。

55 十一月，己巳，進封沂國公主爲岐國公主，建州觀察使、知衞州李瑋改安州觀察使，復爲駙馬都尉。

56 十二月，皇城司邏卒吳清等密奏富人張文政嘗殺人，有司鞫問無狀，願得清詰所從，而主者不遣。御史傅堯俞言：「陛下惜清，恐自是不復聞外事矣。不若付之有司，辨其是非而賞罰之，則事之上聞者皆實，乃所以廣視聽也。」諫官司馬光等亦極言其害。詔淸等決杖，配下軍。

57 遼知樞密北院事蕭圖固哩，舊作圖古哩，今改。辨敏，善伺顏色，應對合上旨。太后嘗曰：「有大事，非圖固哩不能決。」由是眷遇日隆。庚辰，授北院樞密使，許便宜從事。圖固哩好聚斂，專愎，變更法度。時皇太叔重元有異志，圖固哩爲樞密數月，所薦引多重元之黨，其姦佞如此。

58 癸未，遼主如西京。

59 戊子，遼以太后行再生禮，曲赦西京囚。

60 丙申，幸龍圖、天章閣，召輔臣、近侍、三司副使、臺諫官、皇子、宗室、駙馬都尉、主兵官觀祖宗御書。又幸寶文閣，爲飛白書，分賜從臣，下逮館閣。作觀書詩，韓琦等屬和。遂宴羣玉殿。傳詔學士王珪撰詩序，刊石于閣。

61 庚子，再召羣臣於天章閣觀瑞物，復宴羣玉殿。帝曰：「天下久無事，今日之樂，與卿等共之，宜盡醉勿辭。」賜禁中花、金盤、香藥。又召韓琦至御榻前，別賜酒一卮。從臣霑醉，至暮而罷。

62 是歲，冬無冰。天下斷大辟一千六百八十三人。

續資治通鑑卷第六十一

賜進士及第兵部尙書兼都察院右都御史總督湖北湖南等處地方軍務兼理糧餉世襲二等輕車都尉畢沅編集

宋紀六十一 起昭陽單閼(癸卯)正月，盡十二月，凡一年。

仁宗體天法道極功全德神文聖武睿哲明孝皇帝

嘉祐八年遼清寧九年。(癸卯、一〇六三)

1 春，正月，己酉，翰林學士范鎭知貢舉。

2 辛亥，遼主如鴛鴦濼。

立皇子濬爲梁王。濬爲皇后所生，幼而能言，好學，知書。遼主嘗曰：「此子聰慧，殆天授與！」時年六歲，封爲王。

3 癸丑，詔夏國主諒祚：「所遣進奉人石方，稱宣徽南院使，非陪臣官號；自今宜遵用誓詔，無得僭擬！」

4 丙寅，以龍圖閣直學士、知審官院韓贄兼判都水監。初，置都水監，欲重其事，以知雜御史判。至是知雜趙抃辭以不知水事，故命贄焉。

5 戊辰，宰相韓琦言：「秦州永寧寨，舊以鈔市馬，自修古渭寨，在永寧之西，而蕃、漢多互市其間，因置買馬場，凡歲用緡錢十餘萬，實耗國用。」詔復置場永寧，罷古渭寨所置場，蕃部馬至，徑鬻于秦州。

6 己巳，以充儀俞氏爲昭儀，婕妤楊氏爲修儀，周氏爲婉容。

7 辛未，遼禁民鬻銅。

8 二月，癸未，帝不豫。甲申，降天下囚罪一等，徒以下釋之。

9 乙酉，太子少傅致仕田況卒，贈太子太保，謚宣簡。

況明敏有文武才，其論天下事甚多，如併樞密院於中書以一政本，日輪兩制館閣一員於便殿備訪問，以錫慶院廣太學，興鎮戎軍、原、渭等州營田，汰諸路宣毅、廣捷等冗軍，策元昊勢屈納款，必令盡還延州侵地，無過許歲幣，併入中青鹽，請戮陝西陷沒主將隨行親兵。其論甚偉，然不盡行也。

始，遼侵澶州，略得數百人，以屬況父延昭，延昭哀之，悉縱去，因自脫歸中國，生八子，多知名。況，長子也。保州之役，況殺降卒數百人，朝廷壯其決，後大用之。然卒無子，以兄子爲後。

10丙戌，中書、樞密院奏事於福寧殿之西閤，見帝所御幄帟、裀褥皆質素暗弊，久而不易。帝顧韓琦等曰：「朕居宮中，自奉正如此耳。此亦生民之膏血也，可輕費之哉！」

11三月，甲辰，詔前鄆州觀察推官孫兆、邠州司戶參軍單驤診御脈。帝初不豫，醫官宋安道等進藥，久未效，而兆與驤皆以醫術知名，特召之。丙午，詔中書劾宋安道等罪以聞。

12戊申，太子太保致仕龐籍卒。時帝不豫，廢朝、臨奠皆不果，第遣使弔賻其家，贈司空兼侍中，謚莊敏。籍長於吏事，持法深峭；軍中有犯者，至或斷斬刳磔，或累笞至死，以故士卒畏服；而治民有惠愛。及爲相，議者以爲聲望減於治郡時云。

13甲寅，昭德軍節度使、同平章事李昭亮卒，贈中書令，謚良僖。昭亮爲人和易，諳習近事，於吏治頗通敏，善委任僚佐，故數更藩鎮無他過。

14壬戌，孫兆爲殿中丞，單驤爲中都令，仍令校正醫書。封神應侯扁鵲爲神應公。皇城使宋安道等皆降官。

15癸亥，御內東門幄殿。

16甲子，御延和殿，賜進士閩人許將等一百二十七人及第，六十七人同出身，諸科一百四十七人及第、同出身，又賜特奏名進士、諸科一百人及第、同出身、諸州文學、長史。

17 乙丑，以聖體康復，宰臣詣東上閤門拜表稱賀。

18 辛未晦，帝崩于福寧殿。是日，帝飲食起居尚平寧，甲夜，忽起，索藥甚急，且召皇后。皇后至，帝指心不能言。召醫官診視，投藥、灼艾，已無及。丙夜，遂崩。左右欲開宮門召輔臣，皇后曰：「此際宮門豈可夜開！且密諭輔臣黎明入禁中。」又取粥於御廚。醫官既出，復召入，使人禁守之。

19 夏，四月，壬申朔，輔臣入至寢殿。后定議，召皇子入，告以帝晏駕，使嗣立。皇子驚曰：「某不敢爲，某不敢爲！」因反走。輔臣共持之，或解其髮，或被以御服，召殿前、馬步軍副都指揮使、都虞候及宗室刺史以上至殿前諭旨。

又召翰林學士王珪草遺制，珪惶懼不知所爲，韓琦謂珪曰：「大行在位凡幾年？」珪悟，乃下筆。至日昳，百官皆集，猶吉服，但解金帶及所佩魚，自垂拱殿門外哭而入，班福寧殿前。哭止，韓琦宣遺制。

皇子卽皇帝位，見百官於東楹。百官再拜，復位哭，乃出。帝欲亮陰三年，命韓琦攝冢宰，輔臣皆言不可，乃止。【考異】李燾曰：蔡氏直筆云：仁宗暴崩，慈聖光獻皇后祕不發喪，密召英宗入禁中，降內批宣大臣。明日，卻問候，曉，開內東門，乃啓垂拱殿後門宣上旨，令大臣由垂拱殿入。宰相韓琦而下至福寧殿下，再拜，升階，扣簾欲進。內侍曰：「皇后在此。」琦卻立。后發哭曰：「天下不幸，夜來官家忽然上仙。」大臣發哭。后曰：

「怎奈何，相公，官家無子？」琦曰：「皇后不可出此言，皇子在東宮，何不便宣入？」后曰：「只是宗室，立了他，後莫有人爭？」琦曰：「更何可擬議！」后乃曰：「皇子已在此。」方命卷簾時，英宗已即位了。琦退，謂同列曰：「適來敢亂發一言邪！」于是宣班，草遺制。殿帥郝質戒殿前班兵曰：「今入殿，候見吾山呼拜時，汝輩方得山呼。」乃扣殿階曰：「宰相欲上殿看官家。」琦稟后，后許之。時英宗散髮被面，覆以帽子。質徐搢笏拂開髮，審觀之，降殿山呼拜，殿前班亦山呼拜。時朝論稱有如此宰相、殿帥，天下豈不晏然！按司馬氏日記，則英宗在外，翼旦召入，韓琦家傳亦云遣使扶侍皇子，須臾皇子到，與日記略同。如直筆所載琦對后語，若果有之，家傳必不肯遺，恐出于傳聞，未可信也。又，此時殿帥乃李璋，而郝質實爲馬軍帥，直筆蓋誤，今並不取。邵氏聞見錄亦云，仁宗大漸之夕，光獻即召英宗入，翼日大臣方入，與蔡氏直筆同。然實錄、本紀，皆云輔臣至福寧殿，皇后傳遺旨，命皇子即位，不云先召皇子入也。

20 癸酉，大赦。優賞諸軍，如乾興故事。時禁衞或相告，乾興內給食物中有金。既而宮中果賜食，衆視食中無有，紛紛以爲言。殿前副都指揮使李璋呼什長謂曰：「爾曹平居衣食縣官，主上未臨政，已優賞，爾何功，復云云！敢諠者斬！」衆乃定。

判吏部南曹王端言：「公卿子弟襁褓得官，未嘗涖事，而錫服與年勞者等，何以示勸！請從涖日始。」遂著爲令。端，質之弟也。

21 遣使告哀於遼及夏國。

22 三司奏乞內藏庫錢百五十萬貫，紬絹二百五十萬匹，銀五萬兩，助山陵及賞賚，從之。

23帝初卽位，與輔臣言，皆不名。及將責降醫官，有欲爲孫兆、單驤地者，言于帝曰：「先帝初進兆等藥，皆有驗，不幸至此，乃天命也，非醫官所能及。」帝斂容曰：「聞兆等皆兩府所薦，信乎？」對曰：「然。」帝曰：「然則朕不敢與知，唯公等裁之！」皆惶恐。甲戌，兆編管池州，驤峽州，同知（校者按：知字衍。）時責降者十二人，獨兆、驤得遠地云。

24乙亥，羣臣表請聽政，不從。

25詔：「天下官名、地名、人姓名與御名同者改之；改部署曰總管。」

26命韓琦爲山陵使。

27先是輔臣奏事，帝必詳問本末，然後裁決，莫不當理，中外翕然皆稱明主。是日晚，忽得疾，不知人，語言失次，復召已責降醫官宋安道、甄立里、秦宗一、王士倫等入侍疾。

28丙子，尊皇后曰皇太后。

29丁丑，羣臣三上表請聽政，戊寅，詔許之，旣而以疾不果。有司請改日大斂，司天監言卜近日則不利帝及太后，帝令避太后而已。己卯，大斂，帝疾增劇，號呼狂走，不能成禮。韓琦亟投杖褰簾，抱持帝，呼內人，屬令加意擁護。又與同列入白太后下詔，候聽政日，請太后權同處分。禮院奏請：「其日皇帝同太后御內東門小殿，垂簾，中書、樞密院合班起居，以次奏事。或非時召學士，亦許至小殿。皇太后處分稱『吾』，羣臣進名起居于內東門。」從之。【考異】李燾曰：韓琦投杖褰簾擁護英宗事，據家傳及王巖叟別錄，國史並無（此）。

30 辛巳，命遼賀乾元節使、保靜軍節度使耶律穀等進書奠梓宮，見帝于東階，令閤門以書幣入。

始，遼使至德清，廷臣有欲卻之者，有欲俟其至國門諭使之還者，議未決。太常丞、集賢校理邵亢，請許其使者奉國書置柩前，俾得見帝以安遠人，詔從其言。時龍圖閣直學士周沆館伴遼使者，初未許見，先詔取書置柩前。使者固請見，曰：「取書，非故事也。」帝以方衰絰，辭焉。使者執書不肯授閤門，沆曰：「昔北朝有喪，吾使至柳河而還。今朝廷重鄰好，聽北使至京師，達命於几筵，恩禮厚矣，柰何更以取書爲嫌乎！」使者立授書，然帝亦卒見穀等。朝廷未知遼主之年，沆乘間雜他語以問，使者出不意，遽對以實。既而悔之，相顧曰：「今復應兄事南朝矣。」

31 壬午，輔臣入對於柔儀殿西閤，皇太后御內東門小殿，垂簾聽政。初議帝與太后同御東殿垂簾，輔臣合班以次奏事。及是帝方服藥，權居柔儀殿東閤之西室，太后居其東室。輔臣既入西室候問聖體，因奏軍國事，太后乃獨御東殿，輔臣以政事復奏於簾前云。

32 癸未，內出遺留物賜兩府、宗室、近臣、主兵官有差。富弼、文彥博時居喪，皆遣使就賜之。知諫院司馬光言：「國家用度素窘，復遭大喪，累世所藏，幾乎掃地。傳聞外州、軍官庫無錢之處，或借貸民錢以供賞給，一朝取辦，逼以棰楚。當此之際，羣臣何心以當厚賜！」因固辭，卒不許。光乃以所得珠爲諫院公使錢，以金遺其舅氏焉。

33甲申，宰相韓琦加門下侍郎兼兵部尚書，進封衞國公，【考異】李燾曰：琦本傳稱進封衞國，實錄稱魏國，今從本傳。曾公亮加中書侍郎兼禮部尚書，樞密使張昪、參知政事歐陽修、趙槩並加戶部侍郎，樞密副使胡宿、吳奎並加給事中。

知諫院司馬光上皇太后疏曰：「殿下初攝大政，四方之人，莫不觀聽以占盛德。臣以爲凡名物禮數所以自奉者，皆當深自抑損，不可盡依章獻明肅皇后故事，以成謙順之美。大臣忠厚如王曾，清純如張知白，剛正如魯宗道，質直如薛奎者，當信之用之，與共謀天下之事。鄙猥如馬季良，讒諂如羅崇勳者，當疏之遠之，不可寵以祿位，聽采其言也。臣聞婦人內夫家而外父母家，況后妃與國同體，休戚如一，若趙氏安則百姓皆安，況於曹氏，必世世長享富貴明矣。爲政之道，莫若至公。願殿下熟察羣臣中有賢才則舉之，有功則賞之，職事不修則廢之，有罪則刑之，俟皇帝聖體平寧，授以治安之業，自居長樂之宮，坐享天下之養，則聖善之德冠絕前古，雖周之文母、漢之明德，不足比也。」

34乙酉，作受命寶，命歐陽修篆，其文曰「皇帝恭膺天命之寶」。

35發諸路卒四萬六千餘人修奉山陵。

36丙戌，以國子監所印九經及正義、孟子、醫書賜夏國，從所乞也。

37丁亥，以皇子右千牛衞將軍仲鍼爲安州觀察使、光國公，右內率府副率仲糾爲和州防禦使、樂安郡公，仲恪爲博州防禦使、大寧郡公。

38翰林學士王珪上言：「聖體已安，皇太后乞罷權同聽政。」卽命珪草還政書，既而不行。

39熒惑自去年八月庚辰夕伏，積二百四十九日，命輔臣祈禳於集英殿；己丑晨，見東方。

40癸巳，權三司使蔡襄奏大行山陵一用永定制度，于是右司諫王陶上言：「民力方困，山陵不當以永定爲準。」其後京西轉運使吳充、楚建中、知濟州田棐相繼上言：「請遵先帝遺詔，山陵務從儉約，皇堂、上宮除明器之外，金玉珍寶一切屏去。」建中，須城人也。禮院編纂蘇洵亦貽韓琦書切諫，至引華元不臣以責之，琦爲變色。乃詔禮院與少府監議，唯省乾興中所增明器而已，其他猶一用定陵制度。【考異】李燾曰：盧士宗傳云：士宗爲少府監，典工作造方中諸物，比乾興省費十餘萬緡。按實錄云：省乾興所增明器而已，然則一種自費十餘萬緡也。士宗傳似飾說，今不取。

41右司諫、直集賢院、同修起居注鄭獬上言：「今國用空乏，財賦不給，近者賞軍，已見橫斂，富室嗟怨，流聞京師。竊惟先帝節儉愛民，出于天性，無珠玉奇麗之好，無犬馬游觀之樂，服御至于澣濯，器玩極于朴陋，此天下所共知也。今山陵制度，乃取乾興最盛之時爲準，獨不傷先帝節儉之德乎！臣以爲宜敕有司條具名數，再議減節。」

42帝自不豫以來，喪皆禮官執事，羣臣奉慰，則垂簾不坐。乙未，大祥，始親行禮，又卷簾坐受慰，人心少安。

43丁酉，起復文彥博，固辭；表三上，乃聽終喪。尋有詔給俸賜比宰臣之半，彥博又辭，許之。

44戊戌，司馬光上疏曰：「竊惟大行皇帝春秋未甚高，以宗廟社稷之重，超然遠覽，確然獨斷，知陛下仁孝可守大業，擢於宗室之中，建爲嗣子，授以天下，其恩德隆厚，固非微臣所能稱述。今不幸奄棄萬國，陛下哀慕過禮，以至成疾，中外聞者，莫不感泣，知大行皇帝能爲天下得人，治平之期，企踵可待。

今者聖體痊平，初臨大政，舉措云爲，不可不審。爲政之要，在于用人，賞善罰惡而已。願陛下難之重之，精心審慮，如射之有的，必萬全取中，然後可發也。

陛下思念先朝，欲報之德，奉事皇太后孝謹，撫諸公主慈愛，此誠仁孝之至，過人遠甚。臣願陛下雖天性得之，復加聖心，夙夜匪懈，謹終如始，以結億兆之心，形四方之化，則福祚流于子孫，令聞垂於無窮矣。

古者人君嗣位，必踰年然後改元，願陛下一循典禮，勿有變更于中年也。

三年之喪，自天子達于庶人一也。自漢氏以來，始從權制，以日易月。臣願陛下雖仰遵遺詔，俯徇羣情，二十七日而釋服，至於宮禁之中，音樂、游燕、吉慶之事，皆俟三年然後復常，以盡送終追遠之義焉。

禮，爲人後者爲之子，故爲所後服斬衰三年，而爲其父母齊衰期，爲所後者之親皆如子，而爲己之親皆降一等，蓋以持重於大宗，則宜降其小宗，所以專志於所奉而不敢顧私親也。漢宣帝自以爲昭帝後，終不敢加尊號於衞太子、史皇孫。光武起于布衣，親冒矢石以得天下，自以爲元帝後，亦不敢加尊號於鉅鹿都尉、南頓君。此皆循大義，明至公，當時歸美，後世頌聖。至于哀、安、桓、靈，咸自旁親入繼大統，皆追尊其祖父，此不足爲孝，而適足犯義侵禮，取譏當時，見非後世。願陛下深以爲鑑，杜絕此議，勿復聽也。」

45 己亥，羣臣上表請臨朝聽政；表三上，乃許之。

46 庚子，立京兆郡君高氏爲皇后，北作坊使遵甫之女。遵甫，繼勳子也。母曹氏，皇太后親姊。后四歲，與帝同育于禁中，仁宗常謂太后，他日必以相配，太后許諾。既長，出宮；慶曆七年，歸于濮邸，封京兆郡君，于是正位。

47 五月，癸卯，以太常少卿李受爲左司郎中，屯田員外郎王獵爲刑部員外郎，並充天章閣待制；受兼侍讀，獵兼侍講。昭宣使、端州刺史、右班副都知石全育領原州團練使，充入內副都知。故事，都知四人，至是并全育而五。詔，後有闕勿補。

48 遼尼嚕古、舊作湼魯古，今改。蕭呼敦舊作胡覩，今改。謀逆日甚。呼敦欲速發，尼嚕古說其父重元可詐稱疾，欲俟遼主臨問，卽圖弑逆；既而忌耶律仁先在朝，謀不果發。尼嚕古、呼敦合言於遼主曰：「仁先可任西北路招討使。」遼主將從之，北院樞密使耶律伊遜舊作乙辛，今改。諫曰：「仁先，先帝舊臣，德冠一時，不可遽離朝廷。」遼主悟。丙午，以仁先爲南院樞密使，徙封許王。

49 庚戌，封長女爲德寧公主，第二女爲寶安公主，第三女爲壽康公主。

50 詔：「山陵所用錢物，並從官給，毋以擾民。」詔雖下，然調役未嘗損也。三司計山陵當用錢糧五十萬貫石而不能備，或請移陝西緣邊入中鹽于永安縣。轉運副使薛向陳五不可，且乞如其數以獻，許之。

51 以右司諫王陶爲戶部員外郎、直史館，充皇子位伴讀，屯田員外郎周孟陽、祕書丞孫思恭充皇子位說書。孟陽自以王官教授，與帝有潛龍之舊，而李受、王獵皆非帝故識，顧先得待制，由是觖望，固辭說書不拜。

52 丁巳，賜鄭州公使錢五百貫，以靈駕所過故也。

53 富弼既除喪，戊午，授樞密使、禮部尚書、同平章事。

54 庚申，翰林學士王珪奏：「謹按曾子問曰：『賤不誄貴，幼不誄長，禮也。惟天子稱天以誄之。』春秋公羊說：『讀誄，制謚於南郊，若云受之于天。』然乾興元年夏既定眞宗皇帝謚，其秋始告天于圜丘。史臣以爲天子之謚，當集中書、門下、御史臺五品以上、尙書省四品以上、諸司三品以上于南郊告天，議定，然後連奏以聞。近制唯詞臣撰議，卽降詔命，庶僚不得參聞，頗違稱天之義。臣奉命撰上先帝尊謚，欲望明詔有司稽詳舊典，先之南郊而後下臣之議，庶先帝之茂德休烈，有以信萬世之傳。」詔兩制詳議。翰林學士賈黯等議如珪奏，從之。

55 戊辰，皇子仲鍼、仲糾始就東宮聽讀。是日，初御延和殿。帝疾猶未平，命輔臣祈福於天地、宗廟、社稷及景靈宮、寺觀，又遣使禱岳、瀆、名山。

56 六月，癸酉，帝復以疾不出。是時唯兩府得入對柔儀，退，詣內東門小殿簾帷之外，復奏政事于皇太后如初。

57 先是禮院言大行祔廟，而太廟七室皆滿，請增置一室，詔兩制及待制以上與禮官攷議。觀文殿學士孫抃等議曰：「謹按禮曰：『三昭三穆，與太祖之廟而七。』書曰：『七世之廟，可以觀德。』曰世爲昭穆云者，據父子之正而言也。若兄弟則昭穆同，不得以世數數之矣。商祖丁之子曰陽甲，曰盤庚，曰小辛，曰小乙，四人皆有天下，而商之廟有始祖，有太祖，有太宗，有中宗。若以一君爲一世，則小乙之祭不及其父祖丁，是古之兄弟相及，昭穆同而不以世數數之明矣。故晉之廟十一室而六世，唐之廟十一室而九世。中宗、睿宗之於高宗，恭宗、文宗之於穆宗，【考異】唐無恭宗，恭宗，即敬宗也，宋人章疏避翼祖諱改稱，今仍其本文。同居穆位。國朝太祖爲受命之祖，太宗爲功德之宗，此萬世不遷者也。故太祖之室，太宗稱孝弟，眞宗稱孝子，大行皇帝稱孝孫。而禘祫圖，太祖、太宗同居昭位，南向，眞宗居穆位，北向。蓋先朝稽用古禮而著之於祀典矣。大行皇帝神主祔廟，請增一室爲八室，以備天子事七世之禮。」詔從之。

于是龍圖閣直學士兼侍講盧士宗、天章閣待制兼侍讀司馬光議曰：「臣等謹按禮，天子七廟，三昭三穆，與太祖之廟而七。太祖之廟，百世不毀。其餘昭穆，親盡則毀，示有終也。自漢以來，天子或起于布衣，以受命之初，太祖尙在三昭三穆之數，故或祀四世，或祀六世，其太祖以上之主，雖屬尊于太祖，親盡則遷。故漢元帝之世，太上廟主瘞於寢園。魏明帝之世，處士廟主遷于園邑。晉武帝祔廟，遷征西府君；惠帝祔廟，遷豫州府君。自是以下，大抵過六世則遷其神主。蓋以太祖未正東向之位，故止祀一昭一穆；若太祖已正東向之位，則并三昭三穆爲七世矣。唐高祖初祀四世，太宗增祀六世；及太宗祔廟，則遷洪農府君，高宗祔廟，又遷宣帝，皆祀六世，此前世之成法也。惟明皇立九室，祀八世，事不經見，難可依據。今若以太祖、太宗爲一世，則大行皇帝祔廟之日，僖祖親盡，當遷於西夾室。

祀三昭三穆，於先王典禮及近世之制，無不符合。太廟更不須添展一室。」詔抃等再議。

于是復上議曰：「自唐至周，廟制不同，而皆七世。自周以上，所謂太祖，非始受命之主，特始封之君而已。今僖祖雖非始封之君，要爲立廟之始祖。方廟數未過七世之時，遂毀其廟，遷其主，攷三代之禮，未嘗有此。漢、魏及唐一時之議，恐未合先王制禮之意。臣等竊以爲存僖祖之室，以備七世之數，合於經傳事七世之明文，而亦不失先王之禮意。」詔恭依。

58 戊寅，以翰林學士、權三司使蔡襄爲修奉太廟使。襄乃以八室圖奏御，又請廣廟室並夾室爲十八間，從之。

59 帝自感疾，卽厭服餌，韓琦嘗親執藥杯以進，帝不盡飲而卻之，藥汚琦衣。太后亟出服賜琦，琦不敢當。太后曰：「相公殊不易。」皇子仲鍼侍側，太后曰：「汝盍自勸之。」帝亦弗顧。

60 丁亥，詔：「今歲制科舉人著作佐郎趙商等十七人權罷，將來到場，便赴祕閣就試。」商，安仁人。【考異】商，一本作禼。禼，邛州依政人，與商籍貫不同，蓋別一人也。

61 以兵部郎中、權判大理寺陳太素知明州。

太素任刑法二十餘年，朝廷有大獄，疑則必召與議。每臨案牘，至忘寢食，大寒暑不變。子弟或止之，答曰：「囹圄之苦，其不堪甚于我也。」以耳疾，數求罷，執政以爲任職，弗許；久之，乃出守。

62 癸巳，司馬光上太后及帝疏曰：「皇帝聖體平寧之時，奉事皇太后，承順顏色，宜無不如禮。若藥石未效，而定省溫凊有不能周備者，亦皇太后所宜容也。孔子曰：『孝哉閔子騫！人不間於其父母昆弟之言。』蓋言誠信純至，表裏著明，而他人不能間也。孟子曰：『父子責善，賊恩之大者。』蓋言骨肉至親，正當以恩意相厚，不當較錙銖之是非也。伏望皇帝思孔子之言，皇太后無忘孟子之戒。萬一姦人欲有開說，涉于離間者，當立行誅戮，以明示天下，使咸知讒佞之徒不能欺惑聖明也！」

帝初以憂疑得疾，舉措或改常度，遇宦官尤少恩，左右多不悅者，乃共爲讒間，兩宮遂成隙。太后對輔臣嘗及之，韓琦因出危言感動太后曰：「臣等只在外見得官家，內中保護，全在太后。若官家失照管，太后亦未安穩。」太后驚曰：「相公是何言！自家更切用心。」琦曰：「太后照管，則衆人自然照管矣。」同列爲縮頸流汗。或謂琦曰：「不太過否？」琦曰：「不如此不得。」間有傳帝在禁中過失事，衆頗惑之，琦曰：「豈有殿上不曾錯一語而入宮門即得許多錯！琦固不信也。」傳者亦稍息。【考異】李燾曰：此據琦家傳及別錄，與十一月末所載略同。蓋此時琦未赴昭陵，彼時歸自陵下，不妨兩存之。

63 戊戌，山陵使韓琦奏：「山陵諸頓所調物過多，乞選朝臣一員付之計度。」乃命鹽鐵判官楚建中往裁其數。時三司使蔡襄總應奉山陵事，凡調度供億皆數倍，勞費既廣，已而多不用，議者非之。

64 帝疾既平，猶未御正殿。御史中丞王疇上疏曰：「今四方之人，翹足引首，傾耳注目，願觀新政者，累月于茲，而未御正殿以見羣臣。議者皆謂聖躬既已平復，但以未經先帝卒哭，不忍視朝，此實天子之孝踰於高宗矣。今易月之期已在卒哭之外，惟引禮割情，顧思大誼，早御前殿，南面聽政，赫然日升，萬物咸覩，臣民之望也。」

65 秋，七月，乙巳，以侍御史呂誨爲起居舍人、同知諫院。

66 辛亥，知諫院司馬光言：「竊見諸路轉運使、提點刑獄、知州、軍事各遣親屬進賀表至京，朝廷不問官職高下，親屬遠近，一例推恩，此蓋國初承五代姑息藩鎮之弊，後來因循不能革正。國家爵祿，本待天下賢才及有功效之人，今使此等無故受官，誠爲太濫。今縱不能盡罷此等恩澤，其進表人若五服內親，或乞等第受一官，其無服非親屬者，並量賜金帛罷去，庶幾少救濫官之失。」同修起居注鄭獬亦以爲言，且曰：「昔眞宗初卽位，有事于南郊，舊例羣臣皆得遷秩，而眞宗以爲僥倖太甚，遂命止加勳階。眞宗已嘗革濫賞于南郊之初，則陛下亦宜絕繆恩于登極之後也。」執政謂已行之詔難于復改，遂寢其議。

67 壬子，初御紫宸殿，中書、樞密奏事。帝自六月癸酉不御殿，至是始見百官，感慟者久之。其後隻日御前殿，雙日御後殿，惟朔望則前後皆不御，至祔廟，始如故。

68 丙辰，夏主遣使來祭弔。其使者固求入對，弗許。諒祚所上表輒改姓李，賜詔詰之，令守舊約。司馬光言：「聞夏國所遣使人，前日不肯門見，固求入對，朝廷不許，勒歸館舍。竊以陛下繼統之初，蕃戎皆欲瞻望天表；又聞向曾不安，意謂未能視朝，所以敢爾桀黠。今陛下已御正殿，臣謂何惜紫庭數步之地，使之稽首拜伏，瞻仰清光！庶識陛下神武之姿，必能鎮服四海。」

69 丁巳，遼使祭大行皇帝于皇儀殿，遂見帝于東廂。帝慟哭久之。使者言及大行，輒出涕。後數日，遼使辭于紫宸殿，命坐賜茶。故事，當賜酒五行，自是終諒闇，皆賜茶而已。

70 遼皇太叔重元與其子尼嚕古，久萌逆志，會遼主獵于灤河之太子山，扈從諸官多重元之黨，尼嚕古遂欲因此竊發。戊午，雍睦宮使耶律良聞其謀，以遼主篤於親愛，不敢遽奏，密言于太后。太后託疾，召遼主告之，且曰：「此社稷大事，宜早爲計。」遼主詰良曰：「汝欲間我骨肉邪？」良曰：「臣若妄言，甘伏斧鑕。陛下不早備，恐墮賊計。如召尼嚕古不來，可卜其事。」遼主從其言，旋召南院樞密使耶律仁先告之，仁先曰：「此曹凶很，臣固疑之久矣。」遼主命仁先察捕之。仁先出，還顧曰：「陛下宜謹爲之備！」尼嚕古見使者來召，知事泄，羈使者於帳中，欲害之，使者以佩刀斷帟而出，馳至行宮，以狀聞。遼主始信。

尼嚕古與蕭呼敦遽招集其徒黨，得四百人，奉重元將發，帳前雨赤如血，遂前趨帷宮。遼主倉卒欲往北、南院，仁先曰：「陛下若舍扈從而行，賊必躡其後。且南、北大王心未可知，豈可往乎！」仁先子託卜嘉舊作撻不也，今改。曰：「聖意不可違。」仁先怒，擊其首。會宣徽使蕭罕嘉努舊作韓家奴，今改。聞變馳至，執轡固諫，如仁先言，遼主悟，悉委仁先以討賊事。仁先亟令環車爲營，折行馬作兵仗，率官屬近侍三十餘騎陣柢柘外。賊勢甚銳，太后亦親督衛士禦之。及戰，南府宰相蕭德【考異】本紀作蕭唐古，今從傳。身先搏賊，摧其鋒，賊衆披靡。尼嚕古躍馬突出，近侍詳袞舊作詳穩，今改。阿蘇舊作阿厮，今改。射殺之，重元衆稍退。仁先以五院部蕭塔喇舊作塔剌，今改。所居最近，亟召之，分遣人集諸軍。

先是尼嚕古廣結徒黨，而一時不能遽集。殿前都點檢耶律薩喇圖舊作撒剌竹，今改。適在圍場，聞亂，劫奚人獵夫來援，既至，聞尼嚕古已死，大慟，謂重元曰：「我輩惟有死戰，胡爲若兒戲，自取滅亡！今行宮無備，乘夜劫之，大事可濟。若俟明旦，彼將有備，安知我衆不攜貳邪！一失機會，悔將奚及！」蕭呼敦曰：「倉卒中黑白不辨，若內外軍相應，則吾事去矣。黎明而發，何遲之有！」重元聽呼敦計，令四面巡警。

是夜，呼敦率同黨擁立重元，僭位號，呼敦自爲樞密使。及旦，重元與呼敦、薩喇圖暨其黨統軍使蕭特里德、舊作迭里得，今改。興聖宮太保古迪、舊作古迭，今改。陳王特布舊作貼不，今改。等率奚人二千直犯行宮。會蕭塔喇以援兵至，北面林牙耶律迪里舊作敵烈，今改。亦赴援。耶律仁先曰：「賊勢不能久，當俟其氣沮攻之。」乃令耶律伊遜、蕭德、蕭罕嘉努、蕭惟信、耶律良等分領宿衞及援師，背營而陣，乘間奮擊，賊稍卻。罕嘉努諭諸獵夫曰：「汝曹去順效逆，徒取族滅。何若悔過，轉禍爲福！」獵夫皆投仗首服。賊黨大潰，重元率數騎走。仁先等追殺二十餘里，陣斬薩喇圖，禽特里德、古迪，殺之；呼敦單騎遁至十七澤，投水死。遼主握仁先手曰：「平亂，皆卿之功也！」

己未，遼主命捕誅逆黨，以蕭呼敦首助亂，誅其五子；詞連其父陳王孝友，併誅之。前樞密使蕭革以子爲重元婿，預逆謀，凌遲死。革得倖兩朝，恣爲姦惡，至是始正典刑，聞者快之。

尼嚕古所交結多不逞之徒：蕭特里德少不羈，好射獵，以詳衮從伐夏，失利還，旋獲罪決大杖，削爵爲民；及復用，遂附尼嚕古。古迪好戲狎，不修繩檢；膂力過人，善擊鞠。薩喇圖尤凶暴。尼嚕古所與謀者皆此類，故速敗。

庚申，重元北走大漠，度不能免，歎曰：「尼嚕古使我至此！」遂自殺。

辛酉，遼主論定亂功，許王耶律仁先進封宋王，加尚父，爲北院樞密使；遼主親製文以褒之，復命畫灤河戰圖以旌其功。趙王耶律伊遜進封魏王，爲南院樞密使。以蕭罕嘉努爲殿前都點檢，封荆王；蕭惟信加太子太傅；並賜功臣號。蕭德封漢王。耶律迪里遙授臨海軍節度使。宿衛官耶律託卜嘉等並加上將軍；諸護衛及士卒、庖夫、弩手等四百餘人，各授官有差。以耶律良首告變，命籍横帳，擢漢人行宮都部署。

遼北府宰相姚景行方以疾告歸，中道，聞重元亂，收集行旅，得三百餘騎，偕南府宰相楊績勤王，比至，賊已平。遼主嘉其忠，賜以逆人財產。

71 癸亥，遼特布訢〔訴〕爲重元所脅，命削爵，流鎮州。【考異】契丹國志載重元事，略同遼史。長編云：宗元子楚王洪孝，性陰很，興宗嘗言其目有反相，至是以其黨四百人直犯行宮，射契丹主傷臂，又傷馬。太師某掖其主，使乘己馬。殿前都點檢蕭福美引兵與洪孝戰，射殺之。宗元不勝而遁，南趨幽州，一日行五百里，明日自殺。按洪孝當即尼嚕古之漢名。遼史闕書，或削而不書也。遼主未嘗傷臂，當時平亂諸臣亦無蕭福美之名，疑長編係傳聞之誤也，今從遼史。又長編云：燕京留守耶律明與宗元通謀，領奚兵入城授甲，欲應之，副留守某將漢兵距焉。會使者以金〔牌至〕，遂禽斬明。先所遣來使者數人，悉宗元之黨也，過白溝，悉以檻車載去誅之，獨蕭福延以兄福美有功得免。所載之事，俱不見遼史。然其時南京未嘗有變，重元北走大漠，非南趨幽州也。今以遼史爲據，餘悉不取。

72 八月，庚辰，王珪議上大行皇帝謚曰神文聖武明孝，廟號仁宗。

73 辛巳，詔軍頭司引見公事如故。

司馬光言：「人君之職，有三而已：量材而授官，一也；度功而加賞，二也；審罪而刑罰，三也。材有短長，故官有能否；功有高下，故賞有厚薄；罪有大小，故罰有輕重。此三者，人君所當用心也。

伏見國家舊制，百司細事，如三司鞭一胥吏，開封府補一廂鎮之類，往往皆須奏聞；崇政殿所引公事，有軍人武藝國馬芻秣之類，皆躬親閱視。此蓋國初權時之制，施于今日，頗傷煩碎。陛下龍興撫運，聖政惟新，臣愚以爲宜令中書、樞密院檢詳中外百司自來公事須申奏取旨及後殿所引公事，其間不繫大體，非人君所宜躬親者，悉從簡省，委之有司。陛下養性安身，專念人君之三職，足以法天地之易簡，致虞舜之無爲，天下幸甚！」

74 癸巳，以生日爲壽聖節。

75 九月，庚戌，詔以皇子位爲興慶宮。既而知諫院呂誨言唐有此宮名，改曰慶寧。

76 辛亥，以皇子仲鍼爲忠武節度使、同平章事、淮陽郡王，改賜名頊；仲糾爲明州觀察使、祈〔祁〕國公，賜名顥；仲恪爲耀州觀察使、鄠國公，賜名頵。

77 戊午，上仁宗謚册于福寧殿。

78 遼蕭革既獲罪，論者追思耶律義先之言；己未，追封義先爲許王。

79 壬戌，以皇子位伴讀王陶爲淮陽郡王府翊善，皇子位說書孫思恭爲侍講，太子中允、集賢校理兼史館檢討韓維爲太常丞、充記室參軍。陶等請王受拜，不許。呂誨言：「王今未出閤，當且設師友，不宜遂置僚屬。臣欲朝廷先正陶等名位，名位既正，則禮分自安。況王年已長，當早令出閤，開府建官，翊善、侍講自爲僚屬，于事體卽無不順。」

80帝既視朝前後殿，而于聽事猶持謙抑。御史中丞王疇上疏曰：「廟社擁佑，陛下起居平安，臨朝以時，僅踰半載，而未聞開發聽斷，德音遏塞，人情缺然。臣屢嘗論奏，願陛下撥去疑貳，日與二府講評國論，明示可否；而迄今言動寂寥，中外未有所傳。此蓋議論之臣辭情淺狹，不能仰悟君聽。伏望思太祖、太宗艱難取天下之勞，眞宗、仁宗憂勤守太平之力，勉於聽決大政，以慰母后之慈，勿爲疑貳謙抑，自使盛德闇然不光也。」

81冬，十月，戊辰朔，遼主如興王寺。

庚午，以六部太保耶律哈穆舊作合木，今改。知南院大王事。

82遼主如藕絲淀。

83甲午，葬仁宗于永昭陵。（校者按：此條應移84後。）

84乙〔癸〕未，以左司郎中、知制誥張瓌爲左諫議大夫。以瓌在先朝嘗建言密定儲副，特錄其功也。

85十一月，己亥，虞主至自山陵，皇太后迎奠於瓊林苑。太后乘大安輿輦，如肩輿而差大，無扇筤，不鳴鞭，侍衞皆減章獻之半，所過起居者或呼萬歲。庚子，虞於集英殿。

先是五虞皆在途，及是六虞猶用在途之禮，帝不親祭。知制誥祖無擇、知諫院司馬光奏請親虞，御史中丞王疇亦以爲言；下禮院詳議，謂宜如無擇等奏，乃詔翼日親虞。既而帝不豫，卒令宗正卿攝事，光卽奏：「陛下幸聽臣言，命有司設親祭之禮，而今復不出，在列之臣，無不愕然自失。伏望陛下來日雖聖體小有不康，亦當勉強親祭，以解中外之惑。」然帝竟以疾故，訖九虞不能出也。

86 甲辰，帝親祭虞主而不哭，名曰卒哭。舊無卒哭之禮，于是用呂夏卿議，始行之。

87 丙午，祔仁宗神主于太廟，廟樂曰大仁之舞，以王曾、呂夷簡、曹瑋配饗廟庭。

88 己酉，減東、西二京罪囚一等，免山陵役戶及靈駕所過民租。

89 庚戌，詔：「州、軍長吏舉精於醫術者令赴闕。」

90 辛亥，遼遣蕭素等來賀卽位。

91 甲寅，賜太常少卿孔叔詹金紫。叔詹監裁造務，以勞當遷，帝不欲以卿監賞管庫之勞，故有是賜。自是以爲例。

92 是月，司馬光上皇太后疏曰：「仁宗皇帝憂繼嗣之不立，念宗廟之至重，以皇帝仁孝聰明，選擢宗室之中，使承大統。不幸踐阼數日，遽嬰疾疹，雖殿下撫視之慈，無所不至，然醫工不精，藥食未效。竊聞曏日疾勢稍增，舉措語言，不能自擇，左右之人一一上聞，致殿下以此之故，不能堪忍，兩宮之間，微相責望。羣心憂駭，不寒而栗。臣是用日夜焦心隕涕，側足累息，寧前死而盡言，不敢幸生而塞默也。伏以皇帝內則仁宗同堂兄之子，外則殿下之外甥壻，自童幼之歲，殿下鞠育於宮中，天下至親，何以過此！又，仁宗立以爲皇子，殿下豈可不以仁宗之故，特加愛念，包容其過失邪！況皇帝在藩邸之時，以至踐阼之初，孝謹溫仁，動由禮法，此殿下所親見而明知也，苟非疾疹亂其本性，安得有此過失哉！今殿下雖日夕憂勞，徒自困苦。以臣愚見，莫若精擇醫工一二人，以治皇帝之疾，旬月之間，察其進退，有效則加之以重賞，無效則威之以嚴刑。未愈之間，但宜深戒左右，謹于侍衞，其舉措語言有不合常度者，皆不得以聞，庶幾不增殿下之憂憤。殿下惟寬釋聖慮，和神養氣，以安靖國家，紀綱海內，俟天地垂佑，聖躬痊復，然後舉治平之業以授之，不亦美乎！」

光又以疏諫帝曰：「陛下齠齔爲太后所鞠育，況今日爲仁宗皇帝之嗣，承海內之大業，謂宜昏定晨省，親奉甘旨，無異於事濮王與夫人之時也。近者道路之言，頗異于是。竊惟陛下孝恭之性，著於平昔，豈一旦遽肯變更！蓋嚮者聖體未安之時，舉動言語或有差失，不能自省，而外人譌傳，妄爲增飾，必無事實。然此等議論，豈可使天下聞之也！伏望疾愈之後，親詣皇太后閤，克己自修，以謝前失，溫恭朝夕，侍養左右，使大孝之美，過于未登大位之時。如此，則上下感悅，宗社永安，今日道路妄傳之言，何能爲損也！」

呂誨上皇太后書言：「漢馬皇后鞠養章帝，勞瘁過于所生，母子慈愛，始終無纖芥之隙。伏願殿下循修以爲法度，念先帝之顧託，體聖躬之憂危，宮中間言，不可不察。」并以書勸帝盡孝道，親藥物。開陳切至，多人所難言。又乞早建東宮以固本根，杜絕闚覦，慰安人心。

方帝疾甚時，云爲多乖錯，往往觸忤太后，太后不能堪。昭陵既復土，韓琦歸自陵下，太后遣中使持一封文書付琦，琦啓之，則帝所寫歌詞并宮中過失事，琦卽對使者焚毀，令復奏曰：「太后每說官家心神未寧，語言擧動不中節，何足怪也！」及進對簾前，太后嗚咽流涕，具道所以，且曰：「老身殆無所容！」琦曰：「此病故耳，疾已，必不然。子疾，母可不容之乎！」太后不懌。歐陽修繼言曰：「太后事先帝數十年，仁德著於天下。昔溫成之寵，太后處之裕如；今母子之間，反不能容邪！」太后意稍和。修又言曰：「先帝在位歲久，德澤在人，故一日晏駕，天下奉戴嗣君，無一人敢異同者。今太后深居房闥，臣等五六書生爾，若非先帝遺意，天下誰肯聽從！」太后默然。

他日，琦等見帝。帝曰：「太后待我無恩。」琦對曰：「自古聖帝明王，不爲少矣，然獨稱舜爲大孝。豈其餘盡不孝邪？父母慈愛而子孝，此常事，不足道；惟父母不慈而子不失孝，乃爲可稱。正恐陛下事太后未至耳，父母豈有不慈者哉！」帝大感悟，自是亦不復言太后短矣。【考異】李燾曰：據韓琦家傳，謂焚歌詞時，琦在陵下，恐不然。別錄稱琦在中書，今略加删潤，其他則據蘇轍龍川別志。但別志云大臣有不預立皇子者，陰進廢立之議，既不出主名，深恐必無之，或當時宦官挾私有此議，非大臣也。如家傳所載太后問昌邑王，亦竟不知何人爲太后言此，今輒改爲左右讒間者，庶不失事實。別志又云歐陽修獨見帝，按家傳則云韓琦獨見，其勸帝盡禮于太后，語意略同。今改爲琦等共云云，或得其事之實也。

93先是十月，輔臣請如乾興故事，隻日召侍臣講讀，帝曰：「當俟祔廟畢，擇日開經筵。」尋有詔，直須來春。司馬光以爲學者帝王首務，不宜因寒暑廢，帝納其言。

十二月，己巳，始御延（邇）英閣，召侍讀、侍講講論語，讀史記。呂公著講論語不知不愠曰：「古之人，君令有未孚，人心有未服，則反身修德，而不以愠怒加之。如舜之誕敷文德，文王之皇自敬德也。」劉敞讀史記至「堯授舜以天下」，因陳說曰：「舜至側微，堯越四岳禪之以位，天地享之，百姓戴之，非有他道，惟其孝友之德光于上下耳。」二人辭氣明暢，帝竦體改容，知其以義理諷也。既退，王珪謂敞曰：「公直言至此乎！」太后聞之，亦大喜。

94乙亥，淮陽王頊出閤。

王辭兩宮，悲泣不自勝，太后亦泣，慰諭遣之，自是日再入朝。

95以仁宗御書藏寶文閣，命翰林學士王珪撰記立石。

96庚辰，命翰林學士王珪、賈黯、范鎮撰仁宗實錄，集賢校理宋敏求、直祕閣呂夏卿、祕閣校理韓維並充檢討官。敏求時知亳州，特召用之。

97 是歲，遼復以蕭珠澤舊作朮哲，今改。爲西北路招討使。珠澤既涖官，珠澤前爲呼敦所陷，呼敦既死，時議稱其先爲招討，威行諸部，故復任。訓士卒，增器械，省追呼，嚴號令，人不敢犯，邊境晏然。

98 夏改元拱化。

續資治通鑑卷第六十二

賜進士及第兵部尚書兼都察院右都御史總督湖北湖南等處地方軍務兼理糧餉世襲二等輕車都尉 畢沅 編集

宋紀六十二 起閼逢執徐(甲辰)正月，盡十二月，凡一年。

英宗體乾應曆隆功盛德憲文肅武睿聖宣孝皇帝

帝名曙，濮安懿王第十三子，母曰仙遊縣君任氏，明道元年正月三日，生于宣平坊第。初，王夢兩龍與日並隨，以衣承之，復戲于空中。其一龍視王曰：「吾非王所能有也。」及帝生，赤光滿室，或見黃龍游光中。四歲，仁宗養於內，寶元二年，豫王生，乃歸濮邸。帝天性篤孝，好讀書，不爲燕嬉褻慢，服御儉素如儒者。景祐三年，賜名宗實，授左監門衛率府副率，累遷右衛大將軍、岳州團練使。嘉祐七年八月，立爲皇子，改今名。

治平元年 遼清寧十年。(甲辰、一〇六四)

1 春，正月，丁酉朔，改元。

2 戊戌，太白晝見。

3 景靈宮使、武寧節度使、同平章事宋庠請老，【考異】宋史庠傳：英宗即位，移鎭武軍，「軍」蓋「寧」

之譌，今依長編改正。帝初即位，以大臣故，未忍遽從，乃命判亳州。

庠前後所至，以愼靜爲治；晚，愛信幼子，頗致物議。至是諫官呂誨請敕庠不得以二子隨，帝曰：「庠老矣，柰何不使其子從之乎！」

4 癸丑，詔減壽聖節所賜師號、紫衣、祠部戒牒。故事，聖節所賜三百道，而貴妃、修儀、公主猶別請。至是減爲二百，而別請者在數中。

5 甲寅，雄州奏：「歸信容城縣報遼人追賊，有七騎奔入南界，逐出之。」詔河北沿邊安撫司：「北界賊盜來奔，卽逐出；若有劫略，捕送本國；如婦女老小避賊入境，善諭遣之。」

6 遼南府宰相楊續出知興中府。

7 知唐州、司農少卿趙尙寬再任歲滿，特遷光祿少卿，賜錢二十萬，復留；尋以母喪去。尙寬在唐州，前後凡五年，修舊起廢，興輯勸課，有實效焉。

8 同知諫院呂誨奏：「先朝兩府及臺諫官奏對，卽左右近侍悉引避於兩廡，故從容論議，事無泄於外者。臣近登對，皆不引避，立於殿隅板門之內。欲乞指揮，自今引避如故事。」從之。

9 辛酉，詔以仁宗配饗明堂。

初，禮院奏乞與兩制同議仁宗當配何祭。故事，冬、夏至祀昊天上帝、皇地祇，以太祖配；正月上辛祈穀，孟夏雩祀，孟冬祭神州地祇，以太宗配；正月上辛祀感生帝，以宣祖配；季秋大饗明堂，祀昊天上帝，以眞宗配。

翰林學士王珪等議：「唐代宗卽位，用禮儀使杜鴻漸等議，季秋大饗明堂，以考肅宗配昊天上帝；德宗卽位，亦以考代宗配。王涇郊祀錄注云，卽孝經周公嚴父之道。今請循周公嚴父之道，以仁宗配饗明堂。」

知制誥錢公輔議：「謹按孝經曰：『昔者周公郊祀后稷以配天，宗祀文王於明堂以配上帝。』又曰：『孝莫大於嚴父，嚴父莫大於配天，則周公其人也。』以周公言之則嚴父，以成王言之則嚴祖。方是之時，政則周公，祭則成王，亦安在乎必嚴其父哉！夫眞宗則周之武王，仁宗則周之成王，雖有配天之業，而無配天之祭，未聞成、康以嚴父之故，廢文王之祭而移之。以孔子之心推周公之祭，則嚴父也；以周公之心攝成王之祭，則嚴祖也；嚴祖、嚴父，其義一也。當始配之代，適符嚴父之說，章、安二帝亦弗之變，最爲近古而合乎禮。唐中宗時，則以高宗配；在玄宗時，則以睿宗配；在永泰時，則以肅宗配。禮官杜鴻漸、王涇輩，不能推明經訓，務合古初，反雷同其論以惑時主，延及於今，牢不可破。當眞宗嗣位之初，儻有建是論者，則配天之祭當在乎太宗矣。願詔有司博議，使配天之祭不膠於嚴父，而嚴父之道不專乎配天。」於是又詔臺諫及講讀官與兩制、禮院再詳定以聞。

御史中丞王疇以爲珪等議遺眞宗不得配，公輔議遺宣祖、眞宗、仁宗俱不得配，於禮意未安。乃獻議曰：「在易：『先王作樂崇德，薦之上帝以配祖、考』。然則祖、考配帝，從來遠矣。請依王珪等議，奉仁宗皇帝配饗明堂，以符大易配考之説，孝經嚴父之禮；奉遷眞宗配孟夏雩祀，以放唐貞觀、顯慶故事；太宗皇帝依舊配正月上辛祈穀、孟冬祭神州地祇，餘依本朝故事。如此，則列聖並侑，對越昊穹，厚澤流光，垂裕萬祀。必如公輔之議，則陷四聖爲失禮，導陛下爲不孝，違經戾古，莫此爲甚。」

知諫院司馬光、呂誨議曰：「孝子之心，孰不尊其父！聖人制禮以爲之極，不敢踰也。孔子以周公有聖人之德，成太平之業，制禮作樂，而文王適其父，故引之以證聖人之德莫大於孝，答曾子之問而已，非謂凡有天下者皆當以其父配天，然後爲孝也。近世祀明堂者皆以其父配上帝，此乃誤釋孝經之意而違先王之禮。景祐中，以太祖爲帝者之祖，比周之后稷；太宗、眞宗爲帝者之宗，比周之文、武；然則祀眞宗於明堂以配上帝，亦未失古禮。仁宗雖豐功美德洽於四海，而不在二祧之位。議者乃欲捨眞宗而以仁宗配，恐於祭法不合；又以人情言之，是黜祖而進父也。必若此行之，不獨違禮典，恐亦非仁宗之意。臣等竊謂宜遵舊禮，以眞宗配五帝於明堂爲便。」

觀文殿學士、翰林侍讀學士孫抃等奏：「謹按易稱『先王作樂崇德，薦之上帝以配祖、考。』蓋祖、考並可配天，符於孝經之說，可謂必嚴其父也。祖、考皆可配郊與明堂而不同位，不可謂嚴父、嚴祖其義一也。雖周家不聞廢文配而移於武，廢武配而移於成，然易之配考，孝經之嚴父，歷代循守，固亦不爲無說。仁宗繼體保成，致天下于大安者四十二年，功德可謂極矣。今祔廟之始，遂抑而不得配帝，甚非所以宣章嚴父之大孝。臣等參稽舊典，博攷公論，敢以前所定議爲便。」詔從抃等議。【考異】李燾曰：王疇議，實錄、本志及會要並不載，今于疇傳內掇出增入。詔文云「臺諫講讀再詳定」，孫抃，講讀官也，王疇，臺官也，司馬光，諫官也。

10 二月，戊辰，命韓琦提舉修撰仁宗實錄。

11 辛未，令西京左藏庫副使、緣界河巡檢都監趙用再任，從高陽關及河北緣邊安撫司之請也。

用，才武果敢而熟邊事，虜人以鹽船犯邊禁者，用剖船而沈之。虜人畏用，以其出常乘虎頭船，謂之「趙虎頭」。

12 己卯，詔春分祀高禖，罷用弓矢、弓韣、進酒脯及宮人飲福、受胙之禮，以在諒闇故也。

13 是月，遼禁南京民決水種粳稻。

14 三月，丁酉朔，詔：「三司用內藏庫錢三十萬貫修奉仁宗山陵，依乾興例蠲其半，餘聽漸還。」

15命入內都知任守忠、權戶部副使張燾提舉三司修造案。句當公事張徽作仁宗神御殿于景靈宮西園，殿成，名曰孝嚴，別殿曰寧眞。燾因請圖乾興文武大臣于殿壁。繪像自此始。京師賦麴於酒，戶有常籍，無論售與不售，或至破產以償。燾請廢歲額，嚴禁令，隨所用麴多寡以售，自是課增數倍。嘗與三司使議鑄錢事，帝詰難，皆不能對，燾徐開陳，帝是之，既退，令左右記姓名。燾，亢兄子也。

16己酉，司馬光言：「竊聞近日陛下聖體甚安，奉事皇太后，昏定晨省，未嘗廢闕，豈獨羣臣百姓之福，乃宗廟社稷之福也。陛下既爲仁宗之後，皇太后卽陛下之母。今濮王既沒，陛下平生孝養未盡之心，不施之於皇太后，將何所用哉！今陛下已能奉養如禮，而臣復區區進言者，誠欲陛下始終無倦，外盡其恭，內盡其愛，使孝德日新，以協天下之望而已。若萬一有無識小人，以細末之事離間陛下母子，不顧國家傾覆之憂而欲自營一身之利者，願陛下付之有司，明正其罪，使天下曉然皆知陛下聖明仁孝，不負大恩，而讒佞不能間也。」

光又言：「竊見祖宗之時，閒居無事，嘗召侍從近臣，與之從容講論，至於文武朝士、使臣、選人，凡得進見者，往往召之使前，親加訪問。所以然者，一則欲使下情上通，無所壅蔽，一則欲知其人能否，才器所任也。今陛下與當世士大夫未甚相接，民間情僞未甚盡知，宜詔侍從近臣，每日輪一員直資善堂，夜則宿於崇文院，以備非時宣召。其餘羣臣進見及奏事者，亦望稍解嚴重，細加訪問，以開廣聰明，裨益大政。」

他日，光進對，又言：「皇太后，母也；陛下，子也。皇太后母儀天下已三十年，陛下新自藩邸入承大統，萬一兩宮有隙，陛下以爲誰逆誰順，誰得誰失？又，仁宗恩德在民，藏於骨髓，陛下受其大業而無以報之，將何以慰天下之望！凡人主所以保國家者，以有威福之柄也。今陛下卽位將近期年，而朝廷政事，除拜賞罰，一切委之大臣，未嘗詢訪事之本末，察其是非，有所予奪。臣恐上下之人，習以爲常，威福之柄，寖有所移，則雖有四海之業，將何以自固！凡此利害之明，有如白黑，取捨之易，有如反掌，陛下今日回意易慮，猶爲未晚。若固守所見，終無變更，臣恐日月寖久，釁隙愈深，不可復合，威權已去，不可復收，後雖悔之無及已。」

光尋以言不用，懇求外補，帝令宰臣宣諭曰：「卿所言事，略皆施行。且供諫職，未須求出。」光復奏：「臣鄉所言二事，若不能行，雖日待（侍）丹扆，有何所益！若奉養之禮，日增月益，訪求治道，勤勞不倦，使慈母歡欣於上，百姓安樂於下，則臣雖在遠方，亦猶在陛下之側也。」

17 呂誨言：「近日聖體平復，而萬機之事，未聞親決。議者謂陛下避讓，有所待焉；果如是，恐未爲順。兩漢而下，母后臨朝者，皆嗣君沖幼，親爲輔翊，並坐簾幃之下，專其聽斷；

幼君既長，故有復辟之議。今日之事，有異於是。先帝拔陛下於宗族之中，以賢且長，付託之意，正爲今日也。當陛下違豫之時，非皇太后內輔，則政無所寄；大臣建策於國，忠也。然而陛下臨朝御前殿，百官朝罷，兩府大臣方至內東門，是綱領柄權皆在於手，陛下自未專決，何所待也！伏望宸衷感悟，無以此爲念。唯內勤孝養，率中宮盡禮，則婦姑之情相接，母子之愛益親。躬修政務，操持威福，日與近臣講求治道，事無過舉，自然皇太后慰安，恩意無間，燕適深宮，優游清淨，含飴弄孫，不復關政，豈非皇太后之心邪！」

誨遂言于皇太后曰：「殿下保佑聖子積三十年，輔翊又踰期歲，寰宇寧泰，廟社安固，慈恩至矣，聖功大矣。然以萬機浩繁，勞身焦思，曾未少休，非所以燕怡福壽之本也。況皇帝躬親治事，勤厲如此，在于聖慮，應已慰安。臣愚以謂東殿簾幃，宜五七日一御，咨詢大臣，無俾曠事，庶少均暇逸，於翊政之道亦無所損。豫宣敎命，誕告朝廷，外形謙讓之宜，中遂優游之樂，上順天道，下厭羣情，享是全美，豈不休哉！」

18 夏，四月，辛未，詔以河北州縣官吏補義勇不足，令轉運司劾治。都轉運使趙抃奏：「初受詔，官多已罷，吏多死徙。今官吏多新至，若皆治，則新至者被罪。請以歲盡爲限，不足乃劾治。」詔從之，其河災州軍，令以漸補。

初，抃至大名，時賈昌朝以故相守魏。抃欲按視府庫，昌朝遣其屬來告曰：「前此監司，未有按視吾藏者，公雖欲舉職，恐事無比，柰何？」抃曰：「捨大名，則列郡不服矣。」卽往視之。昌朝初不說，及是官吏以募義勇不足，當坐者八百餘人，抃奏請寬之，坐者得免而募亦隨足，昌朝乃愧服。

19 丁丑，權御史中丞王疇上疏，請車駕行幸以安人心，於是執政及諫官相繼有請，帝曰：「當與太后議之。」韓琦以白太后，太后曰：「上疾新愈，恐未可出。」琦曰：「上意亦自謂可出矣。」太后曰：「今素仗皆未具，更少須。」琦曰：「此細事，不難辦也。」乃詔有司擇日以聞。

20 先是司馬光言：「前代帝王升遐，後宮下陳者，盡放之出宮，還其親戚，所以遂物情，重人世，省浮費，遠嫌疑也。竊惟先帝恭儉寡欲，後宮侍左右，承寵渥者至少，而享國日久，歲增月積，掖庭之間，宂食頗衆，陛下以哀卹之初，未忍散遣。今山陵祔廟，大禮俱畢，謂宜舉前代故事，應先帝後宮非御幸有子及位號稍貴幷職掌文事之人，其餘皆給與粧奩，放遣出外，各令歸其親戚，或使任便適人。書之史册，亦聖朝一美事也。」癸未，放宮人百三十五人。

【考異】長編作三百三十五人，今從宋史本紀。

21 甲申，御邇英閣，諭內侍任守忠曰：「方日永，講讀官久侍對未食，必勞倦。自今視事畢，不俟進食，卽御經筵。」故事，講讀畢，拜而退，帝命毋拜。後遂以爲常。

帝自卽位感疾，至是猶未全安，每不喜進藥。呂公著講論語「子之所愼齋、戰、疾」，因言：「有天下者，爲天地、宗廟、社稷之主，其於齋戒祭祀必致誠盡恭；古之人君，一怒則伏尸流血，故於興師動衆不可不謹；至於人之疾病，常在乎飮食起居之間，衆人所忽，聖人所謹，況於人君，任大守重，固當節嗜欲，遠聲色，近醫藥，爲宗廟自愛，不可不謹。」帝爲之動容。後因輔臣奏事，語及公著，歐陽修曰：「公著爲人恬靜而有文。」帝曰：「比於經筵講解甚善。」

22司馬光言：「伏見權御史中丞王疇建言，乞陛下循眞宗故事，幸諸寺觀祈雨，朝廷雖從其請，至今車駕未出。臣愚以爲車駕暫出，近在京城之內，亦何必拘瞽史之言，選揀時日！伏望斷自聖心，於一兩日間，車駕早出，爲民祈雨，以副中外之望。」甲午，祈雨於相國、大淸寺、醴泉觀。帝久不豫，至是士庶瞻望，歡呼相慶。

23五月，己亥，詔：「自今水旱，命官禱於九宮貴神。」從胡宿言也。

24丁未，命天章閣待制呂公著同修起居注，邵必編集仁宗御製。

25戊申，皇太后出手書付中書，還政。

先是帝疾稍愈，自去年秋，卽間日御前後殿視朝聽政，兩府每退朝，入內東門小殿覆奏太后如初。韓琦欲還政天子，而御寶在太后所；乃因帝祈雨還，令御寶更不入太后閤。

嘗一日取十餘事稟帝裁決，悉皆允當。琦退，與同列相賀，因謂曾公亮等曰：「昭陵復土，琦卽合求退；顧上體未平，遷延至今。上聽斷不倦如此，誠天下大慶。琦當於簾前先白太后，請一鄉郡，須公等贊成之。」于是琦詣東殿，覆奏帝所裁決十餘事，太后每事稱善。同列既退，琦獨留，遂白太后求去，太后曰：「相公安可退！我當居深宮，卻每日在此，甚非得已。」琦曰：「前代如馬、鄧之賢，不免貪戀權勢；今太后便能復辟，誠馬、鄧所不及。」因再拜稱賀，且言：「臺諫亦有章疏乞太后還政，未審決取何日撤簾？」太后遽起，琦卽厲聲命儀鑾司撤簾；簾既落，猶於御屏後微見太后衣也。【考異】李燾曰：太后還政撤簾事，據蔡氏直筆、邵氏見聞錄并參取韓琦家傳及王巖叟別錄。其家傳所載太后不樂還政等語，皆虧損聖德，且非事實，今並削去。直筆誤云琦告樞相文彥博，亦不取。

庚戌，帝始日御前後殿。

26 御史中丞王疇上疏曰：「今陛下南向負扆以臨羣臣，原其本始，由皇太后擁翊顧復而然；而推避威福，能以國柄專歸陛下，雖古之賢后，不能加也。請詔二府大臣講求所以尊崇母后之禮。若朝廷嚴奉之體，與歲時朔望之儀，車服承衞之等威，百司供擬之制度，他時尊稱之美號，外家延賞之恩典，凡可以稱奉親之意者，皆宜優異章大，以發揚母后之功烈，則孝德昭於天下矣。」帝從之。卽日，詔中書、樞密院參議尊崇皇太后儀範以聞。

27 辛亥，帝問執政：「積弊甚衆，何以裁救？」富弼對曰：「須以漸釐改。」又問：「以寬爲治如何？」吳奎對曰：「聖人治人固以寬，然不可以無節。書曰：『寬而有制，從容以和。』」又問前代宗室，弼對曰：「唐時名臣，多出宗室。」奎曰：「祖宗時宗室皆近親，然初授止於殿直、侍禁、供奉官，不如今之過也。朝廷必爲無窮計，當有所裁損。」

28 壬子，詔：「皇太后令稱聖旨，出入唯不鳴鞭，他儀衞如章獻明肅太后故事；有所取索，本閤使臣錄聖旨付所司；其屬中書、樞密院，使臣申狀，皆覆奏，即施行。」

丙辰，上皇太后宮殿名曰慈壽，加宣徽北院使、保平節度使、判鄆州曹佾同平章事。初議除拜，帝以問宰相韓琦，琦曰：「陛下推恩元舅，非私外戚也。」以問樞密使富弼，弼對如琦。遂降制，而太后持其制弗下；帝固請，乃許。

29 學士院奏詳定改律敕官文書與御名同者凡二十字，餘令依此以音義改避，從之。

30 壬戌，以帝康復，命輔臣謝天地、宗廟、社稷及宮觀。

31 癸亥，宰臣韓琦等奏請尊禮濮安懿王及譙國太夫人王氏、襄國太夫人韓氏、仙游縣君任氏，詔須大祥後議之。

32 司馬光上皇太后疏曰：「竊聞道路之言，近日皇帝與皇后奉事殿下，恭勤之禮，甚加於往時；而殿下遇之太嚴，接之太簡，或時進見，語言相接，不過數句，須臾之間，已復遣去；

如此，母子之恩，如何得達；婦姑之禮，如何得施？推其本原，蓋由皇帝遇疾之際，宮省之內，必有讒邪之人，造飾語言，互相間諜，遂使兩宮之間，介然相失，久而不解。殿下濬發慈旨，卓然遠覽，舉天下之政歸之皇帝，此乃宗廟生民之福。然臣竊料讒邪之人，心如沸湯，愈不自安，力謀離間。願深察其情，勿復聽納，遠斥其人，勿置左右，使兩宮之歡，一皆如舊。則殿下坐享孝養，眉壽無疆，國家乂安，名譽光美；其與信任讒慝，猜防百端，終日戚戚，憂憤生疾者，得失相去遠矣。」

33 閏月，癸酉，步軍都虞候、端州防禦使、知雄州趙滋卒，贈遂州觀察使。

滋在雄州六年，遼人憚之。遼大饑，舊制，米出塞不得過三斗。滋曰：「彼亦吾民也。」令出米無所禁，邊人德之。馭軍嚴，戰卒舊不服役，滋役使如廂兵，莫敢有言。繕治城壁樓櫓，至于簿書米鹽，皆有條法。性尤廉謹，月得公使酒，不以入家。然傲愎自譽，此其短也。

34 戊寅，帝問執政：「唐明皇治致太平，末年何以至此？」富弼對曰：「明皇初平內亂，厲精求理，爲政得人，所以治安；末年任非其人，遂至禍亂。人主惟在擇人，決不可使姦人當國事也。」吳奎曰：「明皇用王忠嗣統制萬里，可矣；安祿山之桀黠，亦令統制萬里，安得不兆亂乎！」帝皆以爲然。

35 己丑，以御史中丞王疇爲翰林學士。召樞密直學士、吏部郎中、知瀛州唐介爲右諫議大夫、權御史中丞。帝面諭介曰：「卿在先朝有直聲，今出自朕選，非由左右言也。」

先是翰林學士馮京，數請解開封府事補外，帝問輔臣曰：「京曷爲求去？」韓琦曰：「京領府事頗久，必以繁劇故求去耳。」又問：「京爲人何如？」琦曰：「京在開封歲餘，處事無過，求之高科中，有足嘉者。」又問：「賈黯何如人？」歐陽修曰：「黯爲人剛直，但思慮或有不至耳。」琦因言：「羣臣邪正，皆陛下所知，至於進退，實係天下利害，不可不察。」

36 六月，己亥，進封皇子淮陽郡王頊爲潁王，仍令所司擇日備禮册命。

37 增置宗室學官。詔大宗正：「教授有不職者，輒舉以聞。」

38 癸卯，貢院奏：「準皇祐四年詔，娶宗室女補官者，不得應舉。按貢舉條制，進納及工商雜類有奇才異行者，亦聽取解。今宗室壻皆三世食祿，有人保任，乃得充選，豈可以姻連皇族，遂同贓私罪戾之人！乞許其應舉，以廣求賢之路。」從之。

39 丙午，宰臣韓琦等表請序位在潁王下，詔答不允。

40 帝既命增置宗室學官，以謂宗室數倍于前，而宗正司事亦滋多；丁未，復增置同知大宗正事一員，以左龍武衞大將軍、寧州防禦使宗惠爲懷州團練使，領其職，且降詔申警之。宗惠，允升子也，帝在藩邸知其賢，故擢用焉。謝日，告以選任之意。宗惠乃即所居築堂曰聞義，日與學士大夫講肄其間，以身倡率宗屬。兩召對延和殿，許條奏朝政，由御藥院進入。

41戊申，詔：「大赦繫位，皇子頊在富弼上，顥在宋庠下。」

42辛亥，詔增邈川首領嘉勒斯賚舊作唃廝囉，今改。年賜，又增其妻子孫及親信穹廬官封。

43作睦親、廣親北宅於芳林園，徙密州觀察使宗旦等七人。其後有求徙者，又廣宅而徙焉。

44知太原府陳旭言母老，請揚、湖、越一州，庶便奉養；以邊臣當久任，難於屢易，不許。

45乙卯，帝謂宰臣曰：「程戡何如人？」對曰：「戡在鄜延已三歲，習邊事。」帝曰：「延州都監高遵教卒，戡數言其能績，乞加贈卹。此高瓊族子，朕知其爲庸人也，戡必以后故耳。大臣苟如此，朕何所賴焉！」

46戊午，以淮陽郡王府翊善王陶爲潁王府翊善，賜金紫；記室參軍韓維爲直集賢院、諸王府記室參軍；侍講孫思恭爲直集賢院、諸王府侍講。時淮陽郡王進封潁王，而東陽郡王顥又將出閤，故遷陶，命兼翊善東陽，而維、思恭爲兩王記室、侍講。

潁王性謙虛，眷禮宮僚；遇維尤厚，每事諮訪，維悉心以對，至於起拜、進止，緩急皆陳其節。一日，侍王坐，近習以弓樣靴進，維曰：「王安用舞靴？」王亟令毀去。帝始疾甚，時出語頗傷太后，太后泣告輔臣，并咎兩王，維等極諫曰：「上已失太后歡心，王盡孝恭以繼之，猶懼不逮；不然，父子俱受禍矣！」王感悟。他日，太后謂輔臣曰：「皇子近日殊有禮，皆卿等擇宮僚所致，宜召至中書褒諭之。」曹佾之除使相也，王欲使維等傳太后意於輔臣，維及思恭不可，王卒使陶言之。維及思恭戒王曰：「陛下親總萬機，內外上下，事體已正，王當專心孝道，均養三宮而已，他勿有所預也。」

47 辛酉，太白晝見。

48 太常寺奏：「仁宗配饗明堂，奠幣用誠安之曲，酌獻用德安之曲。」

49 駕部郎中路綸獻其父振所撰九國志五十卷，詔以付史館。振在眞宗時知制誥；九國者，吳、南唐、閩漢、南漢、楚、西楚、吳越、蜀、後蜀也。

50 壬戌，歲星晝見。

51 癸亥，工部尚書、集賢院學士余靖卒，贈刑部尚書，謚曰襄。

52 秋，七月，庚午，詔：「自今勿以孔氏子弟知仙源縣。」從京東提點刑獄王綱所言，以重長民之官也。

53 壬申，遼決諸道囚。

54 丙子，以邈川首領嘉勒斯賚子誠州團練使棟戩舊作董氈，今改。爲順州防禦使。

55 辛巳，遼禁僧尼私詣行在，妄述禍福，誘取財物。

56 八月，壬寅，遼主如懷州，謁太宗、穆宗廟。

57 丙辰，以宣政使、入內都知、安靜軍留後任守忠爲保信節度副使，蘄州安置。

初，帝爲皇子，令守忠宣召，守忠避不肯行；及帝即位不豫，遂交搆兩宮間。于是又擅取奉宸庫金珠數萬兩以獻皇后，因受賞賜，司馬光、呂誨交章劾之。光言：「守忠有大罪十，皆陛下所親見，衆人所共知，其餘欺慢爲姦、恣橫不法事，不可勝言，伏望陛下盡發其罪，明示四方，斬于都市，以懲姦慝。」帝納其言，翼日，遂黜守忠。【考異】李燾曰：文潞公私記：治平元年八月，諫官司馬光、呂誨，言入內都知任守忠交鬭宮闈，光又疏其十罪，乞斬之。時富弼爲樞相，乞行諫官之言，英宗命竄逐之。弼與中書同奏事殿上，宰相韓琦進曰：「陛下登極之時，守忠亦頗有勞，願少寬之。」弼奮而前曰：「先帝親授陛下以大器，皇太后協贊有功，陛下宜追先帝顧復之恩，報太后擁佑之力，而此輩乃自云某人有功，某人有勞，臣不知此何等語，且將置先帝與太后於何地邪！」上韙弼之言，于是琦悚然失色，卻立數步。邵氏見聞（聞見）錄：治平初，英宗即位，有疾，宰執請光獻太后垂簾同聽政。有入內都知任守忠者，姦邪反復，間諜兩宮；時司馬溫公知諫院，呂諫議爲侍御史，凡十數章請誅之。英宗雖未施行，宰相韓魏公，一日出空頭敕一道，參政歐陽公已簽，參政趙槩難之，問歐陽公曰：「何如？」歐陽公曰：「第書之，韓公必自有說。」魏公坐政事堂，以頭子句任守忠立庭下，數之曰：「汝罪當死！竄蘄州團練使、蘄州安置。」取空頭敕塡之，差使臣即日押行，其意以謂少緩則中變也。歐陽公言：「吾爲魏公作晝錦堂記，公垂紳正笏，不動聲氣，措天下于泰山之安者」，蓋以此。按二書所載不同，私記毀琦特甚，見聞錄譽琦又過當，今並不取。

58丁巳，以上供米三萬石賑宿、亳州水災飢民。

59九月，丁卯，詔復置武舉。

60初，有詔以是日開邇英閣，至重陽節當罷。侍講呂公著、司馬光言：「先帝時，無事常開講筵，近因聖體不安，遂于端午及冬至以後盛暑盛寒之際，權罷數月。今陛下初政清明，宜親近儒雅，講求治術，願不惜頃刻之閒，日御講筵。」從之。

61丁丑，禮院奏：「準畫日孟冬薦饗太廟，改爲祫祭。按春秋，閔公即位二十二月，喪未除而行吉禘，三傳譏之。眞宗以咸平二年六月喪除，至十月乃禘祭。仁宗天聖元年四月在諒陰，有司誤通天禧舊禘之數，在再期之內，按行禘祭，故四十二年之間，九禘八祫，例皆太速，事失於始，則歲月相乘，不可得而正矣。今年未大祥，未可祫，明年未禫，亦未可禘。今年十月，乞依舊時饗。」從之。

62辛巳，贈安遠軍節度使馬懷德家請謚；禮院奏懷德已葬，難定謚，從之。

63翰林侍讀學士劉敞，以疾告滿百日，求便郡，帝謂執政曰：「如劉敞豈易得邪！」復賜以告；每燕見諸學士，必問敞疾少間否。癸未，命敞知衞州；未行，改汝州。三司言敞再得告，例不當給俸，詔令特給。

64戊子，詔兔龍圖閣直學士兼侍讀李東〔柬〕之進讀，以其自陳有疾，求致仕也。帝謂東

〔柬〕之曰：「卿耆儒通識，期於咨訪以輔不逮，豈止經術而已！」

先是帝亟欲肅正宮省，柬〔柬〕之諫曰：「陛下，長君也，立自齊邸，人方觀望，願曲爲容覆。」嘗令押賜潁王生日禮物，故事，王拜賜竟即退，帝諭王，令留柬〔柬〕之食，冀其從容也。翼日見帝，具道王英睿仁厚，社稷之福，帝甚悅。

65先是夏國賀登極進奉人吳宗等至順天門，欲佩魚及以儀物自從，引伴高宜禁之，不可；留止廐置一夕，絕供饋。宗出不遜語，宜折之如故事，良久，乃聽入。及賜食殿門，訴於押伴張覲，詔令還赴延州與宜辨。宜者，延州所遣也。程戡授詔通判詰之，宗曰：「引伴謂『當〔用〕一百萬兵，逐入賀蘭穴』，此何等語也！」通判曰：「聞使人目國主爲少帝，故引伴有此對，是失在使人，不在引伴。」宗沮服。庚寅，賜諒祚詔，戒以自今宜精擇使人，毋俾生事。司馬光、呂誨乞加高宜罪，不報。

66是秋，夏數出兵寇秦鳳、涇原，鈔熟戶，擾邊寨弓箭手，殺掠人畜以萬計，詔遣文思副使王無忌齎詔詰問。

司馬光言：「周書稱文王之德曰：『大邦畏其力，小邦懷其德。』蓋言諸侯傲很不賓，則討誅之；順從柔服，則保全之。不避強，不陵弱，此王者所以爲政於天下也。伏見去歲先帝登遐，諒祚遣使者來致祭，延州差指使高宜押伴入京，宜言語輕肆，傲其使者，侮其國主，使者臨辭自訴于朝。臣當時與呂誨上言，乞加宜罪，朝廷忽略此事，不以爲意，使其怨懟歸國。今諒祚招引亡命，點集兵馬，窺邊伺境，攻圍堡寨，驅脅熟戶八十餘族，殺掠弓箭手約數千人，悖逆如此，而朝廷乃更遣使齎詔撫諭。彼順從則侮之，傲很則畏之，無乃非文王所以令諸侯乎！若使臣至彼，諒祚稽首服罪，禁止侵掠，猶或可赦；若復拒違王命，辭禮驕慢，侵掠不已，未知朝廷將何以待之？伏望陛下博延羣臣，訪以御邊之策，擇其善者而力行之。方今救邊之急，宜若奉漏甕沃焦釜，猶恐不及，豈可外示閒暇而養成大患也！」

67 壬辰，【考異】遼道宗紀本書十月壬辰朔。李銳據朔考，知此月宋、遼異朔，宋以癸巳爲十月朔，則壬辰乃九月晦也。宋曆較遼爲密，今從宋朔爲定，故附於九月末。遼主幸中京，皇子梁王濬從遼主獵，矢連發三中。遼主顧左右曰：「朕祖宗以來，騎射絕人，威震天下。是兒雖幼，不墜其風。」後遇十鹿，射獲其九，遼主喜，爲設宴。

68 冬，十月，庚子，帝閱諸軍班直將校武藝，擢授有差。

69 辛丑，直祕閣、同知禮院周孟陽告謝，詔閤門引對於延和殿久之。自是數召見，訪以時事，最後至隆儒殿，在邇英閣後苑中，羣臣所未嘗至也。

70 癸卯，禮院奏：「魏國公宗懿無後，濮王無嫡孫。故事，宗室推本位最長者承襲，瀛州防禦使宗樸，濮王第二子，今于本位最長。」詔封宗樸襲岐國公。

71 戊午，遼禁民間私刊印文字。先是遼書禁甚嚴，有以書傳入宋地者，罪至死。至是復行此禁。

72 庚申，翰林學士賈黯奏：「近詔令內外薦舉文武官堪備升擢及將領任使，臣見頃者下詔薦士，或其人已有薦者，而有他人薦之，則例皆責以別舉。臣愚謂宜無限重複，可擇所薦多者特加擢用，則庶幾得人。」從之。

73 十一月，甲子，詔中外文字不得連用「受益」二字，以翰林學士賈黯奏仁宗舊名，所當避也。

74 遼定吏民衣服之制。

75 乙亥，命屯田郎中徐億、職方員外郎李師錫、屯田員外郎錢公紀刺陝西諸州軍百姓爲義勇。

初，宰相韓琦言：「古者籍民爲兵，數雖多而贍養至薄。唐置府兵，最爲近之；天寶以後，廢不能復。今之義勇，河北幾十五萬，河東幾八萬，勇悍純實，出于天性，而有物力資產，父母妻子之所係，若稍加簡練，與唐之府兵何異！陝西當西事之初，亦嘗三丁選一丁爲弓手，其後刺爲保捷正軍。及夏國納款，朝廷揀放，於今所存者無幾。河北、河東、陝西三路，皆西北控禦之地，事當一體。請於陝西諸州亦點義勇，止刺手背，一時不無小擾，終成長利。」詔從之。乃遣籍陝西義勇，得十五萬六千八百七十三人。

于是知諫院司馬光累奏，以爲：「今議者但怪陝西獨無義勇，不知陝西之民，三丁已有一丁充保捷矣。西事以來，陝西困于科調，比於景祐以前，民力減耗三分之二，加以近歲屢遭凶歉，今秋方獲小稔，且望息肩；又值邊鄙有警，衆心已搖，若更聞此詔，必大驚擾。況即日陝西正軍甚多，不至闕乏，何爲遽作此有害無益之事！以臣愚見，河北、河東已刺之民，猶當放還，況陝西未刺之民乎！」帝弗聽。光又六奏，及申中書自劾求去，亦終弗許。

嘗至中書與韓琦辨，琦謂光曰：「兵貴先聲，諒祚方桀傲，使聞陝西驟益二十萬兵，豈不震慴！」光曰：「兵之貴先聲，爲無其實也，獨可以欺之於一日之間耳；少緩則敵知其情，不可復用矣。今吾雖益二十萬兵，實不可用；不過十日，西人知其詳，寧復懼乎！」琦不能答，復曰：「君但見慶曆間陝西鄉兵初刺手背，後皆刺面充正軍，憂今復然耳。今已降敕榜與民約，永不充軍戍邊。」光曰：「朝廷嘗失信于民，未敢以爲然，雖光亦不能無疑也。」琦曰：「吾在此，君無憂。」光曰：「相公長在此可也；萬一均逸偃藩，他人在此，因相公見成之兵，遣使運糧戍邊，反掌間事耳。」琦默然，竟不爲止。其後十年，義勇運糧戍邊，率以爲常矣。

76丁丑，遼以乾文閣經籍多闕，下詔求書，命儒臣校讎。

77己卯，知桂州陸詵奏交趾使所議事，帝因問：「交趾於何年割據？」輔臣對：「自唐至德中改安南都護府，梁正明中，土豪曲成美專有此地。」韓琦曰：「向以黎桓叛命，太宗遣將討伐不服，後遣使招誘，乃始效順。山路險僻，多潦霧瘴毒之氣，雖得其地，恐不能守，但當懷柔之耳。」

是冬，詵始按邊至邕州，召左右江四十五峒首領詣麾下，閱簡土丁，得精兵五萬，補置將校，更鑄印給之，奏免兩江積欠稅物數萬。交趾大恐，因遣使朝貢，辭禮滋益恭。其後詵又奏請每歲一教土丁，仍自今三歲一造籍以聞。

78以屯田員外郎、知襄邑縣范純仁爲江東轉運判官。

初，純仁以著作佐郎知襄城縣，俗不蠶織，乃下令勸使植桑，有犯罪輕者，視所植多寡除其罰。民益慕效，後呼爲著作林。及徙襄邑，縣有牧地，初不隸縣，衞士縱馬暴民田，純仁取一人杖之。主者怒，白其事於朝，有詔劾純仁。純仁言兵須農以養，卹兵當先卹農，朝廷是之，釋不問，且聽牧地隸縣。牧地隸縣自純仁始。純仁，仲淹子也。

79庚辰，遼禁南京私造御用采緞，私自貨鐵及非時飲酒。命南京三司每歲春秋以官錢饗將士。

80十二月，庚子，知制誥祖無擇獻皇極箴，賜詔獎之。

81丙午，以翰林學士、禮部侍郎王疇爲樞密副使。

帝嘗謂輔臣曰：「疇善文章。」歐陽修曰：「其人亦勁正，但不爲赫赫之名耳。」一日晚，帝御小殿，召疇草詔，因從容談中外事，語移時。帝喜曰：「卿淸直好學，朕知之久矣，非今日也。」不數日，遂有是命。疇辭不拜，帝遣內侍趣疇入，御延和殿以俟之，日已昳，須疇入，乃進內。

知制誥錢公輔封還詞頭，言疇望輕資淺，在臺素餐，不可大用；又頗薦引近臣可爲輔弼者。帝以初政除兩府，而公輔沮格制命不行，丁未，責授滁州團練(副)使，不簽書本州事。知制誥祖無擇乞薄責公輔，且不卽草詔。帝欲幷責無擇，中書救之；戊申，坐罰銅三十斤。

知諫院事呂誨言：「疇自登科三十五年，仕宦不出京城，進身由徑，從而可知。公輔言其資淺望輕，蓋欲朝廷選任賢才，未爲過也。責降太重，士論紛紜，竊爲陛下惜之。伏乞復公輔舊官，止奪其職，移知僻小州軍，俾令思過，稍息紛紜之論。」天章閣待制兼侍講呂公著亦上疏乞寢公輔責命，不報。後數日，龍圖閣直學士盧士宗因奏審刑院事對便殿，從容又爲上言，外議皆謂責公輔太重，訖不從。

82以內侍省押班、文思副使王昭明爲環慶路駐泊兵馬鈐轄，專管句本路兼管句鄜延路蕃部公事，慶州駐劄；供備庫副使李若愚爲涇原路權駐泊兵馬鈐轄，專管句本路兼權管句秦鳳路蕃部公事，渭州駐劄。令體測蕃情，治其訴訟公事，及有賞罰，則與其帥議，而大事即以聞，各許歲乘驛奏事；團結強壯，預爲經畫，寇至，令老弱各有保存之所。後數日，又以西京左藏庫副使梁實領秦鳳，內殿承制韓則順領鄜延，而令昭明、若愚專領本路。

諫官呂誨言：「自唐以來，舉兵不利，未有不自監軍者。今走馬承受官品至卑，一路已不勝其害，況鈐轄寄重，實均安撫使之權乎！乞朝廷罷之，精擇帥臣，凡事一切付委，庶幾閫外之權，得盡其用矣。」御史傅堯俞、趙瞻皆有論列，訖不從。瞻，盩厔人也。

王昭明等既至，召蕃部酋領，稱詔犒勞，賞以銀帛；籍城寨兵馬，計族望大小，分隊伍，給旗幟，使各繕堡壘，每人置器甲以備調發，仍約如令下不集，押隊首領以軍法從事。知延州程戡言：「蕃部所以亡去者，邊吏苛暴，爲西人誘略耳。今昭明等徒能呼首領，慰卹以言，犒以羊酒，恐未足以結其心也，而甚動邊聽。宜更置路分鈐轄、都監各部一將軍馬兼沿邊巡檢使，勿復專蕃部事。」亦不從。【考異】李燾曰：程戡正傳云從其奏，誤矣。

83 癸丑，以河北都轉運使趙抃爲龍圖閣直學士、知成都府。

抃前使蜀時，言蜀人好妖祀，聚衆爲不法，請以其首處死，餘皆黥流。及是復有此獄，皆謂不免；抃察其無他，謂囚曰：「汝輩能復業，吾釋汝罪。」皆叩頭乞自省，乃止坐爲首者，餘釋不問，蜀人大悅。他日，帝謂轉運使榮諲曰：「趙抃爲成都，中和之政也。」

84是歲，畿內、宋、亳、陳、許、汝、蔡、唐、潁、曹、濮、濟、單、濠、泗、廬、壽、楚、杭、宣、洪、鄂、施、渝州、光化、高郵軍大水，遣使行視，疏治賑䘏，蠲其賦租。

85遼南京、西京大有年。

西北路招討使蕭珠澤舊作朮哲，今改。召入朝，封柳城郡王。

續資治通鑑卷第六十三

賜進士及第兵部尚書兼都察院右都御史總督湖北湖南等處地方軍務兼理糧餉世襲二等輕車都尉畢沅編集

宋紀六十三 起旃蒙大荒落(乙巳)正月，盡十二月，凡一年。

英宗體乾應曆隆功盛德憲文肅武睿聖宣孝皇帝

治平二年 遼咸雍元年。(乙巳、一〇六五)

1 春，正月，辛酉朔，遼羣臣上遼主尊號曰聖文神武全功大略廣智聰仁睿孝天祐皇帝，改元咸雍，大赦。册梁王濬爲皇太子；百官賜級有差。

2 甲子，遼主如魚兒濼。

3 始，朝廷遣王無忌齎詔責夏國主諒祚，諒祚遷延弗受詔，而因其賀正使荔茂先附表自言起兵之由，歸罪於邊吏，辭多非實。丁卯，復以詔戒其侵擾，諒祚終弗聽。

4 以編排中書諸房文字王廣淵直集賢院。帝在藩邸，廣淵因帝左右時君卿獻其所爲文及書札，故有是命。知諫院司馬光言：「廣淵雖薄有文藝，其餘更無所長。於士大夫間，好奔競，善進取，稱爲第一。鄉以初任通判，排編中書文字，二年之間，堂除知舒州，薦紳已相與指目爲僥倖；今旣留不行，又驟加美職，安得不取外朝怪惑！陛下方蒞政之初，欲簡拔天下賢才，置諸不次之位，以率厲羣臣，而執事之臣不能稱陛下之意。前此用皮公弼權發遣三司判官，今又用廣淵直集賢院，將何以使天下之人尙廉恥之節，崇敦厚之風乎！」光凡再論列，訖不報。

5癸酉，參知政事歐陽修言：「諒祚猖狂，漸違誓約，禦備之計，先在擇人。而自慶曆罷兵以來，當時經用舊人，唯戶部侍郎致仕孫沔尙在。沔守環慶，養練士卒，招撫蕃夷，恩信最著。今雖七十，聞其心力不衰，飛鷹走馬，尙如平日。雖中間曾以罪廢，然棄瑕收使，正是用人之術。欲乞朝廷察訪，特加獎用，庶可備一方之寄。」詔以沔爲資政殿學士、知河中府。

6禮院奏：「請自今，文武臣薨卒當輟朝者，皆輟聞喪之明日。」從之。

7丁丑，賜許、蔡二州錢鈔十萬貫，令和糴以救饑民，仍命駕部員外郎李希逸提舉。

8壬午，命供備庫副使孟淵等十九人往開封府界及京東、西、淮南路募兵。

司馬光言：「國家患在兵不精，不患不多。夫兵少而精，則衣糧易供，公私充足，一人可以當十，遇敵必能取勝；多而不精，則衣糧難贍，公私困匱，十人不足當一，遇敵必致敗亡。此利害之明如白黑，不爲難知也。邊鄙之臣，無他材略，但求添兵。在朝之臣，又恐所給之兵不副所求，他日邊事或敗，歸咎於己。是以不顧國家之匱乏，只知召募，取其虛數，不論疲軟無所施用。此羣臣容身保立〔位〕，苟且目前之術，非爲朝廷深謀遠慮，經久之畫也。臣願陛下速降指揮，應在京及諸路，並宜罷招禁軍，但選擇將帥，訓練舊有之兵，以備禦四夷，不患不足。其災傷之處，州縣不得妄招飢民以充廂軍。但據所有斗斛，救濟農民，俟向後稍豐，使各復舊業，則天下幸甚！」

9 甲申，以太常博士、集賢校理邵亢爲直史館、潁王府翊善、同判司農寺，令於皇子兩位供職。帝嘗召對羣玉殿，訪以世務，曰：「學士眞國器也！」

10 庚寅，遼命羣臣，遇正旦及重午、冬至，別表賀東宮。

11 二月，辛丑，以三司使、給事中蔡襄爲端明殿學士、禮部侍郎、知杭州。

初，帝自濮邸立爲皇子，中外無間言。既即位，以服藥故，皇太后垂簾聽政，宦官、宮妾爭相熒惑，并謂近臣中亦有異議者，外人遂云襄嘗有論議，然莫知虛實。帝聞而疑之，數問襄如何人。一日，因其請朝假，變色謂中書曰：「三司掌天下錢穀，事務繁多，而襄十日之中，在假者四五，何不別用人！」韓琦等共奏：「三司事無缺失，罷之無名。今更求一材識名望過襄者亦未有。」歐陽修又奏：「襄母年八十餘，多病。襄但請朝假，不赴起居耳，日高後即入省，亦不廢事。」然每奏事，語及三司，帝未嘗不變色。

及諒祚攻擾涇原，帝遂督中書，以邊事將興，軍須未備，三司當早擇人。琦等初尚救解，繼知帝意不回，因奏待襄陳乞，可以除移。初，傳者多端，或云帝入宮後親見奏牘。至是因襄請罷，琦遂質於帝，帝曰：「內中不見文字，然在慶寧即已聞之。」琦曰：「事出曖昧，虛實未明，乞更審察。苟令襄以飛語獲罪，則今後小人可以傾陷，善人難立矣。」曾公亮曰：「京師從來喜爲謗議，一人造虛，衆人傳〔傳〕之，便以爲實。前世以疑似之言害陷忠良者，非惟臣下被禍，兼與國家爲患。」修曰：「陛下以爲此事果有否？」帝曰：「雖不見其文字，亦安能保其必無！」修曰：「疑似之謗，不唯無迹可尋；就令迹狀分明，猶須更辨眞僞。先朝夏竦欲害富弼，令其婢學石介字體，久之學成，乃僞作介爲弼撰廢立詔草，賴仁宗聖明，弼得保全。臣至和初免喪至闕下，小人有嫉忌臣者，僞撰臣乞沙汰內官奏稾，傳布中外，內臣無不切齒，亦賴仁宗保全至今。以此而言，就令有文字，猶須更辨眞僞，況無迹狀邪！」琦及公亮又各進說。帝曰：「告謗者因何不及他人！」遂命襄出守。以龍圖閣學士、工部侍郎呂公弼權三司使。

至和初，公弼爲羣牧使，帝在藩邸，嘗得賜馬，給使吏以馬不善，求易之，公弼曰：「此朝廷近親，且有素望，宜避嫌，不可許。」至是公弼奏事，帝曰：「朕往在宮中，卿不欲與朕易馬，是時朕固已知卿矣。」公弼頓首謝。帝又曰：「卿繼蔡襄爲使，襄主計，訴訟不以時決，頗多留事，卿何以處之？」公弼知帝不悅襄，對曰：「襄勤於事，未嘗有曠失，恐言者妄耳。」帝益以公弼爲長者。

12 癸卯，樞密副使王疇卒。帝臨奠，賜白金二千兩，贈兵部尚書，謚忠簡。

13 丙午，降陝西轉運使、光祿卿陳述古爲少府監、知忻州，坐權知渭州日擅移涇原副總管劉幾（几）權知鳳翔，幷劾幾（几）罪，按問多失實故也。

14 賜禮部奏合格進士、明經、諸科鄱陽彭汝礪等三百六十一人及第、出身。

15 丁未，錄囚。

16 丁巳，翰林學士王珪等奏：「準詔詳定禮院及同知禮院呂夏卿禘祫異議，請如禮院所議，今年十月祫，明年四月禘；如夏卿所議，罷今年臘祭。」從之。

17 以翰林學士、中書舍人賈黯爲給事中、權御史中丞。周孟陽、王廣淵以藩邸之舊，數召對，黯言：「俊乂滿朝，未有一被召者，獨召親舊一二人，示天下以不廣。請如太宗故事，召侍從、館閣之臣以備顧問。」帝嘗從容謂黯曰：「朕欲用人，少可任者。」黯對：「天下未嘗乏人，顧所用如何耳。」退而上五事：一知人之明；二養育以漸；三材不求備；四以類薦舉；五擇取自代。

18 以禮部郎中兼御史知雜事龔鼎臣爲集賢殿修撰、知應天府。

初，鼎臣爲宰相韓琦所善，翰林學士吳奎欲舉御史，賈黯不肯，奎爭不能得，乃止。既而以都官員外郎換起居舍人、知諫院，遂知雜事；在言職，少建白，至是出之。其後帝欲用王廣淵爲諫官，曰：「近歲諫官、御史多不職，如龔鼎臣，乃未嘗言事也。」【考異】李燾曰：據鼎臣本傳，言事亦不少，英宗云未嘗言事，疑本傳有所緣飾也。

19 己未，起復前禮部侍郎、樞密副使吳奎領故官職，奎固辭，不許；遣其子大理評事璟奉表懇辭。帝意必起之，韓琦曰：「近年兩府大臣文彥博、賈昌朝、富弼各乞終喪，奎必不肯起。」歐陽修曰：「若邊境有急，金革從事，則不容免。」帝曰：「方此西邊未寧，奎何自遂其私邪？」乃召璟於延和殿面諭，齎詔賜奎。奎終辭，帝許之。詔月給俸錢之半，固辭不受。

20 三月，丁卯，詔貢院：「經殿試進士五舉，諸科六舉，經省試進士六舉，諸科七舉，今不合格而年五十以上者，第其所試爲三等以聞。」乃以進士孫京等七人爲試將作監主簿，餘三十八人爲州長史、司馬、文學。

21 帝初卽位，命殿中丞、判司天監周琮等作新曆，三年而成。琮言崇天曆氣節加時後天半日，五星之行差半次，日食之候差十刻。既而中官正舒易簡與監生石道、李遘更陳家學，於是詔翰林學士范鎭、諸王府侍講孫思恭、國子監直講劉攽攷定是非，上推尚書辰弗集於房與春秋之日食，參今曆之所候。而易簡、道、遘等所學疏闊不可用，新術爲密，乃賜名明天曆，琮等各遷兩官。其後明天曆亦不可用，琮等皆奪所遷官。

22 辛未，新除侍御史知雜事呂誨，以嘗言中丞賈黯過失辭職，黯奏曰：「誨初得御史，乃臣與孫抃等五人薦舉。臣等知其爲人，方正謹厚，今茲擢用，甚允衆望。臣與共事，必能協濟，伏望趣令就職。」詔以諭誨，誨遂受命。

因言：「歷代設耳目之官，以輔人主之不逮，凡事宜辨論是非，稍涉欺妄，當行重責，不當置其言而不用，使之沮辱。在賢者則死而後已，不賢者翻然以思，動爲身謀，悠悠皆是矣。假如朝廷之事，臺諫官不得預聞，及其政令既下，方始得知，比正其所失，則曰已行之命難以追改。是執政之臣常是取勝，耳目之官與不設同也。又聞近日臣僚建議，以先帝臨政，信任臺諫官，所陳已行之事多有追奪，欲陛下矯先帝之爲，凡事堅執不可易。行一繆令，進一匪人，倡言於外，曰出自淸衷，人必不敢動搖。果有之，是欲窒塞聖聰，使拒諫遂事，豈公忠愛君之人哉！臣嘗親奉德音，指緘默者甚衆，然終不聞有折誠厲。竊謂陛下好問過於虞舜，但未嘗察其言耳；求治有如漢宣，但未嘗責其實耳。臣既未得去，敢不以言責自任。望陛下既問之當察其言，既用之當責其實，無俾左右蔽惑聰明，言事之官時有懲勸，則人無苟且，職事皆舉矣。」

23辛巳，翰林學士王珪奏：「權御史中丞賈黯，前以學士同修撰仁宗實錄，自領臺憲，不復入院，望令仍舊供職。」從之。

24壬午，禮院奏：「近依國朝故事，詳定仁宗大祥變除服制，以三月二十九日祥，六月二十九日禫除，至七月一日從吉，已蒙降敕。臣等謹按禮學，王肅以二十五月爲畢喪，而鄭康成以二十七月；通典用康成之說，又加至二十七月終，則是二十八月畢喪，而二十九月始從吉，益失之也。天聖中，更定五服年月，敕斷以二十七月，今士庶所同遵用。夫三年之喪，自天子達於庶人，不宜有異。請以三月二十九日爲大祥，五月擇日而禫，六月一日從吉。」從之。

25丁亥，遼以知興中府楊績復知樞密院事。

26己丑，賜越州上虞縣朱回女家絹三十匹，米二十斛。朱母早亡，養於祖媼，方十歲。里中朱顏與媼競，持刀欲殺媼，一家驚潰，獨朱號呼突前，擁蔽其媼，手挽顏衣，以身下墜顏刀，曰：「寧殺我，毋殺媼也！」媼以故得脫。朱連被數十刀，猶手挽顏衣不釋，顏忿恚，斷其喉以死。事聞，故有是賜。

27帝嘗問輔臣：「天下金穀幾何？」韓琦等俱以對。因問：「冗兵之費，倍於曩時，何也？」歐陽修曰：「自西事以來，邊臣廣爲守備，既增置軍額，則歲費益多。」又問：「祖宗綏懷如此，尙有倔強者。」琦曰：「國家意在息民，故示大體，含容之耳。」

28 知制誥祖無擇言中書省不當在東，乞與門下省對移，從之。

29 夏，四月，辛卯，遼以知樞密院事張嗣復有疾，改知興中府。

30 戊戌，詔禮官及待制以上議崇奉濮安懿王典禮以聞，宰臣韓琦等以元年五月奏進呈故也。

31 庚子，遼主清暑於特古里。舊作拖古烈，今改。

32 辛丑，詔：「監司、知州歲薦所部吏，務在得人，不必充所限之數。」

先是御史中丞賈黯言：「今京朝官至卿監凡二千八百餘員，而吏部奏舉磨勘選人未引見者至二百五十餘人。臣不敢遠引前載，且以先朝事較之。方天聖中，法尙簡，選人以四攷改官，諸路使者薦部吏數未有限，而在京臺閣及常參官嘗任知州、通判，雖非部吏皆得薦，時磨勘改官者歲才數十人。後資攷頗增，而知州薦吏，視屬邑多少裁定其數。又，常參官不許薦士，其條約比天聖漸繁，而改官者固已衆矣。然磨勘應格者，猶不越旬日引對，未有待次者。皇祐中，始限監司奏舉之數，其法益密，而磨勘待次者已不減六七十人。皇祐及今，才十年耳，而猥多至於三倍。向也法疏而其數省，今也法密而其數增，此何故哉？正在薦吏者歲限定員，務充數而已。如一郡之守，歲許薦五人，而歲終不滿其數，則人人以爲遺己，當舉者避謗畏譏，欲止不敢，此薦者所以多，而眞才實廉未免慁於無能也。謂宜明詔天下，使有人則薦，不必滿所限之數。」帝納其言，故降是詔。

33丙午，奉安仁宗御容於景靈宮孝嚴殿。

34五月，癸亥，以資政殿學士、禮部侍郎、知太原府陳旭爲樞密副使。

呂誨言：「先朝任陳旭時，臣與唐介、范師道、趙抃、王陶言其姦邪，不當置於二府，封章交上，醜迹皆著。而外則近臣主張，內則宦官引援，韓琦極力爲地，富弼依違不決，凡論列半年，旭出知定州，臣等謫斥江外。事既兩罷，曲直不斷，人言沸騰。近崇政殿奏對，承奉德音，謂旭有才，人或言其姦邪者，不數日，遽聞除命。豈有中外言其姦邪，明哲知而復用！臣竊謂大臣極力引薦，陛下不得已而用之耳。唯冀淸衷更賜沈慮，旭之進退，繫於宸斷。」

35以兵部員外郎、祕閣校理蔡抗兼起居舍人、充史館修撰、同知諫院。

抗初爲睦親宅講書，出入宮邸，不受饋遺。帝器重之，請於濮安懿王，願得與游。每見必衣冠盡禮，義兼師友。及親政，即問抗安在。抗時爲廣東轉運使，亟召判都理欠憑由司。抗未至，帝每見奉使南來者，輒問之。及入對，留語日旰，曰：「卿乃朕故人，朕望於卿者厚，勿以常禮自疏也。」居數月，遂有是命。

36 以翰林學士、權知開封府馮京爲陝西安撫使，代陳旭也。

37 戊辰，詔曰：「朕蒙先帝遺烈，嘉與公卿大夫厲精爲治。屬天下承平日久，內外因循，惰職者衆，未聞推利及民，盡心憂國者也。徒累積歲月以幸其進，又沽飾名譽以徼所知，其可道者，亦不過務在簿書期會之間，朕何望焉！夫緘默苟簡者弗懲，則端良敏濟者亡以勸，朕持賞罰之大公，固將必行之。百執事其易慮孜孜，各修厥職以稱朕意。」

38 辛未，以東上閤門使劉几知鄜州。

几初權涇原副都總管，與陳述古交訟，既罷，而代几者遂發几過用公使錢，詔几赴永興軍聽劾。權御史中丞賈黯言：「國家任用將帥，當責以禦邊捍寇之效，細故小惡，皆宜略之，則可以得其死力。太祖時，天下未定，李漢超等一十四人分捍三邊，皆十數年不易，舉其州征榷之利，皆以與之，仍聽其貿易，免所過征稅，軍士無小大皆許便宜，以故漢超等得成功名，而二十年間無西北之憂。慶曆中，陝西用兵，頗失此術，邊臣用公使錢微有過，則爲法吏繩以深文，如尹洙、張亢、滕宗諒是也。今西戎叛擾，陛下方當以恩威御諸將，所宜思太祖之得人，而懲近事之失體。如几者，苟無大過，願赦而不問。」帝納其言，故有是命。

39 丙子，賈黯奏：「近者皇子封拜，並除檢校太傅。按官儀，太師、太傅、太保，是爲三師，子爲父師，於義不可，前世因循，失於釐正。請自今，皇子及宗室屬卑者，皆毋兼師、傅官，隨其遷序，改授三公。」下兩制議，請如黯奏。而中書亦謂：「自唐以來，親王無兼師、傅者，國朝以三師、三公皆虛名，故因而授之，宜正其失。」詔可，且令已受命者，異時加恩改授。

40辛巳，夏遣使貢於遼。

41甲申，命宰相韓琦、曾公亮權兼樞密院公事，富弼在告故也。弼自去冬以足疾臥家，至是章二十餘上，乞補外郡，帝終不許。

42丙戌，樞密院編機要文字九百八十一册以進，賞執事者有差。

43六月，辛卯，以江東轉運判官、屯田員外郎范純仁爲殿中侍御史，太常博士、權發遣鹽鐵判官呂大防爲監察御史裏行。近制，御史有闕，則命翰林學士、御史中丞、知雜事迭舉二人，而帝自擇取一人爲之。至是闕兩員，舉者未上，內出純仁、大防名而命之。大防，藍田人也。

大防首言：「綱紀賞罰未厭四方之望者有五：進用人臣而權不歸上，大臣疲老而不得許退，夷狄驕蹇而不擇將帥，議論之臣裨益闕失而大臣沮之，疆埸左右之臣敗事而被賞、舉職而獲罪者。」又論：「富弼病足，請解機務，章十數上而不納；張昪年幾八十，乞骸骨而不從；吳奎有三年之喪，召其子而呼之者再，遣使而召之者又再；程戡辭老不堪邊任，亦不許。竊以爲陛下欲盡君臣之分，使病者得休，喪者得終，老者得盡其餘年，則進退以禮，亦何必過爲虛飾，使四人之誠不得自達邪！」

44 癸巳，羣臣表請聽樂，弗許；五上表，乃許之。

45 初，絳州團練使楊遂爲新城巡檢，救濮王宮火，帝識其面目。於是侍衞司闕帥，帝首出遂姓名，擢登州團練使、步軍都虞候。

46 己亥，詔：「自今三司久任判官，不得別舉職任。」

47 壬寅，提舉在京諸司庫務王珪等奏都官郎中許遵編修提舉司幷三司類例一百三十册，詔行之，以在京諸司庫務條式爲名。遵，泗州人也。

48 己酉，以莊宅使張利一爲皇城使、知雄州兼河北沿邊安撫使，代皇城使李中祐也。以中祐權定州路總管。

司馬光言：「近聞契丹之民，有於界河捕魚及於白溝之南翦伐柳栽者，比乃邊鄙小事，何足介意！而朝廷以前知雄州李中祐不能禁禦，另選州將以代之。臣恐新將之至，必以中祐爲戒，而妄殺彼民，則戰鬭之端，往來無窮矣。望陛下嚴戒北邊將吏，如漁船、柳栽之類，止可以文牒整會，道理曉諭，使其官司自行禁約，不可以矢刃相加。若再三曉諭不聽，則聞於朝廷，專遣使臣至其王庭，與之辨論曲直，亦無傷也。若又不聽，則莫若博求賢才，增修政事，待公私富足，士馬精強，然後奉辭以討，復漢、唐之土宇，與其爭漁柳之勝負，不亦遠哉！」

49命試校書郎孫侔、試將作監主簿常秩、前亳州衞眞縣主簿王回皆爲忠武軍節度使推官；侔知來安縣，秩知長社縣，回知南頓縣。侔等皆以文行知名，爲知制誥沈遘、王陶等所薦。命下而回卒，侔、秩皆辭不赴。

50初，議崇奉濮安懿王典禮，翰林學士王珪等相顧莫敢先。天章閣待制司馬光獨奮筆立議，議成，珪卽敕吏以光手稿爲案。

其議曰：「謹按儀禮，爲人後者爲之子，不敢復顧私親。聖人制禮，尊無二上，若恭愛之心分施於彼，則不得專壹於此故也。是以秦、漢以來，帝王有自旁支入承大統者，或推尊父母以爲帝、后，皆見非當時，貽譏後世。況前代之入繼者，多於宮車晏駕之後，援立之策，或出母后，或出臣下，非如仁宗皇帝年齡未衰，深惟宗廟之重，祗承天地之意，於宗室中簡拔聖明，授以大業。濮安懿王雖於陛下有天性之親，顧復之恩，然陛下所以負扆端冕，富有四海，子子孫孫萬世相承者，皆先帝之德也。臣等竊謂今日所以崇奉濮安懿王典禮，宜準先朝封贈期親尊屬故事，高官大國，極其尊崇〔榮〕。譙國、襄國太夫人、仙游縣君，亦改封大國太夫人。考之古今，實爲宜稱。」議上，中書奏王珪等議，未見詳定濮王當稱何親，名與不名。

於是珪等議：「濮王於仁宗爲兄，於皇帝宜稱皇伯而不名，如楚王、涇王故事。」時議者或欲稱皇伯考，天章閣待制呂公著曰：「眞宗以太祖爲皇伯考，非可加於濮王也。」

中書又奏：「按儀禮，『爲人後者爲其父母報〔服〕』；及按令文與五服年月敕，並云『爲人後者爲其所後父母斬衰三年，爲人後者爲其父母齊衰期；』即出繼之子於所繼、所生父母皆稱父母。又，漢宣帝、光武，皆稱其父爲皇考。今王珪等議稱皇伯，於典禮未見明據。請下尚書省，集三省、御史臺官議。」詔從之。

執政意朝士必有迎合者，而臺諫皆是王珪等，議論洶洶，未及上。太后聞之，辛亥，內出手書切責韓琦等，以不當議稱皇考。而琦等奏：「太后以珪等議稱皇伯爲無稽，且欲緩其事，須太后意解。」甲寅，降詔罷尚書省集議，令有司博求典故，務合禮經以聞。

翰林學士范鎭，時判太常寺，卿〔即〕率禮官上言：「漢宣帝於昭帝爲孫，光武於平帝爲祖，則其父容可以稱皇考，然議者猶或非之，謂其以小宗而合大宗之統也。今陛下既考仁宗，又考濮安懿王，則其失非特漢宣、光武之比矣。凡稱帝若皇若皇考，立寢廟，論昭穆，皆非是。」因具列儀禮及漢書論議、魏明帝詔爲五篇，奏之。執政得奏，怒，召鎭責曰：「詔書云當令檢詳，奈何遽列上邪！」鎭曰：「有司得詔書，不敢稽留，卽以聞，乃其職也，奈何更以爲罪乎！」

於是臺官自中丞賈黯以下各有奏，乞早從王珪等議。侍御史知雜事呂誨言：「朝廷既知議論不一，當辨正是非，參合衆意，明所適從，豈可事未有定，遽罷集議，還付所司！詔命反復，非所以示至公於天下也。漢宣、光武皆稱父爲皇考者，二帝上承本宗，皆非旁繼，與今事體略不相類。據王珪等議，濮安懿王於仁宗皇帝，其屬爲兄，於皇帝合稱皇伯而不名，於禮得矣。及引元佐、元儼稱皇兄、皇叔之類，皆本朝典禮，安得謂之無據！竊原敕意，直欲加濮安懿王爲皇考，與仁廟同稱，此事非出清衷，必佞臣建白，苟悅聖情。二三輔臣不能爲陛下開陳正論，又將啓其間隙，違背禮義，惑亂人情，忘先帝之眷荷，陷陛下於非正，得爲忠乎！伏望陛下别降詔旨，以王珪等議爲定，取前後所獻不一之論，盡降出外，辨正是非，明其有罪，置之於法，可以渙釋羣疑，杜絕邪論。」誨前後三奏，皆留中不行。【考異】李燾曰：誨前奏以六月二十九日丁卯上，後二奏不得其時，今並附六月末。

司馬光言：「政府言『儀禮、令文、五服年月敕，皆云爲人後者爲其父母，卽出繼之子於所生皆稱父母。』臣按禮法，必須指事立文，使人曉解。今欲言爲人後者爲其父母之服，若不謂之父母，不知如何立文？此乃政府欺罔天下之人，謂其皆不識文理也。又言『漢宣帝、光武皆稱其父爲皇考。』臣按宣帝承昭帝之後，以孫繼祖，故尊其父爲皇考，而不敢尊其祖爲皇祖考，以其與昭穆同故也。光武起布衣，誅王莽，親冒矢石以得天下，名爲中興，其實創業，雖自立七廟，猶非太過，但稱皇考，其謙損甚矣。今陛下親爲仁宗之子以承大業，傳曰：『國無二君，家無二尊。』若使尊濮王爲皇考，則置仁宗於何地乎？政府前以二帝不加尊號於其父祖，引以爲法則可矣；若謂皇考之名亦可施於今日，則事恐不侔。設使仁宗尙御天下，濮王亦萬福，當是之時，命陛下爲皇子，則不知謂濮王爲父爲伯？若先帝在則稱伯，歿則稱父，臣計陛下必不爲此也。以此言之，濮王當稱皇伯，又何疑焉！願陛下上稽古典，下順衆志，以禮崇奉濮安懿王，如珪等所議。」

51 樞密使、戶部尙書、同平章事富弼，累上章以疾求罷，至二十餘上；帝固欲留之，不可。秋，七月，癸亥，罷爲鎭海節度使、同平章事、判河陽。初除僕射及使相，弼八上章，乞以本官出守，不從。將行，又乞罷使相或僕射一官，許罷僕射而改制焉。

52 丙寅，詔曰：「事有先後，故制有隆殺；禮有重輕，故用有豐約。凡郊廟所以奉天地祖宗者，宜如故事；若乘輿服御之費，其務減省。」

53 丙子，放宮女百八十人。

54 遼主以太后射獲熊，賞賚百官有差。

55 丁丑，太白晝見。

56 戊寅，觀文殿大學士、尙書左丞賈昌朝卒。帝幸其宅奠之，贈司空兼侍中，謚曰文元。

御篆墓碑曰「大儒元老之碑」。昌朝在侍從，多得名譽；及執政，以結宮人、宦官，數爲諫官御史所攻云。

57 己卯，羣臣上尊號曰體乾膺曆文武睿孝皇帝，詔答不允。

58 庚辰，以淮南節度使兼侍中文彥博爲樞密使。

初，彥博自河南入見，帝謂曰：「朕在此位，卿之力也。」彥博對曰：「陛下登儲纂極，乃先帝聖意，皇太后協贊之功，臣何與焉！」帝曰：「備聞始議，卿於朕有恩。」彥博遜避不敢當。帝曰：「暫煩西行，卽召還矣。」彥博行未至永興，亟有是命，又遣中使促之。

樞密使、吏部侍郎張昪罷爲彰信節度使、平章事、判許州。昪久在病告，求罷，凡七上章，乃得請。

先是韓琦、曾公亮欲遣（遷）歐陽修爲樞密使，將進擬，不以告修。修覺其意，謂兩人曰：「今天子諒陰，母后垂簾，而二三大臣自相位置，何以示天下！」兩人服其言，遽止。及昪去位，帝遂欲用修，修又力辭不拜。

59 辛巳，以權三司使、龍圖閣學士、工部侍郎呂公弼爲樞密副使。

公弼上言：「諫官、御史，耳目之官，比來言事罕見采用，非所以達四聰也。陛下當以政事責成大臣，而委視聽於臺諫，非其人則黜之。如此，則言路通而視聽廣矣。」

60以端明殿學士、知成都府韓絳權知開封府，尋遷三司使。絳在成都凡再歲。始，張詠鎭蜀時，春糶米，秋糶鹽，官給券以惠貧弱。歲久，券皆轉入富室。絳削除舊籍，召貧民別予券，且令三歲視貧富輒易之，豪右不得逞。蜀與夷接，邊人伐木境上，數侵爭，因下令禁伐木。又以兵守蠶崖，閉絕蕃部往來就威、茂交易。異時內侍使蜀使〔給〕酒場吏主貿賣，因倍取以資費，絳奏請加禁約，帝敕內侍省著爲令，每行必申戒焉。

及在三司，又請以川、峽四路田穀輸常平倉，而隨其事任、道里差次，結〔給〕直以平物價。帝歎曰：「衆方姑息，卿獨不徇時邪！」即行之。內諸司吏有干恩澤者，絳執不可，帝曰：「朕初不知，當爲卿改。」而干者不已，絳執益堅，因爲帝言：「身犯衆怒，懼有飛語。」帝曰：「朕在藩邸，頗聞有司以國事爲人情。卿所守固善，何憚於讒！」先是宮中所用財費，悉以合同憑由取之，絳請有例者悉付有司，於是三司始得會計。

61以知制誥沈遘爲龍圖閣直學士、權知開封府。

遘爲人，輕俊明敏，通達世務。前知杭州，民或貧不能葬，給以公使錢。嫁孤女數百人。倡優養良家女者，奪歸其父母。接遇士大夫，多得其歡心。部吏皆樂傾盡，爲之耳目，刺里巷長短，纖悉必知，故事至立斷，衆莫不駭伏。小民有犯，情稍不善，不問法輕重，輒刺爲兵，姦猾屏息。時鞠眞卿提點刑獄，欲按其事，移州詰問，遘爲稍弛所刺卒，給以公據，復爲民。會遘召還，眞卿亦罷去，事遂寢。議者以其嚴比孫沔；然沔雖苛暴，銳於懲惡，至遘，善人亦懼焉。

其治開封如治杭，晨起視事，及午事畢，出與賓舊往還，從容談笑以示有餘，士大夫交稱其能。踰月，加龍圖閣學士，尋遷翰林學士。以母喪去位，遽卒。【考異】李燾曰：遘遷翰林學士在三年九月，卒在四年九月，今幷書。

62八月，庚寅，大雨。辛卯，地涌水，壞官私廬舍，漂殺人畜不可勝數。帝御崇政殿，宰相而下，朝參者十數人而已。詔開西華門以泄宮中積水，水奔激東殿，侍班班屋皆摧沒。

甲午，命鹽鐵副使楊佐等提舉修諸軍班營屋，虞部郎中來令孫等八人就賜水死諸軍民錢，葬祭其無主者。

乙未，下詔求直言。

63司馬光疏曰：「頃暴雨大至，川澤皆溢，都城摧圮，廬舍覆沒殆盡，死於壓溺者不可勝紀，此乃非常之大災。意者陛下於舉動循守之間，萬一有所未思乎？敢以愚慮言之，蓋有三焉：竊惟皇太后保育聖躬，在於襁褓，陛下入承大統，初得疾時，外間傳言，皇太后於先帝梓宮前爲陛下叩頭祈請，額爲之傷，此豈可謂無慈愛之心於陛下哉！不幸爲讒賊之人交相離間，遂使兩宮之情，介然有隙。陛下爲人之子，就使皇太后有不慈於陛下，安可校量曲直，遂生忿恨，而於愛恭之心有所不備乎！先帝擢陛下於衆人之中，自防禦使升爲天子，以一后數公主屬於陛下，而梓宮在殯，已失皇太后歡心，長公主數人，皆屛居閒宮，希曾省見，此陛下所以失人心之始也。先帝天性寬仁，重違物議，晚年嬰疾，厭倦萬機，遂以天下之事悉委之兩府，取舍黜陟，未必皆當。及陛下卽位，皆謂必能收取威福，進賢退愚，使海內廓然立見太平。而陛下益事謙遜，深自晦匿，凡百奏請，不肯與奪；知人之賢不能擧，知人之不肖不能退，知事之非不能改，知事之是不能從，大臣專權，甚於先朝，率意差除，無所顧忌，此天下所以重失望也。國家置臺諫之官，爲天子耳目，防大臣壅蔽。朝廷政事，皆大臣裁定施行，而臺諫或以異議干之，陛下當自以聖意察其是非，可行則行，可止則止。今乃復付大臣，彼安肯以己所行爲非，以他人所言爲是乎！陛下獨取拒諫之名，大臣坐得專權之利，四方懷忠之士，皆望風結舌，此天下所以又失望也。願陛下上稽天意，下順人心，於此三者，皆留聖意，奉事皇太后，愈加孝謹，務得歡心；諸長公主，時加存撫，無令失所。總攬大柄，勿以假人，選用英俊，循名責實，賞功罰罪，舍小取大，延納讜言，虛心從善，而皆行以至誠。則人心既悅，天道自和矣。」

呂誨言：「五行志曰：『簡宗廟，廢祭祀，水不潤下。』乃者濮安懿王一事，始議或將與仁廟比崇，終罷追封，不及燕王之例，禮失中而孝不足，是亦幾乎慢也。京房傳曰：『饑而不損，茲謂大荒，厥災水。』去冬及春，許、潁等郡大荒。臣謂尙方不急之用，後苑淫巧之作，宜加裁減，以崇儉約，量入制用，正在今日。又曰：『辟遏有德，厥災水。』蓋有德之人壅遏而不用也。今前席詳延，無非藩邸之舊，淸途進用，皆出權幸之門。忠良之人，寧無體解。古者以功績舉賢，則萬化成而瑞應著；後世以毀譽取人，故功業廢而災異至。陛下當翼翼循思，追救其失，庶幾消復之理也。」

呂大防言：「雨水爲患，此陰乘陽之沴。」因陳八事，曰主恩不立，臣權太盛，邪議干正，私恩害公，邊寇連謀，盜賊恣行，羣情失職，刑罰失平。

64丙申，遼以客星犯天廟，命諸路備盜賊，嚴火禁。

65初，議崇濮安懿王，史館修撰、同知諫院蔡抗引禮爲人後之義，指陳切至，涕下被面，帝亦感泣。會京師大水，抗推原咎徵，守前說以對，大臣不便之。庚戌，命抗知制誥兼判國子監，罷諫職。

66乙卯，詔減定袞冕制度，從同知禮院李育奏也。

育，河南人，嘗與同列議禁中事。既上，有中人來，問誰爲此，同列懼未對，育獨前曰：「育實爲之。」中人即去，事亦寢。

67命知制誥宋敏求、韓維同修撰仁宗實錄。

68九月，辛酉，提舉編纂禮書、參知政事歐陽修奏已編纂（禮）書成百卷；詔以太常因革禮爲名，賜修等銀帛有差。

69壬戌，以霖雨罷大宴。司馬光言：「陛下將有事於南郊，羣臣循故事請上尊號，陛下深自抑損，以承天譴，慰衆心。望自今，所有羣臣上尊號表，皆拒而勿受，仍令更不得上。」光旣奏疏，復面有開陳，帝嘉納之。羣臣凡五上表，終不允。

70己巳，策制舉人。甲戌，以制科入等著作佐郎范百祿爲祕書丞，升一任；前和川縣令李清臣爲著作佐郎。

百祿所對策曰：「簡宗廟，廢祭祀，則水不潤下。昔漢孝哀尊共皇而河南潁川大水，孝安尊德皇而京師及郡國二十九大水，孝桓尊崇皇而六郡地裂、水涌、井溢，孝靈尊仁皇而京師大水。異世同驗，密如符節。陛下之於濮安懿王，情可以殺而禮不可以加，恩可以斷而義不可以隆。禮，爲人後者爲之子，古者持重大宗，則降其私親。蓋大宗，隆也；小宗，殺也；天地宗廟社稷之祀，重也；門內之期，輕也。宜殺而隆之，宜輕而重之，是悖先王之禮矣。禮悖則人心失，天意暌，此變異所從來也。古之聖帝明王，未嘗無過，然而貴乎能改。陛下宜詔有司，勿復議追尊事，第因濮安懿王建國，爲之立長，以爲嗣王，世世奉祀安懿王，永爲一國太祖，則人心悅而天意解，大雨之眚何用禳哉！」百祿，鎮從子也。

清臣，安陽人，韓琦妻以其兄之子，歐陽修奇其文，以爲似蘇軾。試祕閣，考官韓維曰：「荀卿氏筆力也。」試文至中書，修迎語曰：「清臣不第則繆矣。」發視，如言。及廷對，或謂清臣當以五行傳對，當復得第一，清臣曰：「此漢書附會之說，吾不之信。民間豈無疾痛可上者乎！」因言：「天地之大，譬如人身，腹心肺腑有所攻塞，則五官不寧。民人生聚，天地之腹心肺腑也；日月星辰，天地之五官也。善止天地之異者，不止其異，止民之疾痛而已。」清臣第竟在次等。

71 乙亥，遼主如藕絲淀。

72 丙子，以權御史中丞賈黯爲翰林侍讀學士、知陳州，從所乞也。

先是黯與兩制合議，請以濮王爲皇伯，執政弗從，數詣中書爭論。會大雨水，時黯已被疾，疏言：「二三執政建兩統貳父之說，故七廟神靈震怒，天降雨水，流殺人民。」於是引疾求去而有是命。後十二日卒，口占遺奏數百言，猶以濮王議爲請。贈禮部侍郎。黯修潔自喜，在朝數言事，人稱其介直。

73 壬午，太白犯南斗。

74 以龍圖閣直學士、判都水監韓贄知河南府，坐都城內外溝洫久不治故也。（校者按：此條應移73前。）

75 先是僧官有闕，多因權要請謁內降補人，臺諫累有論列。仁宗因著令：「僧官有闕，命兩街各選一人，較藝而補。」至是鑒義有缺，中書已下兩街選人不上，而內臣陳承禮以寶相院僧慶輔爲請，內降令與鑒義，中書執奏不可。

歐陽修乃奏曰：「補一僧官至小事，但中書事已施行，而用內降改先朝著令，則是內臣撓朝政，此何可啓其漸！」又曰：「宮女近習，自前世常患難制。此小事，不以爲意而從之，彼必自張於外，以謂朝政可回，威勢不小矣。」帝遽可中書所奏，令依例選試。

76 冬，十月，丁亥朔，遼主如醫巫閭山。

77 庚寅，以天章閣待制呂公著、司馬光爲龍圖閣直學士兼侍讀。

78 甲午，復以王安石爲工部郎中、知制誥，母喪除故也。

79 己亥，遼以太后射獲虎，大宴羣臣，命各賦詩。

80 癸卯，呂誨言：「臺諫者，人主之耳目。天聖、景祐間，三院御史五員差出者三人（校者按：「五員」以下七字衍。）常有二十員；而後益衰減，蓋執政者不欲主上聞中外之闕失，然猶不下十數員。今御史臺闕中丞者累月，御史五員差出者三人，唯臣與范純仁、呂大防供職，封章十上，報罷者八九。諫官二員，司馬光遷他職，傅堯俞出使北庭。言路壅塞，未有如今日之甚者，臣竊爲聖朝羞之！」乙巳，命知制誥邵必權知諫院。

[81]戊申，以權發遣三司開拆司孫永爲諸王府侍讀，中書編排文字孫固爲諸王府侍講。潁王好學不倦，一日，出新錄韓非子，屬府僚讎校，永曰：「韓非險刻，背六經之旨，願無留意！」王曰：「錄備藏書之數，非所好也。」

[82]壬子，以龍圖閣直學士兼侍講盧士宗知青州。士宗入辭，帝謂曰：「朕素知卿忠純，豈當久處於外！」因命再對；及見，論祖宗之法無數更變。

[83]甲寅，呂公著進所編仁宗御集百卷，帝御延和殿，服鞾袍觀之。

[84]以翰林學士馮京爲南郊儀仗使，闕御史中丞故也。卽日更命給事中、天章閣待制彭思永權御史中丞。

[85]十一月，庚午，朝饗景靈宮。辛未，饗太廟。壬申，祀天地於圜丘，以太祖配。大赦。先是百官習儀尙書省，賜酒食。郎官王易知醉飽嘔吐，御史前劾失儀。及是宰相韓琦以聞，帝曰：「已赦罪矣。」琦言：「故事，失儀不以赦原。」帝曰：「失儀，薄罰也。然使士大夫以酒食得過，難施面目矣。」卒赦之。

[86]遼耶律伊遜舊作乙辛，今改。恃寵不法，北院樞密使耶律仁先抑之，爲伊遜所忌。十二月，甲午，出仁先爲南京留守，改封晉王。

仁先至南京，卹孤惸，禁姦慝，邊境晏然。議者謂自裕悅舊作于越，今改。休格舊作休哥，今改。後，仁先一人而已。

87 甲辰，夏國主諒祚使人來賀正旦。丁未，使人來賀壽聖節。

司馬光言：「近年諒祚雖外遣使人稱臣奉貢，而內蓄姦謀，窺伺邊境，陰以官爵金帛誘中國不逞之人及熟戶蕃部；其違拒不從者，諒祚輒發兵殺掠，弓箭手有住在沿邊者，諒祚皆迫逐使入內地。邊臣坐視，不能救援，遂使其餘熟戶皆畏憚凶威，怨憤中國，人人各有離叛之心。及朝廷遣使齎問，則諒祚拒而不納；縱有所答，皆侮慢之辭，朝廷亦隱忍不復致詰。諒祚又數揚虛聲以驚動邊鄙，而將帥率多懦怯，一路有警，則三路皆聳，盡抽腹內州軍下番兵士置在麾下。數月後寂無影響，然後遣來；未及休息，忽聞有警，又復回去。如此往還，疲於道路，訖無是事。臣料諒祚所以依舊遣使稱臣奉貢者，一則利於每歲所賜金帛二十餘萬，二則利於入京販易，三則欲朝廷不爲之備。其所以誘不逞之人者，欲訪中國虛實，平居用爲謀主，入寇則用爲鄉導也。其所以誘脅熟戶、迫逐弓箭手者，其意以爲客軍不足畏，唯熟戶、弓箭手生長極邊，勇悍善鬬，若先事翦去，則邊人失其所恃，入寇可以通行無礙也。其所以數揚虛聲，驚動邊鄙者，欲使中國之兵疲於奔命，耗散諸蓄，公私貧困；既而邊吏習以爲常，不復設備，然後乘虛入寇也。望明諭中外臣僚，有久歷邊任或曾經戰陣，知軍中利害及西戎情僞者，並許上書，擇其理道稍長者，從容訪問以治兵禦戎之策，則處置自得其宜矣。」

88 郊祀既畢，侍御史知雜事呂誨復申前議，乞早正濮安懿王崇奉之禮，且言：「今佞人進說，惑亂宸聽，中書遂非，執守邪論，當有以發明經義，解釋羣疑。臣欲乞中旨下樞密院及後來進任兩制臣僚，同共詳定典禮以正是非。久而不決，非所以示至公於天下也。」誨尋進對延和殿，開陳懇切，前後凡七奏，不從。因乞免臺職補外，又四奏，亦不從。遂劾韓琦曰：「永昭陵土未乾，玉几遺音猶在，乃琦遽欲追崇濮王，使陛下厚所生而薄所繼，隆小宗而絕大宗。言者論辨半年，琦猶遂非，不爲改正，願黜居外藩，以慰士論。」

89 辛亥，遼以南京留守蕭惟信爲左伊勒希巴。舊作夷离畢，今改。南府宰相蕭德以老告歸，優詔不許。北府宰相姚景行出爲武定軍節度使。以漢人行宮都部署耶律良同知南院樞密使事。

續資治通鑑卷第六十四

賜進士及第兵部尚書兼都察院右都御史總督湖北湖南等處地方軍務兼理糧餉世襲二等輕車都尉　畢　沅　編集

宋紀六十四 起柔兆敦牂(丙午)正月，盡十二月，凡一年。

英宗體乾應曆隆功盛德憲文肅武睿聖宣孝皇帝

治平三年 遼咸雍二年。(丙午、一〇六六)

1 春，正月，丁巳，遼主如鴨子河。

2 壬申，以翰林學士、知制誥范鎮爲翰林侍讀學士、知陳州。

初，鎮草韓琦遷官制，稱引周公、霍光，諫官呂誨駁之；於是琦表求去位，鎮批答曰：「周公不之魯，欲天下之一乎周。」帝以鎮不當引聖人比宰相，其意謂琦去位，則謳歌訟獄不歸京師，欲罷鎮內職。執政因諭鎮令自請外，而有自(是)命。【考異】李燾曰：或云：鎮與歐陽修雅相善，及議濮王追崇事，首忤修意。修乘間爲上言：「鎮以周公待琦，則是以孺子待陛下也。」鎮坐此出。

帝於制誥多親閱，有不中理，必使改之，嘗謂執政曰：「此人君謨訓，豈可褒貶失實也。」

先是知制誥韓維奏事便殿，嘗言：「人君好惡，當明見賞刑以示天下，使人知所避就，則風俗可移。」又言：「思慮不能全無過差，假如陛下誤有處分，改之則足以彰納善從諫之美。」及鎭補外，維言：「鎭誠有罪，自可明正典刑。若其所失止在文字，當含容以全近臣體貌。陛下前黜錢公輔，中外以爲太重。今又黜鎭而衆莫知其所謂，臣恐自此各懷疑懼，莫敢爲陛下盡忠者矣。」

3 癸酉，契丹改國號曰大遼。

4 乙亥，宣徽南院使、武安節度使程戡卒。

戡守延州凡六年，安重習事，治不近名，然不爲言者所與。初，延州夾河爲兩城，雉堞卑薄，嘗爲夏賊攻圍，登九州臺，下瞰城中；戡調兵夫，大增築之，後以爲利。橫山酋豪怨諒祚，欲以屬叛，取靈、夏，來求兵爲援，戡言：「豺虎非其相搏，則未易取也；癰疽非其自潰，則未易攻也。諒祚久悖慢，當乘此聽許，以蠻夷攻蠻夷，中國之利也。」會帝不豫，大臣重生事，遂寢不報。自以年過七十，告老，章凡十數上，終弗聽。遣中使齎手詔問勞，賜茶藥、黃金，乃再上章曰：「臣老疾劇矣，高奴屯勁兵，爲要地，豈養病所邪！」還，至鄧〔澄〕城，卒。贈太尉，謚康穆。

5辛巳，以端明殿學士、知徐州張方平爲翰林學士承旨。

初，帝謂執政，學士獨王珪能爲詔，餘多不稱職。因問：「方平文學如何？」歐陽修對曰：「方平亦有文學，但挾邪不直。」曾公亮以爲不聞其挾邪，趙槩又以爲無迹，故卒命之。【考異】長編載御史呂大防論趙槩擧張方平、錢明逸，援引非人，失大臣憂國致君之意，乞下槩問狀以懲不恪。考宋史大防、方平、明逸、槩傳俱不載此事，今亦不取。帝嘗問治道體要，方平以「簡易誠明」爲對，帝不覺前席曰：「朕昔奉朝請，望侍從大臣以謂皆天下選人，今多不然。聞學士之言，始知有人矣。」

6命翰林學士馮京修撰仁宗實錄。

7壬午，罷三司推勘官。

初，詔三司擧京朝官一人，專領推勘事，至是三司奏以爲不便，罷之，然議者不以罷之爲便也。

8癸未，遼主如山榆淀。

9先是工部員外郎兼侍御史知雜事呂誨與侍御史范純仁、監察御史裏行呂大防合奏曰：「伏見參知政事歐陽修，首開邪議，以枉道悅人主，以近利負先帝，將陷陛下於過擧之議。」龍圖閣直學士司馬光，亦上疏請罷追崇之議，皆不報。誨等論列不已，而中書亦以劄子自辯。帝意嚮中書，然未卽下詔也。執政乃相與密議，欲令皇太后下手書，尊濮安懿王爲皇，夫人爲后，皇帝稱親，又令帝下詔謙讓，不受尊號，但稱親，卽園立廟，以示非帝意，且欲爲異日推崇之漸。

丙子，中書奏事垂拱殿，時韓琦以祠祭致齋，特遣中使召與共議。旣退，外間言濮王已議定稱皇，歐陽修手爲詔草二通，一納上前。日中，太后果遣中使齎實封文書至中書，執政相視而笑。誨等聞之，卽納繳御史告敕，居家待罪，乞早賜黜責，帝以御寶封告敕，遣內侍趣誨等令赴臺供職。誨等以所言不用，雖受告敕，猶居家待罪。

丁丑，中書奏事，帝又遣中使召韓琦同議，卽降敕稱：「準皇太后手書，濮安懿王、譙國太夫人王氏、襄國太夫人韓氏、仙游縣君任氏，可令皇帝稱親，仍尊濮安懿王爲濮安懿皇，譙國、襄國、仙游並稱后。」又降敕，稱帝手詔：「朕面奉皇太后慈旨，已降手書如前。朕以方承大統，懼德不勝，稱親之禮，謹尊慈訓；追崇之典，豈易克當！且欲以塋爲園，卽園立廟，俾王子孫主奉祠事。皇太后諒茲誠懇，卽賜允從。」又詔：「濮安懿王子瀛州防禦使岐國公宗樸，候服闋除節度觀察留後，改封濮國公，主奉濮王祀事。」

庚辰，呂誨等又奏：「臣等本以歐陽修首啓邪議，詿誤聖心，韓琦等依違附會不早辨，累具彈奏，乞行朝典。近覩皇太后手書，追崇之典，並用哀、桓衰世故事，乃與政府元議相符。中外之論，皆以爲韓琦密與中官蘇利涉、高居簡往來交結，上惑母后，有此指揮，蓋欲歸過至尊，自掩其惡，欺君負國，乃致如此，首議之臣，安得不誅！臣等待罪於家，屢蒙詔旨促令供職，而踧踖未敢承命，以此故也。若必使臣等就職，則當合班庭爭以救朝廷之失，雖陛下容納直言，爲天下所聞，而臣等不能早悟明主之罪，益深重矣，豈可復居言路，爲耳目之官哉！」帝令中書降劄子，趣使赴臺供職，而誨等繳還劄子并後所奏九狀，申中書堅辭臺職。

是日，詔避濮安懿王名下一字；置濮安懿王園令一人，以大使臣爲之；募兵二百人，以奉園爲額；又令河南置柏子戶五十人，命帶御器械王世寧、權發遣戶部判官張徽度濮安懿王園廟地圖上，皆從中書所請也。

壬午，詔罷尚書省集議濮安懿王典禮。中書進呈呂誨等所申奏狀，帝問執政當如何，韓琦對曰：「臣等忠邪，陛下所知。」歐陽修曰：「御史以爲理難並立，若以臣等爲有罪，卽當留御史；若以臣等爲無罪，則取聖旨。」帝猶豫久之，乃令出御史；旣而曰：「不宜責之太重。」於是誨罷侍御史知雜事，以工部員外郎知蘄州；范純仁以侍御史通判安州；呂大防落監察御史裏行，以太常博士知休寧縣。故事，知雜御史解官皆有誥詞，時知制誥韓維當直，又兼領通進銀臺司門下封駁事，執政恐維繳詞不肯草制及封駁敕命，遂徑以敕送呂誨等家，仍以累不遵稟聖旨赴臺供職爲誨等罪。維言：「罷黜御史，事關政體，而不使有司預聞，紀綱之失，無甚於此。宜追還誨等敕命由銀臺司，使臣得申議論以正官法。」又言：「誨等能審論守職，國之忠臣，計其用心，不過欲陛下盡如先王之法而止耳。士大夫貪固寵利，厚賞嚴罰，猶恐此風不變；而復內牽邪說，貶斥正人，自此陛下耳目益壅蔽矣。」又求對，極論其失，請追還前敕，令百官詳議以盡人情，復召誨等還任舊職以全政體，皆不從。是日，詔翰林學士、知制誥、御史中丞、知雜各舉御史兩人，以起居舍人、同知諫院傅堯俞兼侍御史知雜事。

司馬光言：「竊聞呂誨、范純仁、呂大防，因言濮王典禮事盡被責降，中外聞之，無不駭愕。臣觀此三人，忠亮剛正，憂公忘家，求諸羣臣，罕見其比。今一旦以言事太切，盡從竄斥，臣竊爲朝廷惜之！臣聞人君所以安榮者，莫大於得人心。今陛下徇政府一二人之情，違舉朝公議，尊崇濮王，過於禮制。天下之人，已知陛下爲仁宗後，志意不專，悵然失望，今又取言事之臣羣輩逐之，臣恐累于聖德，所損不細，閭里之間，腹非竊歎者多矣。伏望聖慈，亟令誨等還臺供職，不則且爲之別改近地一官，亦可以少慰外人之心也。」

呂公著言：「呂誨等以論事過當，並從責降，聞命之始，物論騰沸，皆云陛下自即位以來，納善從諫之風，未形於天下；今誨等又全臺被黜，竊恐義士鉗口，忠臣解體。且自古人君，納諫則興，拒諫則亡，興亡之機，不可不審。願陛下以天地之量，包荒含垢，特追誨等敕命，令依舊供職，則天下幸甚！」

10二月，乙酉朔，白虹貫日。

11命殿中丞蘇軾直史館。

帝在藩邸，聞軾名，欲以唐故事召入翰林，知制誥，韓琦曰：「蘇軾，遠大之器也，他日自當爲天下用，要在朝廷培養。久而用之，則人無異辭，今驟用之，恐天下未必皆以爲然，適足累之也。」帝曰：「與修起居注，可乎？」琦曰：「記注與制誥爲鄰，未可遽授；不若於館閣中擇近上貼職與之，且請召試。」帝曰：「未知其能否，故試；如蘇軾，有不能邪？」琦言不可，乃試而命之。他日，歐陽修具以告軾，軾曰：「韓公可謂愛人以德矣。」

12甲午，遼驛召武定軍節度使姚景行入見。遼主問以治道，奏對稱旨，復拜南院樞密使。又召入內殿，出御書及太子書示之。

遼主嘗有意南伐，問景行曰：「宋人好生邊事，如何？」景行曰：「自聖宗與宋人和好，迨今幾六十年，若以細故用兵，恐違先帝成約。」遼主以爲然，遂止。【考異】宋治平間無啓邊釁之事，遼史乃云「宋人好生事」，恐遼主借以爲詞，或疆埸小故，宋史不盡載耳，今從遼史書之。

13乙巳，潁王府翊善邵亢奏：「皇子潁王，天質早茂，婣媾及期。方陛下即位之初，而元嗣克家之日，推之於禮，莫重於斯。臣伏見國朝親王聘納，雖開寶通禮具有舊儀，而因循未嘗施行。欲乞下太常禮院博采舊典，修撰潁王聘納儀範，其故事非禮者悉罷之。」詔禮院詳定。禮院奏：「開寶通禮，親王納妃，有納采、問名、納吉、納成、請期、親迎、同牢之禮，國朝未嘗用。今檢國朝會要皇親婚會禮，物數請如會要故事。」從之。

14 三月，丁巳，賜羣臣御筵於諸園苑。

15 己未，彗星晨見於壁，長七尺許。【考異】李燾曰：本紀在庚申，今從實錄及本志。

16 辛酉，起居舍人·同知諫院傅堯俞、侍御史趙鼎、趙瞻自使遼歸，以嘗與呂誨言濮王事，家居待罪。而堯俞辭新除侍御史知雜事告牒不受，稽首帝前曰：「臣初建言在誨前，今誨等逐而臣獨進，不敢就職。」帝數諭留堯俞等，堯俞等終求去，乃以堯俞知和州，鼎通判淄州，瞻通判汾州。

司馬光言：「比蒙聖恩，宣諭濮王稱親事，云『此事朕不欲稱，假使只稱濮王與仙游縣君，有何不可！』臣乃知陛下至公，初無過厚於私親之意，直爲政府所誤，以致外議紛紛。必謂旦夕下詔罷去親名，其已出臺官當別有除改，見任臺官亦優加撫諭，使之就職。今忽聞傳堯俞等三人相繼皆出，此政府欲閉塞來者，使皆不敢言，然後得專秉大權，逞其胸臆耳。伏望特發宸斷，召還堯俞等，下詔更不稱親。如此，則可以立使天下憤懣之氣化爲歡欣，誹謗之語更爲謳歌矣。」不從。

光遂奏請與堯俞同責，因家居待罪。又奏：「陛下卽位之年，臣已嘗上疏預戒追尊之事；及過仁宗大祥，臣卽與堯俞詣政府，自以爲人後者不得顧私親之義；當兩制、禮官共詳時，臣又獨爲衆人手撰奏草。若治其罪，臣當爲首。其呂誨等係後來論列，旣蒙遣逐，如臣者豈宜容恕！縱陛下至仁，特加保庇，臣能不愧於心乎！」又奏乞早賜降黜，凡四奏，卒不從。

17 壬戌，以屯田員外郎、簽書江寧節度判官事孫昌齡爲殿中侍御史，太常博士、監永豐倉郭源明爲監察御史裏行。源明，勸子也。

18 甲子，以都官員外郎黃炤爲侍御史，太常博士蔣之奇爲監察御史裏行。初，命王珪等舉官，已除孫昌齡及郭源明，而尙闕兩員，中書以珪等前所舉都官員外郎孔宗翰等七名進，而炤中選。帝又特批「之奇與御史」。歐陽修素厚之奇，前舉制科不入等，嘗詣修，盛言追崇濮王爲是，深非范百祿所對，修因力薦之，卽與炤並命。之奇入對，帝面諭曰：「朕嚮覽卿所對策甚善，而有司誤遺，故親有是除。」之奇，宜興人，堂從子。宗翰，道輔子也。

19 是日，納故宰相向敏中孫女爲皇子潁王婦，封安國夫人。先是禁中遣使泛至諸臣家爲王擇配，記室韓維奏：「宜選勳望之家，精揀淑媛，攷古納采、問名之義，以禮成之，不宜苟取華色而已。」帝嘉納之。

20 戊辰，帝親錄囚。

21 庚午，以彗出，避正殿，減常膳。帝對樞臣，以彗爲憂。胡宿請備邊，呂公弼曰：「彗非小變，不可不懼。陛下宜側身修德以祗天戒，臣恐患不在邊也。」

22 新除監察御史裏行郭源明奏免除命，乞追還呂誨等，詔聽源明免，以告牒納中書。

23 辛未，手詔曰：「朕近奉皇太后慈旨，濮王令朕稱親，仍有追崇之命，朕惟漢史，宣帝本生父稱曰親，又謚曰悼，裁置奉邑，皆應經義。既有典故，遂遵慈訓，而不敢當追崇之典。又以上承仁考廟社之重，義不得兼奉私親，故但卽園立廟，俾王子孫世襲濮國，自主祭祀，遠嫌有別，蓋欲爲萬世法，豈皆權宜之舉哉！而臺官呂誨等，始者專執合稱皇伯、追封大國之義，朕以本生之親，改稱皇伯，歷考前世，並無典據；追封大國，則又禮無加爵之道。自罷議之後，誨等奏促不已，忿其未行，乃引漢哀帝去恭皇定陶之號、立廟京師、干亂正統之事，皆朝廷未嘗議及者，歷加誣詆，自比師丹，意欲搖動人情，眩惑衆聽。以致封還誥敕，擅不赴臺，明繳留中之奏於中書，錄傳訕上之文於都下。暨手詔之出，誨等則以稱親立廟皆爲不當。朕覽誨等前疏，亦云『生育之恩，禮宜追厚，俟祥禫既畢，然後講求典禮，褒崇本親』，今乃反以稱親爲非；前後之言，自相抵牾。傅堯俞等不顧義禮，更相倡和，既撓權而示衆，復歸過以取名。朕姑務含容，止命各以本官補外。尙慮搢紳士民，不詳本末，但惑傳聞；欲釋羣疑，理當申諭。宜令中書門下俾御史臺出榜朝堂及進奏院遍牒告示，庶知朕意。」

24 命左諫議大夫、天章閣待制兼侍講李綬〔受〕赴諫院供職。

25 癸酉，詔曰：「去秋以來，雨潦爲沴，今星躔生變；昝證昭灼，故避殿撤膳，夙夜惕厲。永惟四海之內，獄訟煩冤，調役頻冗，與鰥寡孤獨死亡貧苦，甚可傷也！轉運使、提點刑獄，分行省察而矜恤之，利病大者悉以聞，庶仁恩家至，副朕寅畏之心焉。」

26 辛巳，彗星見於昴，如太白，長丈五尺；壬午，孛于畢，如月。【考異】遼史作壬午彗星見于西方，此從宋史。

27 夏，四月，甲申朔，觀文殿學士、戶部侍郎孫沔自環慶改帥鄜延，未至，卒於道。贈兵部尚書，謚威敏。沔居官以才力聞，然喜燕遊，好色，故中間坐廢。

28 丙戌，禮院言：「濮安懿王建廟，當行祭告，而宗樸喪服未除，請權以本宮諸弟攝事，其祝文令教授爲之。」

初，命翰林學士馮京撰祝文，京言本院未有體式，乞下禮院議。禮院議稱「皇帝某謹遣官恭告於親濮安懿王」。旣而以前詔俾王子孫奉祠事，乃更定此議。

帝嘗以稱親之議質於天章閣待制兼侍講王獵，獵以爲不可，帝曰：「王相待素厚，亦持此說邪？」獵對曰：「臣被王恩厚，故不敢以非禮名號加於王，所以爲報也。」

29 命密州觀察使宗旦同知大宗正司事。

宗旦居所生母喪，以孝聞。始請別擇地以葬，歲時奠祀，後著爲法。

30 己丑，賜工部侍郎致仕皇甫泌帛一百匹。泌獻所著周易精義等書，故有是賜。

31 賜眞定府僧懷丙紫衣。

初，河中府浮梁，用鐵牛八維之，一牛且數萬斤。後水暴漲絕梁，牛沒於河，募能出之者。懷丙以二大舟實土，夾牛維之，用大木爲權衡狀鉤牛，徐去其土，舟浮牛出。轉運使張燾以聞，而有是賜。

32 以工部郎中、天章閣待制陸詵爲兵部郎中、鄜延路都總管、經略安撫使，兼知延州。

33 贈皇后弟內殿崇班高士林德州刺史。

士林，將家子，獨喜學，帝嘗以「謹守法律」四字誨之，曰：「能如此，則爲良吏矣。」每欲進擢，后屢辭。既卒，始追贈焉。明年，又贈節度使。

34 乙未，潁王府翊善、同修起居注邵亢，以知制誥、知諫院兼判司農寺。於是帝謂潁王曰：「翊善端直朴厚，已擢爲諫官矣。」王頓首謝。

以金部員外郎、天章閣侍講傅卞爲起居舍人、同知諫院。卞議濮王典禮，與執政意合，故縣進。

35以度支郎中王稷臣直集賢院、充潁王府翊善，令於皇子兩位供職。

36辛丑，命龍圖閣直學士兼侍講司馬光編歷代君臣事蹟，於是光奏曰：「臣自少以來，略涉羣史。竊見紀傳之體，文字繁多，雖以衡門專學之士，往往讀之不能周浹，況於帝王日有萬幾，必欲徧知前世得失，誠爲未易。竊不自揆，常欲上自戰國，下至五代，正史之外，旁采他書，凡關國家之盛衰，係生民之休戚，善可爲法，惡可爲戒，帝王所宜知者，略依左氏春秋傳體，爲編年一書，名曰通志，其餘浮冗之文，悉删去不載，庶幾聽覽不勞而聞見甚博。私家區區力不能辦，徒有其志而無所成。頃臣曾以戰國時八卷上進，幸蒙賜覽。今所奉詔旨，未審令臣續成此書，或別有編集，若續此書，乞亦以通志爲名。其書上下貫串千餘載，固非愚臣所能獨修。伏見翁源縣令·廣南西路經略安撫司句當公事劉恕、將作監主簿趙君錫，皆以史學爲衆所推，欲望特差二人與臣同修，庶使得早成書，不至疏略。」詔從之，而令接所進八卷編集，俟書成，取旨賜名。其後君錫以父喪不赴，命太常博士、國子監直講劉攽代之。恕，筠州人；君錫，良規之子；攽，敞弟也。

37司空致仕鄭國公宋庠卒。帝方以災異避正殿，有司誤奏毋臨喪，乃爲輓辭二篇賜之，贈太尉兼侍中，謚元憲。帝爲篆其墓碑曰「忠規德範之碑」。

庠與弟祁，以文學名擅天下，儉約，不好聲色，讀書至老不倦。尤畏法，在揚州，使工甓堂塗，取卮酒與之，後知誤取公使，立償之，而取予者皆被罰。自初執政，遇事輒分別是非可否，用是斥退，及再登用，遂浮沈自安。然天資忠厚，嘗曰：「逆詐恃明，殘人矜才，吾終身弗爲也。」沈邈嘗爲京東轉運使，數以事侵庠；及庠在洛陽，邈子爲府屬所惡，欲治之以法，庠獨不肯，曰：「是安足罪也！」人以此益稱其長者。

38戊申，以河東轉運使吳充爲鹽鐵副使。帝雅知充，數問充所在。會充入覲，帝諭以敎授時事，嘉勞之。居河東纔半歲，卽召入。

39樞密副使、禮部侍郎胡宿，屢乞致仕；庚戌，罷爲吏部侍郎、觀文殿學士、知杭州。

40以殿前都虞候、容州觀察使郭逵遷檢校太保、同簽書樞密院事。同簽書樞密院事自逵始。

于是知制誥邵必當制，草詞以進，言逵武力之士，不可置廟堂，望留誥敕與執政熟議，弗聽。逵既入西府，衆多不服，或以咨韓琦，琦曰：「吾非不知逵望輕也。故事，西府當用一武臣，上欲命李端愿，吾知端愿傾邪，故以逵當之。」【考異】李燾曰：或云：上本意欲用張方平，韓琦知方平不附己，猥曰：「西府久不用武臣，宜稍復故事。」上督其人，無以應，乃遽用逵。知諫院邵亢、御史吳申、呂景交章論：「祖宗朝，樞府參用武臣，如曹彬父子、馬知節、王德用、狄青，勳勞爲天下所稱則可，遼黠佞小才，豈堪大用！」不報。

41 壬子，司天監奏彗星浸微，羣臣詣閤門拜表，乞御正殿，復常膳，不許；三表，乃許之。

42 是月，遼境霖雨。

43 五月，乙丑，詔：「河北戰兵三十萬，陝西戰兵四十五萬并義勇，令本路都總管常加訓練，毋得占役。」時邊臣或奏請增兵，朝廷以爲兵數不少，故降是詔。

44 是日，彗行至張而沒。

45 戊辰，帝謂宰臣曰：「朕日與公等相見，每欲從容講論治道，但患進呈文字頗繁，多不暇及。中書常務有可付有司者，悉以付之。」自是中書細務止進熟狀，及事有定制者歸有司，中書降敕而已。

46 庚午，詔中書、樞密，自今朔望會于南廳。

47 吏部流內銓進編修銓曹格敕十四卷。

48 右武衞大將軍、果州刺史叔褒領文州團練使。

初制，宗室入學，十五以上通兩經者，大宗正以聞，命官試論及大義，中者度高下賜出身或遷官，至是叔褒試所學中格，故有是命。叔褒，德恭曾孫也。

49 乙亥，遼主駐特古里。舊作拖古烈，今改。

50丁丑，以屯田員外郎王克臣子孝莊爲右屯衞將軍、駙馬都尉，賜名師約，以尙德寧公主故也。

初，帝數稱唐公主多下嫁名人，及選得師約，其父子皆業進士，令至宰相第，試以詩，幷其所業賦一編進御。召見淸居殿，又諭以毋廢學，後又出經籍及紙筆墨硯賜之。

51辛巳，遼以戶部使劉詵爲樞密副使。詵爲戶部使，歲入羨餘錢三十萬緡，故有是擢。

52六月，乙酉，以駕部郎中、知磁州李田監淄州鹽酒稅務。嘉祐六年，始置考課法。至是考課院言田再考在劣等，故有是命。坐考劣降等自田始。

53丙戌，回鶻貢於遼。

54丁亥，免陸詵正衙，令入見，帝勞問之曰：「卿嶺外處畫，無不當者，鄜延最當邊境，故選用卿，今將何先？」詵曰：「邊事難以遙度，抑未審陛下意在安靜，或欲示威也？」帝曰：「大抵邊陲宜以安靜爲務。昨王素爲朕言，『朝廷與帥臣常欲無事，自餘將校，無不生事要功者』，卿謂此言如何？」詵曰：「素言是也。陛下能責任將帥，令疆埸無事，卽天下幸甚。」

55辛卯，以太常博士劉庠爲監察御史裏行。庠私議濮王事與執政意合，故命以言職。

56壬辰，贈故霸州文安縣主簿、太常禮院編纂禮書蘇洵光祿寺丞。所修書方奏，未報而洵卒，賜其家銀絹各百兩匹。其子軾辭所賜，求贈官，旣從之，又特敕有司具舟載其喪歸蜀。

嘉祐初，王安石名始盛，歐陽修亦善之，勸洵與安石游，而安石亦願交于洵，洵曰：「吾知其人矣。」安石母死，士大夫皆弔，洵獨不往。

57 甲辰，準布舊作阻卜，今改。貢于遼。

58 己酉，御崇政殿，疏決在京繫囚。

59 壬子，改清政(居)殿曰欽明，召直集賢院王廣淵書洪範於屏，謂廣淵曰：「先帝臨御四十年，天下承平，得以無爲。朕方屬多事，豈敢言自逸！故改此殿名。」因訪廣淵先儒論洪範得失，廣淵對以張景所得最深，遂進景論七篇。明日，復召對延和殿，謂廣淵曰：「景所說過先儒遠矣，以三德爲馭臣之柄，尤爲善論。朕遇臣下常失之柔，是以特書此言，置之坐右，以爲觀省，非特開元無逸圖也。」

60 秋，七月，癸丑朔，遼以西北路招討使蕭珠澤舊作朮者，今改。爲北府宰相，以左伊勒希巴舊作夷离畢，今改。蕭惟信爲南院樞密使，以同知南院樞密事耶律白爲特里袞。舊作惕隱，今改。

61 甲寅，以屯田員外郎吳申爲殿中侍殿史。

初，劉庠舉申自代，帝曰：「朕固知申。」遂擢用焉。庠，申門人也。自傳卞議濮王事稱旨，庠及申私論與卞協，故相繼並居言職。

62丙辰，遼南院樞密使姚景行致仕。

庚申，遼錄囚。

辛酉，景行復爲南院樞密使。

63乙丑，以奉國留後虢國公宗諤爲保靜節度使。于是濮王子孫及魯王孫各遷官一等，遷者凡二十人。

帝之爲皇子，辭疾不肯入宮，詔本位長屬敦促，宗諤最長，於是勸行。及帝卽位，宗諤上十餘章論功，帝不得已，特遷奉國留後。中書召知制誥韓維命辭，再三屬之曰：「語勿太深也。」宗諤在藩，素嫉帝。宗諤有庖夫，善羊膾，帝使之爲膾兩盤，宗諤見，問之，對曰：「十三使之膾也。」宗諤怒，毀器覆肉，笞其庖夫。宗諤性陰狡，所惡婢妾，往往鴆殺之。

64丁卯，遼主如藕絲淀。以歲旱，遣使賑山後貧民。

65八月，己亥，以龍圖閣直學士兼侍講呂公著知蔡州。

公著嘗言濮安懿王不當稱親，及頒諱于天下，又請追還呂誨等，皆不從，卽稱疾求補外官，帝曰：「學士朕所重，豈得輕去朝廷！」公著家居者百餘日，遣內侍楊安道卽家敦諭，且戒安道曰：「公著勁直，宜徐徐開曉，語勿太迫也。」又數令其兄公弼勸之，公著起就職，才數月，復上章請出，故有是命。

66九月，壬子朔，日有食之。

67癸丑，以知制誥、史館修撰蔡抗爲龍圖閣直學士、知定州。帝謂抗曰：「第行，且召卿矣。」郡兵番戍，室家留營多不謹，夫歸輒首原，抗下令，悉按以法，戍兵感之。

68乙卯，命知制誥宋敏求題濮安懿王及三夫人廟主于園。

69丙辰，幸天章、寶文閣，命兩府觀翰林學士王珪所書仁宗御書詩石刻。

初，仁宗立帝爲皇子，珪請對而後草詔，後有間珪者。是日，御蘂珠殿召珪，設紫花墩賜坐，勞問久之，召中書授珪兼端明殿學士，且諭曰：「執政員闕，卽命卿矣。」翼日，又賜盤龍金盆一，珪惶恐以謝。帝謂曰：「朕知卿忠純有守，曩者有讒語，朕今釋然無疑矣。」珪頓首曰：「非陛下保全，臣何以至此！」

70癸亥，詔：「自今待制已上，自遷官後六歲無過，則復遷之，有過亦展年，至諫議大夫止。京朝官四歲磨勘，至前行郎中止。少卿監仍以七十員爲定員，有闕卽檢勘三（校者按：「三」字衍。）前行郎中遷及四歲以上，校日月之久者次補之。少卿監以上，遷官聽旨。如別有勞績，或因要重任使，特旨推恩者，卽不在此例。」

71乙丑，以太常博士、監察御史裏行馬默守本官、通判懷州。

初，默彈奏濟州防禦使李珣犯銷金，幷匠人送開封府，官吏不能正其罪。又言宗惠女使當如法錄問；且請自今外人罪連宗室，大辟皆錄問然後斷；又言國子監直講劉攽輕薄無行，多結交富貲舉人，不可爲開封試官；又言趙及所壞倉米十八萬石，當治米所以濕惡；幷劾提點倉場李希逸以不覺察，而及等實由希逸舉發。默除御史時，攽有戲言，默用此怒，故妄彈奏攽。默又屢言濮王不宜稱親，帝以爲疏繆，故黜之。御史劉庠奏乞留默，弗聽。

72 皇城司嘗捕銷金衣送開封府，推官竇卞上殿請其獄。會有以內庭爲言者，帝疑之，卞曰：「眞宗禁銷金自掖庭始；今不正以法，無以示天下，且非祖宗立法意。」詔如卞請。

73 庚辰，知諫院傅卞言：「風聞貴戚奏薦恩澤，未經減定，或托以親戚，濫及高貲商販之徒。」詔：「自今妃嬪、公主以下，非有服親若有服親之夫，無得奏薦。」

74 是月，夏國主諒祚舉兵寇大順城，入寇柔遠寨，燒屈乞等三邨，柵段木嶺。

初，環慶經略安撫使蔡挺，知諒祚將入寇，即遣諸將分屯要害。以大順城堅，雖被攻不可破，不益兵；柔遠城惡，命副使總管張玉將重兵守之。敕近邊熟戶入保淸野，戒諸寨無得逆戰。諒祚將步騎數萬攻圍大順三日，蕃官趙明與官兵合擊之。諒祚銀甲氈帽以督戰，挺先選強弩八列於壕外，注矢下射，重甲洞貫，諒祚中流矢，遁去。復寇柔遠，張玉募膽勇三千人，夜出擾賊營，賊遂驚潰。遣中使賜挺手詔慰勞。

諒祚退屯金湯，聲言益發步騎，且出嫚辭，須已得歲賜，復攻圍大順城。鄜延經略安撫使陸詵言：「朝廷積習姑息，故賊敢狂悖；不稍加詰責，則國威不立。」卽止其歲賜銀、帛，牒宥州問故。帝喜曰：「固知此人可倚也。」詔詵得宥州報具聞。而諒祚果大沮，盤桓寨〔塞〕下，取糧四〔而〕反，卒不敢入寇。又歲儉貧，願得賜物，乃報言：「邊吏擅興兵，行且誅之矣。」

75 冬，十月，壬午朔，以仙游縣君任氏墳域爲園，從禮院所奏也。

76 癸未，遣西京左藏庫副使何次公齎詔賜夏國主諒祚，問所以入寇之故，仍止歲賜銀帛。陸詵言：「西戎頗順矣，不若且賜時服，因以詔問之，彼必感懼。今特遣次公，彼多姦詐，或疑朝廷畏己，則未遽服也。」不從。

77 甲申，以戶部判官、直集賢院王廣淵直龍圖閣兼侍讀，集賢殿修撰周孟陽兼侍講。帝不豫，廣淵憂思忘食寢，帝自爲詔以慰安之曰：「朕疾少間矣。」乙酉，詔兩日一御邇英講讀。時帝已不豫，然近臣尙未知也。于是皇子潁王等引仁宗故事以請，從之。

78 丁亥，詔令禮部三歲一貢舉。天下解額，于未行間歲之法已前，率四分取三分。禮部奏名進士，以三百人爲額；明經諸科，不得過進士之數。

79 以同簽書樞密院郭逵爲陝西四路沿邊宣撫使、兼權判渭州。逵懇辭簽書，帝曰：「初欲授卿宣徽使，慮外人以爲罷政，第領樞職往以重使權。」

80 甲午，詔宰臣、參知政事舉才行士可試館職者各五人。

先是帝謂中書曰：「水潦爲災，言事者多云不進賢，何也？」歐陽修曰：「近年進賢之路太狹，誠當今所患。」帝曰：「何謂進賢路狹？中書常所進擬者，其人皆如何？」修曰：「自富弼、韓琦當國以來，十數年間，外自監司，內則省府，選擢甚精，時亦得人，然皆是錢穀、刑名強幹之吏。此所謂用才；臣言進賢路狹，乃館職也。」帝曰：「如何？」修曰：「朝廷用人之法，自兩制選居兩府，自三館選居兩制。然則三館者，輔相養材之地也。往時入三館有三路，今塞其二矣，此臣所謂太狹也。」帝曰：「何謂三路？」修曰：「進士高科，一路也；大臣薦舉，一路也；因差遣例除，一路也。往時進士五人以上及第者，皆得試館職；第一人及第，不下十年，有至輔相者。今第一人及第，兩任凡十年，方得試館職，而第二人以下無復得試，是高科一路塞矣。往時大臣薦舉，隨即召試，今止令上簿，候館閣闕人乃試。而館閣人初無員數，無有闕時，則上簿者永無試期，是薦舉一路又塞矣。唯有因差遣例除者，半是年勞老病之人，此臣之所謂進賢路太狹也。新格置編校官八人，皆用選人，歷七年，乃自校勘除校理，此外未嘗有所擢用。臣謂此八員者宜仍舊，他員或闕，即令中書擇人進擬，庶無遺賢。」故有是詔。因謂輔臣曰：「館閣養才之地，比欲選數人出使，無可者，公等其各爲朕搜揚，雖執政親戚、世家勿避。朕當親閱可否。」

于是韓琦、曾公亮、歐陽修、趙槩等所舉蔡延慶、夏倚、王汾、葉均、劉攽、章惇、胡宗愈、王存、李常、張公裕、王介、蘇稅〔棁〕、安燾、蒲宗孟、陳侗、陳睦、李淸臣、朱初平、黃履、劉摯，凡二十人，皆令召試。琦等以人多難之，帝曰：「既委公等舉之，苟賢，豈患多也。」乃令先召權提點陝西刑獄、度支員外郎蔡延慶等十人，餘須後試。延慶，齊子也。

81 丙午，羣臣以來歲元會，表上尊號曰體乾應曆文武聖孝皇帝，詔不許；五表，乃許之。

82 十一月，甲寅，以慶州蕃官都巡檢司〔使〕趙明領順州刺史，以擊夏人于大順城有功也。于是將士及蕃官有功者，隨輕重賞之。

83 戊午，帝不豫。

84 己巳，歸徐國公主于王氏，皇后及皇子潁王、東陽郡王送至第，詔皇后翼日乃歸。

85 司馬光奏曰：「今歲彗星彰見，連月乃滅，飛蝗害稼，日有食之。加之陝西、河東，夏秋乏雨，禾既不收，麥仍未種；西戎內侮，邊鄙未安。而朝廷晏然曾不爲意，或以爲自有常數，非關人事，或以爲景星嘉瑞，更當有福。今者又有佞臣建議，請上尊號，其爲欺蔽上天，誣罔海內，孰甚于此！伏望止羣臣所上章表，卻尊號而弗受，更下詔書，深自咎責，廣開言路，求所以事天養民，轉災爲福之道。俟聖體康復，天時豐穰，然後推崇徽號，何晚之有！臣承乏侍從，誠見近日羣臣皆以言爲諱，入則拜手稽首，請加鴻名，出則錯立族談，腹非竊笑，終無一人爲陛下正言其不可者，是敢妄進狂瞽，唯聖明采察。」不從。

86初，夏人寇大順，帝問兩府：「策將安出？」宰相韓琦請留止歲賜，遣使齎詔往問，樞密使文彥博等曰：「如此，則邊釁大矣。」因引寶元、康定之喪師以動帝意。【考異】宋史韓琦傳：議停歲賜，絕和市，遣使問罪。樞密使文彥博難之，或舉寶元、康定事。然則引寶元、康定事者，非彥博也。當時在樞府者，尚有陳旭、呂公弼二人，未審誰所言，今從長編。琦曰：「兵家須料彼此。今日禦戎之備，大過昔時；且諒祚狂童，豈可比元昊也！詰之必服。」帝竟從琦議，遣何次公往使。朝退，二府以所論不同，各相私語，彥博謂其黨曰：「渠自言料敵，且觀渠所料。」踰月，次公還，以諒祚表進。帝已臥疾，輔臣因入問起居畢，琦扣御榻曰：「諒祚服罪否？」帝力疾顧琦曰：「一如所料。」諒祚所上表，雖云「受賜累朝，敢渝先誓」，然尚多游辭，歸罪于其邊吏。乃復賜詔詰之，令專遣使別貢誓表，具言：「今後嚴戒邊上酋長，各守封疆，不得點集人馬，輒相侵犯。其鄜延、環慶、涇原、秦鳳等路一帶，久係漢界熟戶，幷順漢西蕃，不得更行劫擄，及逼脅歸投。所有漢界不逞叛亡之人，亦不得更有招納。苟渝此約，是爲絕好。餘則遵依先降誓詔，朝廷恩禮，自當一切如舊。」

87先是帝久服藥，監察御史裏行劉庠奏請立皇太子，帝不懌，封其奏。一日，宰相韓琦等問起居退，潁王出寢門，憂形于色，顧琦曰：「柰何？」琦曰：「願大王朝夕勿離左右。」王曰：「此乃人子之職。」琦曰：「非爲此也。」王感悟去。帝自得疾，不能語，凡處分事皆筆于紙。

88十二月，壬午，遼以知樞密院事楊績爲南院樞密使，以樞密副使劉詵參知政事。丁酉，以西京留守哈珠（舊作合术，今改。）爲南院大王，旋出蕭珠澤爲武定軍節度使。

89遼主以楊績舊臣，特詔燕見，論古今治亂，人臣邪正。遼主曰：「方今羣臣忠直，耶律玦、劉詵而已。然詵不及玦之剛介。」績拜賀曰：「何代無賢，世亂則獨善其身，主聖則兼善天下。陛下區分邪正，陟黜分明，天下幸甚！」遼主又嘗諭詵曰：「卿勿憚宰相。」時北院樞密使耶律伊遜（舊作乙辛。）勢燄方熾，詵奏曰：「臣于伊遜尚不畏，何宰相之畏！」伊遜銜之，相與排詆。未幾，出詵爲保靜軍節度使。

90辛丑，帝疾增劇，輔臣問起居罷，琦復奏曰：「陛下久不視朝，中外憂惶，宜早立皇太子以安衆心。」帝頷之。琦請帝親筆指揮，帝乃書曰：「立大王爲皇太子。」琦曰：「必潁王也，煩聖躬更親書之。」帝又批于後曰：「潁王頊。」琦曰：「欲乞卽今晚宣學士降麻。」帝復頷之。琦召內侍高居簡，授以御札，命翰林學士草制。學士承旨張方平至榻前稟命，退而草制。壬寅，立皇子潁王頊爲皇太子。

帝既用輔臣議立皇太子，因泫然下淚，文彦博退謂韓琦曰：「見上顏色否？人生至此，雖父子亦不能無動也。」琦曰：「國事當如此，可柰何？」皇子始聞命，辭于榻前者久之。

91 癸卯，大赦，賜文武官子爲父後者勳一轉。

92 乙巳，詔以來年正月十九日册皇太子，翰林學士承旨張方平爲禮儀使，翰林學士王珪撰册文，錢明逸書册，知制誥宋敏求書寶。

93 是年，遼放進士張臻等百一人。

續資治通鑑卷第六十五

賜進士及第兵部尚書兼都察院右都御史總督湖北湖南等處地方軍務兼理糧餉世襲二等輕車都尉畢沅編集

宋紀六十五 起强圉協洽（丁未）正月，盡十二月，凡一年。

英宗體乾應曆隆功盛德憲文肅武睿聖宣孝皇帝

治平四年 遼咸雍三年。（丁未、一〇六七）

1 春，正月，庚戌朔，羣臣上尊號册于大慶殿，太尉奉册授閤門使，轉授內常侍，由垂拱殿以進。是日，大風霾。

2 辛亥，遼主如鴨子河。

3 丁巳，帝崩于福寧殿，太子卽位，時年二十。百官入福寧殿發哀，聽遺制，見上于東楹，皆如嘉祐之儀，惟入垂拱殿後門乃哭爲異。

帝初晏駕，急召太子，未至，帝復手動，曾公亮愕然，亟告韓琦，欲且止勿召。琦拒之曰：「先帝復生，乃太上皇。」愈促之。

帝始爲皇子，被召，戒舍人曰：「謹守吾舍，上有適嗣，吾歸矣。」及卽位，每命近臣，必以官而不名。大臣從容以爲言，帝曰：「朕雖宮中命小臣亦然。」

[4]戊午，大赦，除常赦所不原者。百官進官一等，優賞諸軍，悉如嘉祐故事，惟百官拜赦不舞蹈。舞蹈者，嘉祐之失也。

[5]己未，尊皇太后爲太皇太后，皇后爲皇太后。以宰臣韓琦爲山陵使。

[6]御史劉庠言：「禮，居喪不飲酒食肉。仁宗之喪，百官及諸軍朝晡皆給酒肉，京師羊爲之竭，請給百官素食。」禮官以爲然，執政不從。

[7]庚申，羣臣拜表請聽政，不允；表三上，乃從之。

[8]樞密院召禮官，問詔遼母后書當何稱，欲自稱重姪，稱彼爲大母。判太常寺李東之、同判太常寺宋敏求等以爲當稱姪孫、叔祖母，從之。

[9]三司使韓絳、翰林學士承旨張方平奏疏曰：「祖宗平天下，收斂其金帛，納之內藏諸庫，其所以遺後世之業厚矣。自康定、慶曆以來，發諸宿藏以助興發，百年之積，惟存空簿。近奉赦書，諸軍將校賞給已行支散外，至于文武百官，既遷官加職，其諸賜賚，若更循嘉祐近例，竊慮國家財力不堪供給。伏乞檢會眞宗上仙及仁宗卽位舊事施行。此乃先朝體例，非自今日裁損。所營山陵制度，遺詔戒從省約，乞下三司及經由州縣，凡係科率所及路分，當

職官吏，各據確數，明立期會，務在愛惜官私物力。今日月猶賒，足以辦集。至于諸色用度，非所急者，不以小啬爲無益而弗爲，不以小費爲無傷而不節，深慮經遠之計，以底烝民之生。方今之切務，莫先于此矣。」

太子右庶子韓維言：「竊聞故事，大行皇帝當有遺留物分賜臣下。伏思承平日久，公私匱乏，又，四年之內，兩遭大故，營造山陵及優賞士卒，所費不貲。若用嘉祐之例，厚行賜賚，恐爲損不少。若以爲奉承先志，理不可罷，則望閱諸府庫，取服用玩好物以充用，才足將意便可，不須過爲豐侈。所有金帛諸物，可以贍兵卹民者，願賜愛惜，以救當世之急弊。」奏入，詔遺賜令內侍省取旨，裁減山陵制度令三司奉行遺制。

10 初議山陵，帝以手詔賜執政曰：「國家連遭大喪，公私困竭，宜減節冗費。」且謂執政曰：「仁宗之喪，先帝避嫌不敢裁減，今則無嫌也。」

11 癸亥，內出遺留物賜宗室、近臣有差。帝謂執政曰：「仁宗御天下四十餘年，宮中富饒，故遺留特厚。先帝御天下才四年，固難比仁宗，然亦不可無也，故所賜皆減嘉祐三分之二。」

12 甲子，遼主御安流殿釣魚。

13 丙寅，始御迎陽門幄殿聽政，見百官。三司乞藏錢三十萬緡助山陵支費，從之。

14 癸酉，羣臣拜表請御正殿，不許；表三上，乃許之。

15 戊寅，以王陶爲羣牧使。

16 二月，乙酉，始御紫宸殿見羣臣，退，御延和殿視事。

17 龍圖閣直學士韓維陳三事：「一曰，從權聽政，蓋不得已，惟大事急務，時賜裁決，餘當簡略。二曰，執政皆兩朝顧命大臣，宜推誠加禮，每事諮詢，以盡其心。三曰，百執事各有其職，惟當責任使以盡其材，若王者代有司行事，最爲失體。」又曰：「天下大事，不可猝爲，人君施設，自有先後，惟加意謹重。」幷注釋滕世子問孟子居喪之禮一篇，因推及後世變禮，以申規諷，帝嘉納焉。

18 立安國夫人向氏爲皇后。

19 丙戌，御垂拱殿。

20 辛卯，白虹貫日。

21 壬辰，手詔曰：「朕嘗侍先帝左右，恭聞德音，以『舊制士大夫之子有尙帝女者，輒皆升行，以避舅姑之尊。習行既久，義甚無謂。朕常念此，寤寐不平，豈可以富貴之故，屈人倫長幼之序乎！可詔有司革之。』朕恭承遺旨，敢不遂行！可令中書門下議，降詔有司，以發揚先帝盛德。」于是令陳國長公主行見舅姑之禮，王師約更不升行。公主行見舅姑之禮自此始。

[22]三月，以樞密直學士、禮部郎中王陶爲右諫議大夫、權御史中丞。陶入對便殿，帝問以時事，陶請謹聽納，明賞罰，斥佞人，任正士，復轉對以通下情，省民力以勸農桑，先儉素以風天下，限年藝以汰冗兵。

[23]命天章閣待制陳薦同修撰仁宗實錄。

[24]降工部侍郎、御史中丞彭思永爲給事中、知黄州，主客員外郎、殿中侍御史裏行蔣之奇爲太常博士、監道州酒稅。

先是監察御史劉庠劾參知政事歐陽修入臨福寧殿，衰服下衣紫衣，帝寢其奏，遣使諭修，令易之。朝論以濮王追崇事疾修者衆，欲擊去之，其事無由。有薛良孺者，修妻之從弟也，坐擧官被劾，冀會赦免，而修乃言不可以臣故徼幸，乞特不原；良孺怨修切齒。修長子發娶鹽鐵副使吳充女，良孺因謗修帷薄，事連吳氏。集賢校理劉瑾，與修亦仇家，亟騰其謗，思永聞之，間以語其僚屬。之奇始緣濮議合修意，修特薦爲御史，方患衆論指以爲姦邪，求所以自解，及得此，獨上殿劾修，乞肆諸市朝。帝疑其不然，之奇引思永爲證，堅請必行。之奇初不與同列謀之，後數日，乃以奏稾示思永，挽思永自助。思永以帷薄之私，非外人所知；但其首建濮議，違典禮以犯衆怒，不宜更在政府。帝乃以之奇、思永所奏付樞密院。

修上章自辨。帝初欲誅修，以手詔密問天章閣待制孫思恭，思恭極力救解。帝悟，復取之奇、思永所奏以入，并修章付中書，令思永、之奇具傳達人姓名以聞。之奇言得自思永，而思永辭以出于風聞；因極陳大臣朋黨專恣，非朝廷福。修復言：「臣忝列政府，枉遭誣陷，惟賴朝廷推究虛實，使罪有所歸。」章凡三上。而充亦上章乞朝廷力與辨正虛實，使門戶不致枉受汚辱。于是帝復批付中書，令思永等具傳達人姓名并所聞因依明據。思永與瑾同鄉，力爲瑾諱，乃言：「臣待罪憲府，凡有所聞，合與僚屬商議，故對之奇說風聞之由。然曖昧無實，嘗戒之奇勿言。無所逃罪。」而之奇亦奏：「此事臣止得于思永，遂以上聞。如以臣不當用風聞言大臣事，臣甘與思永同貶。」故二人同降黜。帝手詔賜修，令起視事。他日，帝謂吳奎曰：「蔣之奇敢言，而所言曖昧，既罪其妄，欲賞其敢。」奎曰：「賞罰難並行。」乃止。【考異】李燾曰：墨史孫思恭傳云：歐陽修爲言者所攻，上將誅修，手詔密問思恭，思恭極力救解。朱史以爲言者攻修先，帝加詰問，既辨明，賜手詔召之，豈有誅修之意！遂刪之。按司馬光日記，以之奇等奏付樞密院，後數日，乃復取入，密詔問思恭，必非墨史之妄，今仍掇取。

25 權知貢舉司馬光等上言，所考試合格進士許安世以下三百五人，分四等；明經、諸科二百一十一人，分三等。詔：「進士第一、第二、第三等賜及第，第四等賜同出身。明經諸科第一、第二並賜及第，第三等賜同出身。」敕下貢院放榜，安世及第二、第三人並爲防禦、團練推官，其餘注官守選如例。」

26丙辰，命提點開封府界公事、祠部郎中陳汝義判三司都磨勘司，以知開封縣、都官員外郎羅愷代其任。愷入見，問府界事，皆不能知，帝不悅。及見汝義問之，應答詳敏。翼日，謂執政曰：「愷不才，宜復用汝義，仍與館職。」執政言汝義資序已高，復爲提點則下遷，宜但令試館職而已，帝從之。知制誥邵必言：「陛下新卽位，以言語擢汝義，如漢文賞上林嗇夫，恐臣下爭以利口求進，乞罷之。」不從。

27昌王顥、樂安郡王頵乞解官行服，詔兩制與太常禮院詳定典禮。翰林學士承旨張方平等言：「謹按大行遺制，喪服以日易月，自皇帝下至文武百官，並依先朝典故。惟宗室出則慘服，居則衰麻以終制。蓋一法度，所以尊天子也。皇帝承大統，奉宗廟，昌王、樂安郡王當與宗室同例，不容以私恩爲異。」從之。

28丙寅，錢明逸罷翰林學士，爲端明殿學士兼龍圖（閣）學士。

先是御史蔣之奇言：「明逸傾險憸薄，在仁宗朝，附賈昌朝、夏竦、王拱辰、張方平之黨，陷杜衍、范仲淹、尹洙、石介之徒，朝廷一空，天下同疾。況文辭紕繆，政術乖疏，豈可冒居禁苑！」而同知諫院傅卞亦有言。執政召明逸，示以臺諫章疏，使自引疾，因改命之。

29丁卯，三司言：「在京粳米約支五年以上，慮歲久陳腐，欲令發運司于上供年額，權住起發五十萬石，于穀價貴處減和糴之數，變市金銀絹，輸榷貨務封樁，分給三路，以備軍需。」從之。

30 壬申，尚書左丞、參知政事歐陽修罷，爲觀文殿學士、刑部尚書、知亳州。彭思永等既以論修貶，而知雜事御史蘇寀、御史吳申言猶不已；修亦三表乞罷，故命出守。

初，英宗以疾未視朝，太皇太后垂簾，修與二三大臣主國論，每簾前奏事，或執政聚議，事有未同，修未嘗不力爭。臺諫官至政事堂論事，事雖非己出，同列未及啓口，而修已直前折其短。士大夫建明利害及所請，前此執政多媕阿，不明白是非，至修必一二數之曰：「某事可行，某事不可行。」用是怨誹者益多。英宗嘗稱修曰：「性直，不避衆怨。」修亦嘗誦故相王曾之言曰：「恩欲歸己，怨使誰當！」既出守，遂連六表乞致仕，不從。

31 癸酉，以樞密副使、禮部侍郎吳奎參知政事。帝欲用奎，宰相言：「陳升之有輔立陛下功。」帝曰：「奎輔立先帝，其功尤大。」遂越次用之。奎入謝日，進治說三篇。帝嘗語以追尊濮王事與漢宣帝異，奎對曰：「然，宣帝于昭帝祖行，昭穆不相當，又大臣所立，豈同仁宗！此天地之恩，不可忘也。追尊事誠牽私恩。」帝言：「此爲歐陽修所誤。」奎對曰：「韓琦于此事亦失衆心。臣數爲琦所薦，天下公論，不敢于君前有所隱。」他日，奎進言：「陛下宜推誠以應天，天意無他，合人心而已。若至誠格物，物莫不以至誠應于上，自然感召和氣。

今民力困極，國用窘乏，直須順成，然後可及他事也。帝王之職，所難在判別忠邪，其餘庶務，各有司存，但不使小人得害君子，君子常居要近，則自治矣。」帝因言堯時四凶猶在朝，奎對曰：「四凶雖在，不能惑堯之聰明。聖人以天下爲度，何所不容！未有顯過，固宜包荒，但不可使居要近耳。」

32太常禮院言：「準嘉祐詔書，定太廟近世八室之制。今大行皇帝祔廟有日，僖祖在七室之外，禮當祧遷。將來山陵畢，請以大行皇帝神主祔第八室。僖祖、文懿皇后神主，依唐故事，祧藏于西夾室，以待禘祫。自仁宗而上至順祖，以次升遷，伏請下兩制待制以上參議。」翰林學士承旨張方平等言：「同堂八室，廟制已定，僖祖當祧，合于典禮，請依禮院所奏。」詔恭依。

33乙亥，尙書令兼中書令襄陽郡王允良卒，贈太師。有司以允良起居無度，反易晦明，謚曰榮易。

34初，蔣之奇劾歐陽修，帝怒曰：「先帝大漸，邵亢建垂簾之議，如此大事不言，而抉人閨門之私乎！」之奇以告吳申，申卽劾亢。事下中書，帝徐知其妄，中書亦寢申所奏。亢時同知貢舉，及出，上殿自辨曰：「先帝不豫以來，羣臣莫得進見，臣無由面陳，必有章奏。願陛下索之禁中，若得之，臣當伏誅；不然，則譖臣者豈得不問！願下獄考實。」帝曰：「朕不疑卿，吳申所奏，已不行矣。」

35閏月，癸未，太白晝見。

36甲申，夏主遣使來獻方物謝罪，請戒飭酋長，守封疆，如去冬所賜詔旨。復以詔答之曰：「苟封奏所敍，忠信弗渝，則恩禮所加，歲時如舊。」仍賜絹及銀各五百匹、兩。

37己丑，以京西轉運使、刑部郎中劉述兼侍御史知雜事。于是蘇寀遷度支副使，中書奏以述代之。中丞王陶言：「述任非所長。」賜陶手詔賞歎，然亦竟用述。述，湖州人也。

38御史吳申言：「竊見先召十人試館職，而陳汝義亦預，漸至冗濫。兼所試止于詩賦，非經國治民之急，欲乞兼用兩制薦舉，仍罷詩、賦，試策三道，問經史時務。每道問十事，以通否定高下去留。其先召試人，亦乞用新法考試。明詔兩制詳定以聞。」其後翰林學士承旨王珪等，言宜罷詩賦如申言，于是詔：「自今館職試論一首、策一道。」

39辛卯，遼主駐春州北淀。

40庚子，詔：「內外文武羣臣，於朝之闕政，國之要務，邊防戎事之得失，郡縣民情之利害，各直言無隱，言若適用，當從甄擢。」

41御史中丞王陶言：「臣奉詔別舉臺官，緣有才行可舉之人，多以資淺不應敕文。欲乞許舉三任以上知縣資序人爲御史裏行。」從之。先是陶乞復用呂大防、郭源明，執政以爲意欲逼己，不悅。

42 工部郎中、知制誥王安石既除喪，詔令赴闕。安石屢引疾乞分司，帝語輔臣曰：「安石歷先帝朝，累召不起，或以爲不恭。今召又不至，果病邪，有所要邪？」曾公亮對曰：「安石文學器業，宜膺大用；累召不起，必以疾病，不敢欺罔。」吳奎曰：「安石向任糾察刑獄，爭刑名不當，有旨釋罪，不肯入謝。意以爲韓琦沮抑己，故不肯入朝。」公亮曰：「安石眞輔相之才，奎所言熒惑聖聽。」奎曰：「臣嘗與安石同領羣牧，備見其護前自用，所爲迂闊；萬一用之，必紊亂綱紀。」

癸卯，詔安石知江寧府。衆謂安石必辭，龍圖閣直學士韓維言：「安石知道守正，不爲利動，久病不朝，今若才除大郡，卽起視事，則是偃蹇君命以要自便，臣固知安石之不肯爲也。若人君始初踐阼，慨然想見賢者，與圖天下之治，孰不願效其忠、伸其道哉！使安石甚病而愚則已，若不至此，必翻然而來矣。議者以爲安石可以漸致而不可以猝召，不知賢者可以義動而不可以計取，唯陛下斷而行之。」已而詔到，安石卽詣府視事，不復辭也。

43 學士院言：「屯田員外郎夏倚、雄武節度推官章惇詩賦中等。」詔以倚爲江南西路轉運判官，惇爲著作佐郎。

44 甲辰，詔：「諸路帥臣及副總管或有移易，可依慶曆故事，中書、樞密院參議。」

45以龍圖閣直學士·知蔡州呂公著、龍圖閣直學士兼侍講司馬光並爲翰林學士。光累奏固辭，不許。帝面諭光曰：「古之君子，或學而不文，或文而不學，惟董仲舒、揚雄兼之。卿有文學，尙何辭？」光曰：「臣不能爲四六。」帝曰：「如兩漢制詔可也。」光曰：「本朝故事不可。」帝曰：「卿能舉進士高等而不能爲四六，何邪？」光趨出，帝遣內侍至閤門，強光受告，光拜而不受。趣光入謝，光入至庭中，猶固辭，詔以告置光懷中，光不得已乃受。他日，帝問王陶曰：「公著及光爲學士，當否？」陶曰：「二人者，臣嘗論薦矣。用人如此，天下何憂不治！」

46丙午，以屯田員外郎劉攽、著作佐郎王存爲館閣校勘，太常丞張公裕、殿中丞李常爲祕閣校勘，著作佐郎胡宗愈爲集賢校理，並以召試學士院詩賦入等也。攽試入優等，故事，當除直館，又，員外郎例不爲校勘，而攽素與王陶有隙，陶及侍御史蘇寀共排之，故纔得館閣校勘。

47夏，四月，以殿中丞唐淑問爲監察御史裏行。帝諭曰：「朕以家世用卿，卿當謹家法。人臣病外交陰附，卿宜自結主知。比言者尙抉剔細故以爲能，論事必務大體，乃爲稱職。」淑問，介子也。

48庚戌，請大行皇帝謚于南郊。

49召還陝西宣撫使、判渭州郭逵同簽書樞密院事。

御史中丞王陶言：「韓琦引逵二府，至用太祖出師故事劫制人主，琦必有姦言惑亂聖聽，願罷逵爲渭州。」帝不可，曰：「逵先帝所用，今遽罷之，是章先帝任人之失也。」

50先是御史臺以狀申中書云：「檢會皇祐編敕，常朝日，輪宰臣一員押班。近據引贊官稱宰臣更不赴，竊慮此編敕儀制別(有)衝替，伏乞明降指揮。」中書不報。(辛酉)，中丞王陶因以狀白宰相，又不報。乙卯，(校者按：二字衍。)陶遂劾奏韓琦、曾公亮不押常朝班，至謂琦跋扈，引霍光、梁冀專恣事爲喻；甲子，琦、公亮上表待罪。帝以陶章示琦，琦奏曰：「臣非跋扈者，陛下遣一小黃門至，則可縛臣以去矣。」帝爲之動，而陶連奏不已；帝以問知制誥滕甫，甫曰：「宰相固有罪，然指爲跋扈，則臣以爲欺天陷人矣。」

丙寅，帝徙陶爲翰林學士，司馬光權御史中丞，兩易其任。丁卯，光入謝，言：「自頃宰相權重，今陶以論宰相罷，則中丞不可復爲。臣願俟宰相押班然後就職。」許之。時光中丞告已進入，而王陶學士之命，中書獨持之不下。戊辰，吳奎、趙槩面對，堅請黜陶於外，帝不許；復請授羣牧使，許之。既而直批送中書，以陶爲翰林學士。時琦方在告，不出，奎即具奏言：「昔唐德宗疑大臣，信羣小，斥陸贄而以裴延齡等爲腹心，天下稱爲闇主。今陶挾持舊恩，排抑端良。如韓琦、曾公亮不押班事，蓋以向來相承，非由二臣始廢。今若又行內批，除陶翰林學士，則是因其過惡，更獲美遷，天下待陛下爲何如主哉！陶不黜，陛下無以責內外大臣展布四體。」己巳，奎遂稱疾求罷。帝封奎劄子以示陶，陶復劾奎附宰相、欺天下六罪。侍御史吳申、吳（呂）景奏乞留陶依舊供職，并劾奎有無君之心，數其五罪。帝以手札賜知制誥邵亢，趣進入陶學士告，亢遂言：「御史中丞職在彈劾，陰陽不和，咎由執政。奎所言顛倒，失大臣體。」帝由是有逐奎意。龍圖閣直學士韓維言：「宰相跋扈，王法所當誅也。陶言是，宰相安得無罪；陶言非，則安得罷臺職而已！今爲翰林學士，是遷也。願廷對羣臣，使是非兩判。」庚午，帝批付中書：「王陶、吳申、吳（呂）景，過毀大臣，陶出知陳州，吳申、吳（呂）景罰銅二十斤；吳奎位執政而彈劾中丞，以手詔爲內批，三日不下，其罷知青州。」

帝語張方平曰：「奎罷，當以卿代。」方平辭，且言：「韓琦久在告，奎免，必不復起。琦勳在王室，願陛下復奎位，手詔諭琦，以全始終之分。」司馬光言：「奎名望素重，今爲陶罷奎，恐大臣皆不自安，紛紛引去，于四方觀聽非宜。」辛未，公亮入對，亦請留奎，帝許之。壬申，召奎對延和殿，慰勞，使復位，曰：「成王豈不疑周公邪！」奎既復位，邵亢更以爲言。帝手札諭亢曰：「此無他，欲起坐臥者耳！」蓋指琦也。

初，王陶事琦甚謹，琦深器之。東宮始建，英宗命以蔡抗爲詹事，琦因薦陶。文彥博私謂琦，盍止用抗，琦不從。及帝卽位，頗不悅大臣之專，陶料必多所易置，欲自規重位，故視琦如仇，力攻之。彥博謂琦曰：「頗記除詹事時否？」琦大愧曰：「見事之晚，直宜受撻！」陶既至陳州，謝表詆宰相不已，中書擬再貶。光言：「陶誠有罪，然陛下欲廣言路，屈己愛陶，而宰相獨不能容乎！」乃止。

51 罷諸州歲貢飲食果藥。

52 癸酉，詔：「陝西、河東經略轉運司，察主兵臣僚怯懦、老病者以聞。」

53 司馬光上疏，論修身之要三：曰仁，曰明，曰武。治國之要三：曰官人，曰信賞，曰必罰。且曰：「臣昔爲諫官，卽以此六言獻仁宗，其後以獻英宗，今以獻陛下。平生力學所得，盡在是矣。」

54 是月，錄京師繫囚，遣使巡行陝西、河北、京東、西路體量安撫。

55 五月，辛巳，以久旱命宰臣禱雨。

56 韓琦、曾公亮言：「臣等近以王陶彈奏，不過文德殿押班，先嘗面奏。舊以前殿退晚，及中書聚廳見客，日有機事商議，故不及押班，爲歲已久，卽非今始。今檢詳唐及五代會要，每月凡九開延英，則明其餘不坐之日，宰臣須赴正衙押班。及延英對宰臣日，未御內殿前，令閤門使傳宣放班，則宰臣更不赴正衙押班明矣。本朝自祖宗以來，繼日臨朝，宰臣奏事。祥符敕宰臣依故事赴文德殿押班，行之不久，漸復墮廢。緣中書朝退後議政，動踰時刻，若日赴文德押班，則機務常有妨滯。乞下太常禮院詳定。」司馬光言舊制當押班，不須詳定。癸未，詔：「自今晝刻辰正，垂拱奏事未畢，聽宰相不赴文德殿，令御史臺放班退。未及辰正，並依祥符敕令，永爲定制。」

57 壬辰，遼主駐納葛濼。

58 甲辰，以屯田員外郎張唐英爲殿中侍御史裏行，從翰林學士王珪、范鎭之薦也。唐英初調穀城令，縣圃歲畦薑，貸種與民，還其陳，復配買取息。唐英至，空其圃，植千株柳，作柳亭于其中，聞者咨美。英宗初立，唐英上謹始書，言：「爲人後者爲之子，恐他日有引定陶故事以惑聖聽者，願杜其漸。」既而濮議果起，珪、鎭謂唐英有先見之明，故薦之。

59 乙巳，寶文閣成，置學士、直學士、待制官，奉英宗御書藏於閣。

60 六月，戊申，遼有司奏新城縣民楊從謀反，僞署官吏，遼主曰：「小人無知，此兒戲耳。」獨流其首惡，餘釋之。

61 河北旱，民流入京師。（己未），待制陳薦請以便糴司陳粟貸民，戶二石，從之。司馬光上疏曰：「聖王之政，使民安土樂業而無離散之心，其要在于得人而已。以臣愚見，莫若擇公正之人爲河北監司，使察災傷州縣，守宰不勝任者易之，然後多方那融斗斛，使賑濟土著之民，居者既安，則行者思反。若縣縣皆然，豈復有流民哉！」于是詔河北運司約束州縣，倍加存卹。

62己未，（校者按：二字衍。）以龍圖閣直學士、知成都府趙抃知諫院。入謝，帝謂抃曰：「聞卿入蜀，以一琴一鶴自隨，爲政簡易，亦稱事邪？」故事，近臣自蜀還者，必登省府，不爲諫官；大臣以爲疑，帝曰：「吾賴其言耳。倘欲大用，何必省府乎！」抃上疏言任道德，委輔弼，别邪正，去侈心，信號令，平賞罰，謹機密，備不虞，勿數赦，容諫諍十事。又言呂誨、傅堯俞、范純仁、呂大防、趙鼎、馬默，皆骨鯁敢言，久譴不復，無以慰搢紳之望。復論五費，謂宮掖、宗室、官濫、兵冗、土木之事，多見納用。

63辛未，詔：「天下官吏有能知差役利害，可以寬減者，實封條析以聞。」

先是三司使韓絳言：「害農之弊，無甚差役之法。重者衙前，多致破產，次則州役，亦須重費。向聞京東民有父子二丁將爲衙前，父告其子云：『吾當求死，使汝曹免于凍餒。』遂自經而死。又聞江南有嫁其祖母及與母析居以避役者，又有鬻田減其戶等者，田歸官戶不役之家，而役併于同等見存之戶。望令中外臣庶，條其利害，委侍從臺省官集議裁定，使力役無偏重之患，則農民有樂業之心。」帝納其言，故有是詔。役法之議始此。

64陝西轉運使薛向言：「知青澗城种諤招西人朱令陵，最爲横山得力酋長，已給田十頃、宅一區，乞除一班行，使夸示諸羌，誘降横山之衆。」詔增給田五頃。諤，□□□□□。（世衡之子也。）向在英宗時，嘗獻西陲利害十五篇。去冬又上疏陳禦邊五利：一曰任將帥以制其衡，二曰亟攻伐以罷其敵，三曰省戍兵以實其力，四曰絕利源以敝其國，五曰惜經費以固其本。疏奏，英宗稱善，嘗置諸左右，帝見而奇之。會邊臣多言横山族帳可招納者，是日，召向入。凡向所陳計策，帝皆令勿語兩府，自以手詔指揮。

65 壬申，遼以度支使趙徽參知政事。

66 乙亥，御史張紀言：「近歲以來，百司庶務，多稟決于中書。臣謂政府不當侵有司之職，有司亦不當以細務汨政府。」詔：「中書、樞密院，應細務合歸有司者，條析以聞。」後中書具三十一事，樞密院具六十二事，皆歸之有司。

67 秋，七月，庚辰，翰林學士承旨張方平等言：「本朝典禮，循唐之舊，眞宗、仁宗皆祀于明堂以配上帝。今季秋大享明堂，伏請以大行皇帝配。」詔恭依。

68 詔察富民與妃嬪家婚姻夤緣得官者。

69 己丑，命戶部郎中趙抃、刑部郎中陳薦詳定中外封事。先是帝命張方平、司馬光，至是復令抃等同之。

70 辛卯，告大行皇帝謚于天地、宗廟、社稷。

71 壬辰，上寶册于福寧殿。

72 帝初即位，內臣以覃恩升朝者，皆罷內職，獨句當御藥院高居簡等四人留如故。司馬光疏言：「居簡資性姦回，工讒善佞，久處近職，罪惡甚多。頃在先朝，依憑城社，物論切齒。及陛下繼統，乃復先自結納，使寵信之恩，過于先帝，願明治其罪以解天下之惑。」帝曰：「祔廟畢，自當去。」光曰：「閹闥小臣，何繫山陵先後！舜去四凶，不爲不忠；仁宗貶丁謂，不爲不孝。」帝從之。癸巳，居簡罷爲供備庫使。

73 乙未，以三司檢法官呂惠卿編校集賢書籍。惠卿與王安石雅相好，安石薦其才于曾公亮，遂舉館職。惠卿，晉江人也。

74 辛丑，熒惑晝見，凡三十五日。【考異】宋史神宗紀、天文志皆無，今據遼史道宗紀書之。

75 丙午，文州曲水縣令宇文之邵上書指陳得失。之邵，緜竹人，爲曲水令，轉運使以輕縑高其價，使縣配賣。之邵言：「縣地狹人貧，耕者亡幾，方歲儉饑，羌夷數入寇，不可復困之以求利。」轉運使怒。

會帝即位求言，乃上書曰：「千里之郡，有利未必興，有害未必除者，轉運使、提點刑獄制之也；百里之邑，有利未必興，有害未必除者，郡制之也。前日赦令，應在公逋負一切蠲除，而有司操之益急，督之愈甚，使上澤不下流而細民日困。如擇賢才以爲三司之官，稍假郡縣以權，則民瘼除矣。然後監番邸、蹶橋之盛以保安外戚，考棠棣、角弓之義以親睦九族，興墜典，拔滯淹，遠夸毗，來忠讜。凡所建置，必與大臣共議以廣其善，號令威福則專制之，如此，則太平可拱而俟也。」書奏，不報。喟然曰：「吾不可仕矣！」遂以太子中允致仕，時年未四十也。范鎮曰：「之邵位下而言高，學富而行篤，少我二十一歲而先我挂冠，使吾慊然。」

76 夏國遣使奉慰及進助山陵。

77 八月，丁未朔，太白晝見。

78 辛亥，司馬光言：「竊聞陛下好令內臣采訪外事及問以羣臣能否，臣竊以爲非宜。陛下內有兩府、兩省、臺諫，外有提、轉、牧、守，皆腹心耳目股肱之臣也。誠能精擇其人，使之各舉其職，則天下之事，猶一堂之上，陛下何患于不知哉！今深處九重，詢于近習，采道聽塗說之言，納曲躬附耳之奏，不驗虛實，卽行賞罰，臣恐讒邪得以逞其愛憎，而陛下爲之受其譏謗也。」

79 戊午，復夏人和市。

80 張方平、司馬光奏所詳定內外封事，帝令中書參議。光對延和殿，言：「封事善者，在陛下決行之。」帝曰：「大臣多不欲行。」光曰：「陛下詢芻蕘以廣聰明，斯乃社稷之福，而非大臣之利也。」癸亥，詔：「詳定封事所奏，如其中有難行者，可召詳定官赴中書問難，令述利害以進。」

81 己巳，京師地震。帝問輔臣曰：「地震何祥也？」曾公亮對曰：「天裂，陽不足；地震，陰有餘。」帝曰：「誰爲陰？」公亮曰：「臣者君之陰，子者父之陰，婦者夫之陰，夷狄者中國之陰，皆宜戒之。」吳奎曰：「但爲小人黨盛耳。」帝不懌。

82 癸酉，葬憲文肅武宣孝皇帝于永厚陵，廟號英宗。

83 是月，判河陽軍富弼上疏曰：「帝王都無職事，惟別君子、小人。然千官百職，豈盡煩帝王辨之乎？但精求任天下之事者，不使一小人參用于其間，莫不得人矣。陛下勿謂所采既廣，所得必多，其間當防小人惑亂聖聽。姦謀似正，詐辭似忠，疑似之際，不可不早辨也。」

84 九月，丁丑，詔減諸路逃田稅額。

85 壬午，祧僖祖及文懿皇后。乙酉，祔英宗神主于太廟，樂曰大英之舞。

86 戊子，減兩京畿內、鄭、孟州囚罪一等，民役山陵者蠲其賦。

87 辛卯，徙封昌王顥爲岐王，樂安郡王頵爲高密郡王。

88 遣孫思恭等報謝于遼。

89 壬辰，錄周世宗從曾孫貽廓爲三班奉職。

90甲午，遼遣使來賀即位。

91戊戌，召知江寧府王安石爲翰林學士。

92遼主命給諸路囚糧。

93辛丑，韓琦、吳奎、陳升之並罷。琦歷相三朝，或言其專。自王陶論劾後，曾公亮因力薦王安石，欲以間琦。琦稱疾求去，帝不許，以詔書慰撫。琦又疏有四當去，復不許。厚陵復土，琦更不入中書，請甚堅。于是帝夜召張方平議，且曰：「琦志不可奪矣。」方平遂建議，宜寵以兩鎮節鉞，且虛府以示復用，乃除鎮安·武勝軍節度使、守司徒、檢校太師兼侍中、判相州。帝復召知制誥鄭獬草奎知青州及方平、趙抃參知政事制，賜雙燭歸舍人院，外廷無有知者。明旦，獬進草，遂降付中書。升之，初名旭，避帝嫌名，故以字行。帝始擢任楊定，升之屢諫不宜生邊事，由是忤旨；以母老，乞便郡，遂出知越州。

94以樞密副使呂公弼爲樞密使，翰林學士承旨張方平、知諫院趙抃並參知政事，三司使韓絳、知開封府邵亢並樞密副使。

95先是薛向奏蕃部嵬名山有歸附意，壬寅，司馬光對延和殿，言諒祚稱臣奉貢，不當誘其叛臣以興邊事，帝曰：「此外人妄傳耳。」光曰：「陛下知薛向之爲人否？」帝曰：「固非端方士也，徒以其知錢穀及邊事耳。」光曰：「錢穀誠知之，邊事則未也。」又言張方平姦邪貪猥，帝曰：「有何實狀？」光曰：「請言臣所目見者。」帝作色曰：「每有除拜，衆言輒紛紛，非朝廷美事。」光曰：「此乃朝廷美事也。知人，帝堯難之，況陛下新卽位，萬一用一姦邪，若臺諫循默不言，陛下從何知之？」帝曰：「吳奎附宰相否？」光曰：「不知也。」帝曰：「結宰相與結人主孰賢？」光曰：「結宰相爲姦邪；然希意迎合，觀人主趣向而順之者，亦姦邪也。」

96 潮州地震。

97 癸卯，同僉書樞密郭逵罷爲宣徽南院使、判鄆州；從張紀、唐淑問、趙抃言也。逵至鄆七日，徙師延州。

98 權御史中丞司馬光復爲翰林學士兼侍讀學士，以滕甫權御史中丞。光言：「臣昨論張方平參政，不協衆望，其言旣不足采，所有新命，臣未敢祗受。」光等誥敕下通進銀臺司，呂公著具奏封駁。帝手詔諭光曰：「朕以卿經術行義，爲世所推，今將開邇英之席，欲得卿朝夕討論，敷陳治道，以箴遺闕，故換卿禁林，復兼勸講，非爲前日論奏張方平也。呂公著封還，蓋不知此意耳。」于是取誥敕直付閤門，趣光等受職。公著又言：「誥敕不由本司，則封駁之職因臣而廢。」帝手批其奏曰：「俟開邇英，當諭朕意。」

99 韓琦旣出判相州，入對，帝泣下，琦亦垂涕稱謝。詔琦出入如二府儀，又賜興道坊宅一區，擢其子祕書丞忠彥爲祕閣校理。帝曰：「卿去，誰可屬國者？王安石何如？」琦曰：「安石爲翰林學士則有餘，處輔弼之地則不可。」帝默然。

100是月，遼主如南京。

101冬，十月，丙午朔，漳、泉諸州地震。

102丁未，富弼罷判河陽。

103戊申，建州、邵武、興化軍地震。

104己酉，初御邇英閣，召侍臣講讀經史。講退，獨留呂公著，語曰：「朕以司馬光道德學問，欲常在左右，非以其言不當也。」公著力請解職，許之。他日，又謂公著曰：「光方直，如迂闊何？」公著曰：「孔子上聖，子路猶謂之迂；孟軻大賢，時人亦謂之迂。況光者，豈免此名！大抵慮事深遠，則近于迂矣。願陛下更察之！」

105命御史中丞滕甫攷諸路監司課績。

舊制，審定殿最格法，自發運使下至知州，皆歸攷課院，專以監司所第等級爲據。至攷監司，則總其甄别部吏能否，副以采訪才行，合二事爲課，悉書中等，無高下。帝卽位，凡職皆有課，凡課皆責實。監司所上守臣課不中等者，展年降資；而治狀優異者，增秩賜金帛，以璽書獎勵之。若監司以上，則命御史中丞、侍御史攷校。

106 參知政事張方平，以父憂罷。

107 庚戌，給陝西轉運司度僧牒，令糴穀賑霜旱州縣。

108 癸丑，詔：「翰林學士、御史中丞、侍御史知雜事舉材堪御史者各二人。」

109 甲寅，翰林學士司馬光初進讀通志于邇英閣，賜名資治通鑑，親製序以賜光，令候書成寫入，又賜潁邸舊書二千四百二卷。序略曰：「博而得其要，簡而周于事，是亦典刑之總會，冊牘之淵林矣。」

110 癸酉，知青澗城种諤復綏州。夏將嵬名山部落在綏，其弟夷山降于諤，諤使人因夷山以誘之，賂以金盂。名山小吏李文喜受而許降，而名山未之知也。諤即奏言：「諒祚累年用兵，人心離貳，嘗欲發橫山族帳盡過興州，族帳皆懷土重遷，其首領嵬名山欲以橫山之衆取諒祚以降。」帝信之。知延州陸詵言以情僞未可知，戒諤毋妄動，諤持之力。詔詵召諤問狀，且與轉運使薛向議招納，乃共畫三策，令幕佐張穆之入奏。穆之陰受向指說，言必可成。帝意詵不協力，徙之秦鳳。諤不待報，悉起所部兵長驅而前，圍其帳。名山驚，援槍欲鬭，夷山呼曰：「兄已約降，何爲如是？」文喜因出所受金盂示之，名山投槍大哭，遂舉衆從諤而南，得酋領三百，戶萬五千，勝兵萬人。將築城于其地，詵以無詔出師，召諤還。軍次懷遠，虜衆四萬人坌集城下，諤出兵擊走之，遂城綏州。

初，諤言名山約降，帝將令邊臣招納其衆。司馬光上疏極論，以爲：「名山之衆未必能制諒祚，幸而勝之，滅一諒祚，生一諒祚，何利之有！若其不勝，必引衆歸我，不知何以待之！臣恐朝廷不獨失信于諒祚，又將失信于名山矣。若名山餘衆尚多，還北不可，入南不受，窮無所歸，必將突據邊城以救其命，陛下獨不見侯景之事乎？」帝不聽。及諤取綏州，費六十萬，西方用兵蓋自此始矣。【考異】東都事略种諤傳云：銀、夏監軍司牙吏史屈子託言嵬名山來報內附，諤即上聞，不俟報，募可使者，通蠟書于名山。與屈子定計，領所部期日會于州。諤起所部蕃、漢兵會于懷遠砦，移折繼世赴銀、夏應接，長驅入綏州，夜度大理水，駐師離思曲。厥明，屈子及諸酋長脅名山開門迎納，折繼世亦領兵會于師，遂築綏州城。按此文與宋史种諤傳小異，而宋史較爲詳確，今從之。

种諤既取綏州，夏人乃詐爲會議，誘知保安軍楊定等，殺之。朝廷謀西討，邵亢曰：「天下財力殫屈，未宜用兵，唯當降意撫納，俟不順命，則師出有名矣。」因條上其事，詔報曰：「中國民力，大事也。兵興之後，不無倍率，人心一搖，安危所繫。且動自我始，先違信誓，契丹聞之，將不期而自合，茲朕所深憂者，當悉如卿計。」于是欲棄綏州，知延州郭逵言：「賊既殺王官，而又棄綏不守，見弱已甚。且嵬名山舉族來歸，當何以處之？」帝不聽。

111 十一月，丁丑，詔近臣各舉才行可任使者一人。

112 文彥博言于帝曰：「諸路帥臣、轉運使，職任至重，一道慘舒繫焉，所宜擇人久任。」又言：「兩府堂陛之重，亦當久任，使其下不能傾危，乃可立事。」韓絳曰：「漢王嘉以爲二千石尊重難危，乃可使下，況堂陛之勢乎！」

113 戊寅，詔求直言。

114 詔御史臺每遇起居日，令百僚轉對。

115 丙戌，詔曰：「故事，二府初入，舉所知者三人，將以觀大臣之能。比年多因請謁干譽，薦者不公，其令中書、樞密院舉人皆明言才業所長，堪任何事，以副朕爲官擇人之意。」

116 改命韓琦判永興軍兼陝西路經略安撫使，賜手札趣令治裝。琦言：「邊臣肆意妄作，搆怨戎狄。臣朝夕引道非難，但須稟朝廷成算，願召二府亟決之。」琦入辭，曾公亮等方奏事，乞與琦同議，帝召之，琦曰：「臣前日備員政府，所當共議。今藩臣也，惟奉行朝廷命令耳，決不敢與聞。」又言：「王陶指臣爲跋扈，今陛下乃舉陝西兵柄授臣，復有劾臣如陶者，則臣赤族矣。」帝曰：「侍中猶未知朕意邪？」

117 丁亥，詔：「令天下州軍各上所轄縣令治狀優劣，其條約，令考課院詳定以聞。」

118 戊子，分命宰臣祈雪。

119 置馬監于河東交城縣。

120 庚寅，詔：「近臣以舉官不當，經三劾者，中書別奏取旨。」

121 壬辰，夏國遣使進回鶻僧、金佛、梵覺經于遼。

122 乙未，詔：「內外文武官各舉所知二人，見任兩府三人，或恥于自媒，久淹下位，或偶因微累，遂廢周行者，咸以名聞。」

123 先是以向傳範知澶州兼京東、西路安撫使。傳範，敏中之子也。知諫院楊繪言：「后族不當領安撫使，請易之，以杜外戚干進之漸。」文彥博曰：「傳範累典郡有政聲，非由外戚。」帝曰：「諫官如此言甚善，可以止他日妄求者。」己亥，命改知鄆州。

他日，繪又言曾公亮不當用其子孝寬判鼓院。帝謂滕甫曰：「鼓院，傳達而已，何與于事？」甫曰：「人有訴宰相者，使其子傳達，可乎？且天下見宰相子在是，豈敢復訴事！」帝爲寢其命。繪亦解諫職，改兼侍讀，繪固辭。甫言于帝，帝詔甫諭意，繪曰：「諫官不得其言則去，經筵非姑息之地。」卒不拜。未閱月，復知諫院。

124 十二月，丁未，遼參知政事劉詵仍爲樞密副使，以樞密直學士張孝傑參知政事。己酉，以孝傑同知樞密院事。孝傑附耶律伊遜，故累遷。

125 遼主行再生禮，赦死罪以下。

126 辛酉，詔以來歲日食正旦，自乙丑避正殿，減常膳，罷朝賀。

127 壬戌，詔起居日增轉對官二人。

128丙寅，詔曰：「獄者，民命之所繫也。比聞有司歲考天下之奏而瘐死者多。其具爲令，提點刑獄歲終會死者之數以聞。委中書檢察，或死者過多，官吏雖已行罰，當更黜責。」

129己巳，夏人求以亡命景詢易嵬名山，郭逵曰：「詢，庸人也，于事何所輕重！受之則不得不還名山，恐自是蕃酋無復敢向化矣。」是月，逵詗得殺楊定等首領姓名，諜告，將斬之于境以謝罪，逵曰：「是且梟死囚以紿我。」報曰：「必執李崇貴、韓道喜來。」夏人言殺之矣，逵命以二人狀貌物色詰問，敵情得，乃錮而獻之。

130夏國主諒祚殂，年二十一，國人謚曰昭英皇帝，廟號毅宗，葬安陵；子秉常即位，時年七歲，梁太后攝政。【考異】宋史神宗紀：熙寧元年，三月庚辰，夏主諒祚卒，遣使告哀。據夏國傳，諒祚以神宗即位之十二月殂，又云秉常，治平四年冬即位，則諒祚實以治平四年殂，紀所書者，赴告之日耳。萬斯同、趙駿烈紀元彙考，據本紀謂諒祚改元拱化，有六年，與夏國傳拱化五年之文自相違異，蓋考之未審矣。

131是月，韓琦至永興。

初，薛向、郭逵等議欲存綏州，詔琦度其可否，琦奏：「賊今已誘殺楊定等，綏州不可棄也。」及諒祚病死，其子秉常方幼，琦因奏：「當此變故，尤非棄綏之時。」文彥博、呂公弼恥于中變，督促棄綏如初，琦條陳不已。帝遣中使齎手詔訪琦利害，琦復具奏，言綏不可棄，乃詔如琦議。

132 是歲，觀文殿學士、太子少師致仕胡宿卒。

宿內剛外和，臨事愼重，不輒發，發卽不可回，尤顧惜大體。其篤行自厲，至于貴達，常如布衣時。

133 遼南京旱，蝗。

續資治通鑑卷第六十六

賜進士及第兵部尚書兼都察院右都御史總督湖北湖南等處地方軍務兼理糧餉世襲二等輕車都尉畢沅編集

宋紀六十六 起著雍涒灘（戊申）正月，盡屠維作噩（己酉）六月，凡一年有奇。

神宗體元顯道法古立憲帝德王功英文烈武欽仁聖孝皇帝

名頊，英宗長子，母曰宣仁聖烈皇后高氏。慶曆八年四月戊寅，生于濮王宮，八月，賜名仲鍼，授率府副率，三遷至右千牛衞將軍，嘉祐八年，侍英宗入居慶寧宮。英宗卽位，授安州觀察使，封光國公。帝天性好學請問，至日晏忘食，英宗嘗遣內侍止之。帝正衣冠拱手，雖大暑未嘗用扇。是年九月，加忠武軍節度使、同中書門下平章事，封淮陽郡王，改今名。治平元年，進封潁王。十二月壬寅，立爲皇太子。【考異】宋諸帝謚皆十有六字，獨神宗謚多至二十字，幾欲駕太祖、太宗而上之，此政和君臣豐昵妄作之失，貽笑千古者也。然史家之例，謚號當書最後加者。考神宗之謚，初上止「英文烈武聖孝」六字，紹聖增至十六字，崇寧改去「紹天法古運德建功」八字，易以「體元顯道帝德王功」，政和又加「法古立憲」四字。東都事略稱體元顯道帝德王功英文烈武欽仁聖孝皇帝，宋史本紀稱紹天法古運德建功英文烈武欽仁聖孝皇帝，雖各有據；今用政和所上，庶合史例。

熙寧元年 遼咸雍四年。（戊申、一〇六八）

1 春，正月，甲戌朔，日有食之。

2 詔改元。

3 復命武臣同提點刑獄。

4 丙子，遼主如鴛鴦濼。

5 丁丑，以旱減天下四罪一等，杖以下釋之。

6 辛巳，遼改易州兵馬使爲安撫使。

7 丁亥，命宰臣極言闕失。

8 遼主獵于炭山。

9 庚寅，御殿，復膳。

10 辛卯，遼遣使賑西京飢民。

11 壬辰，帝幸寺觀祈雨。

12 參知政事趙槩，數以老求去；丙申，罷知徐州。

槩秉心和平，與人無怨惡，在官如不能言，然陰以利物者爲多，時議比之劉寬、婁師德。

13 以三司使唐介參知政事。

故事，執政坐待漏舍，宰相省閱所進文書，同列不得聞。介謂曾公亮曰：「身在政府而事不預知，上或有所問，何辭以對！」乃與同視，後遂以爲常。

14 丁酉，詔修英宗實錄。

15 壬寅，詔太學增置外舍生百員。

初，太學置內舍生二百員，官爲給食。至是待次蓋百餘人，諫官以爲言，故有是詔。

16 二月，甲辰朔，遼命元帥府募軍。

17 辛亥，令諸路每季以雨雪聞。

18 乙卯，以孔宗愿子若蒙爲新泰縣主簿，襲封衍聖公。

19 初，言者交論种諤擅興生事，詔繫長安獄。諤乃悉焚當路所與簡牘，置對，無一語罣人，惟自引伏。丙辰，貶諤秩四等，安置隨州。

20 司馬光進讀資治通鑑，至蘇秦約六國從事，帝曰：「蘇秦、張儀掉三寸舌，乃能如是乎？」光對曰：「縱橫之術，無益于治。臣所以存其事于書者，欲見當時風俗，專以辯說相高，人君悉國而聽之，此所謂利口覆邦者也。」帝曰：「聞卿進讀，終日忘倦。」

21 帝謂文彥博等曰：「天下敝事至多，不可不革。」彥博對曰：「譬如琴瑟不調，必解而更張之。」韓絳曰：「爲政立事，當有大小先後之序。」帝曰：「大抵威克厥愛，乃能有濟。」

22丁卯，遼主巡行北方。

23三月，癸酉朔，帝謂文彥博等曰：「當今理財最爲急務，養兵備邊，府庫不可不豐，大臣宜共留意節用。」又曰：「漢文身衣弋綈，非徒然也，蓋亦有爲爲之耳，數十年間，終有成效。以此言之，事不可不勉也。」

24庚辰，夏遣薛宗道等來告哀。帝問殺楊定事，宗道言：「殺人者先已執送之矣。」乃賜詔慰之，并諭令上大首領數人姓名，當爵祿之，俟李崇貴至，卽行册禮。

及崇貴至，云：「定奉使諒祚，嘗拜稱臣，且許以歸沿邊熟戶，諒祚遺之寶劍、寶鑑及金銀物。」初，定之歸，上其劍、鑑而匿其金銀，言諒祚可刺，帝喜，遂擢知保安。既而夏人失綏州，以爲定賣己，故殺之。至是事露，帝薄崇貴等罪而削定官，沒其田宅萬計。

夏亦遣使告哀于遼，遼遣人弔祭。

25甲申，遼賑應州飢民。

26先是遼禁南京種稻，民病之。乙酉，命除軍行之地，並許民種稻。

27丙戌，詔卹刑。

28戊子，作太皇太后慶壽宮，皇太后寶慈宮。

29庚寅，遼賑朔州飢民。

30 乙未，詔河北轉運司預計置賑濟飢民。

31 丁酉，潭州雨毛。

32 夏，四月，壬寅朔，新判汝州富弼入見，以足疾，許肩輿至殿門。帝特爲御內東門小殿見之，令其子紹隆〔庭〕掖以進，且命毋拜。坐語從容至日昃，問以治道。弼知帝銳于有爲，對曰：「人君好惡，不可令人窺測，可窺測則姦人得以傅會其意。陛下當如天之鑒人，善惡皆所自取，然後誅賞隨之，則功罪無不得其實矣。」又問邊事，弼曰：「陛下臨御未久，當先布德澤，願二十年口不言兵，亦不宜重賞邊功。干戈一起，所係禍福不細。」帝默然良久。又問爲治所先，弼曰：「阜安宇內爲先。」帝稱善，欲以集禧觀使留之。弼力辭，赴郡。

33 乙巳，詔翰林學士王安石越次入對。

安石素與韓絳、韓維及呂公著相友善，帝在藩邸，維爲記室，每講說見稱，輒曰：「此維友王安石之說也；」及爲太子庶子，又薦以自代，帝由是想見其人。甫卽位，命知江寧府；數月，召爲翰林學士，兼侍講。至是始造朝入對，帝問爲治所先，對曰：「擇術爲先。」帝曰：「唐太宗何如？」曰：「陛下當法堯、舜，何以太宗爲哉！堯、舜之道，至簡而不煩，至要而不迂，至易而不難，但末世學者不能通知，以爲高不可及耳。」帝曰：「卿可謂責難于君矣。」

又問安石：「祖宗守天下，能百年無大變，粗致太平，以何道也？」安石退而奏書，其略曰：「太祖躬上智獨見之明，而周知人物之情僞，指揮付託，必盡其材，變置施設，必當其務，故能駕馭將帥，訓齊士卒，外以扞夷狄，內以平中國。於是除苛政，止虐刑，廢強横之藩鎮，誅貪殘之官吏，躬以簡儉爲天下先，其於出政發令之間，一以安利元元爲事。太宗承之以聰武，眞宗守之以謙仁，以至仁宗、英宗，無有逸德。此所以享國百年而天下無事也。然本朝累世因循末俗之弊，而無親友羣臣之義，人君朝夕與處，不過宦官、女子，出而視事，又不過有司之細故，未嘗如古大有爲之君，與學士大夫討論先王之法以措之天下也。一切因任自然之理勢，而精神之運有所不加，名實之間有所不察。君子非不見貴，然小人亦得廁其間；正論非不見容，然邪說亦有時而用。以詩賦記誦求天下之士，而無學校養成之法；以科名資格敍朝廷之位，而無官司課試之方。監司無檢察之人，守將非選擇之吏；轉徙之亟，既難于考績；而游談之衆，因得以亂眞；交私養望者，多得顯官；獨立營職者，或見排沮。故上下偷惰，取容而已，雖有能者在職，亦無以異於庸人。農民壞于差役，而未嘗特見救卹，又不爲之設官以修其水土之利；兵士雜于疲老，而未嘗申敕訓練，又不爲之擇將而久其疆埸之權。宿衞則聚卒伍無賴之人，而未有以變五代姑息羈縻之俗；宗室則無敎訓選舉之實，而未有以合先王親疏隆殺之宜。其于理財，大抵無法，故雖儉約而民不富，雖勤憂而國不強。賴非夷狄昌熾之時，又無堯、湯水旱之變，故天下無事，過于百年，雖曰人事，亦天助也。伏惟陛下知天助之不可常，知人事之不可急，則大有爲之時，正在今日。」

明日，帝謂安石曰：「昨閱卿奏書，所條衆失，卿必已一一經畫，試爲朕詳言施設之方。」安石曰：「遽數之不可盡，願陛下以講學爲事，講學既明，則施設之方不言而自喻矣。」

34 辛亥，同天節，羣臣及遼使初上壽于紫宸殿。

35 禮官議欲用唐故事，以五月朔請御大慶殿受朝，因上尊號。翰林學士呂公著言：「五月會朝，始于唐德宗，取術數厭勝之說，憲宗以不經罷之。況尊號非古典，不繫人主重輕。陛下方追復三代，何必于陰長之日爲非禮之會，受無益之名！」從之。

36 戊午，回鶻貢於遼。

37 庚申，呂公著、王安石等言：「故事，侍講者皆賜坐；自乾興以來，講者始立，而侍者皆坐聽。臣等竊謂侍者可使立，而講者當賜坐。」禮官韓維、刁約、胡宗愈言：「宜如天禧舊制，以彰陛下稽古重道之意。」劉攽曰：「侍臣講論于前，不可安坐。避席言語，乃古今常禮。君使之坐，所以示人主尊德樂道也；若不命而請則異矣。」龔鼎臣、蘇頌、周孟陽、王汾、韓忠彥皆同攽議，曰：「乾興以來，侍臣立講，歷仁宗、英宗兩朝，行之且五十年，豈可輕議變更！」帝問曾公亮，公亮曰：「臣侍仁宗書筵亦立。」後安石因講賜留，帝面諭曰：「卿當講日可坐。」安石不敢坐，遂已。

38 集賢院學士、判南京留司御史臺劉敞卒。

敞學問淵博，寢食坐臥，未嘗不以六經自隨。嘗得先秦彝鼎數十，銘識奇奥，皆按而讀之，因以攷知三代制度，尤珍惜之，每曰：「我死，子孫以此蒸嘗我。」朝廷每有禮樂之事，必就其家以取決焉。歐陽修每於書有疑，折簡來問，敞對使答之，筆不停手，修輒歎服。慶曆以前，學者守注疏之說，至敞爲七經小傳，始與諸儒異。後王安石修經義，蓋本於敞，而新奇抑又甚矣。

39 癸亥，以孫覺爲右正言、同知諫院。

帝與覺言，欲革積弊，覺曰：「弊固不可以不革，革而當，其悔乃亡。」帝稱其知理。

40 五月，癸酉，帝謂文彦博等曰：「丁謂、王欽若、陳彭年何如人？」彦博等各以所聞對，因言：「當時修建宮殿，皆謂等開之，耗祖宗積儲過半，至今府庫不復充實。」帝曰：「王旦爲宰相，不得無過。」韓絳曰：「旦嘗諫，眞宗不從；求去位，又弗許。」帝曰：「事有不便，當極論列，豈可以求去塞責！」

41 國子監言補試國子監生以九百人爲額，從之。

42 甲戌，募饑民補廂軍。

43 庚辰，詔兩制及國子監舉諸王宮教授。

44 丙戌，遼主駐特古里。（舊作拖古烈。）

45 戊戌，廢慶成軍。

46 六月，癸卯，錄唐魏徵、狄仁傑後；從韓琦請也。

47 丁未，占城來貢。

48 辛亥，詔：「諸路與（校者按：與字衍。）監司訪尋州縣，興復水利，如能設法勸誘修築塘堰、圩隄，功利有實，當議旌寵。」

49 壬子，遼西北路雨穀三十里。

50 乙卯，賜知唐州高賦敕書獎諭。賦在唐五年，比罷，增戶萬一千有奇，闢田三萬餘頃，歲益稅二萬二千有奇，作陂堰四十有四。

51 是月，河溢恩州烏欄隄，又決冀州棗強埽，北注瀛州之域。

52 秋，七月，壬申，遼置烏庫德哷勒（舊作烏古敵烈，今改。）部都統軍司。

53 癸酉，詔：「謀殺已傷，按問，欲舉自首者，從謀殺減二等論。」

初，登州奏，有婦阿云，母服中聘于韋，惡韋醜陋，謀殺韋，傷而不死。及按問，欲舉自首。審刑院、大理寺論死，用違律爲婚奏裁；敕貸其死。知登州許遵奏，引律因犯殺傷而自首得免、所因之罪仍從故殺傷法，以謀爲所因，當用按問欲舉條減二等；刑部定如審刑、大理。時遵方召判大理，御史臺劾遵而遵不伏，請下兩制議，乃令翰林學士司馬光、王安石同議。安石以謀與殺爲二事；光言：「謀殺，猶故殺也，皆一事，不可分。若謀爲所由，與殺爲二，則故與殺亦可爲二邪？」二人議不同，遂各爲奏，光議是刑部，安石議是遵。詔從安石議。

54 乙亥，名秦州新築大甘谷口砦曰甘谷堡（城）。初，秦州生戶爲諒祚劫而西徙，有空地百里，名篳篥，知州馬仲甫請城而耕之，即大甘谷口砦也。至是特賜名。

55 丙子，遼主獵于黑嶺。

56 丁丑，詔：「諸路帥臣、監司及兩制、知雜御史已上，各舉武勇謀略三班使臣二人。」

57 賜布衣王安國進士及第。安國，安石弟也，舉茂材異等。有司考其所獻序言爲第一，以母喪不試，廬墓三年。韓絳薦其材行，召試，賜及第，除西京國子教授。

58 己卯，羣臣表上尊號曰奉元憲道文武仁孝，詔不許。及第三表，司馬光入直，因言：「尊號之禮，非先王令典，起于唐武后、中宗之世，遂爲故事。先帝不受尊號，天下莫不稱頌。末年，有建言者謂國家與契丹往來書信，彼有尊號而我獨無，以爲深恥，于是羣臣復以非時上尊號。昔漢文帝時，匈奴自稱『天地所生、日月所置匈奴大單于』，不聞文帝復爲大名以加之也。願陛下追用先帝本意，不受此號。」帝大悅，手詔答光曰：「非卿，朕不聞此言。」遂終不許。

59 以觀文殿學士、尙書左丞、知越州陳升之知樞密院事。故事，樞密使與知院事不並置，時文彥博、呂公著旣爲使，帝以升之三輔政，欲稍異其禮，故特命之。

60 辛巳，孫覺責授太子中允，仍知諫院。

先是陳升之登對，帝面許擢置中樞。而覺相繼登對，帝因與言：「升之宜居宥密；邵亢不才，向欲使守長安，而宰相以爲無過。」時升之已有成命，而覺不知，退即上言：「宜使亢知永興，升之爲樞密使。」帝以覺爲希旨收恩，故責之。覺又言滕甫貪汙頗僻，斥其七罪，帝不信，以覺疏示甫，甫謝曰：「陛下無所疑，臣無所愧，足矣。」

61 壬午，以恩、冀州河決，賜水死家緡錢及下戶粟。

62 甲申，京師地震；乙酉，又震，大雨。是夜，月食，有司言明天曆不效，當改，詔司天更造新曆。

63 知開封府呂公著上疏曰：「自昔人君遇災者，或恐懼以致福，或簡誣以致禍。上以至誠待下，則下思盡誠以應之，上下盡誠而變異不消者，未之有也。唯君人者去偏聽獨任之弊，而不主先入之語，則不爲邪說所亂。顏淵問爲邦，孔子以遠佞人爲戒。蓋佞人唯恐不合於君，則其勢易親；正人唯恐不合其義，則其勢易疏。惟先格王正厥事，未有事正而世不治者也。」

64 辛卯，以河朔地大震，命沿邊安撫司及雄州刺史候遼人動息以聞。賜壓死者緡錢。

65 京師地又震。

66 壬辰，遣御史中丞滕甫、知制誥吳充安撫河北。時河北地大震，涌沙出水，破城池廬舍，吏民皆幄寢茇舍。甫至，獨臥屋下，曰：「民恃吾以生，屋摧民死，吾當以身同之。」民始歸安其室。乃命葬死者，食飢者，除田稅，察惰吏，修隄防，繕甲兵，督盜賊，北道遂安。

67 韓琦自永興復請相州以歸。會河北地數震，知梓州何郯因上書言陰盛臣強以譏切琦，又乞召還王陶以迎合上意，帝薄之。後陶入爲三司使、遷翰林學士；中丞呂公著復論「陶賦性傾邪，當韓琦秉政，諂事無所不至；及爲中丞，乃誣琦以不臣之迹，陷琦以滅族之禍。反覆如此，豈可信任！」乃出陶知蔡州。

68 癸巳，疏深州溢水。

69 甲午，減河北囚罪一等。

70 丁酉，降空名誥敕七十道付河北安撫司，募民入粟。

71 戊戌，知諫院錢公輔言：「祠部遇歲饑河決，鬻度牒以佐一時之急。乞自今，宮禁遇聖節，恩賜度牒，並裁損或減半爲紫衣，稍去剃度之冗。」從之。

72 是月，河溢瀛州樂壽埽。

73 遼南京霖雨，地震。

74 八月，壬寅，京師地又震。

75 同知諫院孫覺旣降官，累章求出，不許。覺以爲去歲有罰金御史，今茲有貶秩諫官，未聞罰金貶秩而猶可居位者也，乃出覺通判越州。

76 詔京東、西路存卹河北流民。

77 甲辰，京師地又震。

78 辛亥，邇英進讀已，召司馬光，問以河北災變，光對曰：「饑饉之歲，金帛無所用，惟食不可一日無耳，宜多漕江、淮之穀以濟之。」帝因論治道，言州縣長吏多不得人，政府不能精擇，光曰：「人不易知，天下三百餘州，責其精擇誠難，但能擇十八路監司，使之擇所部知州而進退之，知州擇所部知縣而進退之，得人多矣。」又問：「諫官難得人，誰可者？」對曰：「凡擇言官，當以三事爲先：第一不愛富貴，次則重惜名節，次則曉知治體。具此三者，誠亦難得。鹽鐵副使呂誨、侍御史吳景，此兩人似堪其選也。」

79 癸丑，曾公亮等言：「河朔災傷，國用不足，乞今歲親郊，兩府不賜金帛。」送學士院取旨。司馬光言：「救災節用，宜自貴近始，可聽兩府辭賜。」王安石曰：「昔常袞辭堂饌，時議以爲袞自知不能，當辭位，不當辭祿。且國用不足，非當今之急務也。」光曰：「袞辭祿，猶賢於持祿固位者。國用不足眞急務，安石言非是。」安石曰：「所以不足者，由未得善理財之人耳。」光曰：「善理財之人，不過頭會箕斂以盡民財。民窮爲盜，非國之福。」安石曰：「不然，善理財者，不加賦而國用足。」光曰：「天地所生財貨百物，止有此數，不在民則在官；譬如雨澤，夏澇則秋旱。不加賦而國用足，不過設法以陰奪民利，其害甚於加賦。此乃桑弘羊欺漢武帝之言，史遷書之，以見其不明耳。」爭論不已。帝曰：「朕意與光同，今且以不允答之。」會安石當制，遂引常袞事責兩府，兩府亦不復辭。

80 乙卯，降空名誥敕付河東及鄜延路安撫司，募民入粟實邊。

81 帝謂創業垂統實自太祖，甲子，詔中書門下：「玫太祖之籍，以屬近而行尊者一人，裂土地而王之，使常從獻于郊廟，世世勿絕。」

82 乙丑，復行崇天曆。

83 以鹽鐵副使呂誨爲天章閣待制，復知諫院，用司馬光言也。

84 詔：「自今試館職，並用策論，罷詩賦。」

85 九月，同知太常禮院劉攽言：「禮，諸侯不得祖天子，當自奉其國之祖。太祖傳天下于太宗，繼體之君，皆太祖子孫，不當別爲置後。若崇德昭、德芳之後，世世勿降爵，宗廟祭祀，使之在位，則所以褒揚藝祖者至矣。」從之。辛未，涇州觀察使舒國公從式進封安定郡王。從式，德芳之孫也。

初，韓琦自永興入覲，言於帝曰：「推崇太祖之後，令擇一人封王，常從獻于郊廟，不知何故及此？自古主鬯從獻，皆太子事，今忽擇一人令郊廟從獻，豈不疑駭天下視聽乎！」帝悟，遂罷從獻之旨。

86 丁亥，減后妃、臣僚薦奏推恩。

87 戊子，莫州地震，有聲如雷。

88 丁酉，詔三司裁定宗室月料，嫁娶、生日、郊禮給賜。

89 己亥，遼主駐薦絲淀。

90 先是王安石講禮記，數難記者之非是，帝以爲然。冬，十月，壬寅，詔講筵權罷講禮記。是日，帝留安石坐，曰：「且欲得卿議論。」因言：「唐太宗必得魏徵，劉備必得諸葛亮，然後可以有爲。」安石曰：「陛下誠能爲堯、舜，則必有皋、夔、稷、契，誠能爲高宗，則必有傅說，彼二子者，何足道哉！以天下之大，常患無人可以助治者，以陛下擇術未明，推誠未至，雖有皋、夔、稷、契、傅說之賢，亦將爲小人所蔽，卷懷而去耳。」帝曰：「何世無小人！雖堯、舜之時不能無四凶。」安石曰:「惟能辨四凶而誅之,此其所以爲堯、舜也。若使四凶得肆其讒慝,則皋、夔、稷、契,亦安肯苟食其祿以終身乎!」

91丙午,帝問講讀官富民之術,司馬光言:「富民之本在得人。縣令最爲親民,欲知縣令能否,莫若知州,欲知知州能否,莫若轉運使。陛下但能擇轉運使,俾轉運使按知州,知州按縣令,何憂民不富也!」

92辛亥,遼曲赦南京徒罪以下囚。以永清、武清、安次、固安、新城、歸義、容城諸縣並遭水災,復一歲租。

93乙卯,出奉宸庫珠,付河北買馬。

94戊辰,禁銷金服飾。

95遼遣使册李秉常爲夏國王。

96十一月,癸酉,太白晝見。

97丙戌,朝饗太廟,遂齋于郊宮。丁亥,祀天地于圜丘。

98先是河溢恩、冀、深、瀛之境,帝憂之,以問近臣司馬光等。都水監丞李立之,請于四州創生隄三百六十七里以禦河,而河北都轉運司言當用夫八萬三千餘人,役一月成,今方災傷,願徐之。都水監丞宋昌言,謂今二股河門變移,請迎河港進約,簽入河身,以紓四州水患，遂與屯田都監內侍程昉獻議，開二股以導東流。於是都水監奏：「近歲冀州而下，河道梗澁，致上下埽岸屢危。今棗強抹岸衝奪故道，雖創新隄，終非久計。願相六塔舊口，幷二股河導使東流，徐塞北流。」而提舉河渠王亞等，謂：「黃、御河（一）帶北行，經邊界，直入大海，其流深闊，天所以限契丹。議者欲再開二股，漸閉北流，是未嘗覩黃河在界河內東流之利也。」至是詔光及入內副都知張茂則乘傳相度四州生隄，回日兼視六塔、二股利害。甲午，光入辭，因請河陽、晉、絳之任，帝曰：「汲黯在朝，淮南寢謀，卿未可去也。」

99 乙未，京師及莫州地震。

100 十二月，壬寅，詔：「自今內批指揮事，俟次日覆奏行下。」

101 癸卯，瀛州地大震。

102 庚戌，賜夏國主嗣子秉常詔：「候誓表到日，卽遣使封册，幷以綏州給還，所有歲賜，自封册後，並依舊例。」

103 辛亥，錄唐段秀實後。

104 夏遣使貢於遼。

105 庚申，以判汝州富弼爲集禧觀使，詔乘驛赴闕。

106 辛酉，邵亢罷。

亢在樞密踰年，無大補益，帝頗厭之。至是引疾求去，遂出知越州。

107 是歲，前建昌軍司理參軍德安王韶，詣闕上平戎策三篇，其略曰：「國家欲平西賊，莫若先以威令制服河湟；欲服河湟，莫若先以恩信招撫沿邊諸族。蓋招撫沿邊諸族，所以威服唃氏也；威服唃氏，所以脅制河西也。陛下誠能擇通材明敏之士，周知其情者，令往來出入於其間，推忠信以撫之，使其傾心向慕，歡然有歸附之意，但能得大族首領五七人，則其餘小種，皆可驅迫而用之。諸種既失，唃氏敢不歸！唃氏歸，卽河西李氏在吾股掌中矣。急之可以蕩覆其巢穴，緩之可以脅制其心腹，是所以見形於彼而收功在此矣。今瑪爾戩舊作木征，今改。諸族，數款塞而願爲中國用者久矣，此其意欲假中國爵命以威其部內耳。而邊臣以棟戩舊作董氈，今改。故，莫能爲國家通恩意以撫之，棄近援而結遠交，貪虛降而忘實附，使棟戩得市利而邀功於我，非制勝之利也。瑪爾戩諸族皆唃氏子孫，各自屯結，其文法所及，遠者不過四五百里，近者二三百里，正可以幷合而兼撫之。臣愚以爲宜遣人往河州與瑪爾戩計議，令入居武勝軍或渭源城，與漢界相近，輔以漢法。因選官一員有文武材略者，令與瑪爾戩同居，漸以恩信招撫沿邊諸羌，有不從者，令瑪爾戩挾漢家法令以威之。其瞎征、欺巴溫之徒，既有分地，亦宜稍以爵命柔服其心，使習用漢法，漸同漢俗，在我實有肘腋之助，且使夏人不得與諸羌結連，此制賊之上策也。」初，韶試制科不中，客游陝西，訪采邊事甚悉，故爲是書以奏。帝異其言，召問方略，以韶管句秦鳳經略司機宜文字。【考異】宋史王韶傳，「管句」作「管幹」，此史臣避高宗嫌名追改也。神、哲、徽、欽四朝史成於南宋時，故於「管句」改爲「管幹」，「句當」改爲「幹當」，宋史亦因而不改，今並改從當時本稱。

103 夏改元乾道。

二年 遼咸雍五年。（己酉、一〇六九）

1 春，正月，丁亥，帝謂輔臣曰：「嘗聞太宗時，內藏財貨，每千計用一牙錢記之，名物不同，所用錢色亦異，他人莫能曉也。皆匣而置之御閣，以參驗帳籍中定數。晚年嘗出其錢示眞宗曰：『善保此足矣！』近見內藏庫籍，文具而已，財貨出入，略無關防。前此嘗以龍腦、珍珠鬻于榷貨務，數年不輸直，亦不鉤考。蓋領之者中官數十人，唯知謹扃鑰，塗牕牖，以爲固密，安能鉤考其出入多少與所蓄之數！」乃令戶部、太府寺於內藏諸庫皆得檢察。置庫百餘年，至是始編閱焉。

2 甲午，奉安英宗神御于景靈宮英德殿。

3 是月，司馬光視河還，入對，請如宋昌言策，于二股之西置上約，擗水令東，俟東流漸深，北流淤淺，即塞北流，放出御河、胡盧河，下紓恩、冀、深、瀛以西之患。初，商胡決河，自魏之北至恩、冀、乾寧入于海，是謂北流。嘉祐八年，河流派于魏之第六埽，遂爲二股，自魏、恩東至德、滄，入于海，是謂東流。時議者多不同，李立之力主生隄，帝不聽，卒用昌言策，置上約。

4 二月，詔：「今後謀殺人自首，並奏聽敕裁。」帝初從王安石議，凡謀殺已傷而自首，減二等科罪，衆論不服，御史中丞滕甫請再選官定議，詔送翰林學士呂公著、韓維、知制誥錢公輔重定。公著等議如安石，于是法官齊恢、王師元、蔡冠卿等皆劾奏公著等所議爲不當，又詔安石與法官集議。反覆論難，久之不決，故有是詔。（校者按：此條應移7前。）

5 己亥，以觀文殿大學士、判汝州富弼爲尙書左僕射兼門下侍郎、平章事。

6 庚子，以翰林學士王安石爲右諫議大夫、參知政事。

初，帝欲用安石，以問曾公亮，公亮力薦之。唐介言安石不可大任，帝曰：「卿謂安石文學不可任邪，經術不可任邪，吏事不可任邪？」介曰：「安石好學而泥古，議論迂闊；若使爲政，恐多變更。」退，謂公亮曰：「安石果用，天下困擾必矣，諸公當自知之。」帝又問侍讀孫固曰：「安石可相否？」固對曰：「安石文行甚高，處侍從獻納之職可矣。宰相自有度，安石狷狹少容。必欲求賢相，呂公著、司馬光、韓維其人也。」凡四問，皆以此對。帝不以爲然，竟用安石，謂之曰：「人皆以爲卿但知經術，不曉世務。」安石對曰：「經術，正所以經世務也。但後世所謂儒者，大抵多庸人，故流俗以爲經術不可施于世務耳。」帝曰：「然則卿所設施，以何爲先？」安石曰：「變風俗，立法度，今之所急也。」帝深納之。

7 命翰林學士呂公著修英宗實錄。

8 乙巳，以災變，避正殿，減膳，徹樂。

9 丙午，司馬光入對，乞郡，帝不許，曰：「卿名聞外國，柰何出外？」先是呂公著使遼時，光初解臺職，遼人因問光何不爲中丞；公著歸，告帝，故知之。

10 甲子，設制置三司條例司，掌經畫邦計，議變舊法以通天下之利，命陳升之、王安石領其事。安石素與呂惠卿善，乃言于帝曰：「惠卿之賢，雖前世儒者，未易比也。學先王之道而能用者，獨惠卿而已。」遂以惠卿爲條例司檢詳文字。事無大小，安石必與惠卿謀之；凡所建請章奏，皆惠卿筆也。時人號安石爲孔子，惠卿爲顏子。

11 富弼以足疾未能入見。有爲帝言災異皆天數，非人事得失所致者，弼聞而歎曰：「人君所畏惟天，若不畏天，何事不可爲者！此必姦人欲進邪說以搖上心，使輔弼諫爭之臣無所施其力，是治亂之機，不可以不速救。」即上書數千言，力論之。

12 王安石既用事，嘗因爭變法，怒目謂同列曰：「公輩坐不讀書耳！」趙抃折之曰：「君言失矣，皋、夔、稷、契之時，有何書可讀！」安石默然。

13 是月，遣劉航等册李秉常爲夏國王。

14 三月，富弼始入見，曰：「臣聞中外之事，漸有更張，此必由小人獻說于陛下也。大抵小人惟喜動作生事，則其間有所希冀。若朝廷守靜，則事有常法，小人何望哉！願深燭其然，毋令後悔。」帝改容聽納，曰：「今日得卿至論，可謂金石之言。」

15 癸未，以蘇轍爲制置三司條例司檢詳文字。先是轍上疏曰：「所謂豐財者，非求財而益之也，去事之所以害財者而已。事之害財者三：一曰冗官，二曰冗兵，三月〔曰〕冗費。」疏奏，帝批付中書，因召對而有是命。

16 兩府同奏事，富弼言大臣須和乃能成務。又言今所進用，或是刻薄小才，小才雖似可喜，然害事壞風俗爲甚，須進用醇厚篤實之人。帝曰：「大臣固當與朝廷分邪正，邪正分則天下自治。」

17 乙酉，詔令三司判官、諸路監司及內外官各具財用利害聞奏。

18 戊子，夏國主秉常上誓表，納塞門、安遠二砦，乞綏州，許之。

19 壬辰，帝問王安石：「制置條例如何？」安石曰：「已檢討文字，略見倫緒。然今欲理財，則必使能。天下但見朝廷以使能爲先，而不以任賢爲急；但見朝廷以理財爲務，而於禮義教化之際未有所及；恐風俗由此而壞，將不勝其敝。陛下當深念國體有先後緩急。」帝頷之。

20 乙未，以旱慮囚。

21 遼晉王耶律仁先，前以耶律伊遜舊作乙辛，今改。之譖，出之於外。至是準布舊作阻卜，今改。叛，遼主復思仁先，乃命爲西北路招討使，率禁軍進討。仁先入見，遼主親諭之曰：「卿去朝廷遠，每俟奏行，恐失機會，可便宜行事。」

22 夏，四月，戊戌，省內外土木工。

23 初，羣臣請上尊號及作樂，帝以久旱不許。富弼言：「故事，有災變皆徹樂，恐陛下以同天節遼使當上壽，故未斷其請。臣以爲此盛德事，正當以示外國，乞幷罷上壽。」從之。

24 帝委任政府，責以太平。一日，政府召臺諫官至都堂，富弼謂曰：「上求治如飢渴，正賴君輩同心以濟。」知諫院錢公輔對曰：「朝廷所爲是，天下誰敢不同！所爲非，公輔雖欲同之，不可得也。」

25 丙午，同天節，罷上壽。是日，雨。富弼言：「願陛下不以今日雨澤爲喜，常以累年災變爲懼。蓋修德致雨，其應如此；萬一于德有損，其災應豈復緩邪！」帝親書答詔曰：「敢不置之几席，銘諸肺腑！更願公不替今日之志。」

26 丁未，參知政事唐介卒。

介爲人簡伉，以敢言見憚。帝謂其先朝遺直，故大用之；然扼于王安石，少所建明，聲名滅于諫官、御史時。

初,中書嘗進除目,數日不決,帝曰:「當問王安石。」介曰:「陛下以安石可大用卽用之,豈可使中書政事決于翰林學士!近每聞宣諭,某事問安石,可卽行之,不可不行。如此,則執政何所用!必以臣爲不才,願先罷免。」

安石既執政,奏言:「中書處分劄子,皆稱聖旨,不中理者十常八九,宜止令中書出牒。」帝愕然。介曰:「昔寇準用劄子遷馮拯官不當,拯訴之。太宗謂:『前代中書用堂牒,乃權臣假此爲威福。太祖時以堂牒重於敕命,遂削去之。今復用劄子,何異堂牒!』張洎因言:『廢劄子,則中書行事別無公式。』太宗曰:『大事則降敕;其當用劄子,亦須奏裁。』此所以稱聖旨也。如安石言,則是政不自天子出。使輔臣皆忠賢,猶爲擅命;苟非其人,豈不害國!」帝以爲然,乃止。

介數與安石爭論,安石強辯,而帝主其說,介不勝憤懣,疽發背而卒。疾亟,帝臨問,流涕。既卒,復幸其第弔哭,以畫像不類,命取禁中舊藏本賜其家。蓋介爲諫官時,仁宗密令圖其像,置溫成閣中,御題曰「右正言唐介」,外庭不知也。

時安石銳意變更,而帝信任益專,介既死,同列無一人敢與之抗者。曾公亮屢請老,富弼稱疾不視事,趙抃力不勝,遇一事變更,稱苦者數十;故當時謂「中書有生、老、病、死、苦」，蓋言安石生，公亮老，富弼病，唐介死，趙抃苦也。

27 初，仁宗時，范祥爲制置解鹽使，以鹽募商旅輸芻粟以實邊，公私便之。祥卒，以陝西轉運副使薛向繼之，向請兼以鹽易馬，王安石時領羣牧，主其說，請久任向。治平末，向坐與种諤開邊罷去。至是淮南轉運使張靖，被詔究陝西鹽馬得失，指向欺隱狀，帝召向與靖對。錢公輔、范純仁，皆言向罪當黜；安石排羣議，抵靖於法，以向爲江、淮等路發運使。向乃請卽永興軍置賣鹽場，以邊費錢十萬緡儲永興爲鹽鈔本，官自鬻而罷通商，從之。

28 知開封府滕甫罷。

初，甫同修起居注，帝召問治亂之道，對曰：「治亂之道，如黑白東西，所以變色易位者，朋黨汨之也。」帝曰：「卿知君子小人之黨乎？」曰：「君子無黨。譬之草木，綢繆相附者，必蔓草，非松柏也。朝廷無朋黨，雖中主可以濟；不然，雖上聖亦殆。」帝以爲名言，乃除翰林學士、知開封府。甫在帝前論事，言無文飾，帝知其誠藎，事無巨細，人無親疏，輒以問之。甫隨事解答，不少嫌隱。王安石嘗與甫同考試，語言不相能，深惡甫。會新法行，天下訩訩，恐甫言而帝信之也，因事排甫，出知鄆州。

29 戊申，富弼、曾公亮以旱上表待罪，詔不允。

30 癸丑，命曾公亮爲西京奉安仁宗、英宗御容禮儀使。

31 丁巳，遣劉彝、謝卿材、侯叔獻、陳〔程〕顥、盧秉、王汝翼、曾伉、王廣廉八人行諸路，察農田水利賦役，從條例司請也。

32 甲子，御殿，復膳。

33 免河北歸業流民夏稅。

34 五月，辛未，宴紫宸殿，初用樂。

35 己卯，賜河北役兵特支錢。

36 癸未，翰林學士鄭獬罷，知杭州；宣徽北院使王拱辰罷，知應天府；知諫院錢公輔罷，知江寧府。

拱辰自北京還朝，言臣欲納忠，未知陛下意所向，又言牛、李黨事方作，不可不戒。帝以語輔臣，王安石曰：「此未足爲姦邪；謂未知陛下意所向，乃眞姦邪也。」曾公亮因言拱辰在仁宗時已知其不正，不復任用，安石曰：「拱辰交結溫成皇后家，人皆知之。」獬權發遣開封府，民喻興與妻謀殺一婦人，獬不肯用按問新法，爲王安石所惡。安石雅與公輔善；既得志，排異己者，出滕甫知鄆州，公輔數於帝前言甫不當去。薛向更鹽法，安石主其議，而公輔謂向當黜逐，拂安石意。三人由是同日罷。

故事，兩制差除，必宰相當筆。時富弼在告，曾公亮出使，獨安石在中書，擅出獬等；弼以此不平，多稱疾臥家。御史中丞呂誨上疏言：「三人無罪被黜，甚非公議。」帝出誨奏示輔臣，安石曰：「此三人者出，臣愧不能盡暴其罪狀，使小人知有所憚，不意言者乃更如此！」

37 丙戌，王安石乞辭位；帝封還其奏，令視事如故。

38 壬辰，太皇太后遷居慶壽宮。

39 癸巳，樞密院言：「欲檢尋本院諸文書，凡關祖宗以來法制所宜施於邊者，並刪取大旨，編次成册，仍于逐門各留空紙，以備書將來處事。」從之，賜名經武要略。

40 王安石以爲古之取士皆本於學，請興建學校以復古，其詩賦、明經諸科悉罷，專以經義、論、策試進士。詔兩制、兩省、御史臺、三司、三館議之。

時議者多欲變舊法，直史館、判官告院蘇軾獨以爲不必變，議曰：「得人之道，在于知人；知人之法，在于責實。使君相有知人之明，朝廷有責實之政，則胥史、皁隸未嘗無人，而況於學校貢舉乎！雖用今之法，臣以爲有餘。使君相無知人之明，朝廷無責實之政，則公卿、侍從常患無人，況學校貢舉乎！雖復古之制，臣以爲不足矣。夫時有可否，物有興廢，使三代聖人復生於今，其選舉亦必有道，何必由學乎！且慶曆間嘗立學矣，天下以爲太平可待，至于今，唯空名僅存。今陛下必欲求德行道藝之士，責九年大成之業，則將變今之禮，易今之俗，又當發民力以治宮室，斂民財以養游士，百里之內，置官立師，而又時簡不帥敎者屏之遠方，則無乃徒爲紛亂以患苦天下邪！若無大更革而望有益于時，則與慶曆之事何異！至於貢舉之法，行之百年，治亂盛衰，初不由此。今議者所變改，不過數端：或曰鄉舉德行而略文章，或曰專取策論而罷詩賦，或欲舉唐室故事，兼采譽望而罷封彌，或欲罷經生樸學，不用帖墨而考大義，此數者，皆知其一不知其二者也。夫欲興德行，在於君人者修身以格物，審好惡以表俗，上之所向而下自趨焉。若欲設科立名以取之，則是敎天下相率而爲僞也。上以孝取人，則勇者割股，怯者廬墓；上以廉取人，則敝車羸馬，惡衣菲食，凡可以中上意者，無所不至矣。自文章言之，則策論爲有用，詩賦爲無益；自政事言之，則詩賦、策論均爲無用；然自祖宗以來，莫之廢者，以爲設法取士，不過如此也。矧自唐至今，以詩賦爲名臣者，不可勝數，何負於天下而必欲廢之！近世士人，纂類經史，綴緝時務，謂之策括，待問條目，搜抉略盡，臨時剽竊，竄易首尾以眩有司，有司莫能辨也。且其易入也，無規矩準繩，故學之易成；無聲病對偶，故攷之難精。以易學之士，付難攷之吏，其弊有甚於詩賦者矣。唐之通榜，故是弊法，雖有以名取人厭伏衆論之美，亦有賄賂公行權要請託之害，卒使恩去王室，權歸私門，降及中葉，結爲朋黨之論。通榜取人，又豈足尙哉！諸科取人，多出三路：能文者既已變而爲進士，曉義（者）又皆去以爲明經，其餘皆朴魯不任（化）者也。至于人才，則有定分，施之有政，能否自彰。今進士日夜治經傳子史，貫穿馳騖，可謂博矣，至于臨政，曷嘗用其一二！顧視舊學，已爲虛器，而欲使此等分別注疏，粗識大義，而望其人能增長，亦已疏矣。臣故曰，此數者皆知其一而不知其二也。」

議奏，帝曰：「吾固疑此，今得軾議，釋然矣。」卽日召見，問：「方今政令得失安在？雖朕過失，指陳可也。」對曰：「陛下求治太急，聽言太廣，進人太銳。」帝悚然曰：「卿三言，朕當熟思之。」軾退，言於同列，安石滋不悅。帝欲用軾修中書條例，安石曰：「軾與臣所學及議論皆異，別試以事可也。」乃命軾權開封府推官，將困之以事。軾決斷精敏，聲聞益遠。

41 六月，己亥，遼主駐特古里。

42 丙午，吐蕃貢於遼。

43 丁巳，御史中丞呂誨罷。

王安石執政，多變更祖宗法，務斂民財，誨屢諍不能得。著作佐郎章辟光上言岐王顥宜遷居外邸，皇太后怒；帝令治其離間之罪，安石謂無罪。誨請下辟光吏，不從，遂上疏劾安石曰：「王安石外示樸野，中藏巧詐，驕蹇慢上，陰賊害物，臣略舉十事：安石向在嘉祐中舉駁公事不當，御史臺累移文催促入謝，倨傲不從，迄英廟朝，不修臣節。慢上無禮，一也。安石任小官，每一遷轉，遜避不已；自爲翰林學士，不聞固辭。先帝臨朝，則有山林獨往之思；陛下卽位，乃有金鑾侍從之樂。何慢於前而恭於後！好名欲進，二也。安石侍邇英，乃欲坐而講說，將屈萬乘之重，自取師氏之尊，不識上下之儀，君臣之分。要君取名三也。安石自居政府，事無大小，與同列異議。或因奏對，留身進說，多乞御批自中而下，是則掠美於己，非則斂怨於君。用情罔公，四也。昨許遵誤斷謀殺公事，安石力爲主張，妻謀殺夫，用按問首舉減等科罪。挾情壞法，五也。安石入翰林，未聞薦一士，首稱弟安國之才，朝廷比第一人推恩，猶謂之薄，主試者定文卷不優，遂羅中傷。及居政府纔及半年，賣弄威福，無所不至。背公死黨，六也。宰相不書敕，本朝故事，未之或聞。專威害政，七也。安石與唐介爭論謀殺刑名，遂致諠譁，衆非安石而是介。忠勁之人，務守大體，不能以口舌勝，憤懣而死。自是畏憚者衆，雖丞相亦退縮，不敢較其是非。陵轢同列，八也。小臣章辟光獻言，俾岐王遷居外邸，離間之罪，固不容誅，而安石數進危言以惑聖聽。朋姦附下，九也。今邦國經費，要會在於三司，安石與樞密大臣同制置三司條例，雖名商榷財利，其實動搖天下。有害無利，十也。臣誠恐陛下悅其才辯，久而倚毗，大姦得路，羣陰彙進，則賢者盡去，亂由是生。且安石初無遠略，唯務改作立異，文言以飾非，罔上而欺下。誤天下蒼生，必斯人也，如久居廟堂，無安靜之理。辟光邪謀，本安石及呂惠卿所導，辟光揚言：『朝廷若深罪我，我終不置此二人！』故力加營救。願察於隱伏，質之士論，然後知臣言之當否。」帝方注倚安石，還其章，誨遂求去，帝謂曾公亮曰：「若出誨，恐安石不自安。」安石曰：「臣以身許國，陛下處之有義，臣何敢以形迹自嫌，苟爲去就！」乃出誨知鄧州。蘇頌當制，公亮謂頌曰：「辟光治平四年上書時，安石在金陵，惠卿監杭州酒稅，安得而教之！」故制詞云：「黨小人交譖之言，肆罔上無根之語。」制出，帝以咎頌，頌以公亮之言告，乃知辟光治平時自言他事，非此也。

誨之將有言，司馬光自邇英趨資善堂，與誨相逢，光密問：「今日請對，欲言何事？」誨曰：「袖中彈文，乃新參也。」光愕然曰：「衆謂得人，柰何論之？」誨曰：「君實亦爲是言邪！安石雖有時名，然好執偏見，不通物情，輕信姦回，喜人佞己，聽其言則美，施於用則疏。若在侍從，猶或可容，置之宰輔，天下必受其禍。」光曰：「今未有顯迹，盍待他日！」誨曰：「上新嗣位，富於春秋，所與朝夕謀議者，二三大臣而已，苟非其人，將敗國事。此乃腹心之疾，治之唯恐不逮，顧可緩邪！」章上，誨被黜而安石益横，光於是服誨之先見，自以爲不及也。

誨三居言職，皆以彈奏大臣而罷，天下推其鯁直。

44 以知開封府呂公著爲御史中丞。

王安石以公著兄公弼不附己，乃白用公著爲中丞以偪之。公弼果力求去，帝不許。

45 太白入井；壬戌，晝見。

46 遼以南院樞密使蕭惟信知北院樞密使事，命北院樞密使魏王耶律伊遜加守太師，四方有軍旅，許伊遜便宜從事。由是伊遜勢震中外，門下饋賂不絕，凡阿順者蒙薦擢，忠直者被逐竄。遼人諺云：「寧違敕旨，無違魏王白帖子。」【考異】文獻通考云：洪基孌幸其臣耶律英弼，累封魏王，北人諺云云。按英弼，即伊遜之訛也，伊遜終於混同郡王，通考據當時諺語，以爲魏王耳，今删附於此。

續資治通鑑卷第六十七

賜進士及第兵部尚書兼都察院右都御史總督湖北湖南等處地方軍務兼理糧餉世襲二等輕車都尉畢沅編集

宋紀六十七 起屠維作噩（己酉）七月，盡上章閹茂（庚戌）六月，凡一年。

神宗體元顯道法古立憲帝德王功英文烈武欽仁聖孝皇帝

熙寧二年 遼咸雍五年。（己酉、一〇六九）

1 秋，七月，乙丑朔，日有食之。【考異】宋史神宋〔宗〕紀云：日當食，雲陰不見，東都事略遂不載是年日食。然遼史具書日食，是事略削而不書者非也。長編云：司天奏：辰巳間有陰霧，日所食不及元奏分數，羣臣表賀。蓋當時於里差之法尚未密也。今從遼史書之。

2 戊辰，夏主遣使詣遼謝封册。

3 初，知同州趙尚寬，知唐州高賦，知齊州王廣淵，皆條奏置義倉事；知陳留縣蘇涓，亦言臣勸諭百姓立義倉以備水旱，因條上措置事。義倉自慶曆中罷，帝善其法，將復之；會王安石主青苗，己巳，言於帝曰：「民有餘粟，乃使之輸官，非良法也。」乃止。

4 庚午，詔御史中丞舉可爲御史者，不限官高卑；趙抃爭之弗得。於是侍御史知雜事劉述言：「舊制，舉御史，官須中行員外郎至太常博士，資任須實歷通判，又必翰林諸學士與本臺丞、雜互舉；蓋衆議僉同，則各務盡心，不容有偏蔽私愛之患。今專委中丞，則愛憎在於一己；苟非其人，將受權臣屬托，自立黨援，不附己者得以媒蘖中傷，其弊不一。夫變更法度，重事也；今止參知二人同書劄子，且宰相富弼暫謁告，曾公亮已入朝，臺官今不闕人，何至急疾如此！願收還前旨，俟弼出，與公亮同議，然後行之。」弗聽。

5 甲戌，太保、鳳翔·雄武軍節度使東平郡王允弼卒，帝臨哭之慟。

允弼，元偓之子也，性端重謹言，領宗正三十年，與濮安懿王共事，相友愛，爲宗屬推敬。

【考異】強至撰韓忠獻遺事云：仁廟疾，欲立英宗，時允弼最尊屬，心頗不平。及仁宗崩，宣親王皆入後殿。公是時先獨召。允弼入，稱先帝晏駕，皇子即位，大王宜賀。允弼問「皇子誰」，曰：「某人。」允弼曰：「豈有團練使爲天子者！何不立尊行？」公曰：「先帝有詔。」允弼曰：「烏用宰相！」遂循陛上。公叱曰：「大王，人臣也，不得無禮！」左右皆至，遂賀。按李氏長編、宋史允弼傳俱不載此事，恐傳問（聞）之詞，未足爲據，今不取。

6 辛巳，立淮、浙、江、湖六路均輸法。

條例司言：「天下財用無餘，典領之官，拘於弊法，內外不相知，盈虛不相補。諸路上供，歲有常數，豐年便道，可以多致而不能贏；年儉物貴，難於供億而敢不足。遠方有倍蓰之輸，中都有半價之鬻，徒使富商大賈，乘公私之急以擅輕重斂散之權。今發運使實總六路賦入，其職以制置茶、鹽、礬、酒稅爲事，軍儲國用，多所仰給。宜假以錢貨，資其用度，周知六路財賦之有無而移用之。凡糴買、稅斂上供之物，皆得徙貴就賤，用近易遠，令預知中都帑藏年支見在之定數所當供辦者，得以從便變易蓄買以待上令。稍收輕重斂散之權，歸之公上，而制其有無以便轉輸，省勞費，去重斂，寬農民，庶幾國用可足，民財不匱。」詔本司具條例以聞；而以發運使薛向（領）均輸平準事，賜內藏錢五百萬緡，上供米三百萬石。議者多言不便，帝弗聽。向旣董其事，乃請設置官屬，從之。

7 壬午，賑卹被水州軍，仍蠲竹木稅及酒課。

8 癸未，帝謂輔臣曰：「人君不可怠於政，朕非好勞苦，蓋思少壯精神，欲乘時有爲以濟生靈。至于兵，乃聖人之大權，所以安天下，但不可輕用，非獨殺人，心所弗忍，亦恐天道不祐也。」

9 詔：「自今文臣換右職，須實有謀勇，曾著績效，即得取旨。」

10 遼禁皇族恃勢侵漁細民。

11 甲申，帝御資政殿，因語及選任知州未得善法，曰：「朕每思祖宗百戰得天下，今以一州生靈付之庸人，常痛心疾首。卿等謂如何則可？」文彥博奏，以爲責在監司，宜得至公之人，可任按察。呂公弼曰：「朝廷能擇諸司長官及十八路監司，則無不濟矣。」

12 己丑，韓琦等上仁宗實錄，曾公亮等上英宗實錄。

13 八月，侍御史劉琦、監察御史裏行錢顗等言：「薛向小人，假以貨泉，任其變易，縱有所入，不免奪商賈之利。」條例司檢詳文字蘇轍言：「昔漢武外事四夷，內興宮室，財用匱竭，力不能支，用賈人桑弘羊之說，買賤賣貴，謂之均輸，雖曰民不加賦而國用饒足，然法術不正，吏緣爲姦，掊克日深，民受其病。今此論復興，衆口紛然，皆謂其患必甚於漢。何者？方今聚斂之臣，財智方略未見有桑弘羊比；而朝廷破壞規矩，解縱繩墨，使得馳騁自由，唯利是嗜，其害必有不可勝言者矣。」權開封府推官蘇軾亦言：「均輸徙貴就賤，用近易遠；然廣置官屬，多出緡錢，豪商大賈，皆疑而不敢動，以爲雖不明言販賣，既已許之變易，而不與商賈爭利，未之聞也。」帝方惑于王安石言，皆不行，乃進向天章閣待制，以手詔賜向。然均輸法訖亦不能成。

14 癸卯，侍御史劉琦，貶監處州鹽酒務，監察御史裏行錢顗，貶監衢州鹽稅。

先是王安石爭謀殺自首之律，踰年不決，詔臨時奏聽敕裁。安石又言：「律意因犯殺傷而自首得免，所因之罪，仍從故殺傷法。若已殺從故殺法，則爲首者必死，不須奏裁；爲從者自有編敕奏裁之文，不須復立新制。」時文彥博以下皆主司馬光議。唐介與安石爭論于帝前，介曰：「此法天下皆以爲不可首，獨曾公亮、王安石以爲可首。」安石曰：「以爲不可首者，皆朋黨也。」至是帝卒用安石言，敕自今並以去年七月詔書從事。侍御史知雜事兼判刑部劉述率同列丁諷、王師元封敕還中書者再；安石白帝，令開封府推官王克臣劾述罪。

於是述率琦、顗共上疏曰：「安石執政以來，專肆胸臆，輕易憲度。陛下欲致治如唐、虞，而安石操管、商權詐之術，規以取媚，遂與陳升之合謀，侵三司利柄，取爲己功，開局設官，用八人分行天下，驚駭物聽，動搖人心。去年因許遵妄議按問自首之法，安石任一偏之見，改立新議以害天下。先朝所立制度，自宜世守勿失，乃欲事事更張，廢而不用。安石自應舉、歷官，士心歸向，陛下聞而知之，遂正位公府。遭時得君如此之專，乃首建財利之議，務爲容悅。言行乖戾，一至于此，願早罷逐以慰安天下。曾公亮陰自結援，久妨賢路，亦宜斥免。趙抃則括囊拱手，但務依違，大臣事君，豈當如是！」疏上，安石奏貶琦、顗，司馬光言琦、顗所坐，不過疏直，乞還其本資；不報。

殿中侍御史孫昌齡，素附安石，顗將出臺，於衆中責昌齡曰：「君昔官金陵，奴事王安石，宛轉薦君，得爲御史，亦當少思報國，柰何專欲附會以求美官！我視君犬彘之不若也！」卽拂衣上馬去。昌齡不得已，亦言王克臣阿奉當權，欺蔽聽明；乙巳，貶昌齡通判蘄州。

顥後自衢徙秀，家貧母老，至丐貸親舊以給朝晡，怡然無謫官之色。

丙午，同知諫院范純仁罷。

純仁自陝西轉運副使召還，帝問：「陝西城郭、甲兵、糧儲如何？」對曰：「城郭粗全，甲兵粗修，糧儲粗備。」帝愕然曰：「卿之才，朕所倚信，何爲皆言粗？」對曰：「粗者，未精之辭，如是足矣。願陛下且無留意邊功，若邊臣觀望，將爲他日意外之患。」

拜起居舍人、同知諫院，奏言：「王安石變祖宗法度，掊克財利，民心不寧。書曰：『怨豈在明，不見是圖。』願陛下圖不見之怨。」帝問：「何謂不見之怨？」對曰：「杜牧所謂『天下之人不敢言而敢怒』是也。」加直集賢院、同修起居注。

帝切於求治，多延見疏逖小臣，咨訪闕失，純仁言：「小人之言，聽之若可采，行之必有累，蓋知小忘大，貪近昧遠。願加深察！」

富弼在相位，稱疾家居，純仁言：「弼受三朝眷倚，當自任天下之重，而卹己深於卹物，憂疾過於憂邦，致主處身，二者均失。弼與先臣素厚，臣在諫院，不敢私謁以致忠告，願示以此章，使之自省。」又論呂誨不當罷御史中丞，李師中不可守邊。

及薛向行均輸法于六路，又言：「臣嘗親奉德音，欲修先王補助之政，今乃效桑弘羊均輸之法，而使小人爲之掊克生靈，斂怨基禍。王安石欲求近功，忘其舊學，尙法令則稱商鞅，言財利則背孟軻，鄙老成爲因循，斥公論爲流俗，合意者爲賢，異己者爲不肖。劉琦、錢顗等，一言便蒙降黜，在廷之人，方大半趨附，陛下又從而驅之，其將何所不至！宜速還言者而退安石，以答中外之望。」又言曾公亮年老不退，惟務雷同；趙抃心知其非，凡事不能力救，退有後言。

帝皆弗聽，遂求罷諫職；改判國子監，去意愈確。政府使諭之曰：「毋輕去，已議除知制誥矣。」純仁曰：「此言何爲至于我哉！言不用，萬鍾非所顧也！」

16 戊申，河徙東行，張鞏等因欲閉斷北流，帝意嚮之。司馬光言：「鞏等欲塞二股河北流，臣恐勞費未易。幸而可塞，則東流淺狹，隄防未全，必致決溢，是移恩、冀、深、瀛之患於滄、德等州也。不若俟三二年，東流益深闊，隄防稍固，北流漸淺，薪芻有備，塞之便。」帝命光與張茂則往視，王安石曰：「光議事屢不合，今令視河，後必不從其議，是重使不安職也。」乃獨遣茂則。茂則奏二股河東傾已及八分，北流止二分；鞏等亦奏大河東徙，北流已閉，詔獎諭之。

已而河自許家港東決，汎濫大名、恩、德、滄、永靜五州軍境，果如光言。

17 夏國請從舊蕃儀，詔許之。

18 范純仁前後章疏，語多激切，帝悉不付外。純仁盡錄申中書，於是在位大臣俱列名露章求罷，帝優詔答之。富弼自此不復出視事。安石乞重貶純仁，帝曰：「彼無罪，姑與一善地。」己酉，命知河中府。尋徙成都路轉運使，以新法不便，戒州縣無得遽行，安石怒其沮格，以事左遷知和州；未至，徙慶州。

19庚戌，條例司檢詳文字蘇轍罷。

轍與呂惠卿論事，動皆不合。會遣八使於四方，訪求遺利，中外知其必迎合生事，皆莫敢言。轍往見陳升之曰：「昔嘉祐末，遣使寬恤諸路，各務生事，還奏，多不可行，爲天下笑。今何以異此！」又以書抵王安石，力陳其不可，安石怒，將加以罪，升之止之。至是乞別除一差遣，帝閱轍狀，問：「轍與軾如何？觀其學問頗相類。」安石曰：「軾兄弟大抵以飛箝捭闔爲事。」帝曰：「如此，則宜合時事，何以反爲異論？」詔依所乞，除河南府推官。

20甲寅，朔神御殿。

21辛酉，以祕書省著作佐郎河南程顥、太原王子韶並爲太子中允、權監察御史裏行。顥自晉城令改著作佐郎，至是呂公著薦爲御史。帝素知其名，數召見。每將退，必曰：「頻求對，欲常常見卿。」一日，從容咨訪，報正午，始趨出庭中。中官曰：「御史不知上未食乎？」

顥前後進說甚多，大要以正心窒欲、求賢育材爲先，不飾辭辯，務以誠意感悟主上。帝嘗使推擇人材，顥所薦數十人，以父表弟張載及弟頤爲首。又勸帝防未萌之欲，及勿輕天下士，帝俯躬曰：「當爲卿戒之。」

帝嘗召顥，問所以爲御史，對曰：「使臣拾遺補闕，裨贊朝廷則可；使臣掇拾羣下短長以沽直名則不能。」帝以爲得御史體。居職數月，章疏屢上。又論時務十事，大略以爲：「聖人創法，皆本諸人情，極乎理物。聖人之所必爲者，行之有先後，用之有緩急，在講求設施如何耳。」帝嘉納之。

22 開封獄具，同判刑部丁諷、審刑院詳議官王師元皆誣伏。侍御史知雜事兼判刑部劉述，獨謂朝廷不當劾言事官，三問，不承。王安石欲置之獄，司馬光與范純仁爭之，乃止。

壬戌，貶述知江州，諷通判復州，師元監安州稅。

23 是月，遼主謁慶陵。

24 九月，甲子朔，交州來貢。

25 丁卯，立常平給斂法。

26 戊辰，初開經筵。

27 出內庫緡錢百萬，糴河北常平粟。

28 初，陝西轉運使李參，以部內糧儲不足，令民自隱度粟麥之贏，先貸以錢，俟穀熟還官，號「青苗錢」，行之數年，廩有餘糧。至是條例司言：「諸路常平、廣惠倉，錢穀斂散，未得其宜，故爲利未博。今欲以見在斗斛，遇貴量減市價糶，遇賤量增市價糴，可通融轉運司苗稅，及前（錢）斛就使轉易者，亦許兌換。仍以見錢依陝西青苗錢例，願預借者給之，令隨稅輸納斗斛，半爲夏料，半爲秋料。內有願請本色，或納時價貴，願納錢者，皆從其便。如遇災傷，許展至次料豐熟日納。非惟足以待凶荒之患；民既受貸，則兼并之家，不得乘新陳不接以邀倍息。又，常平、廣惠之物，收藏積滯，必待年凶物貴，然後出糶，所及不過城市游手之人。令〔今〕通一路有無，貴發賤斂，以廣蓄積，平物價，使農人得以趨時赴事，兼并者不得乘其急。凡此皆以爲民，而公家無所利焉，是亦先王散惠興利以爲耕斂補助之意也。欲量諸路錢穀多寡，分遣官提舉，每州選通判、幕職官一員，典幹轉移出納，仍先自河北、京東、淮南三路施行，俟有緒，推之諸路。其廣惠倉儲，量留給老疾貧窮人外，餘並用常平轉移法。」從之。

初，王安石既與呂惠卿議定，出示蘇轍曰：「此青苗法也，有不便，以告。」轍曰：「以錢貸民，使出息二分，本以救民，非爲利也。然出納之際，吏緣爲姦，法不能禁。錢入民手，雖良民不免妄用，及其納錢，雖富民不免踰限，恐鞭箠必用，州縣之事不勝煩矣。唐劉晏掌國計，未嘗有所假貸，有尤之者，晏曰：『使民僥倖得錢，非國之福；使吏倚法督責，非民之便。吾雖未嘗假貸，而四方豐凶貴賤，知之未嘗踰時。有賤必糴，有貴必糶，以此四方無甚貴甚賤之病，安用貸爲！』晏之所言，漢常平法耳。今此法具在，而患不修；公誠有意于民，舉而行之，晏之功可立俟也。」安石曰：「君言誠有理，當徐思之。」由是踰月不言青苗。

會京東轉運使王廣淵言：「方春農事興，而民苦乏，兼并之家，得以乘急要利，乞留本道錢帛五十萬，貸之貧民，歲可獲息二十五萬。」從之。其事與青苗法合，安石始以爲可用，召至京師，與之議。廣淵請施之河北，安石遂決意行之，次第及於諸路。【考異】宋史食貨志云：安石因蘇轍之言，踰月不言青苗。會河北轉運司幹當公事王廣廉召議事，廣廉嘗奏乞度僧牒數千爲本錢，于陝西轉運司私行青苗法，春散秋斂，與安石意合。至是請施之河北，安石乃決意行之。蘇轍傳同，東都事略蘇轍傳亦作河北轉運王廣廉。按宋史王廣淵傳，廣廉乃廣淵之弟，熙寧二年四月，遣八人行諸路察農田水利賦役，廣廉其一也，不聞爲河北轉運。且陝西、河北各一漕司，河北轉運，豈得散錢于陝西！蓋廣廉欲行青苗，援李參之事以請，後遂訛爲行之陝西耳。安石嘗言，廣淵力主新法而遭劾，劉庠故壞新法而不問，是知附會青苗者，廣淵也，非廣廉也，今悉從廣淵傳。

29 辛卯，廢奉慈殿。

30 壬辰，以祕書省著作佐郎呂惠卿爲太子中允、崇政殿說書，從王安石薦也。

31 王安石獨奏事，帝問曰：「程顥言不可賣祠部度牒作常平本錢，如何？」安石曰：「顥所言自以爲王道之正，臣以爲顛未達王道之權也。今度牒所得，可置粟四十五萬石。若凶年人貸三石，可全十五萬人。如是而猶以爲不可，豈爲知權乎！」

32 遼西北路招討使耶律仁先奉命討準布，（舊作阻卜。）嚴斥候，扼敵衝，諸屬國並懷柔服從，諸事整飭。準布來寇，仁先逆擊之，追殺八十餘里；大軍繼至，又敗之。別部來救者，見仁先屢勝，不敢戰而降，北邊遂安。

33 冬，十月，丙申，富弼罷。

王安石專權自恣，弼度不能爭，常移病不入中書，久之遂辭位。章數十上，許之，問曰：「卿既去，誰可代卿者？」弼薦文彥博。帝默然良久，曰：「王安石如何？」弼亦默然。加檢校太師，以武寧軍節度使、同平章事、判亳州。弼初詣闕，即除司空兼侍中，固辭得免。及罷，不復加恩，蓋帝意不樂故也。

34 以尚書右丞、知樞密院事陳升之行禮部尚書、同平章事。

故事，宰相以侍郎爲之，而無左右丞拜者；學士王珪當制，以爲言，升之於是躐遷尚書。升之資歷高于安石，而素與安石相表裏，故安石勸帝先用之。

35 詔城綏州。

先是韓縝與夏人議，許令納安遠、塞門二砦，還以綏州。郭逵曰：「此正商於之地六百里也。」時已有詔使逵焚棄綏州，逵曰：「一州既失，二砦不可得，中國爲夏人所賣，安用守臣！」爲藏其詔不出，上言綏州具存，且自劾逵詔之罪。詔褒逵曰：「有臣如此，朕無西顧之憂矣！」

既，誓詔已降，夏人猶不歸二砦，且遣剛明鄂特舊作罔萌訛，今改。來，言欲先得綏州。逵命機宜文字趙禼等如夏交所納二砦，且定地界。剛明鄂特曰：「朝廷本欲得二砦，地界非所約。」禼曰：「然則塞門、安遠二牆墟耳，安用之！二砦之北，舊有三十六堡，以長城嶺爲界，西平王祥符所移書固在也。」剛明鄂特語塞。禼以夏人渝盟，請城綏州，不以易二砦；從之，改名綏德城。

86 司馬光入對，帝問：「近相陳升之，外議云何？」光曰：「閩人狡險，楚人輕易，今二相皆閩人，二參政皆楚人，必將援引鄉黨之士，天下風俗，何由得更淳厚！」帝曰：「升之有才智，曉邊事。」光曰：「不能臨大節而不可奪耳。凡才智之人，必得忠直之士從旁制之，此明主用人之法也。」光又言富弼去可惜，帝曰：「朕留之至矣。」光曰：「弼所以去者，其言不用，與同列不合故也。」帝又問：「王安石何如？」光曰：「人言安石姦邪，則毀之太過；但不曉事，又執拗耳。」帝曰：「韓琦敢當事，賢於富弼，然爲人太強。」光曰：「琦實忠於國家，但好遂非，此其所短也。」帝因歷問羣臣，至呂惠卿，光曰：「惠卿憸巧，非佳士，使王安石負謗於天下者，惠卿也。近日不次進用，大不合羣心。」帝曰：「惠卿應對明辯，亦似美才。」光曰：「江充、李訓若無才，何以動人主！」

37 戊戌，以蕃官禮賓使折繼世爲忠州刺史；左監門衛將軍嵬名山爲供備庫使，賜姓趙，名懷順。

38 己亥，遼主駐藕絲淀。

39 丙辰，詔：「御史請對，並許直由閤門上殿。」時御史裏行張戩、程顥言：「臺諫言責既均，則進見之期，理無殊別。況往復俟報，必由中書，萬一事干政府，或致阻格。乞依諫官例，牒閤門求對；或有急奏，仍許越次上殿。」帝從其言，故有是詔。戩，長安人也。

40 己未，夏遣使來謝封册。

41 十一月，乙丑，命樞密副使韓絳同制置三司條例。

陳升之深狡多數，爲小官時，與王安石相遇淮南，安石深器之。及安石得政，務變更舊制，患同列不從，奏設制置條例司，與升之共事，凡所欲爲，自條例司直奏行之，無復齟齬。升之心知其不可，而極力贊助；或時爲小異，陽若不與安石同者。安石不覺其詐，甚德之，故推升之使先爲相。升之既登相位，于條例司不肯關預，因言于帝曰：「臣待罪宰相，無所不統，所領職事，豈可稱司！」安石曰：「古之六卿，卽今之執政，有司馬、司徒、司寇、司空，各名一職，何害於理！」升之曰：「茲事當歸之三司，何必攬取爲己任！」安石大怒，二人於是始判。

帝謂安石曰：「向者升之在密院，今俱在中書，以制置條例幷歸中書，何如？」安石曰：「升之以制詞云『金穀之計宜歸內吏』，故恥任此職。陛下置司，本令中書、密院各差一人，今若差韓絳，共事甚便。」帝曰：「善！」遂命絳。安石每奏事，絳必曰：「安石所陳皆至當。」安石恃以爲助。

42 帝欲用蘇軾同修起居注，王安石譖之，乃罷軾不用，用蔡延慶、孫覺。

43 丁卯，遼詔：「四方館副使，止以契丹人充。」

44 甲戌，詔：「裁宗室授官法，惟宣祖、太祖、太宗之子，擇其後一人爲公，世世不絕；其餘元孫之子，將軍以下，聽出外官；袒免之子，更不賜名授官，許令應舉。」

初，呂夷簡在仁宗時，改宗室補環衛官，驟增廩給，其後費大而不可止。韓琦爲相，嘗議更之而不果，至是遂行之。

45 丙子，罷諸路提點刑獄武臣。帝以武臣罕習吏文，不足以察舉所部人才，故復用文臣，時皆以爲便。

46 頒農田水利約束。

47丁丑，五國諸部叛遼，遼主命左伊勒希巴舊作夷离畢，今改。蕭蘇拉舊作素颯，今改。往討之。

48庚辰，御邇英閣，司馬光讀通鑑至漢曹參代蕭何事，曰：「參不變何法，得守成之道，故孝惠、高后時，天下晏然，衣食滋殖。」帝曰：「漢常守蕭何之法不變，可乎？」光曰：「何獨漢也！使三代之君常守禹、湯、文、武之法，雖至今存可也。」

壬午，呂惠卿進講，因言：「先王之法，有一歲一變者，月令『季冬飭國典以待來歲之宜』，周禮『始和，布法於象魏』是也。有數歲一變者，唐、虞『五載修五禮』，周禮『十一歲修法則』是也。有一世一變者，『刑罰世輕、世重』是也。有數十世而變者，夏貢、商助、周徹，夏校、商序、周庠之類是也。有雖百世不變者，尊尊、親親、貴貴、長長、尊賢、使能是也。臣前見司馬光以爲漢初之治皆守蕭何之法。臣按何雖約法三章，其後乃爲九章，則何已不能自守其法矣。惠帝除挾書律、三族令，文帝除誹謗、妖言，除祕祝法，皆蕭何法之所有，而惠與文除之，景帝又從而因之，則非守蕭何之法而治也。」帝召問光，光曰：「布法象魏，布舊法也，何名爲變？諸侯有變禮易樂者，王巡狩則誅之，王不自變也。刑新國用輕典，亂國用重典，是爲世輕世重，非變也。且治天下譬如居室，敝則修之，非大壞則不更造；大壞而更造，非得良匠、美材則不成。今二者皆無，臣恐風雨之不庇矣。三司使掌天下財，不才而黜可也，不可使兩府侵其事。今爲制置三司條例司，何也？宰相以道佐人主，安用例？苟用例，則胥吏足矣。今爲看詳中書條例司，何也？」惠卿不能對，以他語詆光。帝曰：「相與論是非耳，何至是！」

光又言青苗之弊曰：「平民舉錢出息，尚能蠶食下戶，況縣官督責之威乎！」惠卿曰：「青苗法，願則與之，不願固不強。」光曰：「愚民知取債之利，不知還債之害，非獨縣官不強，富民亦不強也。昔太宗平河東，立和糴法以給戍卒，時米斗十錢，民樂與官爲市。其後物貴而和糴不解，遂爲河東世患。臣恐異日之青苗，亦猶是矣。」帝曰：「陝西行之已久，民不以爲病。」光曰：「臣陝西人也，見其病，未見其利。」

帝問：「坐倉糴米何如？」聽講者皆曰不便，惠卿獨曰：「京師坐倉得米百萬石，則減東南歲漕百萬石，轉易爲錢以供京師。」光曰：「東南錢荒而粒米狼戾，今棄其有餘，取其所無，農末皆病矣。」侍講吳申起曰：「誠至論也！」初，帝用儀鸞司官孫思道言，行坐倉糴米法，王安石以爲善。坐倉者，以諸軍餘糧願糴入官者，計價支錢，復儲其米於倉也。光以爲民有米而官不用其米，民無錢而官必使之出錢，非通財利民之道，故因問極言其害。【考異】王應麟玉海云：熙寧二年十一月庚辰，司馬光讀通鑑漢紀曹參事，因言參得守成之道。宋史神宗紀，是月壬午書御邇英聽講，而庚辰之講不書。按東都事略司馬光傳，後數日，呂惠卿進講，因言先王之法云云，又曰前日光言非是。所謂前日者，乃庚辰也；所謂後數日者，乃壬午也。宋史司馬光傳混而爲一，今分繫之。

49賜汴口役兵錢。

50己丑，減天下囚罪一等，徒以下釋之。

51閏月，庚子，詔調鎮、趙、(邢)、洺、磁、相州兵夫六萬濬御河，以寒食後入役，從劉彝、程昉言也。

52壬寅，以張載爲崇文院校書。

載少喜談兵，以書謁范仲淹，仲淹曰：「名教中自有可樂，何事於兵！」因勸讀中庸，載讀其書，猶以爲未足，又訪諸釋、老，累年知無所得，反而求之六經。後與程顥兄弟語道學之要，渙然自信曰：「吾道自足，焉用傍求！」

至是以御史中丞呂公著薦，召見，問以治道，對曰：「爲政不法三代者，終苟道也。」帝悅，遂有是擢。他日，見王安石，安石曰：「新政方行，欲求助於子。」載曰：「公與人爲善，則人以善歸公。如教玉人琢玉，則宜有不受命者矣！」載，戩之兄也。

53戊申，夏國主秉常遣使詣遼，乞賜印綬。

54壬子，差官提舉諸路常平、廣惠倉兼管句農田水利差役事，從條例司請也。

時天下常平錢穀見在一千四百萬貫、石，諸路各置提舉管句官凡四十一人，而常平、廣惠之法遂變爲青苗矣。

55詔置交子務于潞州。條例司言：「交子之法，行於成都府路，人以爲便。今河東官私苦運鐵錢勞費，請行交子之法，仍令轉運司舉官置務。」從之。

56十二月，癸亥朔，復減后妃、公主及臣僚推恩。

57甲子，遼以太子行再生禮，減諸路徒以下罪一等。

58乙丑，遼詔百官廷議國政。

59癸酉，增失入死罪法。

60甲戌，五國降於遼，仍獻方物。遼主嘉蕭蘇拉功，徙北面林牙，尋改南院副部署。

61帝以卿監、監司、知州有老不任職者，當與閒局，王安石亦欲以處異議者。丙戌，增置三京留司御史臺、國子監及宮觀宮〔官〕使，不限員。

62是月，知通進銀臺司祖無擇，以事下秀州獄。

初，無擇與王安石同知制誥。故事，詞臣許受人饋，謂之潤筆。時有饋安石者，辭不獲，取置院梁上。安石憂去，無擇用爲公費，安石聞而惡之，及得政，諷監司求無擇罪。會知明州苗振以貪聞，御史裏行王子韶出按其獄，迎安石意，發無擇知杭州時事，自京師逮對，而以振獄付張載。蘇頌言無擇列侍從，不當與故吏對曲直，張戩亦救之，皆不聽。獄成，無貪狀，但得其貸官錢、接部民坐及乘船過制而已，遂謫忠正軍節度副使。安石因言于帝曰：「陛下遣一御史出，即得祖無擇罪，乃知朝廷于事但不爲，未有爲之而無效者。」

無擇少從孫復學，以言語政事爲時名卿，用小過鍛鍊，放棄終身，士論惜之。

63 中旨下開封府，減價買浙燈四千餘枝，直史館、權開封府推官蘇軾言：「陛下留心經術，動法堯、舜，豈以燈爲悅？此不過以奉兩宮之歡耳。然百姓不可戶曉，皆謂以耳目不急之玩，奪其口體必用之資，此事至小，體則甚大，願追還前命。」即詔罷之。軾因上書極論時政，凡七千餘言。

其略曰：「臣之所欲獻者，三言而已，曰結人心，厚風俗，存紀綱。

人主所恃者，人心也。自古及今，未有和易同衆而不安，剛果自用而不危者。祖宗以來，治財用者不過三司，今陛下又創制置三司條例司，使六七少年日夜講求於內，使者四十餘輩分行營幹于外。以萬乘之主而言利，以天子之宰而治財，君臣宵旰，幾一年矣，而富國之效，茫如捕風，徒聞內帑出數百萬緡，祠部度五千人耳。以此爲術，人皆知其難也。汴水濁流，自生民以來，不以種稻，今欲陂而清之；萬頃之稻，必用千頃之陂，一歲一淤，三歲而滿矣。陛下使相視地形，所在鑿空，訪尋水利，隄防一開，水失故道，雖食議者之肉，何補於民！自古役人必用鄉戶，徒聞江、浙之間，數郡顧役，而欲措之天下。自楊炎爲兩稅，租調與庸既兼之矣，柰何復欲取庸！青苗放錢，自昔有禁，今陛下始立成法，每歲常行，雖云不許抑配，而數世之後，暴君汙吏，陛下能保之乎？昔漢武以財力匱竭，用桑弘羊之說，買賤賣貴，謂之均輸，于時商賈不行，盜賊滋熾，幾至於亂。臣願陛下結人心者此也。

國家之所以存亡者，在道德之淺深，不在乎強與弱；曆數之所以長短者，在風俗之厚薄，不在乎富與貧。陛下當崇道德而厚風俗，不當急功利而貪富強。仁祖持法至寬，用人有序，專務掩覆過失，未嘗輕改舊章。考其成功，則曰未至；言乎用兵，則十出而九敗；言乎府庫，則僅足而無餘。徒以德澤在人，風俗知義，故升遐之日，天下歸仁。議者見其末年吏多因循，事不振舉，乃欲矯之以苛察，濟之以智能，招來新進勇銳之人，以圖一切速成之效，未享其利，澆風已成。近歲樸拙之人愈少，巧進之士益多，唯陛下哀之救之，以簡易爲法，以清淨爲心，而民德歸厚。臣願陛下厚風俗者此也。

祖宗委任臺諫，未嘗罪一言者，縱有薄責，旋即超升，許以風聞，而無官長。言及乘輿，則天子改容；事關廊廟，則宰相待罪。臺諫固未必皆賢，所言亦未必皆是，然須養其銳氣而借之重權者，將以折姦臣之萌也。臣聞長老之談，皆謂臺諫所言，常隨天下公議。今者物論沸騰，怨讟交至，公議所在，亦知之矣。臣恐自茲以往，習慣成風，盡爲執政私人，以致人主孤立，紀綱一廢，何事不生！臣願陛下存紀綱者此也。」王安石見而深惡之。

64遼武安州觀察使耶律迪里舊作敵烈，今改。遷長寧宮使，檢括戶部司乾州錢帛逋負，立出納經畫法，公私便之。

三年遼咸雍六年。（庚戌、一〇七〇）

1春，正月，甲午，遼主如千鵝濼。

2癸丑，錄唐李氏、周柴氏後。

3乙卯，詔：「諸路常平、廣惠倉給散青苗錢，本爲惠卹貧乏，今慮官吏不體此意，均配抑勒，翻成騷擾。其令諸路提點刑獄官體量覺察，違者立以名聞，敢沮遏者亦如之。」

先是知通進銀臺司范鎮言：「青苗錢者，唐衰亂之世所爲。苗青在田，先估其直，收斂未畢，已趣其償，是盜跖之法也。」右正言李常、孫覺亦言：「王廣淵在河北，第一等給十五貫，第二等十貫，第三等五貫，第四等一貫五百，第五等一貫。民間喧然不以爲便，而廣淵入奏，稱民間歡呼鼓舞，歌頌聖德。」言者既交攻之，朝廷不得已，乃降是詔。

4戊午，判尙書都省張方平出知陳州。

初，方平爲參知政事，帝欲用王安石，方平以爲不可，尋以父憂去。服闋，以觀文殿學士判尙書都省，安石言留之不便，遂有是命。及陛辭，極論新法之害，帝爲之憮然。未幾，召爲宣徽北院使，留京師。安石深沮之，方平亦力求去，乃復出判應天府。

5 二月，壬戌朔，〔考異〕瞿中溶云：遼史天象志以癸亥爲宋二月朔，則壬戌乃正月晦日，與長編差一日，今從長編。河北安撫使韓琦言：「臣準青苗詔書，務在優民，不使兼并者乘其急以邀倍息，而公家無所利其入。今每借一千，令納一千三百，則是官自放錢取息，與初時抑兼并、濟困乏之意，絕相違戾，欲民信服，不可得也。又，鄉(村)每保須有物力人爲甲頭，雖云不得抑勒，而上戶必不願請，下戶雖或願請，必難催納，將來決有行刑督責、同保均陪之患。陛下勵精求治，若但躬行節儉以先天下，自然國用不乏，何必使興利之臣，紛紛四出，以致遠邇之疑哉！乞盡罷諸路提舉官，依常平舊法施行。」癸亥，帝袖出琦奏，示執政曰：「琦眞忠臣，雖在外，不忘王室。朕始謂可以利民，不意乃害民如此！且坊郭安得青苗，而亦強與之乎！」王安石勃然進曰：「苟從其欲，雖坊郭何害！」因難琦奏曰：「陛下修常平法以助民，至於收息，亦周公遺法也。如桑弘羊籠天下貨財以奉人主私用，乃可謂興利之臣。今抑兼并，振貧弱，置官理財，非以佐私欲，安可謂興利之臣乎！」曾公亮、陳升之皆言坊郭不當俵錢，與安石論難，久之而罷。帝終以琦說爲疑，安石遂稱疾不出。

6 丙寅，以兵部員外郎傅堯俞同判流內銓。

堯俞始除喪，至京師，王安石數召之。既見，語及新法，安石謂堯俞曰：「方今紛紛，遲君來久矣，將以待制、諫院還君。」堯俞曰：「新法世不以爲便，誠如是，當極論之。平生未嘗欺人，敢以實告。」安石不悅，遂有此命。

7王安石稱疾，求分司，翰林學士司馬光爲批答曰：「今士夫沸騰，黎民騷動，乃欲委還事任，退取便安。卿之私謀，固爲無憾，朕之所望，將以委誰！」安石大怒，卽抗章自辯，帝封還其章，手札慰安石曰：「詔中二語，失于詳閱，今覽之甚愧。」且命呂惠卿諭旨。安石固請罷，帝固留之。

8甲戌，以河州刺史瞎欺丁朮征爲紫金光祿大夫、檢校刑部尙書。

9帝欲大用司馬光，訪之王安石，安石曰：「光外托劘上之名，內懷附下之實，所言盡害政之事，所與盡害政之人，而欲置之左右，使預國政，是爲異論者立赤幟也。」及安石在告，帝乃以光爲樞密副使，光上疏力辭，且曰：「陛下誠能罷制置條例司，追還提舉官，不行靑苗、助役等法，雖不用臣，臣受賜多矣。」

10壬午，王安石出視事，詔以韓琦奏付條例司疏駁。安石之在告也，帝諭執政罷靑苗法，曾公亮、陳升之欲卽奉詔，趙抃獨欲俟安石出，令自罷之。安石旣視事，持之益堅，人言不能入矣。

11乙酉，韓琦以論靑苗不見聽，上疏請解河北安撫使，止領大名府一路，王安石欲沮琦，卽從之。

12司馬光力辭樞密副使之命，章凡九上。帝使謂曰：「樞密，兵事也。官各有職，不當以他事爲辭。」對曰：「臣未受命，則猶侍從也，於事無不可言者。」會王安石出視事，遂詔收還敕誥。

13是月，命張茂則、張鞏相度澶、滑州以下至東流河勢隄防利害。時方濬御河，韓琦言：「事有緩急，工有先後，今御河漕運通駛，未至有害，不宜減大河之役。」乃詔輟夫卒三萬三千，專治東流。

14三月，甲午，司馬光移書王安石，請罷條例司及常平使者，開諭苦切，猶冀安石之悟而改也。且曰：「忠信之士，於公當路時，雖齟齬可憎，後必徐得其力；諂諛之人，於今誠有順適之快，一旦失勢，必有賣公以自售者。」光意蓋指呂惠卿也。書凡三往反，安石答書，但言道不同而已。

條例司疏駁韓琦所言，王安石令曾布爲之；琦再辯列，不報。

文彥博亦言青苗之害，帝曰：「吾遣二中使親問民間，皆云甚便。」彥博曰：「韓琦三朝宰相，不信，而信二宦者乎！」先是安石嘗與入內副都知張若水、藍元震交結，帝遣使潛察府界俵錢事，適命二人。二人使還，極言民情深願，無抑配者，故帝信之不疑。

15先是詔舉選人淹滯者與京官，凡三十七人。國子直講奉符姜潛在舉中，帝聞其賢，召對延和殿，訪以治道，對曰：「有堯、舜二典在，顧陛下所以致之者如何耳。」知陳留縣，至數月，青苗令下，潛出錢榜其令于縣門，已而徙之鄉落，各三日，無應者，遂撤榜付吏曰：「民不願矣。」錢以是獨得不散。司農、開封疑潛沮格，各使其屬來驗，皆入令。會條例司劾祥符不散青苗錢，潛知且不免，移疾去。

16 己亥，御集英殿策試進士，罷詩、賦、論三題。

17 帝遣劉方有諭司馬光以依舊供職。是日，光入對，曰：「臣自知無力於朝廷，朝廷所行，皆與臣言相反。」帝曰：「相反者何事也？」光曰：「臣言條例司不當置，又言不宜多遣使者外撓監司，又言散青苗錢害民，豈非相反？」帝曰：「言者皆云法非不善，但所遣非其人耳。」光曰：「以臣觀之，法亦不善。」帝曰：「元敕不令抑勒。」光曰：「敕雖不令抑勒，而所遣使者皆諷令俵配。如開封界十七縣，惟陳留姜潛張敕榜縣門，聽民自來請則給之，卒無一人來請。以此觀之，十六縣恐皆不免抑勒也。」帝敦諭再三，光再拜固辭。

18 戊申，知通進銀臺司范鎮罷。

時韓琦極論新法之害，送條例司疏駁；李常乞罷青苗錢，詔令分析，鎮皆封還，詔五下，鎮執如初。司馬光辭樞密副使，帝許之，鎮封還詔書，曰：「臣所陳大抵與光相類，而光追還新命，則臣亦合加罪責。」帝令再送鎮行下，鎮又封還，曰：「陛下自除光爲樞密副使，士大夫交口相慶，稱爲得人，至于坊市細民，莫不歡慶。今一旦追還誥敕，非惟詔命反汗，實恐沮光讜論忠計。」帝不聽，以詔書直付光，不復由銀臺司。鎮言：「臣不才，使陛下廢法，有司失職。」遂乞解銀臺司，許之。

19 壬子，御集英殿，賜進士、明經、諸科葉祖洽以下及第、出身、同出身，總八百二十九人。祖洽策言：「祖宗多因循苟簡之政，陛下卽位，革而新之。」其意在投合也。考官呂惠卿列阿時者在高等，訐直者居下；劉攽覆考，悉反之。李大臨、蘇軾編排上官均第一，葉祖洽第二，陸佃第五。帝令陳升之面讀均等策，擢祖洽爲第一。祖洽，邵武人；佃，山陰人也。蘇軾謂：「祖洽詆祖宗以媚時君而魁多士，何以正風化！」乃擬進士策一篇獻之。帝以示王安石，安石言：「軾才亦高，但所學不正，又以不得逞之故，其言遂跌蕩至此。」數請黜之。

20 帝謂王安石曰：「陳薦言：『外人云，今朝廷以爲天變不足懼，人言不足卹，祖宗之法不足守。昨學士院進試館職策，其問意專指此三事。』」安石曰：「陛下躬親庶政，唯恐傷民，此卽是懼天變也。陛下采納人言，事無大小，唯是之從，豈不卹乎！然人言固有不足卹者，苟當於義理，何卹乎人言！至於祖宗之法不足守，則固當如此。且仁宗在位四十年，凡數次修敕；若法一定，子孫當世世守之，祖宗何故屢變也？今議者以爲法皆可守，然祖宗用人皆不以次。陛下試如此，則彼異論者必更紛紛矣。」

21 乙卯，詔諸路毋有留獄。

22 丙辰，立試刑法及詳刑官。帝因王安石議謀殺刑名，疑學者多不通律意，遂立刑法科，許有官無贓罪者試律令、刑統大義、斷案，取其通曉者，補刑法官。

23 右正言、知審官院孫覺，貶知廣德軍。

帝初卽位，覺以言事忤帝意，罷去。王安石早與覺善，將援以爲助，自通州召還，知諫院，改知審官院。時呂惠卿用事，帝以問覺，覺對曰：「惠卿辯而有才，特以爲利之故，屈身王安石。安石不悟，臣竊以爲憂。」帝曰：「朕亦疑之。」青苗法行，議者謂：「周官泉府，民之貸者至輸息二十而五，國事之財用取具焉。」覺條奏其妄曰：「成周賒貸，特以備民之緩急，不可徒與也，故以國服爲之息。說者不明，鄭康成釋經，乃引王莽計贏受息無過歲什一爲據，不應周公取息重於莽時。況載師任地，漆林之征特重，所以抑末作也。今以農民乏絕，將補耕助斂，顧比末作而征之，可乎？國事取具，蓋謂泉府所領，若市之不售，貨之滯於民用，有買有予，并賒貸之法而舉之；儻專取具於泉府，則冢宰九賦，將安用邪？聖世宜講求先王之法，不當取疑文虛說以圖治。」安石覽之，怒，始有逐覺意。會曾公亮言畿縣散常平錢有追呼抑配之擾，因遣覺行視虛實。覺受命辭行，且言：「入陳留一縣，前後榜令請錢，卒無一人至者，故不散一錢，以此見民實不願與官中相交。所有體量，望賜寢罷。」遂坐奉詔反覆貶。

24 御史裏行程顥上疏曰：「臣近累上言，乞罷預俵青苗錢利息及汰去提舉官事，朝夕以覬，未蒙施行。臣竊謂明者見於未形，智者防於未亂，況今日事理，顯白易知，若不因機亟決，持之愈堅，必貽後悔。而近日所聞，尤爲未便。伏見制置條例司疏駁大臣之奏，舉劾不奉行之官，徒使中外物情，愈致驚駭。伏望檢會臣所上言，早賜施行，則天下幸甚！」

25 夏，四月，癸亥，幸金明池觀水嬉，宴射瓊林苑。

26 丁卯，給兩浙轉運司度僧牒，募民入粟。

27 戊辰，御史中丞呂公著罷。

時青苗法行，公著上疏曰：「自古有爲之君，未有失人心而能圖治，亦未有脅之以威，勝之以辯，而能得人心者也。昔日之所謂賢者，今皆以此舉爲非，豈昔皆賢而今皆不肖乎！」王安石怒其深切。帝使公著舉呂惠卿爲御史，公著言惠卿姦邪不可用；帝以語安石，安石益怒。會韓琦論青苗之害，帝語輔臣以公著上殿言：「朝廷摧沮韓琦太甚，將興晉陽之甲以除君側之惡。」安石用此爲公著罪，罷知潁州。公著實無此言，蓋孫覺嘗爲帝言：「今藩鎭大臣如此論列而遭挫折，若當唐末、五代之際，必有興晉陽之甲以除君側之惡者矣。」帝誤記以爲公著也。

28己卯，參知政事趙抃罷。

抃上疏曰：「朝廷事有輕重，體有大小。財利於事爲輕，而民心得失爲重；青苗使者於體爲小，而禁近耳目之臣用舍爲大。今去重而取輕，失大而得小，懼非宗廟社稷之福也。」遂出知杭州。

29以樞密副使韓絳兼參知政事。

侍御史陳襄言：「王安石參預大政，首爲興利之謀，先與陳升之同領條例司，未幾，升之用爲相而絳繼之，曾未數月，遂預政事。是中書大臣皆以利進。乞罷絳新命，而求道德經術之賢以處之。」不報。

30以前秀州軍事判官李定爲太子中允、監察御史裏行。

定，揚州人也，少受學於王安石，孫覺薦之朝。初至京師，謁諫官李常，常問曰：「君從南方來，民謂青苗法如何？」定曰：「民便之，無不喜者。」常曰：「舉朝方共爭是事，君勿爲此言。」定卽往白安石，且曰：「定但知據實而言，不知京師乃不許。」安石大喜，謂定曰：「君且得見，盍爲上道之。」立薦對。帝問青苗事，具對如曩言。於是諸言新法不便者，帝皆不聽。命定知諫院，宰相言前無選人除諫官之例，遂拜監察御史裏行。知制誥宋敏求、蘇頌、呂〔李〕大臨言：「定不由銓攷，擢授朝列，不緣御史，薦置憲臺。雖朝廷急於用才，度越常格，然墮紊法制，所益者小，所損者大。」封還制書。詔諭數四，敏求等執奏不已；並坐累格詔命，落知制誥，天下謂之「熙寧三舍人」。

未幾，監察御史陳薦言：「定頃爲涇縣主簿，聞母仇氏死，匿不爲服。」詔下江東、淮、浙轉運使問狀，奏云：「定嘗以父年老，求歸侍養，不云持所生母服。」定自辯，言實不知爲仇所生，故疑不敢服，而以侍養解官。曾公亮謂定當追行服，安石力主之，罷薦御史，而改定爲崇政殿說書。監察御史林旦、薛昌朝、范育，復言定不孝之人，不宜居勸講之地，并論安石罪，安石又白罷三人。定亦不自安，求解職，乃以集賢校理、檢正中書吏房公事。【考異】宋史神宗紀，是年四月壬午，貶李常、張戩。癸未，以李定爲監察御史裏行。按東都事略張戩傳，戩疏言李定邪諂，自暮官擢臺職，則定擢職在前，戩貶官在後，今從之。

31監察御史裏行程顥，每進見，必陳君道以至誠仁愛爲本，未嘗及功利。王安石之說既行，顥意多不合，事出必論列，數月之間，章疏十上。尤極論者：輔臣不同心，小臣與大計，公論不行，青苗取息，諸路提舉官多非其人，京東轉運司剝民希寵，興利之臣日進，尙德之風寖衰，凡十餘事。以言不用，求去。帝令顥詣中書議，安石方怒言者，厲色待之，顥徐言曰：「天下事非一家私議，願平氣以聽之。」安石爲之愧屈，乃出顥爲京西路同提點刑獄。顥上疏言：「臺諫之任，朝廷綱紀所憑，使不以言之是非，皆得進職而去，臣恐綱紀自此廢弛。臣雖無狀，敢以死請。」乃改僉書鎮寧軍節度判官。

32 壬午，右正言、知諫院李常罷。

初，王安石與常善，以為三司條例檢詳官，改右正言、知諫院。安石立新法，常預議，不欲青苗取息，至是疏言：「條例司始建，已致中外之議。至于均輸、青苗，斂散取息，傅會經義，人且大駭，何異王莽猥析周官片言以流毒天下！」安石見之，遣所親密諭意，常不為止，又言：「州縣散常平錢，實不出本，勒民出息。」帝詰安石，安石請令常具官吏主名，常以為非諫官體；遂落職，通判滑州。

33 貶監察御史裏行張戩知公安縣，王子韶知上元縣。

戩上疏論王安石變法非是，乞罷條例司及追還提舉常平使者，并劾曾公亮、陳升之、趙抃，依違不能救正。及韓絳代升之領條例司，戩言：「絳左右徇從安石，與為死黨，遂參政柄。李定邪諂，自幕官擢臺職。陛下惟安石是信，今輔以絳之詭隨，臺臣又用李定輩，繼續而來，芽蘖漸盛。呂惠卿刻薄辯給，假經術以文飾姦言，附會安石，惑誤聖聽，不宜勸講君側。」章數十上。最後言：「今大惡未去，橫斂未除，不正之司尚存，無名之使方擾，臣自今更不敢赴臺供職。」又詣中書爭之，聲色甚勵〔厲〕。曾公亮俛首不答，王安石以扇掩面而笑，戩怒曰：「戩之狂直，宜為公笑，然天下之笑公者不少矣！」陳升之從旁解之，戩顧曰：

「公亦不得爲無罪！」升之有愧色。戩尋被貶，後徙監司竹監，至，舉家不食筍。

子韶初附安石，按苗振之獄，陷祖無擇於罪；至是論新法不便，乞召還孫覺、呂公著，故與戩同貶。

初，戩兄載出按振獄，及還朝，會戩以言得罪，載乃謁告西歸，屏居終南山下，敝衣蔬食，專意學問。

34 癸未，侍御史知雜事陳襄，罷爲同修起居注。

襄論青苗法不便，乞貶斥王安石、呂惠卿以謝天下；又乞罷韓絳政府，以杜大臣爭利而進者；且言韓維不當爲中丞，劉述、范純仁等無罪，宜復官；皆不聽。會召試知制誥，襄以言不行，辭不肯試，願補外，帝惜其去，留修起居注。

35 以淮南轉運使謝景溫爲工部郎中兼侍御史知雜事。

王安石屏異己者，數月之間，臺諫一空。景溫雅善安石，又與安石弟安國通姻。先是安石獨對，曰：「陛下知今日所以紛紛否？」帝曰：「此由朕置臺諫非其人。」安石曰：「陛下遇羣臣無術數，失事機，別置臺諫官，恐但如今日措置，亦未能免其紛紛也。」於是專用景溫。

36 甲申，翰林學士司馬光讀資治通鑑至賈山上疏，因言從諫之美、拒諫之禍，帝曰：「舜堲讒說殄行。若臺諫爲讒，安得不黜！」及退，帝留光，謂曰：「呂公著言藩鎭欲興晉陽之甲，豈非讒說殄行？」光曰：「公著平居與儕輩言，猶三思而發，何上前輕發乃爾？外人多疑其不然。」帝曰：「今天下洶洶者，孫叔敖所謂國之有是，衆之所惡也。」光曰：「然陛下當察其是非。今條例司所爲，獨王安石、韓絳、呂惠卿以爲是耳，陛下豈能獨與此三人共爲天下邪？」光又讀至張釋之論嗇夫利口，曰：「孔子稱惡利口之覆邦家者。夫利口何至覆邦家？蓋其人能以是爲非，以非爲是，以賢爲不肖，以不肖爲賢。人主信用其言，則邦家之覆，誠不難矣。」時呂惠卿在坐，光所論，專指惠卿也。

37 先是遼西北路招討使耶律薩沙舊作趙三，今改。討蕃部之違命者，是月，以準布（舊作阻卜。）部長至行在。蕃使中有能躍駝峯而上者，以儇捷稱相詫。薩沙問左右曰：「誰能此？」禁軍蕭和克舊作忽古，今改。被重鎧而出，手不及峯，一躍而上，藩〔蕃〕使大駭。薩沙以女妻之。遼主聞之，召爲護衞。

38 五月，癸巳，詔並邊州軍毋給青苗錢。

39 太白晝見。

40 壬寅，命司馬光詳定轉對封事。

41 甲辰，詔：「近設制置三司條例司，本以均通天下財利；今大端已舉，惟在悉力應接以趣成效，其罷歸中書。」先是文彥博等皆請罷條例司。帝謂彥博曰：「俟羣臣稍息，當罷之。」蓋恐傷安石意也。

42 遼主清暑特古里。（舊作拖古烈。）

43 壬子，詔罷入閤儀。王珪等言：「入閤者，乃唐隻日紫宸殿受常朝之儀也，非爲盛禮，不可遵行。」故罷之。

44 甲寅，遼設賢良科。詔應是科者，先以所業十萬言進。

45 舊制，文臣京朝官，審官院主之；武臣內殿崇班至諸司使，樞密院主之，供奉以下，三班院主之。丁巳，詔：「樞輔不當親有司之事，其以審官爲東院；別置西院，專領閤門祗候以上諸司使磨勘、常程差遣。」

46 是月，夏人號十萬，築鬧訛堡，知慶州李復圭合蕃、漢兵纔三千，遣偏將李信、劉甫、种詠等出戰。信等訴衆寡不敵，復圭威以節制，親畫陣圖方略授之；兵進，遂大敗。復圭懼，欲自解，即執信等而取其圖略，命州官李昭用劾以故違節制。詠瘐死獄，斬信、甫，配流郭貴。復出兵邛州堡，夜入欄浪市，掠老幼數百；又襲金湯，而夏人已去，惟殺其老幼一二百人，以功告捷，而邊釁大起矣。

47 六月，癸亥，以前知廣德軍朱壽昌通判河中府。

壽昌，天長人，父巽，守京兆時，妾劉有娠而出，生壽昌，數歲，乃還父家，母子不相聞者五十年。壽昌行四方，求之不得。熙寧初，與家人訣，棄官入秦，誓不見母不還。行次同州，得焉，劉時年七十餘矣。知永興軍錢明逸以其事聞，詔壽昌赴闕。時言者共攻李定不服母喪，王安石力主定，因忌壽昌，但付審官院授通判。居數歲，其母卒，壽昌哭泣幾喪明，士大夫多以歌詩美之，蘇軾爲作序，且激世人之不孝者。李定見而銜之。

48 東上閤門使、樞密都承旨李評，喜論事，又嘗言助役法不可行，王安石尤惡之。初，紫宸上壽，舊儀但言樞密、宣徽、三司副使不坐，而故事，親王、皇親並坐，惟集英大宴，乃有親王、駙馬都尉不坐之儀。時評定新儀，初無改易，而遽劾閤門內不當令親王、皇親、駙馬於紫宸預坐，以爲不遵新制，賈佑、馬仲良皆坐免官。王安石奏：「評所定自不明，而輒妄劾閤門官吏，當罪評。」帝曰：「評固有罪，然亦未可專罪評也。」安石遂留身，乞東南一郡，帝不許。安石惡評，必欲去之。丁卯，入對，辯其上壽新儀不可用，且具言評欺罔之狀，乞推鞫，帝令送宣徽院取勘，亦不遽罪評。己巳，安石謁告，請解機務。帝怪安石求去，曰：「得非爲李評事乎？朕與卿相知，近世以來所未有。所以爲君臣者，形而已，形固不足累卿；然君臣之義，固重於朋友。若朋友與卿要約勤勤如此，亦宜少屈；朕既與卿爲君臣，安得不爲朕少屈！」安石欲退，帝又固留，約令入中書。安石復具奏，而閤門言：「有旨，不許收接。」安石乃奉詔。

49 司馬光乞差前知龍水縣范祖禹同修資治通鑑，許之。祖禹，鎮從孫也。（校者按：此條應移51前。）

50 戊寅，詔修武成王廟。

51 乙酉，遼以特里袞舊作惕隱，今改。耶律白為中京留守。

52 丙戌，知諫院胡宗愈罷。

王安石議分審官為東西院，東主文，西主武，以奪樞密之權，且沮文彥博也。彥博言於帝曰：「若是，則臣無由與武臣相接，何由知其才而委令之哉！」帝不聽。宗愈亦力言其不可，且言李定匿喪不孝，帝惡之，手詔：「宗愈潛伏姦意，中傷善良，貶通判眞州。」宗愈，宿之子也。

53 是月，遼主御永安殿，放進士趙彥〔廷〕睦等百三十八人。

續資治通鑑卷第六十八

賜進士及第兵部尚書兼都察院右都御史總督湖北湖南等處地方軍務兼理糧餉世襲二等輕車都尉畢沅編集

宋紀六十八 起上章閹茂（庚戌）七月，盡重光大淵獻（辛亥）十二月，凡一年有奇。

神宗體元顯道法古立憲帝德王功英文烈武欽仁聖孝皇帝

熙寧三年 遼咸雍六年。（庚戌、一〇七〇）

1 秋，七月，辛卯，詔新判太原府歐陽修罷宣徽南院使、知蔡州。先是修以病辭官，至五六，因論青苗法不便；又移書責王安石，安石不答而奏從其請。

2 壬辰，樞密副（校者按：副字衍。）使呂公弼罷，以御史中丞馮京爲樞密副使。公弼以王安石變法，數勸其務安靜，安石不悅。公弼具疏將論之，從孫嘉問竊其稾以示安石，安石先白之。帝怒，遂出公弼知太原府。呂氏號嘉問爲「家賊」。京嘗言：「薛向總利權無效，近者復除天章閣待制，于侍從爲最親，非向所堪處。」帝不悅，以語安石。安石請改用京，帝許之，至是以爲樞密副使。

[3]罷潞州交子務。轉運司以其法行則鹽礬不售，有害入中糧草，遂奏罷之。【考異】宋史神宗紀：二年閏十一月壬子，置交子務。是年七月壬辰，置潞州交子務。按二年所置，卽潞州之交子務也；是年「置」當爲「罷」，蓋字之誤，今據食貨志改正。

[4]祕書省正字唐坰，以父任得官，上書云：「秦二世制于趙高，乃失之弱，非失之強。」帝悅其言。又云：「青苗法不行，宜斬大臣異議者一二人。」王安石喜而薦之，故得召對。癸巳，賜進士出身，爲崇文院校書。

[5]戊戌，雨雹。

[6]辛亥，遼主獵於哈嚕額特。舊作合魯聶特，今改。

[7]甲寅，置三班院主簿。

[8]八月，戊午朔，罷看詳銀臺文字所。

[9]乙丑，司馬光因入對，乞外，帝曰：「王安石素與卿善，何自疑？」光曰：「臣素與安石善，但自其執政，違迕甚多。今迕安石者如蘇軾輩，皆肆行詆毀，中以危法。臣不敢避削黜，但欲苟全素履。臣善安石，豈如呂公著！安石初舉公著，後復毀之。彼一人之身，前是而後非，必有不信者矣。」帝曰：「青苗有顯效。」光曰：「茲事天下知其非，獨安石之黨以爲

是耳。」帝又曰：「蘇軾非佳士，鮮于侁在遠，軾以奏稾傳之；韓琦贈銀三百兩而不受，乃販鹽及蘇木、甆器。」光曰：「凡人當察其情，軾販鬻之利，豈能及所贈之銀乎！安石惡軾，以姻家謝景溫爲鷹犬，使力攻之，臣豈能自保！不可不去也。且軾雖不佳，豈不賢于李定？定不服母喪，禽獸之不如，安石喜之，乃欲用爲臺臣，何獨惡於軾也？」

10 丙寅，以旱慮囚，死罪以下遞減一等，杖笞者釋之。

11 以衞州旱，令轉運司賑卹，仍蠲租賦。

12 丙子，遼中京留守耶律白卒，追封遼西郡王。【考異】遼史耶律良傳：咸雍六年八月薨，追封遼西郡王。良與白，蓋一人而兩名也。

13 戊寅，詔：「川峽、福建、廣南七路官，令轉運司立格就注，具爲令。」

14 己卯，夏人大舉入環慶，攻大順城、柔遠砦、荔原堡、懷安鎮、東谷·西谷二砦、業落鎮，兵多者號二十萬，少者不下一二萬，屯榆林，距慶州四十里，游騎至城下，九日乃退。鈐轄郭慶、都監高敏、魏慶宗、秦勃等死之。【考異】宋史神宗紀：是年八月己卯，夏人犯大順城，知慶州李復圭以方略授環慶路鈐轄李信、慶州東路都巡檢劉甫、監押种詠出戰，兵少取敗。復圭誣信等違其節制，斬信及甫，詠死于獄。又云：是月，慶州巡檢姚兕敗夏人于荔原堡，鈐轄郭慶、都監高敏死之。按夏國傳：復圭遣信等出戰，乃五月間事，紀幷書在八月，誤也。東都事略，九月夏人寇慶州，亦誤，今不從。

15九月，戊子朔，中書言請置檢正中書五房公事官，從之。乙未，以絳爲陝西宣撫使。

16韓絳以夏人犯塞，請行邊。王安石亦請往，絳曰：「朝廷方賴安石，臣宜行。」

17陸佃嘗受經於王安石，至是應舉入京師，王安石問以新政，佃曰：「法非不善，但推行不能如初意，還爲擾民。」安石驚曰：「何爲乃爾？吾與呂惠卿議之。」又訪外議，佃曰：「公樂聞善，古所未有；然外間頗以爲拒諫。」安石笑曰：「吾豈拒諫者！但邪說營營，顧無足聽。」佃曰：「是乃所以致人言也。」明日，召佃，謂之曰：「惠卿言：『私家取債，亦須一鷄半豚。』已遣李承之使淮南質究矣。」既而承之還，詭言民無不便，佃說遂不行。

18知開封府劉庠，不肯屈事王安石。安石欲見之，或以語庠，庠曰：「彼自執政以來，未嘗一事合人情，往將何語邪！」卒不往，而上疏極言新法非是，帝曰：「柰何不與大臣協心濟治乎？」庠對曰：「臣事陛下，不敢附大臣。」

19以曾布爲崇政殿說書、同判司農寺。

王安石常欲置其黨一二人於經筵，以防察奏對者。呂惠卿遭父喪去職，安石遂薦布代之。布資序淺，人尤不服。尋奏改助役爲免役，惠卿大恨之。

20己亥，命崔台符、曾布、朱溫其試法官。法官之試自此始。

21庚子，曾公亮罷。

公亮初嫉韓琦，故薦王安石以間之。及同輔政，知帝方向安石，凡更張庶事，一切陰助之，而外若不與同者；嘗遣其子孝寬參其謀，至帝前，略無所異。由是帝益信任安石，安石深德之。公亮以老求去，遂以守司空兼侍中、領河陽三城節度使、集禧觀使，五日一奉朝請。蘇軾嘗從容責其不能救正，公亮曰：「上與介甫如一人，此乃天也。」然安石猶以公亮不盡附己，於是聽其罷相。

22辛丑，以樞密副使馮京參知政事，翰林學士、三司使吳充爲樞密副使。

京爲中丞時，嘗疏論王安石更張失當，累數千言。安石指爲邪說，請黜之，帝不從，至是乃更大用。

23乙巳，御崇政殿，策賢良方正及武舉。制策中禁切言者，篇末云：「毋謂古人陳迹既久而不可舉，本朝成法已定而不可改；其惟改之而適中，舉之而得宜，不迫不迂，歸于至當。其悉以文陳，朕亦不憚于有爲焉。」

太原判官呂陶對策曰：「陛下初卽位，願不惑理財之說，不間老成之謀，不興疆場之事。陛下措意立法，自謂庶幾堯、舜；然以陛下之心如此，天下之論如彼，獨不反而思之乎？」及奏第，帝顧王安石取卷，讀未半，神色沮喪。帝覺之，使馮京竟讀，稱其言有理。

會范鎮所薦台州司戶參軍孔文仲對策，凡九千餘言，立論安石所建理財訓兵之法非是，宋敏求第爲異等。安石怒，啓帝，御批文仲試卷曰：「意尚流俗，毀薄時政，恐不足收錄以惑天下。」于是罷文仲還故官。齊恢、孫固封還御批，韓維、陳薦、孫永皆力論文仲不當黜。鎮上疏言：「文仲草茅疏遠，不識忌諱，且以直言求之而又罪之，恐爲聖之累。」帝不聽。文仲竟被黜，陶亦止授通判蜀州。文仲與弟武仲、平仲，皆以文譽著江西，時號三孔。

24 庚戌，遼主如藕絲淀。

25 壬子，太白晝見。

26 癸丑，作東、西府以居執政。

27 甲寅，遼以馬希白詩才敏妙，十吏書不能給，召試之。

28 翰林學士司馬光求去益力，乃以端明殿學士出知永興軍。朝辭進對，猶乞免本路青苗、助役。

和川令劉恕，博聞強記，於史學尤精，光修資治通鑑，奏請爲局僚，遇史事紛錯難治者，輒以委恕。王安石與恕有舊，欲引置三司條例，恕以不習金穀爲辭，因言：「天子方屬公大政，宜恢張堯、舜之道以佐明主，不應以利爲先。」安石不能用。及呂誨得罪去，恕往見安石，爲條陳所更法令不合衆心者，宜復其舊，則議論自息。安石怒，變色如鐵，恕不少屈，遂與之絕。至是光出永興，恕亦以親老告歸南康，乞監酒稅以就養，詔卽官修書。後光遷書局于洛陽，恕請詣光，留數月而歸，書未成卒。

29 詔：「環慶陣亡義勇餘丁當刺者，悉免之。」

30 冬，十月，辛酉，詔延州毋納夏使。

31 通判寧州鄧綰，條上時政數十事，又上書言：「陛下得伊、呂之佐，作青苗、免役等法，民莫不歌舞聖澤。以臣所見寧州觀之，知一路皆然，以一路觀之，知天下皆然，願勿移於浮議而堅行之。」其辭蓋媚王安石；又貽書及頌，極其妄諛。安石薦於帝，驛召對。方慶州有夏寇，綰敷陳甚悉，帝問：「識王安石否？」曰：「不識。」帝曰：「今之古人也。」又問：「識呂惠卿否？」曰：「不識。」帝曰：「今之賢人也。」綰退，見安石，欣然如舊交。陳升之、馮京以綰陳邊事，値安石致齋日，復使知寧州，綰聞之不樂，訟言：「急召我來，乃使還邪！」或問：「君今當作何官？」曰：「不失爲館職。」「得無爲諫官乎？」曰：「正自當爾。」明日，果除集賢校理、檢正中書孔目房公事，鄉人在都者皆笑且罵，綰曰：「笑罵從汝，好官我自爲之！」綰，雙流人也。

32 甲子，雨木冰。

33 丁卯，五國部長朝於遼。

34 壬申，朝謁神御殿。

35 丙子，貶知慶州李復圭爲保靜軍節度副使。復圭興兵敗績，誣裨將李信、劉甫、种詠以死，御史劾之，故有是貶。

36 戊寅，陳升之以母憂罷。升之與安石忤，安石數侵辱之，升之不能堪，稱疾臥家踰十旬，會母喪而去。

37 （己卯），貶秦鳳經略使李師中知舒州。

先是管句經略司機宜文字王韶，請築渭、涇上下兩城，屯兵以脅武勝軍，撫納洮河諸部。下師中議，師中以爲不便，詔師中罷帥事。韶又言：「渭源至秦州，良田不耕者萬頃，願置市易司，稍籠商賈之利，取其贏以治田，乞假官錢爲本。」詔秦鳳經略司以四川交子易物貨給之，命韶領市易事。師中言：「韶所指田，乃極邊弓箭手地耳。又將移市易司於古渭，恐秦州自此益多事，所得不補所失。」王安石主韶議，爲削師中職，徙知舒州，而以竇舜卿代，且遣內侍李若愚按實。若愚至，問田所在，韶不能對；舜卿檢索，僅得地一頃，地主有訴，又歸之矣。舜卿、若愚奏其欺，安石又爲謫舜卿而命韓縝，縝遂附會實其事，乃進韶太子中允。

38 乙酉，詔罷諸場務內侍監當。

39 翰林學士范鎮罷。

先是鎮舉蘇軾諫官，又舉孔文仲制科。軾被劾，文仲罷歸故官，鎮皆力爭之，不報。即上疏曰：「臣言不行，無顏復立於朝。臣論青苗不見聽，一宜去；薦蘇軾、孔文仲不見用，二宜去。李定避持服，遂不認母，壞人倫，逆天理，而欲以爲御史，反爲之罷舍人，逐臺諫。王韶上書，肆意欺罔以興造邊事，事敗則置而不問，反爲之罪帥臣。不用蘇軾，則掎摭其過。不悅孔文仲，則遣之還任。以此二人況彼二人，事理孰是孰非，孰得孰失，其能逃聖鑒乎！」因復極言青苗之害，且曰：「陛下有納諫之資，大臣進拒諫之計；陛下有愛民之性，大臣用殘民之術。」疏入，安石大怒，持其疏至手顫，乃自草制極詆之，以戶部侍郎致仕，凡所宜得恩典悉不與。鎮表謝，略曰：「願陛下集羣議爲耳目，以除壅蔽之姦；任老成爲腹心，以養中和之福。」天下聞而壯之。蘇軾往賀曰：「公雖退而名益重矣。」鎮愀然曰：「天下受其害而吾享其名，吾何心哉！」日與賓客賦詩飲酒，或勸使稱疾杜門，鎮曰：「死生禍福，天也，吾其如天何！」（校者按：此條應移38前。）

40（丙子），知山陰縣陳舜俞，自劾違旨不散青苗錢，謫監南康軍鹽酒稅。又有樂京、劉蒙，亦皆以役法廢黜。京知長葛縣，白提舉常平官，言助役不便。使之條析，又不報。因自列求去，坐奪官。蒙知湖陽縣，常平使者召會諸縣令，議免役法，蒙以爲不便，不肯與議，退而條上其害，即投劾去。京，荆南人；蒙，渤海人也。（校者按：此條應移六十七卷三年六月51前。）

41 陝西宣撫使下令分義勇戍邊，選諸軍驍勇士，募市井惡少年爲奇兵，調民造乾糒，悉修城池樓櫓，關輔騷然。知永興軍司馬光上疏，極言：「公私困敝，不可舉事。而永興一路皆內郡，繕治非急，宣撫之令，皆未敢從。若乏軍興，臣當任其責。」於是一路獨得免。

42 十一月，戊子朔，賑河北飢民徙京西者。

43 壬辰，蠲陝西蕃部貸糧。

44 甲辰，夏人寇大順城，都監燕達等擊走之。

45 丁未，客星出婁。

46 開封府判官、祠部郎中趙瞻，因出使得奏事，帝問：「卿爲監司久，知青苗法便乎？」對曰：「青苗法，唐行之於季世擾攘中，掊民財甚便。今陛下欲爲長久計，愛養百姓，誠不便。」王安石陰使其黨俞充誘瞻曰：「當以知雜御史奉待。」瞻不應。由是出爲陝西轉運副使。

47 乙卯，以韓絳兼河東宣撫使，凡機事不可待報者，聽便宜施行；授以空名告敕，得自除吏。

48 朝廷命諸道議更役法。梓州路轉運使汲人韓璹，首建併綱減役之制，綱以數計者百一十有八，衙前以人計者二百八十有三，於是省役人五百。又請裁定諸州衙簿。王安石言：「璹所言皆久爲公私病，監司背公邀譽，莫之或恤，而璹獨能體上意，宜加賞。」乃下詔褒璹，入爲鹽鐵副使。

49遼禁鬻生熟鐵於回鶻、準布(舊作阻卜。)等界。

50十二月，己未，遼以坤寧節赦徒罪以下。

辛酉，禁漢人捕獵。

51乙丑，立保甲法。

時王安石言：「先王以農爲兵，今欲公私財用不匱，爲宗社長久計，當罷募兵，用民兵。」乃立保甲。其法，十家爲保，選主戶有幹力者一人爲保長。五十家爲大保，選主戶物產最高者一人爲大保長。十大保爲一都保，選主戶有行止材勇爲衆所伏者爲都保正，又以一人爲之副。應主客戶兩丁以上選一人爲保丁，授之弓弩，教之戰陣。每一大保，夜輪五人往來巡警，遇有盜，晝時聲鼓，大保長以下率保丁追捕。如盜入別保，遞相擊鼓應接襲逐。凡告捕所獲，以賞格從事。同保犯強盜、殺人、強姦、略人、傳習妖教、造畜蠱毒，知而不告，依律伍保法。餘事非干己及非敕律所聽糾，皆無得告，雖知情亦不坐，若於法鄰保合坐罪者，乃坐之。其居停強盜三人，經三日，保鄰雖不知情，科失覺罪。逃移、死絕，同保不及五家，併他保。有自外入保者，收爲同保，戶數足則附之，俟及十家，則別爲保，置牌以書其戶數姓名。

提點刑獄趙子幾，迎安石意，請先行於畿縣，詔行之；遂推行於永興、秦鳳、河北東、西五路，以達於天下。於是諸州籍民爲保甲，日聚而敎之，禁令苛急，往往去爲盜，郡縣不敢以聞。判大名府王拱辰抗言其害曰：「非止困其財力，奪其農時，是以法驅之使陷於罪苦〔罟〕也，浸淫爲大盜。其兆已見，縱未能盡罷，願裁損下戶以紓之。」主者指拱辰爲沮法，拱辰曰：「此老臣所以報國也！」抗章不已，帝悟，由是下戶得免。

52 丁卯，以韓絳、王安石並同中書門下平章事，翰林學士承旨王珪參知政事。

絳開幕府於延安，詔卽軍中拜之。前一日，使者數輩召珪，珪入，帝御小殿，得旨，草制相安石，因出御批示珪曰：「已除卿參知政事。」翼日，命果下。珪典內外制十八年，嘗因齋宮賦詩，有所感歎；帝聞而憐之，遂有是拜。

53 庚午，夏人寇鎭戎軍，三川砦巡檢趙普伏兵邀擊，敗之。

54 戊寅，行免役法。

先是詔條例司講立役法，條例司言：「使民出錢募人充役，卽先王致民財以祿庶人在官者之意。」命呂惠卿、曾布相繼草具條貫，踰年始成。計民之貧富，分五等輸錢，名「免役錢」。若官戶、女戶、寺觀、單丁、未成丁者，亦等第輸錢，名「助役錢」。凡輸錢，先定州若縣應用顧直多少，隨戶等均取顧直。又增取二分，以備水旱欠闕，謂之「免役寬剩錢」，用其錢募人代役。

既試用其法於開封府，遂推行于諸路。既而東明縣民數百，詣開封府訴降等第，帝知之，以詰安石，安石力言：「外間扇搖役法者，謂輸多必有贏餘，若羣訴，必可免。彼既聚衆僥倖，苟受其訴，與免輸錢，當仍役之。」帝乃盡用其言。尋以臺諫多論奏，因謂安石，宜少裁之，安石曰：「朝廷制法，當斷以義，豈卹規規淺近之論邪！」

司馬光言：「上等戶自來更互充役，有時休息；今使歲出錢，是常無休息之期。下等戶及單丁戶，從來無役；今盡使之出錢，是鰥寡孤獨之人俱不免役。夫力者，民之所生而有；穀帛者，民可耕桑而得；至於錢者，縣官之所鑄，民之所不得私爲也。今有司立法，惟錢是求，歲豐則民賤糶其穀，歲凶則伐桑棗、殺牛、賣田得錢以輸，民何以爲生乎！此法卒行，富室差得自寬，貧者困窮日甚矣。」帝不聽。

55賜西蕃棟戩舊作董氈，今改。詔并衣帶、鞍馬。

56庚辰，命王安石提舉編修三司令式。

時天下以新法騷然，邵雍屏居於洛，門人故舊仕州縣者，皆欲投劾而歸，以書問雍，雍曰：「正賢者所當盡力之時。新法固嚴，能寬一分，則民受一分之賜矣，投劾何益邪！」

57是歲，賑河北、陝西旱饑，除民租。

58交趾入貢。

59廣源下溪州蠻來附。

60夏改元天賜禮盛國慶。

四年遼咸雍七年。（辛亥、一〇七一）

1春，正月，戊子，遼主如鴨子河。

2己丑，韓絳使种諤襲夏人，敗之。

絳素不習兵事，開幕府於延安，措置乖方。選番兵爲七軍，復以諤爲鄜延鈐轄、知青澗城，信任之，命諸將皆受其節制，衆皆怨望。絳與諤謀出兵取橫山，安撫使郭逵曰：「諤，狂生耳，朝廷徒以种氏家世用之，必誤大事。」絳奏逵沮撓軍事，召還之。諤尋敗夏人于囉兀，因以衆二萬城焉。自是夏人日聚兵爲報復計，呂公弼言諤稔邊患不便，宜戒之，弗聽。已而絳言諤入夏之功，乞加旌賞，詔從之。

3壬辰，王安石請鬻天下廣德（惠）倉田，爲河北東、西、陝西、京東四路常平倉本，從之。

4乙未，渝州部夷梁承秀等叛，命夔州路轉運使孫構討平之。

承秀與其黨李光吉、王兗導生獠入寇，巡檢李宗敏等戰死。轉運判官張詵請誅之，選構爲使，倍道之官。至則遣涪州豪杜安行募千人往襲，自督官軍及黔中兵擊其後，斬承秀，入討二族，火其居，餘衆保黑崖嶺。黔兵從間道夜譟而進，光吉墜崖死，兗自縛降。以其地建南平軍。構，博平人也。

5 丁酉，朝謁太祖、太宗神御殿。

6 先是括坊監牧馬餘地，立田官，令專掌稼政以資牧養之用，按原武、單鎭、洛陽、沙苑、淇水、安陽、東平七監地，餘良田萬七千頃，賦民以收芻粟，從樞密副使邵亢請也。至是河北屯田司屢言豐歲所入，亦不償費，詔：「沿邊屯田，不以水陸，悉募民租佃。罷屯田務，收其兵爲州廂軍。」

7 丁未，立京東、河北賊盜重法。

8 庚戌，罷永興軍買鹽鈔場。

9 辛亥，以著作佐郎朱明之爲崇文院校書。明之，王安石妹壻也。

10 二月，丁巳朔，罷詩賦及明經諸科，以經義、論、策試進士。

先是議更貢舉法，帝以蘇軾言爲是，他日以問王安石，安石曰：「不然，今人材乏少，且學術不一，異論紛然，此蓋不能一道德故也。欲一道德，則必修學校；欲修學校，則貢舉法不可以不變。」趙抃亦是軾議，安石曰：「若謂此科常多得人，自緣仕進別無他路，其間不容無賢，以爲科法已善則未也。今以少壯時當講求天下正理，乃閉門學作詩賦，及其入官，世事皆所不習。此乃科法敗壞人材，致不如古。」帝以爲然。

已而中書言：「古之取士皆本學校，道德一於上，習俗成於下，其人材皆足以有爲於世。今欲追復古制，則患於無漸，宜先除去聲病、對偶之文，使學者得專意經術，以俟朝廷興建學校，然後講求三代所以教育、選舉之法，施之天下。」於是罷明經及諸科、進士試詩賦，各專治易、詩、書、周禮、禮記一經，兼以論語、孟子。每試四場，初本經，次兼經大義，凡十道；次論一首，次策三道；禮部試卽增二道。中書撰大義式頒行。試義者須通經有文采，乃爲中格，不但如明經墨義粗解章句而已。取諸科解名十分之三，增進士額。其殿試則專以策，限千字以上。分五等：第一等、二等賜進士及第，三等賜進士出身，第四等賜同進士出身，第五等賜同學究出身。置京東、西、陝西、河東、河北路學官，使之教導。

11 辛酉，詔治吏沮格青苗法者。

12 甲子，以曾布檢正中書五房公事。

布每事白王安石，卽行之。或謂布當白兩參政，蓋指馮京、王珪也。布曰：「丞相已議定，何問彼爲！俟勑出，令押字耳。」

13 乙丑，女直進馬于遼。

14 丙寅，遼南院樞密使姚景行，出知興中府事。

15 戊辰，詔賑河北民乏食者。賻卹西界戰死軍人。

16 壬申，進封高密郡王頵爲嘉王。

17 癸酉，詔審官院所定人赴中書，察堪任者引見。

18 甲戌，賜討渝州夷賊兵特支錢。

19 三月，丁亥，夏人陷撫寧諸城。

初，种諤進築永樂川、賞逋嶺二砦，分遣都監趙璞、燕達築撫寧故城，及分荒堆三泉、吐渾川、開光嶺、葭蘆川四砦與河東路修築，各相去四十餘里。已而夏人來攻順寧砦，遂圍撫寧。折繼昌、高永能等擁兵駐細浮圖，去撫寧咫尺，囉兀兵勢尚完。諤在綏德節制諸軍，聞夏人至，茫然失措；欲作書召燕達戰，悸不能下筆，顧運判李南公，涕泗不已。由是新築諸堡悉陷，將士歿者千餘人，果不出郭逵所料云。會慶州軍叛，詔罷西師，棄囉兀城。

20 夔州路轉運使孫構，言杜安行等討夷賊，斥地七百里，詔遣著作佐郎章惇乘驛同轉運司制置以聞。

先是李承之薦惇於王安石，安石曰：「聞惇極無行。」承之曰：「顧其才可用耳。公誠與語，自當愛之。」安石見惇，惇素辯，又善迎合，安石大喜，恨得之晚。

21 戊子，慶州廣銳卒叛，轉運司以聞，帝召二府，出奏示之，深以用兵爲憂。樞密使文彥博曰：「朝廷行事，務合人心，宜兼采衆論，不當有所偏聽。陛下厲精求治，而人心未安，蓋更張之過也。祖宗法制，未必皆不可行，但有廢墜不舉之處耳。」馮京曰：「府界溉淤田，又修差役，作保甲，人極勞敝。」帝曰：「詢訪鄰近百姓，皆以免役爲喜，蓋雖令出錢，而復其身役，無追呼刑責之虞，人自情願故也。」彥博又言：「祖宗法制具在，不須更張以失人心。」王安石曰：「法制具在，則財用宜足，中國宜強。今皆不然，未可謂之法制具在也。」

22 詔討慶州叛卒，平之。

23 庚寅，詔諸路置學官，州給四十頃以贍士；并置小學教授。

24 辛卯，詔察奉行新法不職者。

25 癸卯，減河東、陝西路囚罪一等，徒以下釋之。民緣軍事科役者，蠲其租賦。

26 丙午，种諤坐陷撫寧堡，責授汝州團練使、潭州安置；尋再貶賀州別駕。

27 丁未，韓絳坐興師敗衄罷，以本官知鄧州。

28 己酉，遼主如黑水，論討五國功，晉秩有差。

29 （丙申），都水監丞宋昌言，從內侍程昉之議，請浚漳河，役兵萬人，袤一百六十里。帝患財用不足，文彥博曰：「足財用在乎安百姓，安百姓在乎省力役。且河久不開，不出於東則出於西，利害一也。今發夫開治，徙東從西，何利之有！」會京東、河北風變異常，民大恐，帝手詔中書，令省事安靜以應天變，漳河之役妨農，來歲爲之未晚。（校者按：此條應移25前。）

30夏，四月，丙辰朔，卹刑。

31癸亥，罷陝西交子法。

32丁卯〔戊申〕，以鄧綰爲侍御史知雜事、判司農寺。時新法皆出司農，而呂惠卿居憂，曾布不能獨任其事，王安石欲藉綰以威衆，故有是命。

綰言：「判亳州富弼，責蒙城官吏散常平錢穀，妄追縣吏，重笞之；又遣人持小札下諸縣，令未得依提舉司牒施行；本州僉判、管句官徐公袞，以書諭諸縣，使勿奉行詔令；乞盡理根治。」詔「送亳州推勘院，其富弼止令按後收坐以聞。」弼上奏，乞獨坐，且云：「青苗一事，天下之人皆知爲害。臣來本州，不散錢斛，願當嚴譴。其餘徐公袞以下州縣吏，望聖慈特與矜貸。」（校者按：此條應移40前。）

33癸酉，以司馬光判西京御史臺。

先是光任永興，以言不用，乞判留臺，不報。又上疏曰：「臣不才，最出羣臣之下，先見不如呂誨，公直不如范純仁、程顥，敢言不如蘇軾、孔文仲，勇決不如范鎮。此數人者，覩安石所爲，抗章、對策，極言其害，而鎮因乞致仕。臣聞居其位者必憂其事，食其祿者必任其患，苟或不然，是爲盜竊，臣雖無似，不敢爲盜竊之行。今陛下惟安石是信，安石以爲賢則賢，以爲愚則愚，以爲是則是，以爲非則非；諂附安石者謂之忠良，攻難安石者謂之讒慝。臣才識固安石之所愚，議論固安石之所非，今日所言，亦安石之所謂讒慝者也。若臣罪與范鎮同，則乞依鎮例致仕；若罪重於鎮，或竄或誅，唯陛下裁處！」久之，乃從其請。光既歸洛，絕口不論事。

34 遼主如納葛濼。

35 甲戌，詔司農寺月進諸路所上雨雪狀。

36 以前大理評事常秩爲右正言、直集賢院、管句國子監。秩屢徵不起，詔郡以禮敦遣。至是始詣闕，對垂拱殿。問：「今何道免民于凍餒？」對曰：「法制不立，庶民食侯食，服侯服，此今日大患也。臣才不適用，願得辭歸。」帝曰：「既來，安得不少留！」遂有是命。尋遷天章閣侍講、同修起居注，仍使供諫職。

秩名重一時，世以爲無宦情。及安石更法，秩獨以爲是，一召即起，任諫職，列侍從，低首抑氣，無所建明，聞望日損。秩長於春秋，及安石廢春秋，秩遂盡廢其學，時論薄之。

37 權開封府推官蘇軾，出通判杭州。

初，軾直史館，王安石贊帝以獨斷專任。軾因試進士，發策以「晉武平吳，獨斷而克，苻堅伐晉，獨斷而亡；齊桓專任管仲而霸，燕噲專任子之而敗；事同功異」爲問。安石見之大怒，使侍御史謝景溫論奏其過，窮治無所得，軾遂請外。

38 乙亥，遼禁布帛短狹不中尺度者。

39 丙子，遣使按視宿、亳等州災傷，乃令修飭武備。

40 壬午，定進士攷轉官。

41 五月，甲午，右諫議大夫提舉崇福宮致仕呂誨卒。【考異】宋史誨傳不言誨爲右諫議大夫，蓋自元豐改官制以後，史家於寄祿官多不書也。誨卒於熙寧朝，不應略而不載，今從長編及司馬光撰墓誌。

誨初求致仕，表言：「臣本無宿疾，偶值醫者用術乖方，妄投湯劑，率情任意，差之指下，禍延四肢，寖成風痹，非祗憚跛盭之苦，又將虞心腹之變。雖一身之微，固不足卹，而九族之託，良以爲憂。」蓋以身疾喻朝政也。疾亟，猶日夕憤歎，以天下事爲憂。既革，司馬光往省之，至則目已瞑，聞光哭，蹶然而起，張目強視曰：「天下事尚可爲，君實勉之！」遂卒。

【考異】誨墓誌不載臨歿語，蓋誌出溫公之手，不欲自衒耳，今從長編及本傳。

42 壬寅，詔許富弼養疾西京。

43 丙午，高麗來貢。

高麗爲遼所阻，不通中國者四十三年，至是福建轉運使羅拯令商人黃貞〔眞〕招接通好，高麗王徽乃因貞〔眞〕還，移牒福建，願備禮朝貢。拯以聞，朝議謂可結以謀遼，乃命拯諭意。徽遂遣其民官侍郎金悌等由登州入貢，自是復與中國通，朝貢相繼。

44 辛亥，詔：「宗室率府副率以上遭父母喪及嫡孫承重，並解官行服。」

45 壬子，詔：「恩、冀等州災傷，遣使賑卹，蠲其稅。」

46 御史中丞楊繪言：「東明等縣百姓千餘人，詣開封府訴超升等第出助役錢事，本府不受，遂突入王安石私第，安石諭云：『此事相府不知。』仍問：『汝等來，知縣知否？』皆言不知。又詣御史臺。臣以本臺無例收接訴狀，諭令散去。退而訪問，乃司農寺不依諸縣元定戶等，卻以見管戶口量第定出役錢數付諸縣，各令管認，別造簿籍，前農務而畢。臣竊謂凡等第升降，蓋視人家產高下，乃得其實。今乃自司農寺先畫數，令本縣依數定簿，豈得民無爭訴哉！判司農寺乃鄧綰、曾布，一爲知雜，一爲都檢正，非臣言之，誰敢言者！」王安石指陳繪言爲不然，遂置而弗問。

47 初，保甲法行，鄉民驚擾，至有截指斷腕以避丁者。知開封府韓維言之，帝以問王安石，安石曰：「就令有之，亦不足怪。爲天下主者，如止任民情，則何必立君而爲之建官置吏也！保甲法不特除盜，可漸習爲兵，且省財費。惟陛下果斷，不卹人言以行之。」安石由此益惡維。

帝欲命維爲御史中丞，維以兄絳居政府，力辭。安石因言：「維善附流俗以非上所建立，乞允其請。」會文彥博求去，帝曰：「密院事劇，當除韓維佐卿。」明日，維奏事殿中，以言不用，力請外，帝曰：「卿東宮舊人，當留輔政。」維對曰：「使臣言得行，勝於富貴。若緣攀附舊恩以進，非臣之願也。」遂出知襄州。

48 六月，丁巳，河北飢民爲盜者，減死刺配。

49 戊午，監察御史裏行劉摯上疏曰：「君子小人之分，在義利而已。小人才非不足用，特心之所向，不在乎義，故希賞之志，每在事先，奉公之心，每在事後。陛下有勸農之意，今變而爲煩擾；陛下有均役之意，今倚爲聚斂；其愛君憂國者，皆無以容於其間。今天下有喜於敢爲之論，有樂於無事之論，彼以此爲流俗，此以彼爲亂常，畏義者以進取爲可恥，嗜利者以守道爲無能，此風浸長，漢、唐之黨禍必起矣。願陛下虛心平聽，審察好惡，收過與不及之論，使歸於大中之道。」

摯初除御史，未及陛對，即奏論：「亳州獄起，小人意在傾富弼以市進。今弼已得罪，願少寬之。」又言：「程昉開漳河，調發猝迫，人不堪命。趙子幾擅升畿縣等使納役錢，縣民日數千人遮訴宰相，京師喧然，何以示四方！張靚、王廷老擅增兩浙役錢，督賦嚴急，人情怨嗟。此皆欲以羨餘希賞，願行顯責，明朝廷本無聚斂之意。」及入見，帝面賜褒諭，因問：「卿從學王安石邪？」安石極稱卿器識。」對曰：「臣東北人，少孤獨學，不識安石也。」退，卽上是疏，安石不悅。

50 庚申，羣臣三上尊號曰紹天法古文武仁孝，帝不許。

51 甲子，知青〔蔡〕州歐陽修，以太子少師、觀文殿學士致仕。

修以風節自持，旣連被汙衊，年六十，卽乞謝事。及守青州，上疏請止散青苗錢，王安石惡之，修求歸益切。馮京請留之，安石曰：「修善附流俗，以韓琦爲社稷臣。如此人，在一郡則壞一郡，在朝廷則壞朝廷，留之何用！」

時賢士多引去，楊繪上疏言：「老成人不可不惜。今舊臣告歸或屏於外者，悉皆未老，范鎭年六十有三，呂誨五十有八，歐陽修六十有五而致仕，富弼六十有八而引疾，司馬光、王陶皆五十而求散地，陛下何不思其故邪！」

52 甲戌，富弼坐沮格青苗，落使相，以左僕射徙判汝州。

王安石曰：「鯀以方命殛，共工以象恭流，弼兼二罪，止奪使相，何由沮姦！」帝不答。

弼行過應天，謂判府張方平曰：「人固難知。」方平曰：「謂王安石乎？亦豈難知者！方平頃知皇祐貢舉，或稱安石文學，辟以攷校，旣至，院中之事皆欲紛更。方平惡其爲人，檄之使出，自是未嘗與語也。」弼有愧色，蓋弼亦素善安石云。

53 己卯，吐蕃貢于遼。

54 秋，七月，己丑，遼遣使按問五京囚。

55 辛卯，北京新堤第四、第五埽決，漂溺館陶、永濟、清陽以北，遣內侍都知張茂則乘驛相視。

56 甲午，賑卹兩浙水災。

57 丁酉，貶監察御史裏行劉摯監衡州鹽倉；御史中丞楊繪，罷爲翰林侍讀學士。

摯上疏論率錢助役有十害；會繪亦言其不便，前後凡四奏，又論「提刑趙子幾，怒知東明縣賈蕃不禁遏縣民使訟助役事，摭以他故，下蕃於獄而自鞫之，是希王安石意旨而陷無辜於法也。」摯亦言：「子幾捃摭賈蕃，欲箝天下之口，乞按其罪。」安石大怒，使知諫院張琥取繪、摯所論，作十難以詰之，琥辭不爲。判司農寺曾布請爲之，既作十難，且劾繪、摯欺誕懷向背，詔下其疏於繪、摯，使各分析以聞。摯奮然曰：「爲人臣，豈可壓於權勢，使天子不知利害之實！」卽條對所難以伸其說，且曰：「臣待罪言責，采士民之說以聞，職也。今乃遽令分析，交口相直，無乃辱陛下耳目之任！」不報。明日，復上疏曰：「自青苗之議起，而天下始有聚斂之疑。青苗之議未已，而均輸之法行；均輸之法方擾，而邊鄙之謀動；邊鄙之禍未艾，而漳河之役作；漳河之害未平，而助役之事興。其議財，則市井屠販之人皆召至政事堂；其征利，則下至於曆日而官自鬻之。推此而往，不可究言。輕用名器，混淆賢否。忠厚老成者，擯之爲無能；俠小儇辯者，取之爲可用；守道憂國者，斥之爲流俗；敗常害民者，稱之爲通變。凡政府謀議經畫，獨與一掾屬決之，然後落筆，同列預聞，反在其後；故奔走乞丐之人，其門如市。今西夏之款未入，反側之兵未安，三邊瘡痍，流潰未定，河北大旱，諸路大水，民勞財乏，縣官減耗。聖上憂勤念治之時，而政事如此，皆大臣誤陛下，而大臣所用者誤大臣也。」疏奏，安石欲竄擊嶺外，帝不許，但謫監倉。繪尋出知鄭州，璪亦落職。璪，洎之孫也。

58 遣察訪使徧行諸路，促成役書。

59 庚子，詔宗室不得祀祖宗神御。

60 遼主如藕絲淀。

61 丁未，詔唐、鄧給流民田。

62 八月，癸丑朔，遣官體量陝西差役新法及民間利害。

63 甲寅，詔：「郡縣保甲與賊鬭死傷者，給錢有差。」

64 庚申，復春秋三傳明經取士。王安石初欲釋春秋以行世，而孫覺經解已出，自知不能復出其右，遂詆聖經，至目爲「斷爛朝報」，故貢舉不以取士。楊繪嘗言當復，安石不許，至是帝特命復之。

65癸酉，置洮河安撫司，命王韶領其事。

初，議取河湟，自古渭寨接青唐、武勝軍，應招納蕃部市易、募人營田等事，韶悉主之，遂至秦。會諸將以蕃部俞龍珂任〔在〕青唐最大，渭源羌與夏人皆欲羈縻之，議先致討。韶因按邊，引數騎直抵其帳，諭以成敗，遂留宿。明旦，兩種皆遣其豪隨韶以東，龍珂率其屬十二萬口內附。既歸朝，自言：「平生聞包中丞朝廷忠臣，乞賜姓包氏。」帝如其請，賜姓包、名順。

66己卯，以前旌德縣尉王雱爲太子中允、崇政殿說書。

雱，安石子也，爲人剽悍陰刻，無所顧忌。年十三，得秦卒言洮河事，歎曰：「此可撫而有也。使夏得之，則敵強而邊患博矣。」故安石力主王韶議。初舉進士，調旌德尉，著策二十餘篇，極論天下事。時安石執政，所用多少年，雱亦欲與選，乃與父謀曰：「執政子雖不可預事，而經筵可處。」安石欲帝知而自用，乃以雱所作策鏤板鬻於市，鄧綰、曾布又力薦之，召見而有是命。安石更張政事，雱實導之。

67辛巳，遼置佛骨於招山浮圖，罷獵，禁屠殺。

68是月，河溢澶州，曹村埽決。鎮寧僉判程顥方救護小吳，相去百里，州帥劉渙以事急告顥，一夜馳至。渙侯於河橋，顥謂渙曰：「曹邨決，京城可虞。臣子之分，身可塞亦所當爲，請盡以廂兵見付，事或不集，公當親率禁兵以繼之。」渙卽以本鎭印授顥，曰：「君自用之。」顥得印，不暇入城省親，徑走決隄，諭士卒曰：「朝廷養爾輩，正爲緩急耳！爾知曹邨決則注京城乎？吾與爾輩以身捍之。」衆皆感激自效。論者或以爲勢不可塞，徒勞人耳，顥命善泅者度決口，引大索以濟衆，兩岸並進，數日而合。

69 九月，丙戌，河決鄆州。

70 辛卯，大饗明堂，以英宗配。赦天下。內外官進秩有差。

71 庚子，夏主秉常遣使入貢，表乞綏州城，願依舊約。詔答曰：「前已降詔，更不令交塞門、安遠二砦，綏州亦不給還，今復何議！俟定界畢別進誓表日，頒誓詔，恩賜如舊。」

72 癸卯，增選人俸；鬻諸路坊場河渡，募人承買，收取其利，一歲得錢六百九十八萬餘緡，穀帛九十七萬石、匹有奇。

73 冬，十月，壬子朔，罷差役法，使民出錢募役。

74 立選人及任子出官試律令法。

75 乙卯，遼主如醫巫閭山。

76 丙辰，置樞密院檢詳官。

77（庚申），以鮮于侁爲利州轉運副使。

初，助役法行，詔監司各定所部助役錢數。利州路轉運使李瑜欲定四十萬。侁時爲判官，爭之曰：「利州民貧地瘠，半此可矣。」瑜不從，遂各爲奏。時諸路役書皆未就，帝是侁議，諭司農曾布，使頒以爲田式，因黜瑜而擢侁副使兼提舉常平。侁素惡王安石，及安石用事，侁乃上書，論時政可憂可歎，其逆治體而召民怨者，不可概舉。其意專指安石，安石怒，毀短之。帝稱其文學可用，安石曰：「何以知之？」帝曰：「有章奏在。」安石乃不敢言。既爲副使，部民不請青苗錢，安石遣吏詰之，侁曰：「青苗之法，願取則與。民自不願，豈能強之哉！」

78戊辰，立太學生三舍法。

初，國子生以京朝七品以上子孫應蔭者爲之，太學生以八品以下子孫及庶人之俊異者爲之；試論策經義如進士法。及帝即位，垂意儒學，自京師至郡縣既皆有學，歲時月各有試程，其藝能以差次升舍，其最優者爲上舍，免發解及禮部試而特賜之第，遂專以此取士。又累增太學內舍生至九百人。至是侍御史鄧綰言：「國家治平百餘年，雖有國子監，僅容釋奠齋庖，而生員無所容。至於太學，未嘗營建，止假錫慶院廊廡數十間，生員纔三百人。請以錫慶院爲太學，仍修武王廟爲右學，上以擬三王、四代膠庠序學東西左右之制。」乃詔盡以錫慶院及朝集院西廡建講書堂，齋舍、直廬略具。自主判官外，增置直講爲十員，率二員共講一經，令中書遴選或主判官奏舉。釐生員爲三等：始入太學爲外舍，初不限員，後定額七百人；外舍升內舍，員二百；內舍升上舍，員一百。各執一經，從所講官受學，月考試其業，優等以次升上舍，免發解及禮部試，召試賜第。其正、錄、學諭，以上舍生爲之，經各二員。學行卓異者，主判、直講復薦於中書，奏除官。

初，蘇頒〔頌〕子嘉在太學，國子監直講顏復嘗策問王莽、後周變法事，嘉極論其非，擢優等；蘇液密寫以示曾布曰：「此輩倡和，非毀時政。」布大怒，責張璪曰：「君以諫官判監，學官與生徒非毀時政，而竟不彈劾！」遂以告王安石，安石大怒，盡逐諸學官，以李定、常秩同判監；選用學官，非執政所喜者不與。陸佃、黎宗孟、葉濤、曾肇、沈季良〔長〕與選。季良〔長〕，安石妹壻；濤，其姪壻；佃，門人；肇，布弟也。佃等夜在安石齋授〔受〕口義，旦至學講之，無一語出己。其設三舍，蓋亦欲引用其黨也。

79 遼主謁乾陵。

80 壬申，以西京國子監教授王安國爲崇文院校書。

安國官滿至京師，帝以其兄安石故，賜對。帝曰：「漢文帝何如主？」對曰：「三代以後未有也。」帝曰：「但恨其才不能立法更制爾。」對曰：「文帝自代來，定變俄頃，恐無才者不能。至用賈誼言，待羣臣有節，專務以德化民，海內興於禮樂，幾致刑措，則文帝加有才一等矣。」帝曰：「王猛佐苻堅，以蕞爾國而令必行；今天下之大，不能使人，何也？」曰：「猛教堅以峻刑，致秦祚不傳世。今小人必有以是誤陛下者。誠以堯、舜、三代爲法，則下豈有不從者乎！」又問：「卿兄秉政，外論謂何？」曰：「恨知人不明，聚斂太急。」帝不悅。安國嘗力諫安石，以天下洶洶不樂新法，皆歸咎於兄，恐爲家禍，安石不聽。

81 丙子，詔：「罪人配流遇冬者，至仲春乃遣。」

82 庚辰，遼詔百官廷議軍國事。

83 十一月，甲申，詔蠲天下見欠貸糧，總計米一百六十六萬八千餘石，錢十一萬七千餘緡。百姓聞詔，莫不稱慶。

84 丁亥，作中太一宮；從司天冬宮正周琮言也。

85 戊子，遼免南京流民租。己丑，賑饒州飢民。

86 壬寅，開洪澤湖，達於淮。

87 十二月，辛亥朔，詔增賜國子監錢四千緡。

88 壬子，遼以契丹行營都部署耶律呼敦舊作胡覩，今改。知北院樞密使事，以知北院樞密使事蕭惟信爲南府宰相兼契丹行宮都部署。

89丁巳，遼主命漢人行宮都部署李仲禧、北院宣徽使劉霖、樞密副使王觀、都承旨楊興功俱賜國姓。【考異】遼史耶律儼傳：父仲禧，咸雍六年賜國姓，與本紀異；王觀傳作咸雍七年賜國姓，與本紀同；今從本紀書之。

90戊午，歸夏俘。

91己未，安定郡王從式卒。

92丙寅，省諸路廂軍。

93乙亥，崇義公柴詠致仕，子若納襲封。

94戊寅，回鶻貢於遼。

95先是河溢衞州王供，時新堤凡六埽而決者二，下屬恩、冀，貫御河，奔衝爲一。帝憂之，自秋迄冬，數遣使經營。議者爭言導河之利，張茂則等謂：「二股河地最下，而舊防可因，今堙塞者纔三十餘里，若度河之湍浚而逆之，又存清水鎭河以析其勢，則悍者可回，決者可塞。」帝然之。是月，令河北轉運司開修二股河上流，并修塞第五埽決口。

鎭寧河清卒，於法不他役，程昉爲都水丞，欲盡取諸埽兵治二股河。僉判程顥以法拒昉，昉請於朝，命以八百人與之。天方大寒，昉肆其虐用衆，逃而歸，將入城，州官畏昉，欲弗納，顥曰：「彼逃死自歸，弗納，必爲亂。昉有言，顥自當之。」卽親往開門撫諭，約歸休三日復役，衆歡呼而入。具以事上聞，得不復遣。後昉奏事過州，揚言於衆曰：「澶卒之變，乃程中允誘之，吾必訴於上。」同列以告，顥笑曰：「彼方憚我，何能爲！」果不敢言。

續資治通鑑卷第六十九

賜進士及第兵部尚書兼都察院右都御史總督湖北湖南等處地方軍務兼理糧餉世襲二等輕車都尉畢沅編集

宋紀六十九 起玄黓困敦(壬子)正月，盡昭陽赤奮若(癸丑)十二月，凡二年。

神宗體元顯道法古立憲帝德王功英文烈武欽仁聖孝皇帝

熙寧五年 遼咸雍八年。(壬子、一〇七二)

1 春，正月，遼北部叛，烏庫德哷勒舊作烏古敵烈，今改。部詳袞舊作詳穩，今改。耶律巢率師進討，癸未，遣使奏捷。遼主以戰多殺人，飯僧於南京、中京。

2 甲申，遼主如魚兒濼。

3 己丑，詔聽降羌歸國。

4 己亥，置京城邏卒，察謗議時政者，收罪之。

5 辛丑，司天監靈臺郎尤(亢)瑛言：「天久陰，星失度，宜罷免王安石。」帝以瑛狀付中書，安石遂謁告。詔刺配英州牢城，安石翼日乃出。

6遼境自壬寅後，昏霧連日。

7二月，壬子，以兩浙水，賜穀十萬石賑之，仍募民興水利。

8丙辰，遼北、南樞密院言無事可陳。時耶律伊遜舊作乙辛，今改。用事，羣臣俱畏之，莫敢言其短，唯后族與之抗。伊遜居常怏怏。

9壬戌，遼主論討北部功，以烏庫德哷勒部詳袞耶律巢知北院大王事，以都監蕭阿嚕岱舊作阿魯帶，今改。爲烏庫德哷勒部詳袞，加左監門衞上將軍。

10癸亥，太白晝見。

11丙寅，以知鄭州呂公弼爲宣徽南院使、（判秦州），龍圖閣直學士、知渭州蔡挺爲樞密副使。

挺在渭州，籍禁兵，悉過府，不使有隱占。建勤武堂，輪諸將五日一教閱，隊伍、金鼓之法甚備。儲勁卒于行間，遇用奇，則別爲一隊出戰。甲兵整習，常若寇至。時土兵有闕，詔募三千人。挺奏：「土兵不必補。當以涇、渭、儀、原四州義勇分五番，番三千人，防秋以八月十五日上，九月罷，防春以正月十五日上，三月罷，周而復始。比之募土兵，省費多矣。」從之。歲省粟帛錢緡十三萬有奇。

挺又括並邊生地冒耕田千八百頃，募人佃種，以益邊儲；取邊民闌市蕃部田八千頃，以給弓箭手養馬。鎮戎軍壕外有土山，挺因險築砦，乘高四望，覘賊往來，開膏腴之地二千頃，募弓箭手三千耕守，賜名熙寧砦。

諜告夏人數萬集胡盧河，挺出奇兵迎擊之，遂潰，遣四將分路追討，破其七族。夏人復犯諸砦，環慶兵不能禦，挺遣張玉以萬人往解其圍。慶州軍變，關中大擾，挺討平之。帝曰：「慶卒爲亂，不至猖獗，涇原之力也。」進龍圖閣直學士。

挺自以有勞，久留邊，鬱鬱不得志，寓意詞曲，有「玉關人老」之句，中使至，使優伶歌之以達於禁掖。帝聞而閔之，故有是拜。

12 戊辰，遼以歲饑，免武安州租稅，賑恩、蔚、順、惠等州民。

13 三月，甲午，南平王李日尊卒，子乾德嗣。

日尊，公蘊之孫也，既死，乾德幼，母黎氏燕太妃與宦者李若吉同主國事。訃至，遣使弔贈。

14 戊戌，判汝州富弼致仕。

弼至汝兩月，卽上言：「新法臣所不曉，不可以治郡，願歸洛養疾。」許之。弼雖家居，朝廷有大利害，知無不言。帝雖不盡用，而眷禮不衰。王安石嘗有所建明，帝卻之曰：「富弼手疏稱『老臣無以告訴，但仰屋竊歎』者，卽當至矣。」其敬之如此。

15癸卯，遼有司奏：「春、泰、寧江三州三千餘人願爲僧尼，受具足戒。」許之。遼主崇佛教，僧有拜司徒、司空者，故一時習尚如此。【考異】遼史道宗紀：咸雍二年十二月僧守志加守司徒。六年十二月加圓釋、法鈞二僧並守司空。今京師歸義寺有遼碑，言清寧七年始建寺，碑陰有守司徒沙門守臻、檢校司空沙門智清。是遼僧多有受顯秩者，遼史不能盡書也。又，續高僧傳云：法鈞至金臺，遼主待以師禮，后妃以下皆展接足之敬。繼其道者曰裕窺，賜榮祿大夫、檢校太尉。蓋當時重釋教如此，今約書之。

16丙午，行市易法。

自王韶倡爲緣邊市易之說，王安石善之，以爲與漢平準法同，可以制物低昂而均通之，遂用草澤魏繼宗議，以內藏庫錢帛置市易務於京師。凡貨之可市及滯於民而不售者，平其價市之，願以易官物者聽。以抵當物力多少均分賒請，相度立限，歲出息二分納還。以戶部判官呂嘉問爲提舉。嘉問上建置三十（十三）條，其一云：「兼并之家較固取利，令市易務覺察，申三司，按置以法。」帝削去此條。御史劉孝孫言：「於此見陛下寬仁愛民之至。」安石曰：「孝孫稱頌此事以爲聖政，臣愚竊謂此乃聖政之闕也。」自是諸州上供薦席、黃蘆之類，悉令計直，從民願者市之以給用。尋改在京市易務爲都提舉市易司，秦鳳、兩浙、滁州、成都、廣州、鄆州六市易司皆隸焉。【考異】陳瓘論王安石日錄所載熙寧中奏帝語，多不實。其言曰：「神考不欲于律外立較固之條，可謂仁厚愛民之意；劉孝孫將順聖美，不爲過也。」日錄但爲顯揚呂嘉問，故不以御批爲是，不以孝孫爲然，於是造神考之言曰：「若設法傾之，則兼并不能爲害。」又撰對上之言曰：「若不能明立法令，但設法相傾，卽是紙鋪孫家所爲。紙鋪孫家爲是百姓制百姓不得，故止如此。豈有爲天下主，乃只如紙鋪孫家所爲，何以謂之人主！」李燾曰：「設法相傾之語，謂之不誣，可乎？紙鋪孫家之語，謂之不詆，可乎？」按帝旣滅去較固之條，豈更欲設法相傾！其誣帝明甚。若紙鋪孫家之語，凌悖褻慢，無復人臣禮，削而不錄可也。

17戊申，羣牧使李肅之知永興軍。帝戒令撫綏一路，肅之曰：「自是朝廷以常平、助役擾州縣耳。」帝不悅。

18夏，四月，庚戌朔，立殿前馬步軍春秋校試殿最法。

19壬子，遼賑義、饒二州飢民。

20丁巳，遼主駐塔里舍。

21己未，括閑田。

22知定州滕甫言：「河北州縣近山谷處，民間各有弓箭社及獵射人，習慣便利，與蕃人無異。乞下本道逐州縣，并令募諸色公人及城郭鄉村百姓，有武勇願習弓箭者，自爲之社。每歲之春，長吏就閱試之。北人勁悍，緩急可用。」從之。

23丁卯，二股河成，深十丈，廣四百尺。方浚河，則稍障其決水。至是水入於河而決口亦塞。

【考異】宋史作丁卯塞北京決口，今從長編連書之。

24己卯，遼主淸暑特古里。（舊作拖古烈。）

25五月，辛巳，以古渭砦爲通遠軍。【考異】宋史作安遠軍。據元豐九域志則安遠軍置於天禧時，非熙寧中所置也，今從長編作通遠軍。帝志復河隴，會定州都監張守約請以古渭爲軍，帝從之，以王韶知軍事，行教閱法。

26詔：「宗室非袒免親者許應舉；初試黜其不成文理者，餘令覆試；累覆試不中者，亦量才擢用。」

27壬午，遼晉王耶律仁先卒，遺命家人薄葬。仁先自受知興宗，卽著功績，人望翕然歸之。遼主初以定難故，甚德之；卒爲耶律伊遜所間，出之於外，不竟其用，時論惜之。

28庚寅，以靑唐大首領包順爲西頭供奉官。

29辛卯，王安石以王韶書進呈，韶言已拓地千二百里，招附三十餘萬口。帝與安石論人有才不可置之閑處，因言漢武亦能用人。安石曰：「武帝所見下，故所用將帥止衞、霍輩，至天下戶口減半，然亦不能滅匈奴。」帝曰：「武帝自爲多欲耳。」安石曰：「欲亦不能害政，如齊桓公亦多欲矣，而注措方略，不失爲霸於天下，能用人故也。」帝曰：「漢武至不仁，以一馬之故勞師萬里，侯者七十餘人，視人命若草芥，所以戶口減半也。人命至重，天地之大德曰生，豈可如此！」

30 壬辰，以趙尙寬等前守唐州辟田疏水有功，增秩以勸天下。

31 丙午，太白晝見。

32 行保馬法。

王安石始建此議，文彥博、吳充以爲不便，安石持論益堅。乃詔開封府界諸縣保甲，願牧馬者聽，仍令以陝西所市馬選給之。于是曾布等上其條約，凡陝西五路義勇、保甲，願養馬者戶一匹，物力高願養馬二匹者聽，皆以監牧見馬給之，或官與其直，令自市。先行於開封府及陝西五路，府界無過三千匹，五路無過五千匹。襲逐盜賊外，乘越三百里者有禁。歲一閱其肥瘠，死病者補償。在府界者，免體量草二百五十束，加給以錢布；在五路者，歲免折變緣納錢。三等以上，十戶爲一保，四等以下，十戶爲一社，以待病斃補償者。保戶馬死，保戶獨償；社戶馬死，社戶半償之。其後遂徧行於諸路。

33 六月，壬子，司空兼侍中、河陽三城節度使、判永興軍曾公亮以太傅致仕。

34 甲寅，遼賑易州貧民，以次及於中京及興中府皆賑之。【考異】遼史作己未賑中京，甲子賑興中府。今并書之。又監本遼史誤作「中興府」，今改正。

35 癸亥，詔分經義、論、策爲四場，以試進士。

36丙寅，作京城門銅魚符。

37甲戌，遼以樞密副使耶律觀參知政事兼知南院樞密使事。時北府宰相楊績累表告歸，遼主不許，封爲趙王。

38樞密院言仁宗時嘗建武學，乞復之。乙亥，詔於武成王廟置武學，選文武官知兵者爲教授。

39丁丑，高麗遣使貢于遼。

40是月，河溢北京夏津。

41秋，七月，己卯，遼以慶州靳文高八世同居，命賜爵。

42壬午，詔以榷貨務爲市易西務下界，市易務爲東務上界。

43辛卯，詔「在京商稅院、（雜賣場）、雜買務，並隸提舉市易務。」

44丙申，遼賑饒州饑民。

丁酉，遼主如黑嶺。

45壬寅，以曾孝寬爲史館修撰兼樞密都承旨。都承旨舊用武臣，以文臣兼領，自孝寬始。

46（是月），編修三司敕條例删定官郭逢原上疏曰：「陛下固以師臣待王安石矣，而使之自五鼓趨朝，僕僕然亟拜，守君臣之常分，臣之所未喻也。」又曰：「宰相代天理物，無所不統，當廢樞密府，幷歸中書。今安石居宰輔之重，朝廷有所建置，特牽於樞密而不預，臣恐陛下所以任安石者蓋不專矣。」疏奏，帝甚不悅。他日，謂安石曰：「逢原必輕俊。」安石問：「何以知之？」帝曰：「見所上書，幷欲〔欲幷〕歸（校者按：歸字衍。）樞密院。」安石曰：「人才難得，如逢原亦且曉事，可試用也。」

47 丁未，遼主以手書華嚴五頌出示羣臣。

48 閏月，庚戌，遣中書檢正官章惇察訪荊湖北路。帝思用兵以威四夷，湖北提點刑獄趙鼎上言峽州峒酋刻剝無度，蠻衆願內附；辰州布衣張翹亦上書言南北江利害；遂詔惇察訪，經制蠻事。

時北江則彭氏主之，有州二十，南江則舒氏有四州，田氏有四州，向氏有五州，皆自太祖以來受朝命隸辰州入貢者。及惇往經制，蠻相繼納土，願爲王民，始創城砦，比之內地矣。

49 辛亥，帝因河溢，語輔臣曰：「聞京東調夫修河，有壞產者，河北調急夫尤多；若河復決，奈何？且河決不過占一河之地，或西或東，利害無所校，聽其所趨如何？」王安石曰：「北流不塞，占公私田至多。又水散漫，久復澱塞。昨修二股，費至少而公私田皆出，向之瀉鹵，俱爲沃壤，庸非利乎！況急夫已減於去歲，若復葺理隄防，則河北歲夫愈減矣。」帝以爲然。

50章惇經制夔夷，狎侮郡縣，吏無敢與共語。知南川縣新津張商英，負氣倜儻，豪視一世；部使者念獨商英足抗惇，檄至夔，與惇相見。商英著道士服，長揖就坐。惇肆意大言，商英隨機折之，落落出其上。惇大喜，延爲上客，薦諸王安石，得召對，除光祿寺丞，尋加太子中允、權監察御史裏行。

商英上疏曰：「陛下即位以來，更張改造者數十百事，其最大者三事：一曰免役，二曰保甲，三曰市易。三者，得其人，緩而講之則爲利；非其人，急而成之則爲害。願陛下與大臣安靜休息，擇人而行之。苟一事未已，一事復興，雖使裨諶適野而謀，墨翟持籌而算，終莫見其成也。」

51壬子，詔：「武學生員以百人爲額，遇科場前一年，委樞密院降宣，命武臣路分都監及文臣轉運判官以上，各奏舉堪應武舉者一人，其被舉人遇生員闕，願入學者聽。」

52（丙辰，權）監察御史裏行張商英言：「判刑部王庭筠立法，凡蝗蝻爲害，須捕盡乃得聞奏。今大名府、祁、保、邢、莫州、順安、保定軍所奏，凡四十九狀，而三十九狀除捕未盡，進奏院以不應法，不敢通奏。夫蝗蝻幾徧河朔，而邸吏拘文，封還奏牘，必俟其撲盡方許上聞。陛下即欲於此時恐懼修省，以上答天戒而下卹民隱，亦晚矣。」御批：「進奏院徧指揮諸路轉運、安撫司，今後有災傷，令所在晝時奏聞。」王安石曰：「諸路安撫司有無限合經制事，又何暇管句奏災傷狀乎？」帝笑而不答。

先是內批付安石：「聞市易買賣極苛細，市人籍籍怨謗，以爲官司浸淫盡收天下之貨，自作經營，可令但依魏繼宗元擘畫施行。」于是安石留身白帝曰：「必有事實，乞宣示。」帝曰：「聞榷貨賣冰，致民賣雪都不售；又聞買梳朴即梳朴貴，買脂麻即脂麻貴；又聞立賞錢，捕人不來市易司買賣者。」安石曰：「果爾，則是臣欲以聚斂誤陛下也。臣素行陛下所知，何緣有此事！」帝曰：「恐所使令未體朝廷意，更須審察耳。」安石曰：「此事皆有迹，容臣根究勘會，別有聞奏。」

53 辛未，遼主射熊於殺羊山。彰國軍節度使耶律普錫舊作頗的，今改。謁於行宮。遼主問邊事，普錫曰：「自應州南境至天池，皆我耕牧之地，清寧間，邊將不謹，爲宋所侵，烽堠內移，似非所宜。」遼主然之，拜普錫爲北面林牙。

54 甲戌，徙知青州趙抃爲資政殿大學士、知成都府。

時成都以戍卒爲憂，朝廷選擇大臣爲蜀人所信愛者，故以命抃。召見之，抃乞以便宜從事，卽日辭去。既至蜀，治益尙寬，密爲經略，而燕勞閒暇如他日，兵民晏然。劍州民李孝忠聚衆二百餘人，私造符牒，度民爲僧。或以謀逆告，獄具，抃不下法吏，以意決之，但處孝忠以私度罪，餘皆不問。

55 八月，甲申，觀文殿學士、太子少師致仕歐陽修卒。太常初謚曰文，以配韓愈。常秩方秉太常，與修相失，乃言修有定策之功，請加以「忠」字，實抑之也。

修天資剛勁，見義勇爲，放逐至於再三，志氣自若。治郡簡而不擾，所至民便之。或問：「爲政寬簡而事不弛廢，何也？」曰：「以縱爲寬，以略爲簡，則政事弛廢而民受其弊。吾所謂寬者，不爲苛急，簡者，不爲繁碎耳。」獎引後進，如恐不及。曾鞏、王安石、蘇洵、洵子軾、轍，布衣屏處，未爲人知，修卽游其聲譽，謂必顯於世。爲文豐約中度，其言簡而明，信而通，五代以來，文體卑弱，至是一變而復於古。修歿後數日，詔求其所撰五代史記，後與官修五代史並行。

56 秦鳳路沿邊安撫使王韶引兵城渭源堡，破蒙羅角，遂城乞神平，破抹耳水巴族。

初，羌各保險，諸將謀置陣平地，韶曰：「賊不舍險來鬭，則我師必徒歸。今已入險地，當使險爲吾有。」乃徑趨抹邦山，踰竹牛嶺，壓賊軍而陣，令曰：「敢言退者斬！」使皆下馬少息。賊乘高下鬭，軍小卻。韶麾帳下兵擊之，羌潰走，焚其廬帳，洮西大震。會瑪爾戩舊作木征，今改。渡洮來援，餘黨復集。韶命別將由竹牛嶺路張軍聲，而潛師越武勝，遇瑪爾戩首領瞎藥等，與戰，破之，遂城武勝。韶言：「措置洮河，只用回易息錢，未嘗輒費官本。」文彥博曰：「工師造屋，初必小計，冀人易於動工。及既興作，知不可已，乃始增多。」帝曰：

「屋壞豈可不修！」王安石曰：「主者善計，自有忖度，豈爲工師所欺也！」彦博不復敢言。自是詔進討，輒肆欺誕，朝廷不與計財。

57 壬辰，以武勝城〔軍〕爲鎮洮軍。

58 乙未，詔侍從及諸路監司各舉有才行者一人。

59 己亥，詔：「京西分南、北兩路，襄、鄧、隨、房、金、均、郢、唐八州爲南路，西京、許、孟、陳、汝、蔡、潁七州、信陽軍爲北路。」

60 辛丑〔癸卯〕，貶太子中允、同知諫院唐坰爲潮州別駕。

初，王安石喜坰，令鄧綰舉爲御史。數月，將用爲諫官；安石疑其輕脫，將背己立名，不除職，以本官同知諫院，非故事也，坰果怒安石易己，凡奏二十疏論時事；皆留中不出。坰乃因百官起居日叩陛請對，帝令諭以他日，坰伏地不起，遂召升殿。坰至御座前，進曰：「臣所言皆大臣不法，請對陛下一一陳之。」乃搢笏展疏，目安石曰：「王安石近御〔座前〕聽劄子！」安石遲遲，坰訶曰：「陛下前猶敢如此，在外可知！」安石竦然而進。坰大聲宣讀，凡六十條，大抵言「安石專作威福，曾布表裏擅權，天下但知憚安石，不復知有陛下。文彦博、馮京知而不敢言，王珪曲事安石，無異廝僕。」且讀且目珪，珪慚懼俯首。又言：「元絳、薛向、陳繹，安石頤指氣使，無異家奴；張琥、李定爲安石爪牙，張商英乃安石鷹犬。逆意者雖賢爲不肖，附己者雖不肖爲賢。」至詆安石爲李林甫、盧杞。帝屢止之，坰慷慨自若。讀已，再拜而退。閤門糾其瀆亂朝儀，貶潮州別駕。鄧綰申救之，且自劾繆舉。安石曰：「此素狂，不足責。」改監廣州軍資庫。

61甲辰，王韶破瑪爾戩於鞏令城，降其部落二萬餘人。

62帝患田賦不均，詔司農重定方田及均稅法，頒之天下。

方田之法，以東西南北各千步，當四十一頃六十六畝一百六十步爲一方。歲以九月，縣委令佐分地計量，隨陂原、平澤而定其地，因赤淤、黑壚而辨其色。方量畢，以地及色參定肥瘠，而分五等以定其稅則。至明年三月畢，揭以示民，一季無訟，卽書戶帖，連莊帳付之，以爲地符。均稅之法，縣各以其租額稅數爲限。嘗收蹙奇零，如米不及十合而收爲升，絹不滿十分而收爲寸之類，今不得用其數均攤增展，致溢舊額，凡越額增數皆禁。若瘠鹵、不毛及衆所食利山林、陂塘、溝路、墳墓，皆不立稅。

凡田方之角，立土爲峰，植其野之所宜木以封表之，有方帳，有莊帳，有甲帖，有戶帖，有分烟析產、典賣割移，官給契，縣置簿，皆以今所方之田爲正。令既具，乃以鉅野尉王曼爲指教官，先自京東路行之，諸路倣焉。

63九月，癸丑，許宗室試換文資。

64癸亥，始御便殿句校諸軍武技。
65甲子，遼主如藕絲淀。
66丁卯，詔：「淮南分東、西兩路，揚、亳、宿、楚、海、泰、泗、滁、眞、通十州爲東路，壽、廬、蘄、和、舒、濠、光、黃八州、無爲軍爲西路。」
67權發遣延州趙卨奏：根括地萬五千九百餘頃，招漢、蕃弓箭手四千九百餘人騎，團(團)作八指揮。壬申，詔以卨爲吏部員外郎，錫銀、絹三百匹、兩。
68冬，十月，戊寅，知華州呂大防言：「九月，丙寅，少華山前阜頭谷山嶺摧陷，陷居民六社，凡數百戶。」詔賜陷沒之家錢有差。
69己丑，遼參知政事耶律觀坐矯制營私第，降爲庶人。【考異】王觀賜國姓，故稱耶律觀。而列傳仍作王觀，豈削職後復其本姓邪？今從本紀。
70癸巳，回鶻貢於遼。
71戊戌，升鎭洮軍州以爲熙、河、洮、岷四州及通遠軍，置熙河路，除王韶龍圖閣直學士，爲經略安撫使、知熙州。然河、洮、岷猶未能復也。減秦、鳳囚罪一等。
72十一月，庚戌，遼免祖州賦稅。
73癸丑，河州首領瞎藥等來降，以爲內殿崇班，賜姓名包約。

74 丙辰，遼地大雪，許民樵采禁地。

75 丁卯，貶（權）監察御史裏行張商英監荆南稅。【考異】宋史本紀作「張英」，蓋有脫字，今從長編。時臺勘劫盜李則，從輕定罪，樞密檢詳官劉奉世駁之；詔糾察司劾治。商英言：「此出大臣私忿。願陛下收還主柄，自持威福，使耳目之官無爲兩府所脅。」帝爲停其獄。商英遂言樞密庇博州親戚，失入死罪，及縱院吏任遠犯法十二事，於是文彥博、吳充、蔡挺並上印求去。帝難之，爲謫商英。

76 壬申，分陝西爲永興、秦鳳兩路，仍置六路經略司。

77 章惇招降梅山峒蠻。蠻姓蘇氏，舊不通中國，其地東接潭，南接邵，西接辰，北接鼎、澧，惇招降之，籍其民萬四千八百餘戶，田二十六萬四百餘畝，均定其稅，使歲一輸。築武陽、開陝二城，置安（新）化縣，隸邵州。

78 十二月，戊辰，遼以漢人行宮都部署耶律仲禧爲樞密副使，封韓國公；以樞密副使柴德滋參知政事。出參知政事趙徽爲武定軍節度使；擢漢人行宮副部署大悲努（舊作大悲奴。）爲都部署；以同知南院樞密使事蕭罕嘉努舊作韓家奴，今改。知左伊勒希巴舊作夷离畢，今改。事。以參知政事、同知樞密院事張孝傑爲北府宰相，封陳國公。遼主稱孝傑勤幹，數問以事，漢人中貴幸無與比者。

79 丙子，赦亡命荆南〔湖〕谿峒者。
80 丁丑，詔太原置弓箭手。
81 遼以清寧節大赦。
82 戊寅，改溫成廟爲祠。
83 壬午，陳升之起復爲檢校太傅、行禮部尚書、同平章事、樞密使。
84 癸未，雨土。
85 乙未，築熙州南北關及諸堡砦。
86 是歲，河北大蝗。
87 帝嘗言：「祖宗皆愛惜天地，不肯橫費，漢文帝云：『朕爲天下守財耳。』」王安石曰：「人主能以堯、舜之政澤其民，雖竭天下之力以奉乘輿，不爲過當。守財之言，非天下正理。然安於儉節，自是盛德，足以率厲風俗。」

六年 遼咸雍九年。（癸丑，一〇七三）

1 春，正月，丁未，遼主如鴛鴦濼。
2 辛亥，詔奉僖祖爲太廟始祖，遷順祖神主藏夾室。孟夏祀感生帝，以僖祖配。先是中書奏請議僖祖神主祧遷，下兩制詳議。元絳等言：「自古受命之主，既以功德享有天下，皆推其本，統其尊，事其祖。商、周以契、稷有功于唐、虞之際，故謂之祖有功。若祖必有功，則夏后氏何以郊鯀乎？今太祖受命之初，立親廟自僖祖始，僖祖以上，世數既不可復得而知，則僖祖之爲始祖無疑矣。儻謂僖祖不當比契、稷爲始祖，是使天下之人不復知尊祖，而子孫得以有功加其祖考也。請以始祖爲僖祖之廟，庶合先王禮意。」翰林學士韓維言：「太祖皇帝睿智神武，兵不血刃，坐靖大亂，子孫遵業，萬世蒙澤，功德卓然，爲宋太祖，無可議者。僖祖雖爲高祖，然仰迹功業，未見所因，上尋世系，又不知其所始。若以所事稷、契奉之，竊恐於古無考，而於今有所未安也。」天章閣待制孫固請特爲僖祖立室，禘祫之日，以僖祖權居東向之位，以伸其尊；由太祖而下，親近迭毀之主，皆藏諸僖祖室。禮官章衡等請以僖祖爲別廟。蘇祝〔棁〕請以僖祖祔景靈宮。

帝以固議問王安石，安石曰：「爲祖立別廟，自古無此禮。姜嫄所以有別廟者，蓋姜嫄禖神也，以先妣故，盛其禮與歌舞，皆序於先祖之上。不然，則周不爲嚳廟而立姜嫄者，何也？」帝以安石論爲然，詔依絳等議。

3 二月，辛卯，夏人寇秦州，都巡檢使劉維吉敗之。

4 丙申，永昌陵上宮東門火。

5 王韶復河州，獲瑪爾戩妻子。

6 壬寅，韓絳自許州徙知大名府。

7 三月，己酉，詔增〔贈〕熙河死事將田瓊禮賓使，錄其子三人，孫一人。

8 庚戌，置經義局，修詩、書、周禮三經義，命王安石提舉，呂惠卿、王雱同修撰。帝欲召程顥預其事，安石不可，乃止。

9 辛亥，試明經諸科。

10 丙辰，司天監言四月朔，日當食九分。詔自丁巳避殿減膳，降天下四罪一等，流以下釋之。

11 己未，詔：「諸路學官，並委中書選京官（校者按：官字衍。）朝官、選人或舉（人）充。」又詔：「諸路擇舉人最多州軍，依五路法，各置教授一員。」

12 壬戌，御集英殿，賜奏名進士、明經諸科余中以下及第、出身、同出身、同學究出身，總五百九十六人。賜及第進士錢三千緡，諸科七百緡，爲期集費。中，常州人也。【考異】文獻通考作「余忠」。今從宋史及咸淳毗陵志。

13 丁卯，宰相上表請復膳，不許。

14 詔進士、諸科並試明法注官。

15 戊辰，置諸路提點刑獄司檢法官各一員，從呂惠卿請也。

16庚午，封李乾德爲交趾郡王。

17夏，四月，甲戌朔，日當食，雲陰不見。宰臣進賀，以爲聖德所感，乞御殿復膳，從之。

【考異】遼史不書是年日食，契丹國志作四月朔日食，今從宋史。

18乙亥，以朝集院爲律學，置教授四員。公試習律令生員義三道，習斷案生員一道，刑名五事至七事；私試義二道，案一道，刑名五〔三〕事至三〔五〕事。命官舉人皆得入學習律令。

19戊寅，知桂州沈起乞自今本路有邊事，止申經略司專委處置及具以聞，從之。自王安石用事，銳意開邊，知邕州蕭注，喜言兵，羨王韶等獲高位，乃上疏言：「交趾雖奉朝貢，實包禍心久矣，今不取，必爲後憂。」會交人爲占城所敗，或言其餘衆不滿萬，可計日以取，詔以注知桂州，經略之。注入朝，帝問攻取之策，注復以爲難。時起爲度支判官，言南交小醜，無不可取之理，乃以起代注。起迎合安石，遂一意事攻擊，交趾始貳。

20乙酉，熙河經略司上河州得功將卒，王安石白帝：「士氣自此益振。」帝曰：「古人謂舉事則才自練，此言是也。」安石曰：「舉事則才者出，不才者困，此不才者所以不樂舉事也。」

21壬辰，遼主如旺國崖。

22甲午，定齊、徐等州保甲。

23戊戌，裁定在京吏祿。

24己亥，文彥博罷。

市易司旣立，至果實亦官監賣，彥博以爲損國體，斂民怨，致華岳山崩，爲帝極言之。且曰：「衣冠之家罔利於市，搢紳清議尚所不容。豈有堂堂大國，皇皇求利，而天意有不示警者乎！」王安石曰：「華山之變，殆天意爲小人發。市易之起，自爲細民久困，以抑兼幷爾，於官何利焉！」先是韓絳與安石協力排彥博，每議事，絳多面沮之，又置審官西院以奪其權。彥博內不平，堅求補外，帝遣中使召入，押赴樞密院者數矣。至是求去益力，遂以守司徒兼侍中、河東節度使、判河陽。

25是月，始置疏濬黃河司。

先是有選人李公義者，獻鐵龍爪揚泥車法以濬河。其法，用鐵數斤爲爪形，以繩繫舟尾而沈之水，篙工急櫂，乘流相繼而下，一再過，水已深數尺。宦官黃懷信以爲可用，而患其太輕。王安石請令懷信、公義同議增損，乃别置濬川杷。其法，以巨木長八尺，齒長二尺，列於木下如杷狀，以石壓之；兩旁繫大繩，兩端矴大船，相距八十步，各用滑車絞之，去來撓蕩泥沙，已又移船而濬。或謂水深則杷不能及底，雖數往來無益；淺則齒碍泥沙，曳之不動，卒乃反齒向上而曳之。人皆知不可用，惟安石善其法，使懷信先試之以濬二股，又謀鑿直河數里以觀其效。且言於帝曰：「開直河則水勢分，其不可開者，以近河每開數尺卽見水，不容施功耳。今第見水師(卽)以杷濬之，水當隨杷改趨。直河苟置數千杷，則諸河淺澱，皆非所患，歲可省開濬之費幾百千萬。」帝曰：「果爾，甚善。聞河北小軍壘當起夫五千，計合境之丁，僅及此數，一夫至用八緡。故歐陽修嘗謂開河如放火，與其勞人，不如勿開。」安石曰：「勞人以除害，所謂毒天下而民從之者。」帝乃許春首興工，而賞懷信以度僧牒十五道，公義與堂除。以杷法下北京，令都大提舉大名府界金隄范子淵與通判、知縣共試驗之，皆言不可用。會子淵以事至京師，安石問其故，子淵意附會，遽曰：「法誠可善，第同官議不合耳。」安石大悅。至是乃置濬河司，將自衞州濬至海口，以子淵爲都大提舉，公義爲之屬。

26 五月，癸卯朔，湖北蠻向永晤、舒光銀以其地來降。

27 戊申，詔興水利，凡創水磑碾碓有妨灌溉民田者，以違制論。【考異】宋本紀繫八月戊申，今從長編。

28 乙丑，詔京東路察士人有行義者以聞。

29 以瀘夷叛，詔遣中書檢正官熊本爲梓夔察訪司，得以便宜措置諸夷事。

30 六月，丁丑，提舉在京市易務奏三班借職張吉甫爲上界句當公事，吉甫辭以見爲李璋指使，方在降謫，一旦舍去，義所不安。帝歎曰：「吉甫雖小人，陳義甚高，賢于李清臣遠矣，可遂其志。」初，韓絳宣撫，清臣從辟，會絳被貶，清臣圖自全，多毀絳，故帝薄之。

31 辛巳，提舉司天監陳繹等言崇天曆氣後天，明天曆朔後天，浮漏、渾儀亦各有舛戾。詔衞朴別造曆，與舊曆比校疏密。其浮漏、渾儀，今依新樣製造，司天別測驗以聞。

32 己丑，中書以勸課栽桑之法奏御，帝曰：「農桑衣食之本，宜以勸民，然民不敢自力者，正爲州縣約此以爲貲，升其戶等耳。舊有條禁，可申明之。」遂以其法下諸路，每歲二月終點檢，栽及十分者有賞，不及七分者有罰。

33 王雱言：「今天下甲冑弓弩以千萬計，而無一堅利者，莫若更制。其法，斂數州之所作而聚以爲一，若今錢監之比，擇知工事之臣，使典其職，且募良工爲匠師。」從之。己亥，置軍器監，以呂惠卿判監事。

34 是月，知南康軍周敦頤卒。

敦頤初因舅鄭向任，爲分寧主簿；有獄久不決，敦頤至，一訊立辨。調南安司理，有囚，法不當死，轉運使王逵欲深治之。敦頤力與辨，逵不聽，敦頤委手板，將棄官去，曰：「如此，尚可仕乎！殺人以媚人，吾不爲也。」逵悟，囚得釋。調桂陽令，改知南昌，富家、大姓、黠吏、惡少，不獨以得罪爲憂，而且以汙穢善政爲恥。累遷至廣東轉運判官，病作，遂求知南康以歸，至是卒。

敦頤信古好義，以名節自砥礪，黃庭堅稱其胸懷灑落，如光風霽月。爲南安司理時，通判程珦以其學爲知道，使二子顥、頤往與之遊。敦頤每令尋孔、顏樂處，所樂何事。顥嘗曰：「自再見周茂叔後，吟風弄月以歸，有吾與點也之意。」學者稱爲濂溪先生。

35秋，七月，甲辰，遼主獵於大熊山。

36乙巳，詔：「京西、淮南、兩浙、江西、荆湖六路各置一鑄錢監，江南、荆湖南路以十五萬緡，餘以十萬緡爲額。」

37戊申，遼烏庫德哷勒舊作烏古敵烈，今改。統軍言部（人）殺其節度使以叛。己酉，遼主命分部諸軍討之。

38甲寅，以旱錄在京囚，死罪以下降一等，杖罪釋之。

39丁巳，詔：「沿邊吏殺熟戶以邀賞者，戮之。」

40乙丑，分河北爲東、西路，大名、開德、河間三府，滄、冀、博、棣、莫、雄、霸、德、濱、清、恩十一州，德清、保順、永靜、保（信）安、保定五軍爲東路；眞定、中山、信德、慶源四府，相、濬、懷、衞、洺、深、磁、祁、保九州，天威、北平、安肅、永寧、廣信、順安六軍爲西路。【考異】九域志云熙寧二年分，恐是傳寫之誤，今從長編。

41 丙寅夜，西北有聲如礮。

42 遼南京奏歸義、淶水兩縣蝗飛入宋境，餘爲蜂所食。

43 八月，命檢正中書刑房公事沈括辟官相度兩浙水利。帝謂王安石等曰：「此事必可行否？」安石曰：「括乃士人，習知其利害，性亦謹密，宜不妄舉。」帝曰：「事當審計，無如郟亶妄作，中道而止，爲害不細也。」丁丑，括奏言：「浙西諸州水患，久不疏障，隄防川瀆，多皆堙廢，今若一出民力，必難成功，乞下司農貸官錢，募民興利。」從之。

44 甲申，罷簡州歲貢綿紬。

45 甲午，賜熙河、涇原軍士特支錢。

46 丙申，遼以樞密副使耶律仲禧爲南院樞密使。

47 戊戌，復比閭族黨之法。

48 九月，壬寅，置兩浙和糴倉，立斂散法。

49 癸卯，遼主駐獵盧金。

50 戊申，詔興水利。

51 辛亥，御崇政殿，策武舉。

初，樞密院修武舉法，不能答策者，答兵書墨義。王安石曰：「武舉而試墨義，何異學究！誦書不曉理者，無補於事。先王收勇力之士皆屬於軍右者，欲以備禦侮之用，則記誦何所施！」帝從之。至是始策試焉。

52 戊午，岷州首領摩琳沁舊作本令征，今改。以其城降。

初，王韶既復河州，會降羌叛，韶回軍擊之。吐蕃瑪爾戩舊作木征，今改。以其間據河州，韶進破訶諾木藏城，穿露骨山，南入洮州境，道陿隘，釋馬徒行，或日至六七。瑪爾戩留其黨守河州，自將尾官軍。韶力戰，破走之，河州復平。進攻宕州，拔之，通洮州路。摩琳沁聞先聲，遂以城降。韶入岷州，於是疊、洮二州羌酋，皆相繼詣軍中，以城聽命。軍行凡五十四日，涉千八百里，得州五，斬首數千級，獲牛羊馬以萬計。是役也，人皆傳韶已全師覆沒，及奏捷，帝大喜，進韶左諫議大夫、端明殿學士。

53 戊辰，收免行錢。

先是京師百物有行，官司所須，俱以責辦，下逮貧民負販，數有賠折。呂嘉問請約諸行利入厚薄，令納錢以賦吏祿，與免行戶祇應。而禁中賣買百貨，並下雜買場務，仍置市司估物低昂，凡內外官司欲占物價，則取辦焉。至是遂行之。

54 冬，十月，遼主如陰山，遂如西京，旋命行幸之地免其租稅。

55 辛未，章惇擊南江蠻，平之。

初，湖北蠻向永晤、舒光銀等各以其地歸順，獨田氏有元猛者，頗桀驁難制，惇遣左侍禁李資招諭之。資褊宕無謀，褻慢夷獠，爲懿州蠻所殺。惇遂進兵破懿州，南江州峒遂平。

56 駙馬都尉張敦禮乞立春秋學官，不許。帝謂王安石曰：「卿嘗以春秋自魯史亡，其義不可攷，故未置學官。敦禮好學不倦，第未知此意耳。彼但讀春秋而不讀傳，春秋未易通也。」

57 辛巳，以復熙、河、洮、岷、疊、宕等州，御紫宸殿受羣臣賀，解所服玉帶賜王安石。安石固辭，曰：「陛下拔王韶於疏遠之中，恢復一方，臣與二三執政奉承旨而已，不敢獨當此賜。」帝又諭曰：「羣疑方作，朕亦欲中止，非卿助朕，此功不成。」安石乃受賜。

58 甲申，朝獻景靈宮。

59 丙戌，賑兩浙、江、淮饑。

60 壬辰，行折二錢。

61 丁酉，遣使瘞熙、河戰骨。

62 是月，開直河。

時北流閉已數年，水或橫決散漫，常虞壅遏。外都水監丞王令圖獻議，於大名第四、第五埽等處開修直河，使大河還二股故道，乃命范子淵及朱仲立領其事。開直河，深八尺，又用杷疏濬二股及清水鎮河，凡退背、魚肋河則塞之。王安石乃盛言用杷之功，若不輟工，雖二股河上流，可使行地中也。

63 知定州滕甫入覲，言新法之害曰：「臣始以意度其不可耳。今爲郡守，親見其害於民者。」具道所以之狀。

甫在定州，以上巳宴郊外，有報遼師入寇、邊民有逃者；將吏大駭，請卽治兵，甫笑曰：「非爾所知也。」益置酒作樂，遣人諭逃者曰：「吾在此，彼不敢動。」使各歸業。明日，問之，果妄，諸將以是愧服。

韓忠彥使於遼，楊興公勞迎，問甫所在，且曰：「滕公可謂開口見心矣！」忠彥歸奏，帝喜，進甫禮部侍郎，使再任。

甫著書五篇：一曰尊主勢，二曰本聖心，三曰校人品，四曰破朋黨，五曰贊治道，上之。其略曰：「陛下神聖文武，自足斡運六合，譬之青天白日，不必點綴，自然清明。」識者韙其言。

64 十一月，癸丑，（中）太一宮成。乙卯，親祀（中）太一宮。

65 甲子，遼南院大王耶律哈哩濟舊作合理只，今改。致仕。

哈哩濟嘗爲遼興軍節度使、東北路詳袞，明達勤恪，懷柔有道。置諸賓館及西邊營田，皆自哈哩濟發之。未幾卒。

66 丙寅，詔京畿收養老弱凍餒者。

67 十二月，辛未，遼以知北院樞密使事耶律宜新爲中京留守，以南院宣徽使耶律薩喇舊作撒剌，今改。爲南院大王。

68 壬辰，高麗、夏並遣使貢於遼。

續資治通鑑卷第七十

賜進士及第兵部尚書兼都察院右都御史總督湖北湖南等處地方軍務兼理糧餉世襲二等輕車都尉畢沅編集

宋紀七十 起閼逢攝提格（甲寅）正月，盡十二月，凡一年。

神宗體元顯道法古立憲帝德王功英文烈武欽仁聖孝皇帝

熙寧七年遼咸雍十年。（甲寅、一〇七四）

1春，正月，辛亥，賞復岷、洮等州功，西京左藏庫使桑湜等遷官有差。

2壬子，幸中太一宮，宴從臣。

3乙卯，封皇子俊爲永國公。

4遼主如鴛鴦濼。

5甲子，熊本奏平瀘夷，得地二百四十里。

本嘗通判戎州，習其俗，謂彼能擾邊者，介十二邨豪爲鄉導耳；乃以計致百餘人，梟之瀘州。其徒股栗，願矢死自贖，獨柯陰一酋不至。本合晏州十九姓之衆，發黔南義軍強弩，遣大將王宣等率以進討，賊悉力旅拒，敗之黃葛下，追奔深入。柯陰窘，乞降，本受之，盡籍丁口土田及其重寶，善馬歸之官。於是烏蠻羅氏鬼主諸夷皆求內附。本還，帝勞之曰：「卿不傷財，不害民，一旦去百年之患。至于檄奏詳明，近時鮮儷。」擢集賢殿修撰、同判司農寺。西南用兵自此始。

6 二月，辛未，發常平米賑河陽飢民。

7 癸未，詔三司歲會天下財用出入之數以聞。

8 遼以平州民初復業，蠲其租賦。

9 戊子，準布舊作阻卜，今改。貢於遼。

10 庚寅，詔國子監許賣九經、子、史、諸書與高麗國使人。

11 詔以鄆州左司理參軍葉濤等二十三人爲諸路教授，國子監言濤等所業堪充教授故也。

12 乙未，知河州景思立與青宜結果莊舊作鬼章，今改。戰於踏白城，敗死，賊遂圍河州。

13 廢遼州。

14 三月，壬寅，瑪爾戩舊作木征，今改。寇岷州。時王韶入朝，景思立既敗死，瑪爾戩勢復熾，遂圍岷州。總管高遵裕遣包順等擊走之。

15 癸卯，以旱避正殿，減膳。

16乙巳，詔：「役錢每千納頭子五文，凡修官舍、作什器、夫力、輦載之類，並用此錢；不足，卽用情輕贖銅錢；輒圓融者，以違制論，不以去官赦原。」先是公家之費有斂於民間者，謂之「圓融」，汙吏乘之以爲姦，至是始悉禁焉。

17丙午，遣使奉行諸路，募武士赴熙河。

18庚戌，詔熙河死事者家給錢有差。

19令諸路監司察留獄。

20兩浙察訪沈括言：「兩浙上供帛年額九十八萬，民間陪累甚多。後來發運司以移用財貨爲名，增兩浙預買紬絹十二萬，乞罷之以寬民力。」從之。

21詔：「聞（鎭）定州民有折賣屋木以納免役錢者，令安撫、轉運、提舉司體量，具實以聞。」

22癸丑，帝問王安石：「納免行錢如何？或云提瓶人亦令出錢，有之乎？」安石曰：「若有之，必經中書指揮，中書實無此文字。陛下治身無愧於堯、舜，至于難壬人，疾讒說，卽與堯、舜實異。」帝曰：「士大夫言不便者甚衆。」安石曰：「士大夫或不快朝廷政事，或與近習相爲表裏。自古未有令近習如此而能興治功者！」帝又患置官多費，安石曰：「創置官司，所以省費也。」帝曰：「卽如此，何故財用不足？若言兵多，則今日兵比慶曆中爲極少。」安石曰：「陛下欲足用，必先理財，理財卽須斷而不惑，不爲左右小人異論所移，乃可以有爲。」

帝曰：「古者什一而稅足矣，今取財百端，不可謂少。」安石曰：「古非特什一之稅而已，市有泉府之官，山林、川澤有虞衡之官，有次布、總布、質布、廛布之類甚衆。關市有征，而貨有不由關者，擧其貨，罰其人。古之取財，亦豈但什一而已！」

[23]丙辰，遼主以河東路沿邊增修戍壘，起鋪舍，侵入蔚、應、朔三州界內，使林牙蕭禧來言，乞行毀撤，別立界至。禧歸，帝面諭以「三州地界，俟遣官與北朝官卽境上議之。其雄州外羅城，修已十三年，並非創築，且非近事。北朝旣不欲，更不令續修。白溝館驛亦須遣官檢視，如有創置樓櫓箭窗等，並令毀拆，屯戍兵亦令撤回。」國書云：「倘事由夙昔，固難徇情；誠界有侵踰，何恡改正！」遂遣太常少卿劉忱、祕書丞呂大忠如遼。

[24]甲子〔癸亥〕，詔司農寺以常平米三十二萬斛、三司米百九十萬斛置官場，減直出糶。

[25]遼主如特古里。舊作拖古〔烈〕，今改。以耶律巢爲北院大王。

[26]翰林學士韓維對延和殿。帝曰：「天久不雨，朕夙夜焦勞，柰何？」維曰：「陛下憂閔旱災，損膳避殿，此乃擧行故事，恐不足以應天變。願陛下痛自責己，下詔廣求直言，以開壅閉。」帝感悟，卽命維草詔行之。

乙丑，詔曰：「朕涉道日淺，闇於致治，政失厥中，以干陰陽之和，乃自冬迄今，旱暵爲虐，四海之內，被災者廣。間詔有司，損常膳，避正殿，冀以塞責消變，歷日滋久，未蒙休應。

嗷嗷下民，大命近止，中夜以興，震悸靡寧，永惟其咎，未知攸出。意者朕之聽納不得於理與？訟獄非其情與？賦斂失其節與？忠謀讜言鬱於上聞，而阿諛壅蔽以成其私者衆與？何嘉氣之不久效也？應中外文武臣僚，並許實封直言朝政闕失，朕將親覽，考求其當，以輔政理。三事大夫，其務悉心交儆，成朕志焉！」詔出，人情大悅。

27 夏，四月，辛未，遼以奚人達嚕（舊作達魯。）三世同居，賜官旌之。

28 自去歲秋七月不雨至於是月，帝憂形於色，嗟歎懇惻，欲盡罷法度之不善者。王安石曰：「水旱常數，堯、湯不免。今旱暵雖久，但當修人事以應之。」帝曰：「朕所以恐懼者，正爲人事之未修耳。今取免行錢太重，人情咨怨，自近臣以至后族，無不言其害者。」馮京曰：「臣亦聞之。」安石曰：「士大夫不逞者以京爲歸，故京獨聞此言，臣未之聞也！」

初，光州司法參軍福清鄭俠爲安石所獎拔，感其知己，思欲盡忠。秩滿入都，時初行試法之令，選人中式者超京官。安石欲使以是進，俠以未嘗習法辭。問以所聞，俠曰：「青苗、免役、保甲、市易數事，與邊鄙用兵，在俠心不能無區區也。」安石不答。俠退，不復見，但數以書言法之爲民害者。久之，監安上門。安石雖不悅，猶使其子雱來，語以試法。方置修經局，又欲辟爲檢討，命其客黎東美諭意，俠曰：「讀書無幾，不足以辱檢討。所以來，求執經相君門下耳。而相君發言持論，無非以官爵爲先，所以待士者亦淺矣。果欲援俠而成就之，取其所獻利民、便物之事，行其一二，使進而無愧，不亦善乎！」是時，免役〔行〕法出，人以爲苦，雖負水、拾髮、擔粥、提茶之屬，非納錢者不得販鬻。稅務索市利錢，其末或重於本，商人至以死爭，如是者不一。俠因東美列其事。未幾，詔小夫負販者免征，商之重者，日損其七，他皆無所行。

至是大旱，東北流民，扶攜塞道，羸瘠愁苦，身無完衣，並城民買麻籸麥麵合米爲糜，或茹木實草根，至身被鎖械，而負瓦揭木，賣以償官，纍纍不絕。俠知安石不可諫，乃繪所見爲圖，具疏詣閤門，不納，遂稱密急，發馬遞，上之銀臺司，其略曰：「去年大蝗，秋冬亢旱，麥苗焦枯，五種不入，羣情懼死。方春斬伐，竭澤而漁，草木魚鼈，亦莫生遂。災患之來，莫知或禦。願陛下開倉廩，賑貧乏，取有司掊克不道之政，一切罷去，冀下召和氣，上應天心，延萬姓垂死之命。今臺諫充位，左右輔弼，又皆貪猥近利，使夫抱道懷識之士，皆不欲與之言。陛下以爵祿名器駕馭天下忠賢，而使人如此，甚非宗廟社稷之福也。竊聞南征北伐者，皆以其勝捷之勢，山川之形，爲圖來獻，料無一人以天下之民質妻鬻子、斬桑壞舍、流離逃散、皇皇不給之狀，圖以上聞者。臣謹按安上門逐日所見，繪成一圖，百不及一，但經聖覽，亦可流涕，況于千萬里之外，有甚于此者哉！陛下觀臣之圖，行臣之言，十日不雨，卽乞斬臣宣德門外，以正欺君之罪。」

疏奏，帝反覆觀圖，長吁數四，袖以入內。是夕，寢不能寐。翼日，癸酉，遂命開封體放免行錢，三司察市易，司農發常平倉，三衞〔衙〕具熙河所用兵，諸路上民物流散之故，青苗、免役，權息追呼，方田、保甲並罷，凡十有八事，民間歡叫相賀。是日，果雨。

甲戌，輔臣入賀。帝出俠圖及疏示輔臣，且責之，皆再拜謝，外間始知所行之由。羣姦切齒，遂以俠付御史獄，治其擅發馬遞罪。呂惠卿、鄧綰言于帝曰：「陛下數年以來，忘寢與食，成此美政，天下方被其賜，一旦用狂夫之言，罷廢殆盡，豈不惜哉！」相與環泣於帝前。於是新法一切如故，惟方田暫罷。

29 河州之被圍也，王韶自京師還，至興平，聞之，乃與李憲日夜馳至熙州。熙方城守，韶命撤之，選兵得二萬。諸將欲趨河州，韶曰：「賊所以圍城者，恃有外援也。今知救至，必設伏待我。且新勝氣銳，未可與爭，當出其不意以攻其所恃，所謂批亢擣虛、形格勢禁，則自爲解也。」乃直趨定羌城。乙亥，破四蕃結河川族，斷夏國通路，進臨寧河，分命偏將入南山。瑪爾戩知有援，拔栅去。

初，景思立覆軍，賊勢復振，而京師風霾旱災相仍，議者欲棄河湟，帝數遣中使戒韶持重勿出。及是捷聞，乃大喜，賜詔嘉之。

30 丙子，御殿，復膳。

求言詔下，判西京御史臺司馬光讀之感泣，欲默不忍，乃復上疏曰：「方今朝之闕政，其大者有六而已：一曰廣散青苗錢，使民負債日重，而縣官無所得；二曰免上戶之役，斂下戶之錢，以養浮浪之人；三曰置市易司，與細民爭利，而實耗散官物；四曰中國未治而侵擾四夷，得少失多；五曰團練保甲，教習凶器以疲擾農民；六曰信狂狡之人，妄興水利，勞民費財。若其他瑣瑣米鹽之事，皆不足爲陛下道也。」知青州滕甫言：「新法之害民者，陛下既知之矣。但一下手詔，自熙寧二年以來所行新法，有不便者悉罷之，則民氣和而天意解矣。」皆不聽。

31 己卯，以高遵裕爲岷州團練使。

32 甲申，詔：「邊兵死事無子孫者，廩其親屬終身。」

33 王韶還熙州，以兵循西山，繞出踏白城後，焚賊八千帳，斬首七十餘級。瑪爾戩窮蹙，乙酉，率酋長八十餘人詣軍門降。

34 是日，雨雹。

35 丙戌，王安石罷；以觀文殿大學士、知大名府韓絳復同平章事，翰林學士呂惠卿爲右諫議大夫、參知政事。

安石秉政五年，更法度，開邊疆，老成正士，廢黜殆盡，儇慧巧佞，超進用事，天下怨之，而帝倚任益專。一日,侍太后至太皇太后宮,太皇太后語帝曰:「祖宗法度,不宜輕改,吾聞民甚苦青苗、助役,宜罷之。」帝曰:「此所以利民,非苦之也。」太皇太后曰:「王安石誠有才學,然怨之者甚衆,欲保全之,不若暫出之於外。」帝曰:「羣臣惟安石爲國家當事。」時帝弟岐王顥在側,因進曰:「太皇太后之言,至言也,不可不思。」帝怒曰:「是我敗壞天下邪?汝自爲之!」顥泣曰:「何至是!」皆不樂而罷。久之,太后流涕謂帝曰:「安石亂天下,柰何?」帝始疑之。及鄭俠疏進,安石不自安,求去位,帝再四慰留,欲處以師傅之官。安石不可,願得便郡,乃以吏部尚書、觀文殿大學士、知江寧府。呂惠卿使其黨變姓名投匭留之,安石感其意,因乞韓絳代己而惠卿佐之,帝從其請。二人守其成規不少失,時號絳爲「傳法沙門」,惠卿爲「護法善神」。

36 以南江蠻懿州地置沅州。

37 己丑,詔曰:「朕度時之宜,造爲法令,已行之效,固亦可見。吏有不能奉承,然朕終不以吏或違法之故輒爲之廢法,要當博謀廣聽,按違法而深治之。」時呂惠卿慮中外因王安石罷相言新法不便,以書徧遺諸路監司、郡守,使陳利害,又白帝降此詔申明之。

38 壬辰,帝與執政論免行錢利害,且曰:「今日之法,使百姓出錢輕于往日,即是良法。至如減定公使錢,人猶以爲言者,此實除去牙前陪費深弊。且天下貢物所以奉一人者,朕已悉罷，羣臣亦當體朕此意，以愛惜百姓爲心。」馮京曰：「朝廷立法本意，出于愛民，然措置之間，或有未盡，但當開廣聰明，盡天下之議，便者行之，有不便者不吝改作，則天下受賜矣。」

39 詔中書，自熙寧以來創立改更法度，令具本末編類以進

40 丁酉，詔王韶發瑪爾戩及其家赴闕。進韶觀文殿學士、禮部侍郎，官其兄弟及兩子，前後賜絹八千匹。初，韶入朝，加資政殿學士，至是又加觀文殿學士。非嘗執政而除者，皆自韶始。

41 遼遣樞密副使蕭素等議疆界于代州境上。

初，劉忱、呂大忠既奉使，而大忠遭父喪，有詔起復，知代州。忱對便殿，奏曰：「臣受命以來，在樞府考核文據，未見本朝有尺寸侵遼地。臣既辱使指，當以死拒之。」忱出疆，帝手敕曰：「遼理屈則忿，卿姑如所欲與之。」忱不奉詔。至是與素等會於代，素等設次，據主席，大忠卻之，乃移次于長城北。改西上閤門使知石州。（校者按：改下九字應删。）大忠數與素等會，皆以理折之，稍屈。遼指蔚、應、朔三州分水嶺土隴爲界，及忱與之行視，無土隴，乃但云以分水嶺爲界。凡山皆有分水嶺，相持久之，不決。【考異】契丹國志云：是年九月，遼使蕭素詣宋議疆事，宋遣劉忱、呂大忠與共議于代州。忱行視分水嶺在此時。按宋史神宗紀，是年二月，蕭禧來言河東疆界，命劉

忱議之。四月，遼使蕭禧議疆界于代州境上。東都事略附錄及呂大忠傳，是年遼使再來，皆蕭禧，無蕭素。素乃以四月與忱、大忠議于代州境上，未嘗來聘也。事略神宗紀，云四月遼遣蕭素、梁潁來，而不言議疆界于境上；契丹國志載境上之議，又不在夏而在秋；蓋以四月蕭素之議，與九月蕭禧之聘錯認爲一人一事也。宋史于神宗紀九月，不書蕭禧復來，偶失之耳。觀下文十月詔韓琦等條代北事宜，而事略附錄載是詔亦在蕭禧再來之後，則來在九月，從可知也。又按宋史呂大忠傳，蕭禧復來，神宗但召執政于〔與〕劉忱及大忠議，而無遣往代北之事，東都事略亦同。是知忱行視分水嶺當在四五月間，契丹國志以爲九月，非也，故附見于此。

42 五月，戊戌朔，左司郎中、天章閣待制李師中言：「旱既太甚，民將失所。今日之事，非有動民之行，應天之實，恐不足以塞天變。伏望詔求方正有道之士，召詣公車對策；如司馬光、蘇轍輩，復置左右，以輔聖德。如此而後，庶幾有敢言者。臣愚不肖，亦未忘舊學。陛下欲爲富國強兵之事，則有禁暴豐財之式；欲爲代工熙載之事，則有利用厚生之道。有臣如是，陛下其舍諸！」帝以師中敢肆誕謾，輒求大用，責授和州團練副使、本州安置。師中素爲王安石所惡，至是呂惠卿附安石意，請出師中疏付外，因摘其語激帝怒，遂廢斥之。

43 壬寅，雨雹；癸卯，又雨雹。

44 辛亥，罷制科。

自孔文仲對策忤王安石意，因言於帝曰：「進士已罷詩賦，所試事業，即與制科無異，何必復置是邪？」帝然之。已而祕閣考試所言應制科陳彥古所試六論不識題及字數皆不足，至是呂惠卿執政，復言制科止於記誦，非義理之學，遂詔罷之。

45 丙辰，以館閣校勘呂升卿、國子監直講沈季長並爲崇政殿說書。升卿，惠卿弟也，素無學術，每進講，多舍經而談財穀利害。帝時問以經義，升卿不能對，輒目季長從旁代對。帝問難甚苦，季長辭屢詘，帝問從誰受此義，曰：「受之王安石。」帝笑曰：「然則且爾。」季長雖黨附安石，而常非王雱、王安禮及呂惠卿所爲，以爲必累安石。雱等甚惡之，故不甚進用。

46 壬戌，國子監言：「太學生員多而齋舍少，先以朝集院爲律學外，屋尚百餘間，乞盡充學舍。」從之。爲屋百楹，學者以千計。

47 乙丑，大雨水，壞陝、平陸二縣。

48 丙寅，遼主以久旱，命錄囚。

49 是月，三司使曾布、提舉市易司呂嘉問並罷。

初，嘉問提舉市易，連以羨課受賞，帝聞其擾民，以語王安石，安石力辨，至詆帝爲叢脞，不知帝王大略。且曰：「非嘉問，孰敢不避左右近習！非臣，孰爲嘉問辨！」帝曰：「卽如是，士大夫何故以爲不便？」安石請言者姓名，令嘉問條析以奏。時市易隸三司，嘉問恃勢陵使薛向，出其上。及布代向，懷不能平。會帝出手劄詢布，布訪於魏繼宗，具上嘉問多收息干賞，挾官府而爲兼并之事。帝將委布攷之，安石言二人有私忿，於是詔布與惠卿同治。惠卿故憾布，脅繼宗使誣布，繼宗不從。布言惠卿不可共事，帝欲聽之，安石持不可。帝遂詔中書曰：「朝廷設市易，本爲平準以便民，若周官泉府者；今顧使中人之家失業若此，吾民安得泰然也！宜釐定其制。」

布見帝，言曰：「臣每聞德音，欲以王道治天下。今市易之爲虐，駸駸乎間架、除陌之事矣。如此之政，書於簡牘，不獨唐、虞、三代所無，歷觀秦、漢以來衰亂之世，恐未之有也。嘉問又請販鹽鬻帛，豈不貽笑四方！」帝頷之。事未決，安石去位。惠卿執政，遂治前獄，請令中書悉取案牘異同以奏。後二日，布對延和殿，條析先後所陳并較治平、熙寧出入錢物數以聞。帝方慮歲費寖廣，令布送中書。至是詔章惇、曾孝寬鞫布所究市易事，又令戶房會財賦數，與布所陳異，而嘉問亦以雜買務多入月息不覺，皆從公坐有差。未幾，並落職，布出知饒州，嘉問出知常州。

50 六月，戊辰，遼主親出題試進士，旋放進士劉霄等如額。

51 壬申，遼主命臣庶皆得直言得失。

52 丙子，遼主御永安殿策賢良。

53丁亥，廣州鳳凰見。

54以瑪爾戩爲榮州團練使，賜姓名趙思忠。

55辛卯，詔以司天監新製渾儀、浮漏於翰林天文院安置。

初，日官皆市井庸販，法象、圖器，一無所知。乃以太子中允沈括提舉司天監，始製渾儀、景表、五壺浮漏；招衞朴造新曆；募天下士〔上〕太史占書，雜用士人，分方技科爲五。至是渾儀、浮漏成，括與秋官正皇甫愈等各賜銀絹有差。

56（乙亥），詔監安上門鄭俠勒停，編管汀州。

始，朝廷以俠爲狂，置而不問。及呂惠卿執政，命下之日，京師大風，雨土，翳席踰寸。俠又上疏論之，仍取唐魏徵、姚崇、宋璟、李林甫、盧杞傳爲兩軸，題曰正直君子邪曲小人事業圖，迹在位之臣，暗合林甫輩而反于崇、璟者，各以其類，復爲書獻之。疏極陳時政得失、民間疾苦，凡五千言，且曰：「安石爲惠卿所誤至此，今復相扳援以遂前非，不復爲宗社計。昔唐天寶之亂，國忠已誅，貴妃未戮，人以爲賊本尚在。今日之事，何以異此！」惠卿大怒，白帝，重責之。（校者按：此條應移52前。）

57（乙酉），帝謂輔臣曰：「天下財用，朝廷若少留意，則所省不可勝計。昨者撥并軍營，令會計減軍員十將以下三千餘人，除二節度〔特〕支及傔從外，一歲省錢四十五萬緡，米四十萬石，紬絹二十萬匹，布三萬端，草二百萬束。若每事如此，及諸路轉運使得人，更令久任，使之經畫，財其可勝用哉！」（校者按：此條應移53前。）

58秋，七月，癸卯，羣臣五上尊號曰紹天憲古文武仁孝皇帝，不許。

59丙辰，遼主如秋山。

遼俗君臣尚獵，而遼主尤善騎射，往往以國服先驅，所乘馬號飛電，瞬息百里，常馳入深林邃谷，扈從求之不得。蕭后素慕唐徐賢妃之爲人，上疏諫曰：「妾聞穆王遠駕，周德用衰；太康佚豫，夏社幾屋。此游佃之往戒，帝王之龜鑑也。頃見駕幸秋山，不閑六御，特以單騎從禽，深入不測，此雖威神所屆，萬靈自爲擁護，倘有絕羣之獸，果如東方所言，則溝中之家，必敗簡子之駕矣。妾雖愚闇，竊爲社稷憂之！惟陛下尊老氏馳騁之戒，用漢文吉行之旨，不以其言爲牝雞之晨而納之。」遼主雖嘉納而心頗厭遠，以後遂稀得見。

60遼有女子耶律常格，舊作常哥，今改。太師迪嚕舊作敵魯，今改。之妹也，操行修潔，自誓不嫁，能詩文，不苟作。嘗作文以述時政，其略曰：「君以民爲體，民以君爲心。人主當任忠賢，人臣當去比周，則政化平，陰陽順。欲懷遠則崇恩尚德，欲強國則輕徭薄賦。四端、五典，爲治教之本；六府、三事，實生民之命。淫侈可以爲戒，勤儉可以爲師。錯枉則人不敢詐，顯忠則人不敢欺。勿泥空門，勿飾土木，勿事邊鄙，妄費其金帛。滿當思溢，安必慮危。刑罰當罪，則民勸善；不寶遠物，則賢者至。建萬世磐石之業，制諸邦強橫之心。欲率下則先正身，欲治遠則始朝廷。」所言多切時弊，遼主雖善之而不能用。時樞密使耶律伊遜（舊作乙辛。）方攬權，聞其才，屢求詩，常格遺以回文，伊遜知其諷己，銜之。

61 癸亥，以米十五萬石賑河北西路災傷。

62 是日，遼主謁慶陵。

63 時免役出錢或未均，司農寺言五等丁產簿多隱漏不實。呂惠卿用其弟曲陽縣尉和卿計，創手實法，請行之。其法，官爲定立物價，使民各以田畝、屋宅、資貨、畜產隨價自占。凡居錢五，當蕃息之錢一。非用器、食粟而輒隱落者許告，獲實，以三分之一充賞。預具式示民，令依式爲狀，縣受而籍之，以其價列定高下，分爲五等。既該見一縣之民物產錢數，乃參會通縣役錢本額而定所當輸錢。詔從其言，于是民家尺椽寸土，檢括無遺，至雞豚亦徧抄之。

初，惠卿創是法，猶令災傷五分以上不預。荆湖察訪使蒲宗孟上言：「此天下之良法，使民自供，初無所擾，何待豐歲！願詔有司勿以豐凶弛張其法。」從之，民由是益困。

64 八月，丙戌，命知制誥沈括爲河北西路察訪使。先是遣內侍籍民車，人未喻朝廷意，相擾爲憂。又，市易司患蜀鹽不可禁，欲盡實私井而運解鹽以給之。言者論二事如織，皆不省。括侍帝側，帝顧曰：「卿知籍車乎？」對曰：「知之。」帝曰：「何如？」括曰：「敢問欲何用？」帝曰：「北邊以馬取勝，非車不足以當之。」括曰：「車戰之利，見于歷世；巫臣教吳子以車戰，遂霸中國，李靖偏箱鹿角，以禽頡利。臣但未知一事，古人所謂兵車者，輕車也，五御折旋，利于便捷。今民間輜車，重大椎樸，以牛輓之，日不能三十里，少蒙雨雪，則跬步不進，故世謂之太平車，恐兵間不可用耳。」帝喜曰：「人言無及此者，朕當思之。」遂問蜀鹽事，括對曰：「私井既容其撲賣，則不得無私易。一切實之，而運解鹽，使一出官售，此亦省刑罰、籠遺利之一端。然忠、萬、戎、瀘間，夷界小井尤多，不知遼鹽又何如止絕？若更須列候加警，則恐得不償費。」帝頷之。明日，二事俱寢。執政喜，謂括曰：「君有何術，立談而罷此二事？」括曰：「聖主可以理奪，不可以言爭。若車可用，虜鹽可禁，括不敢以爲非也。」括自太子中允擢知制誥纔三月。至是察訪河西路所陳凡三十一事，詔皆可之。

65 癸巳，集賢院學士宋敏求上編修閤門儀注。

66 九月，（丁未），有司言：「供億錢穀多在浙西，計置及水利事盡在蘇、秀等，今分爲兩路，必至闕事。」于是詔兩浙仍合爲一路。

67 庚戌，遼主如東京，謁二儀、五鸞殿。

68 壬子，三司火，自巳至戌止，焚屋千八十楹，案牘殆盡。時元絳爲三司使，宋迪爲判官，迪遣使賫藥失火。火熾，帝御西角樓以觀。知制誥章惇判軍器監，遽部本監役兵往救，經由西角樓，帝顧問，左右以惇爲對。明日，迪奪官，絳罷，以章惇代之。詔諸路，熙寧五年文帳悉封上，防其因火爲姦也。

69 癸丑，置三十七將，京畿七、河北十七、京東十、京西三，從蔡挺請也。

70 知大名府文彥博言：「河溢壞民田，多者六十郡，戶至萬七千，少者九郡，戶至四千六百，願蠲租稅。」從之；又命都水詰官吏不以水災聞者。外都水監丞程昉以憂死。

71 都水監丞劉璯言：「自開直河，閉魚肋，水勢增漲，行流湍急，漸塌河岸；而許家港、淸水鎭河極淺漫，幾于不流。雖二股深快，而蒲泊以東，下至四界首，退出之田，略無固護。設遇漫水出岸，牽回河頭，將復成水患。宜候霜降水落，閉淸水鎭河，築縷河隄一道，以遏漲水，使大河復循故道。又退出良田數萬頃，俾民種耕。而博州界堂邑等退背七埽，歲減修護之費，公私兩濟。」從之。

72 代北疆議論〔踰〕時不決，遼復遣蕭禧來言。甲寅，詔樞密院議邊防。

73 癸亥，遼主祠木葉山。

74 冬，十月，丁卯，遼主駐藕絲淀。

75 壬申，遣中使賜韓琦、富弼、文彥博、曾公亮詔曰：「通好北敵，凡八十年，近歲以來，生事彌甚。代北之地，素無定封，故造釁端，妄來理辨。比敕官吏同加按行，雖圖籍甚明，而詭辭不服。今橫使復至，意在必得，敵情無厭，勢恐未已，萬一不測，何以待之？古之大政，必咨故老，卿其具奏。」

琦奏言：「臣觀近年朝廷舉事，似不以大敵爲䘏。始爲陛下謀者，必曰自祖宗以來，因循苟且，治國之本，必先聚財積穀，募兵于農，則可鞭笞四夷，復唐故疆。故散青苗錢，爲免役法，置市易務，次第取錢，新制日下，更改無常，而監司督責，以刻爲明。今農怨于畎畝，商歎于道路，長吏不安其職，陛下不盡知也。夫欲攘斥四夷以興太平，而先使邦本困搖，衆心離怨，此則爲陛下始謀者大誤也。臣今爲陛下計，宜遣報使，且言：『向來興作，乃修備之常，豈有他意。疆土素定，悉如舊境，不可持此造端，以墮累世之好。』可疑之形，如將官之類，因而罷去。益養民愛力，選賢任能，疏遠姦諛，進用忠鯁，使天下悅服，邊備日充。若其果自敗盟，則可一振威武，恢復故疆，攄累朝之宿憤矣。」

弼言：「朝廷諸邊用兵，遼所以先期求釁。不若委邊臣詰而嚴備之，來則禦，去則備；親征之謀，未可輕舉；且選人報聘。彼籍吾歲賜，方能立國，豈無欲安靜之理！」

彥博言：「蕭禧之來，欲以北亭爲界，緣慶曆西事未平之時，來求黃嵬之地，容易與之。中國禦戎，守信爲上，必以誓書爲證。若萌犯順之心，當預備邊，使戰勝守固而已。」

公亮言：「嘉祐間，夏國妄認同家堡爲界，延州牒問，遂圍大順，寇邊不已，絶其歲賜，始求帖服。今待遼極包容矣，不使知懼，恐未易馴擾。控制之術，毋令倒持。」

帝召劉忱、呂大忠與執政議之，將從其請。大忠曰：「彼遣一使來，卽與地五百里；若使魏王英弼來，盡索關南地，亦與之乎？」帝默然。忱與大忠堅執不與，執政知不可奪，乃罷忱還三司，許大忠終制。

76 丁丑，遼命有司頒行史記、漢書。

77 遼以知薊州事耶律庶箴善屬文，遷都林牙。庶箴上表，乞廣本國姓氏曰：「我朝創業以來，法制修明，惟姓氏止分爲二，耶律與蕭而已。始，太祖制契丹文字，取諸部鄉里之名，續作一篇，著于卷末。臣請推廣之，使諸部各立姓氏，庶男女婚媾，有合典禮。」遼主以舊制不可遽釐，不聽。【考異】遼史外戚表云：契丹外戚，其先曰二審密氏，曰拔里，曰乙室已。遼太祖娶述律氏，述律本回鶻糯思之後。大同元年，太宗自汴將還，留外戚小漢爲汴州節度使，賜姓名曰蕭翰，以從中國之俗，由是拔里、乙室已、述律三族皆爲蕭姓。又志部族云：有族而部者，五院、六院之類是也。有部而族者，奚王、室韋之類是也。有部而不族者，特里、特勉、稍瓦、葛朮之類是也。有族而不部者，遙輦九帳、皇族三父房是也。是遼雖祇分兩姓，而各有部族可考。元許衡遺書謂遼主姓劉，遼史、契丹國志俱不載。

78 戊寅，詔浙西路提舉司出米賑常、潤州饑。

79 韓絳請選官置司，以天下戶口、人丁、稅賦、場務、坑冶、河渡、房園之類，租額、年課及一路錢穀出入之數，去其重複，歲比較增虧、廢置及羨餘、橫費，計贏闕之處，使有無相通，而以任職能否爲黜陟，則國計大綱可以省察。三司使章惇亦以爲言。庚辰，詔置三司會計司，以絳提舉。

80 范純仁自和州徙知邢州，未至；(癸巳)，詔加龍圖閣直學士、知慶州。純仁過闕，入對，帝曰：「卿父在慶著威名，卿今繼之，可謂世職。卿隨侍既久，兵法必精，邊事必熟。」純仁度必有以開邊之說誤帝者，對曰：「臣儒家，未嘗學兵法。先臣守邊時，臣尚幼，不復記憶。且今日事勢，宜有不同。陛下使臣繕治城壘，愛養百姓，臣策疲駑不敢辭；若使開拓封疆，侵擾邊境，非臣所長，願別擇才帥。」帝曰：「卿才何所不能，顧不肯爲朕悉心耳。」遂行。

81 十一月，戊午，高麗貢於遼。

82 己未，冬至，合祭天地于圜丘，以太祖配。

83 呂惠卿得君怙權，慮王安石復進，乃援郊祀赦例，薦安石爲節度使。方進劄，帝察知其情，遽問曰：「安石去不以罪，何故用赦復官？」惠卿無以對。

84 十二月，丙寅，省熙、河、岷三州官百四十一員。

85 丁卯，文武官加恩。

86 以知慶〔熙〕州王韶爲樞密副使。

87 辛巳，遼詔改明年元曰太〔大〕康；大赦。

88 往時高麗入貢，皆自登州。是歲，遣其臣金良鑑來言，乞改塗由明州詣闕，從之。

89 清井、長寧夷十郡、八姓及武都夷皆內附。

90 遼生女直部節度使阿庫納舊作烏古納，今改。卒。女直本女眞，避遼興宗諱，改曰女直。其始祖曰函普，函普生烏魯，烏魯生跋海，跋海生綏可，綏可生石魯，石魯生阿庫納，阿庫納能役屬諸部。會遼五國佛寧舊作蒲聶，今改。部節度使巴哩美舊作拔乙門，今改。叛，遼將致討，阿庫納恐遼兵深入，得其山川險易，或將圖之，乃告遼曰：「彼可計取也。若用兵，必先走險，非歲月可平。」從之。阿庫納因襲而禽之以獻遼主召見，燕賜加等，授生女眞部節度使，始有官屬，紀綱漸立矣，然不肯受印，繫遼籍。其部內舊無鐵，鄰國有以甲胄往鬻者，必厚價售之。得鐵既多，因以修弓矢，備器械，兵勢稍振，前後願附者衆。至是五國穆延（舊作沒撚。）部舍音貝勒舊作謝野勃堇，今改。復叛遼，阿庫納伐之，舍音敗走。阿庫納將見邊將，自陳敗舍音之功，行次拉林舊作來流，今改。水，疾作而死。於是和里布舊作劾里鉢，今改。嗣。

續資治通鑑卷第七十一

賜進士及第兵部尚書兼都察院右都御史總督湖北湖南等處地方軍務兼理糧餉世襲二等輕車都尉畢沅編集

宋紀七十一 起旃蒙單閼（乙卯）正月，盡柔兆執徐（丙辰）十二月，凡二年。

神宗體元顯道法古立憲帝德王功英文烈武欽仁聖孝皇帝

熙寧八年遼太康元年。（乙卯、一〇七五）

1春，正月，乙未，遼主如混同江。

2庚子，蔡挺罷。挺奏事殿中，疾作而仆。帝親臨賜藥，罷爲資政殿學士、判南京留司御史臺。

3是日，馮京亦罷。

初，鄭俠劾呂惠卿姦邪，且薦馮京可用，并言禁中有人被甲登殿詬駡等事，惠卿奏爲謗訕，令中丞鄧綰、知制誥鄧潤甫治之，坐編管汀州。御史臺吏楊忠信謁俠曰：「御史緘默不言，而君上書不已，是言責在監門而臺中無人也。」取懷中名臣諫疏二帙授俠曰：「以此爲正人助。」

京與惠卿同在政府，議論多不合，而王安國素與俠善，惠卿欲幷中之，乘間白帝曰：「俠書言青苗、助役、流民等事，此衆所共知也。若禁中有人被甲登殿詬罵，俠安從知？蓋俠前後所言，皆京使安國導之，乞追俠付獄窮治。」已而帝問京曰：「卿識鄭俠乎？」對曰：「臣素未之識。」帝頗疑之。御史知雜事張璪【考異】長編作「張琥」。璪本名琥，非兩人也。承惠卿旨，劾俠嘗游京之門，交通有迹。鄧綰、鄧潤甫言王安國嘗借俠奏稿觀之，而有奬成之言，意在非毁其兄。詔付御史獄。時俠已行至太康，還，對獄，實不識京，但每遣門人吳無至詣檢院投匭時，集賢校理丁諷輒爲無至道京稱歎之語。及罷局時，遇安國于途，安國馬上舉鞭揖之曰：「君可謂獨立不懼！」俠曰：「不意丞相爲小人所誤，一旦至此！」安國曰：「非也。吾兄自以爲人臣不當避怨，四海九州之怨悉歸于己，而後可爲盡忠於國家。」俠曰：「未聞堯、舜在上，夔、契在下，而有四海九州之怨者。」

獄成，俠改送英州編管，無至及忠信皆編管湖外，京以右諫議大夫出知亳州，諷落職，安國放歸田里。舍人錢藻草京制，有「大臣進退，係時安危，持正不回，一節不撓」等語。鄧綰懼京再入，且希惠卿旨，言藻撰詞失當，於是藻亦落職。

始，惠卿事安石如父子，安國惡其憸巧，數面折之。一日，安石與惠卿論新法於其弟，安國好吹笛，安石諭之曰：「宜放鄭聲。」安國曰：「亦願兄遠佞人。」惠卿知其以佞人目己，深銜之，至是因俠獄陷安國。

俠赴汀州，方在道，惠卿令奉禮郎舒亶往捕，搜其篋，得所錄名臣諫疏，有言新法事及親朋書札，悉按姓名治之。惠卿欲致俠於死，帝曰：「俠所言，非爲身也，忠誠亦可嘉，豈宜深罪！」但徙俠英州。既至，得僧屋將壓者居之，英人無貧富貴賤皆加敬，爭遣子弟從學，爲築室以遷焉。【考異】宋史王安國傳云：安國教授西京，頗溺於聲色。安石以書戒之曰：「宜放鄭聲。」安國復書曰：「亦願兄遠佞人。」惠卿銜之。按如此，則復書所謂佞人，豈必是惠卿！唯當時獨惠卿在坐，安國覿面譏諷，故惠卿恨之深耳。今從東都事略，庶得其實。

4 壬寅，遼賑雲州饑。

5 丙午，分京東爲東、西兩路，青、淄、濰、萊、登、密、沂、徐八州、淮陽軍爲東路，鄆、兗、齊、濮、曹、濟、單七州、南京爲西路。

6 輟江南東路上供米，均給災傷州軍。

7 丁未，御宣德門觀燈。

8 乙卯，詔出使廷臣，所至采吏治能否以聞。

9 雨木冰。

10 丁巳，權永興軍等路轉運使皮公弼言：「交子之法，以方寸之紙，飛錢致遠；然不積錢爲本，亦不能以空文行。今商、虢鐵冶，所收極廣，苟即冶更鑄折二錢，歲除工費外，可得百萬緡爲交子本。」并上可行十二事。帝批委公弼總制營辦。

11 戊午，詔：「所在流民歸業者，州縣資遣之。」

12 己未，洮西安撫司以歲旱，請爲粥以食羌戶飢者。

13 二月，甲子，以太常寺太祝王安上爲右贊善大夫、權發遣度支判官。安上，安石幼弟也。

14 增陝西錢監改鑄大錢，從皮公弼請也。

15 丙寅，封皇子佣爲景國公。

16 丁卯，遼以祥州火災，遣使卹之。

17 癸酉，觀文殿大學士、吏部尚書、知江寧府王安石復以本官同平章事。

初，呂惠卿迎合安石，驟至執政，既得志，遂叛安石，忌其復用，凡可以害安石者無所不爲。一時朝士見惠卿得君，謂可傾安石以媚惠卿，遂更朋附之。時韓絳顓處中書，事多稽留不決，且數與惠卿爭論，度不能制，密請帝復用安石，帝從之。惠卿聞命愕然。翼日，帝遣中使齎詔召安石，安石不辭，倍道而進，七日至京師。

18 戊寅，命樞密副都承旨張誠一、入內押班李憲等行視寬廣處，闢殿前司（差）馬步軍二千八百人，教李靖營陣法。

19 乙酉，察訪使曾孝寬言：「慶曆八年，嘗詔河北州軍，坊郭第三等，鄉邨第二等，每戶養被甲馬一匹，以備非時官買，乞檢令施行。」從之。戶馬法始於此。

20 丙戌，詔停京畿土功七年。

21 遼主駐大魚濼。丁亥，以鷹坊使耶律陽陸（舊作楊六。）獲頭鵝，加工部尚書。

22 三月，丁酉，賑潤州饑。

23 戊戌，知河州鮮于師中乞置蕃學，教蕃酋子弟，賜田十頃，歲給錢千緡，增解進士二人，從之。

24 庚子，遼復遣蕭禧來理河東黃嵬地，命韓縝與禧議之，爭辯或至夜分。禧執分水嶺之說不變，留館不肯辭，曰：「必得請而後反。」帝不得已，遣知制誥沈括報聘。括詣樞密院閱故牘，得頃歲所議疆地書，指古長城爲分界，今所爭乃黃嵬山，相遠三十餘里，表論之。帝喜，謂括曰：「大臣殊不究本末，幾誤國事。」命以畫圖示禧，禧議始屈。乃賜括白金千兩，使行。

括至遼，遼樞密副使楊遵勖來就議，括得地訟之籍數十，預使吏士誦之，遵勖有所問，則顧吏舉以答；他日復問，亦如之。遵勗無以應，謾曰：「數里之地不忍，而輕絶好乎？」括曰：「師直爲壯，曲爲老。今北朝棄先君之大信，以威用其民，非我朝之不利也。」凡六會，竟不可奪，遂舍黃嵬而以天池請，括乃還。在道，圖其山川險易迂直，風俗之淳龐，人情之向背，爲使契丹圖，上之。拜翰林學士、權三司使。

25 乙巳，遼主命太子寫佛書。

26 癸丑，復賑常、潤飢民。

27 戊午，太白晝見。

28 張方平以宣徽北院使出知青州。未行，帝問方平以祖宗禦戎之策，對曰：「太祖不勤遠略，如夏州李彝興、靈武馮暉、河西折御卿，皆因其酋豪，許以世襲，故邊圉無事。董遵誨捍環州，郭進守西山，李漢超保關南，皆十餘年，優其祿賜，寬其文法，諸將財力豐而威令行，間諜詳審，吏士用命，賊所入輒先知，并力禦之，戰無不克，故以十五萬人而獲百萬之用。終太祖之世，邊鄙不聳，天下安樂。及太宗平并，又欲遠取燕薊，自是歲有契丹之虞；曹彬、劉延讓〔廷讓〕、傅潛等數十戰，各亡士卒十餘萬，又內徙李彝興、馮暉之族，致繼遷之變，二邊皆擾，而朝廷始旰食矣。眞宗之初，趙德明納款，及澶淵之克，遂與契丹盟，至今人不識兵革，可謂盛德大業。祖宗之事，大略如此。近歲邊臣建開拓之議，皆行險徼幸之人，欲以天下安危試之一擲，事成則身蒙其利，不成則陛下任其患，不可聽也。」

29 夏，四月，乙丑，詔減將作監冗官。

30 太常禮院言：「已尊僖祖爲太廟始祖，當正東向之位，仍請自今禘祫著爲定禮。」乙亥，詔恭依。

31 丙子，遼賑平州饑。

32 戊寅，以吳充爲樞密使。

33 壬午，湖南江水溢。

34 乙酉，遼主如犢山。

35 閏月，樞密使陳升之以足疾請外；乙未，罷爲檢校太尉、鎮江軍節度使、同平章事、判揚州。

升之深狡多數，善傅會以取富貴。初附王安石，及拜相，卽求解條例司。世以是譏之，號爲「筌相」。

36 廣源州蠻劉紀寇邕州，歸化州儂智會敗之。

37 壬寅，沈括上奉元曆，行之。

38 癸卯，宣徽北院使、知青州張方平改判永興軍。分秦鳳兵爲四將。

39丙午，遼賑平、灤二州饑。

40庚戌，遼皇孫延禧生，太子濬之子也。遼主喜甚，旋命太子妃之親及東京僚屬，賜爵有差。

41壬子，沂州民朱唐告前餘姚縣主簿李逢謀反，辭連宗室右羽林大將軍世居、河中府觀察推官徐革，命御史中丞鄧綰、知諫院范百祿、御史裏行徐禧雜治之。獄具，世居賜死，逢、革等伏誅。

初，蜀人李士寧，得導氣養生之術，又能言人休咎，以此出入貴家。嘗見世居母康，以仁宗御製詩贈之，又許世居以寶刀，且曰：「非公不可當此。」世居與其黨皆神之，曰：「士寧，二三百歲人也。」解釋其詩，以爲至寶之祥。及鞫世居得之，逮捕士寧。而王安石故與士寧善，百祿謂士寧以妖妄惑世居致不軌，罪當死；禧右士寧，以爲無罪。帝命御史知雜、樞密承旨參治，執政主禧議，士寧但決杖，配永州；而百祿坐報上不實，貶監宿州稅。百祿，鎮兄子也。惠卿始興此獄，連坐者甚衆，欲引士寧以傾安石。會安石再入秉政，謀遂不行。

42（丁未），賜大理寺丞歐陽發進士出身。發，修之子也。

43甲寅，錄趙普後。

44 乙卯，詔西南蕃五姓蠻五年一入貢。

45 五月，辛酉朔，慮囚，降死罪一等，杖以下釋之。

46 甲子，分環慶兵爲四將。

47 丁丑，雨土及黃毛。

48 甲申，熙河路蕃官殿直頓理謀叛，伏誅。

49 己丑，遣使賑鄜延、環慶饑。

50 六月，癸巳，遼以興聖宮使奚人色嘉努舊作謝家奴，今改。知奚六部大王事。

51 戊戌，遼知三司使事韓操以錢穀增羨，授三司使。

52 辛丑，都官員外郎劉師旦言：「九域圖，自大中祥符六年修定，至今六十餘年，州縣有廢置，名號有改易，等第有升降，且所載古跡，或俚俗不經，乞選有地理學者重修。」乃命館閣校勘曾肇、光祿丞李德芻刪定。既而言舊書不繪地形，難以稱圖，更賜名九域志。

53 癸卯，遼遣使按問諸路囚。以特里袞舊作惕隱，今改。大悲努（舊作大悲奴。）爲始平府〔軍〕節度使，出參知政事柴德滋爲武定軍節度使。

54 丙午，釃汴水入（蔡）河以通漕，從都水監丞侯叔獻請也。渠成而舟不可行，尋廢。

55 己酉，王安石進所撰詩、書、周禮義。帝謂安石曰：「今談經者言人人殊，何以一道德？

卿所撰經義，其以頒行，使學者歸一。」遂頒于學官，號曰三經新義。

（辛亥），加安石尚書左僕射兼門下侍郎，呂惠卿給事中，王雱龍圖閣直學士。雱辭新命，惠卿勸帝許之，由是王、呂之怨益深。

安石新義行，士子以經試於有司，必宗其說，少異，輒不中程。晚歲又爲字說二十四卷，多穿鑿傅會，其流入于佛、老，天下爭傳習之，而先儒之傳注悉廢，士亦無復自得之學。故當時議者，謂王氏之患，在好使人同己。

56 乙卯，吐蕃貢於遼。

57 丙辰，遼詔皇太子濬兼北南樞密院事，總領朝政，仍戒諭之。以武定軍節度使趙徽爲南府宰相，以樞密副使楊遵勖參知政事。

58 遼主爲太子選僚屬，以客省使耶律寅吉（舊作引吉，今改。）秉直好義，命爲輔導。樞密使耶律伊遜（舊作乙辛。）謀搖太子，惡寅吉在側，旋奏出爲羣牧林牙。

59 戊午，司徒兼侍中、太師、魏國公、判相州韓琦卒。前一夕，大星隕州治，櫪馬皆驚。帝發哀苑中，哭之慟。發兩河卒爲治冢，帝自爲碑文，篆其首曰「兩朝顧命定策元勳之碑」。贈尚書令，謚忠獻，配饗英宗廟廷，常令其子若孫一人官於相，以護丘墓。

琦識量英偉，喜慍不見於色，論者以厚重比周勃，政事比姚崇。嘉祐、治平間，再決大策以安社稷，處危疑之際，知無不爲。或諫曰：「公所爲誠善，萬一蹉跌，豈惟身不自保，恐家無處所。」琦歎曰：「是何言也！人臣盡力事君，死生一之。至於成敗，天也，豈可豫憂其不濟，遂輟不爲哉！」子忠彥使遼，遼主聞知其貌類父，卽命工圖之，其見重如此。琦天姿朴忠，家無留貲。尤以奬拔人材爲急，公論所與，雖意所不悅，亦收用之。與富弼齊名，號稱賢相，時謂之「富韓」云。

60 秋，七月，辛酉朔，遼主獵平地松林。

61 甲子，處州江水溢。

62 丙寅，遼賑南京貧民。

63 戊寅，太白晝見。

64 戊子，分涇原兵爲五將。

65 命天章閣待制韓縝如河東，割地以畀遼。遼主以侵地之議起於耶律普錫，（舊作頗的。）命普錫往正疆界，力爭不已。帝問于王安石，安石曰：「將欲取之，必姑與之。」以筆畫其地圖，依黃嵬山爲界，蕭禧乃去。至是遣縝往，盡舉與之，東西棄地七百里。監察御史裏行分寧黃廉歎曰：「分水畫境，失中國險矣。」其後遼人果包取兩不耕地，下臨鴈門。遼主擢普錫爲南院宣徽使。

66秋，八月，庚寅朔，日有食之。【考異】宋史作日當食，雲陰不見。今從遼史。
67癸巳，募民捕蝗易粟，苗損者償之，仍復其賦。丙申，減官戶役錢之半。
68詔：「發運司體實淮南、江東、兩浙米價，州縣所供米每過百萬石，減直予民，斗錢勿過八十。」
69庚戌，韓絳罷。
絳居相位，數與呂惠卿異議；王安石復入，論政愈駁。會有劉佐者坐法免，安石欲抆拭用之，絳執不可，議於帝前未決，絳卽再拜求去。帝驚曰：「此小事，何必爾！」絳曰：「小事尙不伸，況大事乎！」帝爲逐佐。至是稱疾求罷，以禮部尙書、觀文殿大學士知許州。
70發河北、京東兵及監牧卒修都城。
71丁巳，大閱。
72九月，庚申朔，立武舉絕倫法。凡武舉人射兩石弓，馬射九斗，謂之絕倫，雖程文不合格，並賜第。
73乙亥，遼主駐藕絲淀。
74己卯，遼以南京饑，免租稅一年，仍出錢粟賑之。
75冬，十月，己丑朔，以崇政殿說書呂升卿權發遣江南西路轉運副使。

76 庚寅，呂惠卿罷。

先是惠卿弟升卿考試國子監，而惠卿妻弟方通在高等，爲御史蔡承禧所劾，惠卿乃謁告。帝遣馮宗道撫問，召赴中書，王安石又親詣惠卿道帝意。惠卿於是上表求外者三，帝皆遣中使封還，又有劄子，帝復令安石同王珪諭惠卿。惠卿入見，帝曰：「無事而數求去，何也？豈以安石議用人不合邪？」惠卿曰：「此亦不繫臣去就。前此安石爲陛下建立庶政，千里復來，乃一切託疾不事事，與昔日異，不知欲以遺之何人。」帝曰：「安石何以至此？」惠卿曰：「安石不安其位，蓋亦緣臣在此，不若逐臣使去，一聽安石，天下之治可成。」帝曰：「終不令卿去，且俱至中書。」惠卿頓首曰：「臣不敢奉詔。」既退，帝復遣中使諭惠卿，惠卿入見，乃復就職。

初，蔡承禧奏：「惠卿弄權自恣，朋比欺國，如章惇、李定、徐禧之徒，皆爲死黨，曾旼、劉涇、葉唐懿、周常、徐申之徒，又爲奔走。此姦惡之尤大者。」而中丞鄧綰亦彌縫前附惠卿之迹以媚安石。王雱復深憾惠卿，遂諷綰發惠卿兄弟強借華亭富民錢五百萬與知縣張若濟買田共爲姦利事，置獄鞫之。帝既決意罷惠卿政事，故先出升卿，尋詔惠卿守本官、知陳州。

77 乙未，彗出軫。

78 己亥，詔以災異數見，避殿，減膳，求直言，及詢政事之未協于民者。

王安石率同列上疏言：「晉武帝五年，彗出軫，十年，又有孛，而其在位一十八年，與乙巳占所期不合。蓋天道遠，先王雖有官占，而所信者人事而已。天文之變無窮，上下傅會，不無偶合。周公、召公，豈欺成王哉？其言中宗享國日久，則曰嚴恭寅畏天命，自度治民不敢荒寧，其言夏、商多歷年所，亦曰德而已。裨竈言火而驗，復請以寶玉禳之，公孫僑不聽，則曰，『不用吾言，鄭又將火。』僑終不聽，鄭亦不火。有如裨竈，未免妄誕，況今星工乎！所傳占書，又當世所禁，謄寫譌繆，尤不可知。陛下盛德至善，非特賢於中宗，周、召所言，則既閱而盡之矣，豈須愚瞽復有所陳！竊聞兩宮以此爲憂，望以臣等所言力行開慰。」帝曰：「聞民間殊苦新法。」安石曰：「祈寒暑雨，民猶怨咨，此無庸卹。」帝曰：「豈若幷祈寒暑雨之怨亦無邪！」安石不悅，退而屬疾臥。

79 庚子，權三司使章惇罷。

中丞鄧綰言：「呂惠卿執政踰年，所立朋黨不一，然與惠卿同惡相濟無如惇。今惠卿雖已斥逐，而尙留惇在朝廷，亦猶療病四體而止治其一邊，糞除一堂而尙存穢之半也。」乃出惇知湖州。

80 壬寅，赦天下。

81罷手實法。

中丞鄧綰言：「凡民養生之具，日用而家有之，今欲盡令疏實，則家有告訐之憂，人懷隱匿之慮。商賈通殖貨利，交易有無，或春有之而夏已蕩析，或秋貯之而冬卽散亡，公家簿書，何由拘錄，其勢安得不犯！徒使嚚訟者趨賞報怨，畏怯者守死忍困而已。」遂詔罷手實法。

82王安禮應詔上疏曰：「人事失於下，變象見於上。陛下有仁民愛物之心而澤不下究，意者左右大臣是非好惡不求諸道，謂忠者爲不忠，不賢者爲賢，乘權射利者，用力殫於溝瘠，取利究於園夫，足以干陰陽而召星變。願察親近之行，杜邪枉之門；至于祈禳小數，貶損舊章，恐非所以應天變也。」帝覽疏嘉勸，諭之曰：「王珪欲使卿條具，朕嘗謂不應沮格人言以自障壅。今以一指蔽目，雖泰、華在前弗之見；近習蔽其君，何以異此！卿當益自信。」

83呂公著應詔上疏曰：「陛下臨朝願治，爲日已久，而左右前後莫敢正言，使陛下有欲治之心而無致治之實，此任事之臣負陛下也。夫士之賢不肖素定，今則不然，前日所舉以爲至賢，而後日逐之以爲至不肖，其于人才旣反覆不常，則于政事亦乖戾不審矣。古之爲政，初亦有不信於民者，若子產治鄭，一年而人怨之，三年而人歌之。陛下垂拱仰成，七年於此，然與人之誦亦未有異于前日，陛下獨不察乎？」

84 丁未，彗不見，自始出至沒凡十二日。

85 丙辰，御殿，復膳。

86 丁巳，張方平應詔上疏曰：「新法行已六年，事之利害，非一二可悉。天地之變，人心實爲之，故和氣不應，災異荐作，顧其事必有未協于民者矣。法旣未協，事須必改；若又憚改，人將不堪，此臣所以爲陛下痛心疾首，一夕而九興也！」

87 十一月，辛酉，遼皇后蕭氏被誣，賜死。

時耶律伊遜擅政，深惡后族。及太子總政，法度修明，伊遜不得逞，乃謀陷后以搆太子。先是重元家婢單登沒爲宮婢，后善音樂，伶人趙惟一得侍左右，單登亦善箏與琵琶，與惟一爭能而不勝。遼主嘗召登彈箏，后諫曰：「此叛家婢女，中獨無豫讓乎？安得親近御前！」出遣外直，登深怨之。登有妹爲敎坊朱頂鶴妻，而頂鶴爲伊遜所暱，登與頂鶴誣后與惟一私，因伊遜以聞。遼主下伊遜及張孝傑窮治之，加惟一以釘灼諸酷刑，詞連敎坊高長命，皆誣服。樞密副使蕭惟信聞之，馳語伊遜、孝傑曰：「皇后賢明端重，誕育儲君，此天下母也，而可以叛家仇婢一語動搖之乎！」不聽。獄詞上，遼主猶未決，孝傑復鍛煉證實之。遼主怒甚，卽日族誅惟一，幷斬長命，勒后自盡。太子及公主皆披髮流涕，乞代母死，不許。

后賦絕命詞，自縊死，尸還母家。太子投地大呼曰：「殺吾母者，耶律伊遜也！」聞者莫不咋舌。【考異】王鼎焚椒錄敍次猥鄙，然情事與遼史符合，王士禎疑其僞託者，非也。蕭惟信所語不見於遼史，然遼史蕭惟信傳，惟信嘗白太子之冤，則其辨后之誣，亦當時實事也。惟信時爲樞密副使，而作樞密使，蓋傳聞之誤，今酌用之。

88 知桂州沈起規取交趾，妄言受密旨，遣官入谿峒點集土丁爲保伍，授以陣圖，使歲時肄習。繼命人因督運鹽之海濱，集舟師，寓教水戰，故時交人與州縣貿易，一切禁止。知邕州蘇緘遺起書，請止保甲，罷水運，通互市，起不聽，劾緘沮議。朝廷以起生事，乃罷起，命劉彝代之。彝至，不改起之所爲，奏罷廣西所屯北兵，而用槍杖手分戍，大治戈船，遏絕互市。交人疑懼，至是分三道入寇，戊寅，陷欽州。

89 壬午，立陝西蕃丁法。

90 癸未，以右諫議大夫宋敏求、知制誥陳襄爲樞密直學士。【考異】續綱目及薛氏通鑑俱於是月書罷直學士院陳襄，此大誤也。考襄直學士院在熙寧四年七月，其出知陳州即在是年九月。嗣後由陳徙杭，又徙應天府，乃復召知制誥，至是遷樞密直學士，非直學士院也，嗣後亦無再知陳州之事。明人疏於考證，其書年月，前後乖舛，今特爲辨正之。

先是知制誥鄧潤甫言：「近者羣臣專尚告訐，此非國家之美，宜登用敦厚之人以變風俗。」帝嘉納之。居數日，敏求及襄有是命。

帝嘗訪人材之可用者，襄對以司馬光、韓維、呂公著、蘇頌、范純仁、蘇軾，下至鄭俠，凡三十三人。且謂：「光、維、公著皆股肱心膂之臣，不當久外。俠愚直敢言，發于忠義，投竄瘴癘，朝不謀夕，願使得生還。」帝不能用。【考異】陳襄經筵薦士章稿石刻，今在蘇州府學，首題樞密直學士、尚書右司郎中兼侍讀臣陳襄上進，而不著年月。錢竹汀據呂公著、蘇軾二人結銜，定爲熙寧九年冬所進，其說甚確，今因襄除官而幷敍之。

91 甲申，交趾陷廉州。

92 王安石稱疾不出，帝遣使慰勉之；丙戌，安石出視事。其黨爲安石謀曰：「今不取門下士上素所不喜者暴用之，則權輕，將有窺人間隙者矣。」安石從之。帝亦喜安石之出，凡所進擬皆聽，安石由是權益重。

93 詔渝州置南平軍。

先是渝州南川獠木斗叛，命秦鳳都轉運使熊本往安撫之。本進營銅佛壩，破其聚落，諭以盧德，木斗舉秦（溱）州地五百里來歸，爲四砦、九堡。至是建銅佛壩爲南平軍，召本還，以天章閣待制知制誥。

帝數稱其文有體，命院吏別錄以進。本因上疏曰：「天下之治，有因有革，期於趨時適治而已。陛下改制之始，安常習故之徒交譁而合譟，或諍於廷，或謗於市，或投劾引去者，不可勝數。陛下獨見至理，獨立不奪，今雖少定，彼將伺隙而逞，願陛下深念之，勿使交讙之衆有以窺其間。」其意蓋專媚王安石也。

94 十二月，己丑，遼以南京統軍使耶律瑞弩舊作蘗奴，今改。爲特里袞，舊作惕隱，今改。以漢人行宮都部署耶律霖爲樞密副使，以同知東京留守事蕭多喇舊作鐸剌，今改。爲伊勒希巴。舊作夷離畢，今改。

庚寅，遼主賜張孝傑國姓。孝傑既與耶律伊遜共陷皇后，伊遜深德之。遼主不悟其姦，眷注彌厚。

壬辰，遼以西京留守蕭延陸舊作燕六，今改。爲左伊勒希巴。

95 壬寅，以翰林學士元絳參知政事，龍圖閣直學士兼樞密都承旨曾孝寬爲樞密直學士、簽書樞密院事。絳在翰林，諂事王安石，而安石德曾公亮之助己，欲引其子孝寬於政地以報之，由是二人同升。

96 辛亥，以天章閣待制趙卨爲安南道招討使，嘉州防禦使李憲副之，以討交趾。張方平言：「舉西北壯士健馬棄之炎荒，其患有不可勝言者。若師老費財，無功而還，社稷之福也。」後皆如其言。

97 王安石復撰詩關雎解義以進。初，安石撰詩序，稱頌帝德，以文王爲比。帝曰：「以朕比文王，恐爲天下後世笑，但言解經之意足矣。」遂改撰詩序以進。至是詔前後所上並付國子監鏤板施行。

98 癸丑，詔曰：「安南世受王爵，而乃攻犯城邑，殺傷吏民，干國之紀，刑茲無赦。已命趙卨充安南道行營馬步軍都總管，須時興師，水陸兼進。天示助順，既兆布新之祥；人知侮亡，咸懷敵愾之氣。」時交趾所破城邑，卽爲露布，揭之衢路，言中國作青苗、助役之法，窮困生民，今出兵欲相拯濟，王安石怒，故自草此詔。

是歲，夏改元大安。

九年 遼太康二年。（丙辰、一〇七六）

1 春，正月，己未，遼主如春水。

2 乙丑，雨木冰。

3 戊辰，交趾圍邕州，知州蘇緘悉力拒守，外援不至，城遂陷。緘曰：「吾義不死賊手！」亟還州廨，闔門，命其家三十六人皆先死，藏尸于坎，乃縱火自焚。城中人感緘之義，無一人從賊者。于是交人盡屠其民，凡五萬八千餘口。

4 己卯，下谿州刺史彭師晏降。章惇使湖北提點刑獄李平招納師晏誓下州峒蠻張景謂、彭德儒、向永勝、覃文猛、覃彥壩，各以其地歸版籍，師晏遂降。詔遣師晏詣闕，授禮賓副使，官其下六十有四人。

5辛巳，贈蘇緘奉國軍節度使，謚忠勇。以其子子元爲西頭供奉官、閤門祗候，賜對便殿，帝曰：「昔唐張巡與許遠守睢陽，蔽捍江、淮，較之卿父，未爲遠過也。」

初，邕州將陷，緘憤沈起、劉彝致寇，彝又坐視不救，欲上疏論之，屬道梗不通，乃列二人罪狀榜于市，冀達朝廷。至是治起、彝開釁之罪，貶起（郢州）團練（副）使、安置郢州；彝（均州）團練副使、安置隨州。

6遼耶律伊遜既誣陷皇后，又欲害太子，乘間言于遼主曰：「帝與后如天地並位，中宮豈可曠也？」因盛稱駙馬都尉蕭錫默舊作霞抹，今改。之妹美而賢，遼主信之，納于掖庭。錫默黨于伊遜，故伊遜欲引爲助。

7二月，戊子，以宣徽南院使郭逵爲安南行營經略招討使，趙卨副之；召李憲還。憲久在西北邊，好論兵，王韶之開熙河，憲與有勞，故用憲。既而卨、憲議事不合，帝因問卨：「孰可代憲？」卨言：「逵老于邊事，願爲裨贊。」帝從之。仍詔占城、眞臘合擊交趾。

8遼賑黃龍府饑。

9己丑，宗噶爾舊作宗哥，今改。首領果莊舊作鬼章，今改。寇五牟谷，蕃官蔺氊訥支等邀擊，大破之。

10 己亥，以出師罷春宴。

11 癸丑，遼以南京路饑，免租稅一年。

12 乙卯，雨雹。

13 三月，丙辰〔辛酉〕朔，卹欽、廉、邕三州死事家，痤〔瘞〕戰亡士；賊所蹂踐，除其田征。

14 辛酉，（校者按：二字衍。）遼太后蕭氏殂，謚曰仁懿太后。

太后慈惠端淑，凡正旦生辰，諸國貢幣，悉賜貧瘠。初在灤河，親督衞士平重元之亂，後夢重元曰：「臣骨在太子山北，不勝寒栗。」卽命屋之。其慈閔類此。

15 丁卯，遼大赦。

16 甲戌，御集英殿，賜進士徐鐸以下并明經諸科及第、出身、同學究出身總五百九十六人。鐸，邵武人也。帝以詳定官陳擇〔繹〕等取第一甲不精，並罰銅。

17 丁丑，以廣西進士徐伯祥爲右侍禁，欽、廉、白州巡檢。

18 己卯，宗噶爾首領果莊復寇五牟谷，熙河鈐轄韓存寶敗之。

19 庚辰，復种諤禮賓副使、知岷州，韓絳再相，嘗訟其前功故也。

20 夏，四月，戊戌，復廣濟河漕。

21 癸卯，詔：「廣南亡沒士卒及百姓爲賊殘破者，轉運安撫司具實并議賑卹以聞。」

22 甲辰，降空名告身付安南行營，以招降賞功。詔諸路募武勇赴廣西，贈廣西死事將士官有差。

23 辛亥，茂州夷寇邊，知成都府蔡延慶乞發陝西兵援茂州，候兵至，當自將以往。帝遣內副〔侍〕押班王中正經制。詔延慶務在持重，毋得輕離成都。

24 甲寅，遼遣耶律孝純以太后喪來告，帝發哀成服，輟視朝七日。

25 五月，丙辰朔，詔：「邕州沿邊州峒首領來降者，周惠之。」

26 丙寅，復分兩浙爲東、西路；明年，又合爲一，以財賦不可分故也。

27 丁卯，城茂州。

28 壬申，詔：「安南諸軍過嶺有疾者，所至護治。」

29 庚辰，靜州下首領董整白等來降。

30 六月，己丑，綿州都監王慶、崔昭用、劉珪、左侍禁張義援茂州，戰死。

31 辛卯，詔：「濱海富民得養蜑戶，毋致爲外夷所誘。」

32 甲午，遼葬仁懿太后於慶陵。

33 己亥，慮囚，降死罪一等，杖以下釋之。

34 己亥，遼主駐特古里。（舊作拖古烈。）

35遼護衞蕭和克舊作忽古，今改。憤耶律伊遜恣行不法，嘗伏於橋下，伺伊遜過，欲殺之。會暴雨，橋壞，不果；又欲殺之於獵所，爲親友所阻而止。廷臣側目，莫敢言其姦者。北面林牙蕭巖壽密言於遼主曰：「伊遜自皇太子預政，內懷疑懼，又與張孝傑相附會，數相過從，恐有陰謀，動搖太子，不可使居要地。」遼主悟，壬寅，出伊遜爲中京留守。一時稱遼主能納忠言，同知南院宣徽使諧里、都林牙耶律庶箴及耶律孟簡各以表賀。【考異】耶律伊遜傳出爲中京留守，耶律庶箴、耶律孟簡、耶律薩喇（舊作撒剌。）傳並同，惟蕭巖壽傳作上京留守。今從本紀作中京。

36遼仁懿太后山陵事未畢；耶律伊遜之黨見伊遜外遷，恐遼主意移，亟勸立后，遼主從之。丁未，册蕭氏爲皇后，遂封后父祗候郎君迪里喇舊作鼈里剌，今改。爲趙王，后叔西北路招討使伊哩額舊作余里也，今改。爲遼西郡王，后兄漢人行宮都部署錫默爲柳城郡王。【考異】蕭錫默係新立后之兄，遼本紀誤書爲叔。徐氏後編書册后于前，而伊遜外遷在後，云本諸姦臣傳，殊不考姦臣所云尋册爲皇后，特終言其事耳，非謂事在伊遜外遷之前也。今從本紀。

伊遜既外遷，以參知政事楊遵勖知南院樞密使事，以北院樞密副使蕭錫薩舊作速撒，今改。知北院樞密使事，以漢人行宮副部署劉詵參知政事。

己酉，南府宰相趙徽致仕。

37秋，七月，丙辰，朱崖軍黎賊黃婴入寇，詔廣南西路嚴兵備之。

38 壬戌，城下谿州，賜名會谿城，戍以兵，隸辰州，出租賦如漢民。

39 癸亥，靜州將楊文緒結蕃部謀叛，王中正斬之以徇。

40 戊辰，遼主如秋山，一日射鹿三十，宴從官，酒酣，命賦雲上于天詩。命北府宰相耶律孝傑坐御榻旁，遼主誦黍離詩「知我者謂我心憂，不知我者謂我何求」。孝傑奏曰：「今天下太平，陛下何憂？富有四海，陛下何求？」遼主大悅。

41 癸酉，遼柳城郡王蕭錫默卒。

42 是月，安南行營次桂州，郭逵遣鈐轄和斌等督水軍涉海自東入，諸軍自廣西入。

43 八月，己丑，罷鬻祠廟。時司農寺令天下祠廟，許依坊場河渡募人承買，收取淨利，應天府閼伯、微子廟亦在鬻中。判官劉摯歎曰：「一至于此！」往見判府張方平曰：「獨不能爲朝廷言之邪？」方平矍然，託摯爲奏曰：「閼伯遷商丘，主祀大火，火爲國家盛德所乘；微子開國于宋，亦本朝受命建號所因。又有雙廟，乃唐張巡、許遠，以孤城死賊，能捍大患者也。今若令承買，小人規利，宂褻瀆慢，何所不爲！歲收微細，實損國體。乞存此三廟，以稱國家嚴恭典禮，追尙前烈之意。」疏上，帝震怒，批付司農曰：「慢神辱國，莫此爲甚，可速止之！」于是天下祠廟皆得不鬻。

44 庚寅，遼主出獵，遇麛失其母，閔之，不射。

45 丁酉，禁北邊民闌出穀粟。

46 九月，戊午，濬汴河。

47 遼以南京蝗，免明年租稅。

48 丙寅，詔罷都大制置河北河防水利司。

49 （己卯），詔卹嶺南死事家，表將士墓。

50 己卯，遼主駐藕絲淀。

51 冬，十月，乙酉，太白晝見。

52 戊子，翰林學士、權御史中丞鄧綰罷爲兵部郎中、知虢州。壬辰，貶中書戶房習學公事練亨甫爲漳州軍事判官。【考異】涑水記聞作潭州軍事判官，誤，今從長編。

初，王安石與呂惠卿互相傾陷，遣徐禧、王古等按華亭獄，不得惠卿罪，更使蹇周輔按之，獄久不決。安石子雱切責亨甫與呂嘉問，二人乃共謀取綰所列惠卿事，雜他書下制獄，安石不知也。堂吏遽告惠卿於陳，惠卿以狀聞，且上書訟安石曰：「安石盡棄素學，而隆尙縱橫之末數以爲奇術。以至譖愬脅持，蔽賢黨姦，移怒行很，方命矯令，罔上惡君。凡此數惡，力行於年歲之間，莫不備具，雖古之失志倒行而逆施者，殆不如此。」帝以狀示安石，安石謝無有。歸以問雱，雱言其情，安石咎之。時雱已病疽彌年，坐此益忿恚，疽潰而卒，安石悲傷，求去愈切。綰慮安石去而已失勢，乃力勸帝留安石，其言甚無顧忌。帝再三詰綰，綰以實告曰：「安石門人練亨甫爲臣言。」帝令吳充以己意問安石，安石大駭，即上奏曰：「聞御史中丞鄧綰嘗爲臣子營官及薦臣壻可用，又爲臣求賜第京師；兼綰近舉御史二人，尋卻乞不施行。聞其一人彭汝礪者，嘗與練亨甫相失，綰聽亨甫游說，故乞別舉。綰所爲若此，豈可令執法在論思之地！亨甫亦不當留備宰屬。」帝以綰操心頗僻，賦性姦回，論事薦人，不循分守；亨甫身備宰屬，與言事官交通；故有是命。綰始以附安石得居言職，及惠卿之黨欲傾安石，綰皆竭力奏劾之，亨甫亦由詔事雱以進，至是乃因安石言，相繼罷斥。

53 乙未，詔東南諸路教閱新軍。

54 遼耶律伊遜之出爲中京留守也，泣謂人曰：「伊遜無過，因讒見出。」其黨以其言聞於遼主，遼主悔之。會伊遜生日，遼主遣近臣耶律白斯本賜物爲壽，伊遜因私屬白上：「臣見姦人在朝，陛下孤危，身雖在外，竊用寒心。」白斯本還，以聞。遼主賜伊遜車，諭曰：「無慮弗用，行將召矣。」由是反疑蕭巖壽，出爲順義軍節度使。

詔近臣議召伊遜事，北面官屬無敢言者。契丹行宮都部署耶律薩喇曰：「蕭巖壽言伊遜有罪，不可爲樞臣，故陛下出之。今復召，恐天下生疑。」同知南院宣徽使諸里，亦言不可復召。薩喇進諫者三，左右爲之震悚，遼主卒不聽。戊戌，召伊遜復爲北院樞密使。

55丙午，王安石罷。安石之再相也，多稱疾求去。及子雱死，力請解機務。帝亦厭安石所爲，乃罷爲鎮南軍節度使、同平章事、判江寧府。雱死時，年三十三。

56樞密使、檢校太傅吳充，禮部侍郎、參知政事王珪並守前官、同平章事。充子安持雖娶王安石女，而充心不善安石所爲，數爲帝言新法不便，帝察其中立無與，及安石罷，遂相之。

57以資政殿學士、知成都府馮京知樞密院事。

京與王安石同在中書，多異議，安石頗疑憚之，故嘗因事移私書於呂惠卿曰：「無使齊年知。」京、安石俱生辛酉，故謂之齊年。及安石再相，惠卿出知陳州，悉發安石前後私書奏之，其一云「無使齊年知」，又其一云「無使上知」。帝以安石爲欺而京不阿，故復用京。

58十一月，乙卯，給廣南東路空名告敕，募入錢助軍。

59辛酉，錄魏徵後。

60甲戌，遼主欲觀起居注，修注郎布延舊作不攧，今改。等不進，各杖二百，罷之。

61耶律伊遜既復用，勢益張，見耶律薩喇，讓之曰：「與君無憾，何獨異議？」薩喇正色曰：「此社稷事，何憾之有！」耶律庶箴私見伊遜而泣曰：「前者抗表，非庶箴之願也。」伊遜憮而釋之；出諸里爲廣利軍節度使，謫耶律孟簡巡磁窯關。未幾，流蕭巖壽于烏隗部，終身拘作。巖壽雖竄逐，恆以社稷爲憂，時人爲之語曰：「以狼牧羊，何能久長！」

62 乙亥，以安南行營將士疾疫，遣同知太常禮院王存禱南獄〔嶽〕，遣中使建祈福道場。

63 己卯，洮東安撫司奏包順等破果莊兵于多移谷。

壬午，果莊寇岷州，种諤以輕兵襲擊于鐵城，敗之。

64 是月，遼南京地震，民舍多壞。

65 十二月，丙戌，郭逵拔廣源州，僞觀察使劉紀降。

66 己丑，子傭生。【考異】己丑，宋史神宗紀作庚寅。哲宗紀云：十二月七日己丑生，今從之。

67 棟戩舊作董氈，今改。使果莊聚兵洮、岷，脅新附羌，多叛歸之。甲午，遣內侍押班李憲乘驛往秦鳳、熙河措置邊事，詔諸將皆受節制。

御史中丞鄧潤甫、御史周尹、蔡承禧、彭汝礪言：「自古不聞有中人爲將帥者。唐明皇時，覃行章亂黔中，始以楊思勗爲招討使，唐之禍萌于此。代宗時，魚朝恩幾危社稷。憲宗用吐突承璀，卒以輕謀敗事，得罪後世。陛下其忍襲唐故迹而忘天下之患乎？」又言：「果莊之患小，用憲之患大；憲功不成，其禍小，功成，其禍大。」章再上，弗聽。

68 遼以左伊勒希巴舊作夷離畢，今改。蕭託卜嘉舊作撻不也，今改。爲南院統軍使。耶律伊遜以北面林牙耶律延格舊作燕哥，今改。爲耳目。延格狡佞而敏，凡有聞見，必舉以告。伊遜愛而薦之，遼主亦以爲賢，拜左伊勒希巴。

69 丁酉，詔：「岷州界經果莊兵燹者賜錢，脅從來歸者釋其罪。」

70 癸卯，郭逵敗交趾于富良江，獲其僞太子洪眞，李乾德遣人奉表詣軍門降。

初，趙卨擧逵以自代，及逵至，輒與卨異。卨欲乘兵形未動，先撫輯兩江峒丁，擇壯勇，啖以利，使招徠攜貳，墮其腹心，然後以大兵繼之，逵不聽；卨又欲使人齎榜入賊中招納，逵又不聽；遂令燕達先破廣源，復還永平。卨以爲廣源間道距交州十二驛，趨利掩擊，出其不意，川塗並進，三路致討，勢必分潰，固爭，不能得。賊遂據富良江，列船數百，官軍不得濟。卨分遣將吏伐木治攻具，機石如雨，蠻艦皆壞。徐以罷卒致賊，設伏擊之，斬首數千級，馘其渠酋，獲洪眞，賊窮蹙歸命。時兵夫三十萬人，冒暑涉瘴地，死者過半。至是大軍距交州裁三十里，隔一水不得進。逵怍於玩寇，移疾先還，遂班師。

71 冷雞朴誘山後生羌擾邊。庚戌，詔：「有得冷雞朴首者賞之。」瑪爾戩請自效，衆以爲不可。李憲曰：「何傷乎！羌人天性畏服貴種。」聽之往。瑪爾戩盛裝以出，諸羌聳視無鬭志，憲師乘之，殺獲萬計，斬冷雞朴。棟戩懼，卽遣使奉贄效順。加憲宣州觀察使、入內副承旨。置威戎軍。

72 遼耶律伊遜請賜牧地，羣牧林牙耶律寅吉奏曰：「今牧地褊陋，畜不蕃息，豈可分賜臣下！」遼主乃止。伊遜由是益嫉寅吉，除懷德軍節度使，旋貶漠北馬羣太保，未幾卒。

續資治通鑑卷第七十二

賜進士及第兵部尚書兼都察院右都御史總督湖北湖南等處地方軍務兼理糧餉世襲二等輕車都尉　畢　沅　編集

宋紀七十二 起强圉大荒落（丁巳）正月，盡十二月，凡一年。

神宗體元顯道法古立憲帝德王功英文烈武欽仁聖孝皇帝

熙寧十年遼太康三年。（丁巳、一〇七七）

1 春，正月，癸丑，遼主如混同江。

乙卯，省諸道春貢金帛及停周歲所輸尙方銀。

2 庚申，權發遣荆湖南路轉運判官唐義問言：「近廢荆門軍爲長林縣，屯兵減少，不足以控制要會。聞自廢軍以來，鹽酒課息每歲虧數，過於所存役錢。乞復建軍。」詔荆湖北路監司相度以聞，既而不行。

3 戊辰，仙韶院火，不視朝。

4 己巳，白虹貫日。

5庚辰，詔開封府判官吳幾復劾東頭供奉官王永年，以永年詒宰相訟宗室叔皮等易衣私出求卜也。

永年妻，叔皮女弟。永年自江南罷官，押錢綱赴京師，盜用數千緡，冀妻家爲償之，叔皮不爲償；三司督錢甚急。永年知叔皮嘗於上元夜微服游閭里，乃夜叩東府告變云：「叔皮兄弟私訪卜者，爲己有天命，謀作亂，密造乘輿服御物已具。」故命幾復鞫之。幾復按驗，皆無狀。永年既伏罪，會病，死獄中。

6侍御史周尹言：「近制，太廟大祠，並差宗室使相以上攝太尉行事，所以重宗廟，尊祖考，親皇族，訓子孫也。去冬臘享及期，中書方欲出敕，有宗室遽在告，既別差官，翼日即奉朝請，亦有受誓戒後復辭疾者。竊惟宗室親賢，蒙九聖積累之烈，已極尊崇顯寵矣，所宜春秋致力以舉禮。今乃以一日奉祠爲憚，則是悖德棄本，莫甚於此。宜申約束，自今宗室使相合赴太廟行事者，毋得臨時以疾苟免。如謂宗室使相以上員數不多，祠事頻數，即差節度使以上通攝。」從之。

7二月，壬午朔，遼東北路統軍使蕭罕嘉努，舊作韓家奴，今改。加尙父，封吳王。

8甲申，命北院樞密使魏王耶律伊遜舊作乙辛，今改。同母兄弟，世預北南院樞密之選；其異母諸弟，世預伊勒希巴之選。

9 戊子，以果莊舊作鬼章，今改。敗，种諤等賞官有差。

10 己丑，遼主如魚兒濼。

11 辛卯，日中有黑子如李，至乙巳散。

12 遼以中京饑，罷巡幸。

13 乙未，權御史中丞鄧潤甫言：「嘗有興利之臣，議前代帝王陵寢，許民請射耕墾，而司農可之。緣此唐之諸陵悉見芟刈，聞昭陵木已翦伐無遺。熙寧令前代帝王陵寢並禁樵采，遇郊祀則敕吏致祭，其德意可謂遠矣。小人掊克，不顧大體，使其所得不貲，猶不可爲，況所獲至淺鮮哉！乞下所屬，依舊禁止樵采耕墾，并黜責創議之人。」詔：「唐諸陵除立定令條禁止頃畝外，其餘民已請射地，許依舊耕佃，爲守陵戶，餘並禁止。」

14 丁酉，詔：「諸州歲以十月差官檢視內外老病貧乏不能自存者注籍，人日給米豆各一升，小兒半之；三日一給。自十一月朔始，止明年三月晦。」

15 己亥，樞密副使王韶罷。

韶與安石異，數以母老乞歸，帝語安石勉留之。安南之役，韶言：「廣源之建，臣以爲貪虛名而忘實禍，執政乃疑臣爲刺譏。方舉事之初，臣力爭極論，欲寬民力而省財用，但同列莫肯聽，至以熙河事折臣。臣本意不費朝廷而可以至伊吾盧甘，初不欲令熙河作路，河、岷作州也。今與衆異論，儻不求退，必致不容。」詔本鑿空開邊，驟躋政地，乃以勤兵費財歸曲朝廷，帝由是不悦，以觀文殿學士、戶部侍郎知洪州；又坐謝表怨慢，落職，知鄂州。

16 丙午，以復廣源、蘇茂等州，羣臣表賀。曲赦廣南西路諸州軍。安南道經略招討都總管、荆湖南路宣撫司並罷。行營軍馬除量留防守外，盡放歸本路。經賊坊郭、鄉邨戶及避賊失業者，并被殺土丁之家，去年已放稅者更放，今年并二稅役錢已免兩料者更免兩料。應經賊殺戮之家，見存丁口孤貧不能自存者，所在州軍日給口食米。以廣源州爲順州。

17 賜李乾德詔，許依舊入貢，送還所掠省地人口。是役也，帝令中書、樞密院具行營兵馬數，兵四萬九千五百六人，馬四千六百九十四匹，除病及事故，見存二萬三千四百人，馬三千一百七十四匹。【考異】此中書、樞密所奏兵馬數也。據河南程氏遺書，稱是役運糧者死八萬，戰兵瘴死者十一萬餘，得生還二萬八千人，尚多病者。又先爲賊殺戮數萬，都不下三十萬口。今兩府所奏，僅損失二萬六千餘人，蓋兵家失利，諱匿而不上聞者多矣，此張方平所以有好兵猶好色之戒也。

18 以郭逵判潭州，趙卨知桂州。以征交趾，移疾先還，逵既坐貶；卨亦以不卽平賊，降直龍圖閣、知桂州。

19 戊申，三司言：「奉詔同制置解鹽使皮公弼詳議中外所論陝西解鹽鈔法利害。鹽法之弊，由熙河鈔溢額，鈔溢額故鈔價賤，鈔價賤故糧草貴。又，東、西、南三路通商州縣權賣官，故商旅不行。如此鹽法不得不改，官賣不得不罷。今欲更張前弊，必先收舊鈔，點印舊鹽，行貼納之法，然後自變法日爲始，盡買舊鈔入官。其已請出鹽，立限許人自陳，準新價貼納錢印鹽席，給公據。令條具所施行事。東南舊法，鹽鈔一席毋過三千五百，西鹽鈔一席毋過二千五百，盡買入官。先令商人以鈔赴解州榷鹽院幷池場照對批鑿，方許中賣。已請出鹽，立限告賞，許商人自陳。東南鹽一席貼納錢二千五百，西鹽一席貼納三千，與換公據，立限出賣，罷兩處禁榷官賣。其提舉司出賣鹽，並依客人貼納價錢，充買舊鈔支用，取客人情願對行算請。從省司降篆書鹽席木印樣，委逐州軍雕造，付所差官檢點印記，給與新引。將京西南、北、秦鳳、河東路、在京開封府界應通商地分，各舉官一員。其全席鹽，限十日內經官自陳，點印貼納，委所差官點數，用印號，毀抹舊引，給與新引，其貼納錢，許供通抵當。如商人願舊鈔依定價折會貼納鹽錢者，聽從便，於隨處送納抹訖，封印送制置司。若私鹽衰息，官鹽自可通行。民間請出兩路鹽，無慮三十五萬席，比候民間變轉，約須期年。慮緣邊未入新法鹽錢，糧草有闕，乞權於去年折納欠負穀粟，計物價借充軍糧，候入到鹽錢，依數撥還。通商州軍縣鎮，歲終，委轉運、提點司各以管下民戶多少，同者將繳納商人注賣鹽引多少爲準，比較增虧，依編敕江、淮等路賣鹽酒，比較賞罰。」詔：「除提舉出賣解鹽司官賣地分別降指揮外，及市易司已買鹽，亦依客人例貼納價錢，餘依所定。」

20 三月，辛酉，分命輔臣祈雨於郊、廟、社稷，仍詔開封府界、京東、西、河北轉運、提點刑獄司，各訪名山靈祠，委長吏請禱。

21 丙寅，三司言：「相度及再體問商人，自來出產小鹽及鄰接京東、河北末鹽地分，澶、濮、濟、單、曹、懷州、南京及開封府界陽武、酸棗、封丘、考城、東明、白馬、長垣、胙城、韋城九縣，令通商，必爲外來及小鹽侵奪，販賣不行；合依舊官自出賣，仍召客人入中外，其河陽、同、華、解州、河中、陝府及開封府界陳留、雍丘、襄邑、中牟、管城、尉氏、鄢陵、扶溝、太原〔康〕、咸平、新鄭十一縣，欲且令通商，候逐月繳到客交引，對比官賣課利，不相遠，即立爲定法，若相遠，或趁辦年額不敷，即依舊官賣。」從之。

先是張景溫提舉賣鹽，頗增鹽價，民不肯買，則課民日買之，隨其貧富作業爲多少之差。有買賣私鹽者，重賞募人告，以犯人家財充賞。民買官鹽，食不盡，留經宿者，同私鹽法。民間騷怨。鹽鈔每席舊直六千，至是才二千有餘，商不入粟，邊儲失備。朝廷疑之，召陝西轉運使皮公弼入議其事，公弼極陳官賣鹽爲不便，詔與三司議之。沈括在三司，雖不能奪公弼議，然王安石方主景溫，括希安石意，乃言若通商，則歲失官賣緡錢二十餘萬。雖乞將管城等十一縣并南京、孟、陝、同、華、衞六州府通商，而中書訖不行。安石既去位，括始與公弼共言官賣鹽不可不罷，於是詔許孟、陝、同、華、解、河中六州府、陳留等十一縣通商，餘官實猶如故云。

22 壬申，詔州縣捕蝗。

23 夏，四月，辛巳，復置憲州。

24 樞密直學士、給事中、知定州薛向爲工部侍郎，再任。向辭所遷官，降詔不允。故事，前執政辭官乃降詔；兩省降詔，自向始也。

初，遼使求地者久留邸舍，數出不遜語。邊奏雲、應集兵，治涿、易道，謂北人渝盟有端，累詔向察其實。向還奏：「遼人欲速成地界議，故多張虛勢以動中國。使者懼朝廷不如其請，故爲嫚言，徼幸取成。且兵來，不除道也。」後卒如向言。

25 癸未，中書門下言：「新科明法及第出身人，當年秋以本業試中明法，至有循兩資者，推恩太優。今欲應明法及第，入試中明法，除入第一等合差充刑法官與依例推恩外，餘只免試，更不推恩。」從之。

26 乙酉，遼主泛舟黑龍江。

27 丁亥，于闐國入貢。

28 丁酉，詔禮部：「進士依舊試策五道。又，祖宗袒免親已授官者，聽鎖應；及非袒免親，許應舉國子監及禮部，別爲一甲，試兩場，五分爲額，發解所取不得過五十人。殿試與正奏名進士試策，別作一項考校。累舉不中、年四十者，申中書奏裁，量材錄用。」

29 癸卯，三司言：「近奉朝旨，將舊法東南鹽鈔委官於在京等七處置場，每席三貫四百，權於內藏庫借見錢二十萬貫應副收買，候貼納到鹽錢逐旋撥還。尋令市易務依此收買。本務申，客人擁并赴務投下文鈔，據所買計用錢五十九萬三千餘貫，省司全闕見錢，深慮有妨鈔法。欲將在京客人所乞中賣文鈔，除單合用鈔別無收附，對勘卻退，令於向西州軍官場就近勘合中賣外，其餘鈔數，盡行收買。價錢內三分支還見錢，餘七分依沿邊入中鈔價，細算合支價錢目，給與新引。所有合貼新鈔，候降下指揮，從省司牒三班院，差使臣一員，赴制置解鹽司取撥合銷新鈔，赴市易務下界契勘書塡給付客人，令於解地請領鹽貨。所貴買盡民間舊鈔，兼客人換得新引請鹽，趁時變賣。」從之。其新鈔仍在熙寧十年合出鈔額

30 甲辰，河東經略使韓絳言：「嵐州合河津並無地與夏國接界，乞減寨主，量留廂軍五人，及廢上下津十七鋪。又，上平關雖當把截津要，亦阻黃河之險，欲上〔止〕留監押一員，軍士三百人。」從之。

31 五月，庚戌朔，監兩京抽稅竹木務、太子中允程顥改太常丞，以知河南府賈昌衡等言顥通古今，行誼修潔，改官八年，未嘗磨勘故也。

32 戊午，詔修仁宗、英宗兩朝正史，命宰臣吳充提舉，以龍圖閣直學士宋敏求爲修史，集賢院學士蘇頌同修史，集賢校理王存、黃履、林希並爲編修官。

33 癸亥，知越州、資政殿大學士趙抃知杭州。

抃知越州時，兩浙旱蝗，米價踴貴，餓死者什五六。諸州皆榜衢路，立告賞，禁人增米價。抃獨榜衢路，令有米者任增價糶之。於是諸州米商輻輳詣越，米價更賤，民無餓死者。

先是淮浙饑，詔出本界上供米損市價糶，以活飢民。發運副使盧秉言：「價雖賤，貧者終不得米，請償糴本，盡以其餘賑卹流民。」詔可。是歲奏計，帝問曰：「如聞滁、和民食蝗以濟，有之乎？」秉對曰：「有之。民飢甚，死者相枕籍。」帝慘然曰：「獨趙抃爲朕言，與卿合。」前此發運司入奏，多獻羨餘以希恩，秉獨以錢七十萬緡償三司舊負，因言：「發運司但督六路財賦，以時上之，本無羨餘；以進者，率正數也。」乞遂禁絕。帝嘉納之。

34 丙寅，詔鄭州長史柴衮，令流內銓與注遠處主簿或尉。衮，周世宗之姪玄孫，受命已十年，乞注一官故也。

35 庚午，詔：「侍御史知雜事蔡確，知諫院黃履，定奪衞州運河及疏濬黃河利害異同、理曲不實之人，劾罪以聞。如合就按驗，輟官一員及取旨遣內侍同往。」

初，熊本既受命，與都水監主簿陳祐甫、河北轉運使陳知儉共按問，諸埽言：「八年故河道水減三尺，濬川杷未至間已增三尺，杷至又增一尺。且從此以前十年，水皆夏溢秋復，不惟此一年，水落實非杷所至。」本等乃集臨清、冠氏縣十五人責狀，及據埽上水曆，即南岸以杷試驗，雖小有增深寸數，翼朝再測，已與未濬時無異。又訪議者，皆以運河之興，有費無利，且爲官私之患。遂以文彥博所陳爲是，奏乞廢濬川司。

時范子淵在京師，先聞之，遽上殿言：「熊本、陳祐甫，意謂王安石出，文彥博必將入相，附會其意，以濬川杷爲不便。臣聞本奉使按事，乃詣彥博納拜，從彥博飲食，祐甫、知儉皆預焉，及屏人私語。今所奏必不公。且觀彥博之意，非止言濬川杷而已。陛下一聽其言，天下言新法不便者必蠭起，陛下所立之法大壞矣。」帝頗惑其言，詔以本等奏送都水監及外監丞司。子淵遂訟本等以七月中北岸水曆定五月中南岸河流漲落，又不皆至河所視其利害，及大名府已嘗保明用杷浚二股功利牒轉運司，乘本等專取索濬河司事總四千七百餘紙，即未嘗取索大名府安撫司轉運司、事相參照；而確亦劾本奉使不謹，議論不公，乞更委官定奪是非；故就委確及履仍即御史臺置獄推究。

36 同提舉成都府等路茶場公事蒲宗閔言：「本司般賣解鹽，已蒙改法，依舊通商。外有茶法，事亦相關，須至更改。每年欲起發茶四萬馱赴秦州、熙河路，依市價賣，仍認定稅息錢，應副博馬、糴買糧草。并川峽路民間食茶，許逐場依市價添減收買，每貫收息錢一分出賣，仍沿貫納長引錢。鳳州、鳳翔、永興軍、環慶路州軍亦依舊爲商地，分許客人於川中茶場算請與販。」知彭州呂陶亦言官場買茶，虧損園戶，有致詞訴及生喧鬧。旋詔川中茶場免收息三分。

37 丙辰，遼玉田、安次縣有蝝傷稼。

38 己巳，遼主駐犢山，宴羣臣。遼主曰：「先帝用仁先、華噶，(舊作化哥。)以賢智也。朕有仁傑、伊遜，不在仁先、華噶下。」歡飲至夜乃罷。

39 甲戌，太白晝見。

40 遼太子自母后之變，憂見顏色。而耶律伊遜之黨，以皇后廢立皆由其謀，欣躍相慶，肆騰讒言(校者按：言字衍。)謗，忠良之士，斥逐殆盡。護衛太保蕭錫沙舊作十三，今改。辨黠，善揣摩人意，數出入伊遜家，見朝臣不附者，輒擿使去之，錫沙得遷殿前副檢點。會護衛蕭和克舊作忽古，今改。謀殺伊遜事覺，伊遜械繫之，考劾不服，流於邊。錫沙謂伊遜曰：「今太子猶在，臣民屬心，大王素無根柢之助，復有誣皇后之怨，他日太子立，大王置身何地？宜熟計之。」伊遜曰：「吾憂此久矣。」夜，召其黨蕭德哩特，舊作得里特，今改。謀所以搆太子者。乙亥，伊遜使其黨護衛太保耶律扎喇舊作查剌，又作木剌，今改。等告都部署耶律薩喇、舊作撒剌，今改。樞密使蕭蘇薩舊作速撒，今改。等謀立太子。遼主命按問之，無迹，乃出薩喇爲始平軍節度使，蘇薩爲上京留守，鞭護衞六人百餘，各徙於邊。

41丙子，遼以西北路招討使遼西郡王蕭呼哩額舊作余里也，今改。爲北府宰相兼知契丹行宮都部署事。

呼哩額，孝穆之孫，便佞滑稽，尚鄭國公主，拜駙馬都尉。初與耶律伊遜不協，出爲寧遠軍節度使。自後呼哩額揣知伊遜意，傾心事之，伊遜欲引爲助，故有是擢。

42丁丑，詔使臣換文資，試律令大義十道，以八通爲上，六通次之，四通又次之，並爲合格，中書取旨。

43戊寅，遼詔告謀逆者加重賞，耶律伊遜之謀也。時有耶律啫嚕舊作合魯，今改。與其弟烏頁舊作吾也，今改。皆黨於伊遜，時號二賊。

44六月，己卯朔，遼耶律伊遜使其黨牌印郎君蕭額都淵舊作訛都斡，今改。仲父房之耶律托卜嘉舊作撻不也，今改。【考異】同時有兩耶律托卜嘉，其出季父房者官北院宣徽使，忠於太子者也；出仲父房者，伊遜黨也。（校者按：耶律乙辛黨之耶律撻不也，遼史本傳作塔不也。）上急變曰：「昨者耶律扎喇所告蘇喇等，其事皆實，臣亦與其謀，本欲殺伊遜而立太子。臣等若不言，恐事白連坐。」遼主信之，杖太子，幽之別室，命伊遜及耶律孝傑、耶律仲禧、蕭呼哩額、楊遵勖、耶律延格、舊作燕哥，今改。蕭錫沙等鞫治。太子具陳枉狀，謂延格曰：「上惟我一子，今爲儲副，尚何所求！公與我爲昆弟行，當念無辜，達意於上。」蕭錫沙聞之，謂延格曰：「如此奏，則大事去矣；當易其辭爲款伏。」延格入，如錫沙言奏之，遼主大怒。中外知其冤，無敢言者，惟北院樞密副使蕭惟信廷爭之，遼主弗聽。

伊遜等窮治太子之黨，逮北院宣徽使耶律托卜嘉、漢人行宮都部署蕭托卜嘉等下獄，不勝榜掠，皆誣伏。伊遜恐遼主猶有所疑，引托卜嘉等庭詰之，各令荷重校，繩繫其頸，不能出氣，諸人不堪其酷，唯求速死。伊遜乃入奏曰：「別無異辭。」遂殺蕭托卜嘉、耶律托卜嘉與其弟陳留及東宮宿直官，遣使殺始平軍節度使耶律薩喇、上京留守蕭蘇薩及其諸子，執蕭巖壽、蕭和克至京，殺之。時牽連被殺者衆，盛夏尸不得瘞，地爲之臭。流耶律孟簡於保州。

45 壬午，注輦國遣使朝貢。

46 癸未，詔：「南京、鄆、兗等州及邢州之鉅鹿、洺州之雞澤、平恩、肥鄉縣盜賊，並用重法。」

47 丙戌，遼廢太子濬爲庶人，囚之上京。太子將出，曰：「吾何罪而至是？」蕭錫沙叱令登車，遣衞士闔其車門而去。蕭德哩特監送太子，時促其行，不令下車，起居飲食，數加陵侮，至則築堵環囚之。西南面招討使吳王蕭罕嘉努舊作韓家奴，今改。上書言太子冤，不報。

48丙申，知制誥孫洙言：「熙寧四年中，建言者患制誥過爲溢美，以謂磨勘遷官，非有績效，不當專爲訓詞。遂著令，磨勘皆爲一定之辭；文臣待制、武臣閤門使以上，方特命草制，其餘悉用四句定辭。遂至羣臣雖前後遷官各異，而同是一辭；典誥者雖姓名各殊，而共用一制；一門之內，除官者各數人，文武雖別而并爲一體。至於致仕、贈官、薦舉、敍復、宗室賜名、宗婦封邑、齋文疏語之類，雖名體散殊，而格以一律，歲歲遵用，非所以訓百官，詔後世也。前世典章、本朝故事，未嘗有此。陛下天縱神聖，言成典謨，而典誥之臣乃苟簡如此，豈稱明詔所以垂立一代制度之意哉！伏望皆令隨事撰述，但不得過爲溢美以失事實。」詔：「舍人院撰詞，少卿監以下，奏薦敍封，每遇大禮一易；恩澤舉人，每科場一易；封宗室婦女，逐時草制；文官轉官致仕并選人改京朝官知縣，并隨等撰定。」其後舍人院又請百官封贈，嘗任待制、觀察使以上其子封贈，並隨事別撰。從之。

49辛丑，樞密院言：「聞邕州、欽州峒丁，其人頗驍勇，但訓練不至，激勸無術。欲委經略司選舉才武廉幹之人爲都司巡檢等，提舉訓練，每季分往按閱。逐峒，歲終具武藝精強人數，首領等第給俸；提舉官以武藝精強五分以上議酬獎。仍令五人附近者結一保，五保相附近者結一隊。每按閱，保隊各相依附；至於戰鬬，互相救助。勇怯分爲三等：有戰功或武藝出衆爲上等，免差役；人才趫捷爲中等，免科配；餘爲下等。常日不妨農作，習學武藝；選提舉官按閱，即聚一郡按試，毋得豫集邊境。有盜賊，令首領相關報。」從之。

50 壬寅，三司言鑄大錢欲乞且依舊額，今後如有添鑄，乞除陝西、河北、河東外，諸路並鑄小錢；又言河北西路轉運司請於邢、磁州置監，鼓鑄折二鐵錢十萬貫，今相度欲於永興軍路鑄折二鐵錢十萬貫，卻於河北西路添鑄大銅錢；並從之。

51 丁未，置岷州鐵城堡。

52 戊申，遼遣使按五京諸道獄

53 秋，七月，辛亥，遼賞告謀廢立者，護衞太保札喇加鎮國大將軍，預邊州節度使之選；祗候郎君耶律托卜嘉加監門衞上將軍，牌印郎君蕭額都溫爲始平軍節度使。額都溫，即蕭托卜嘉之弟也。先是蕭托卜嘉尙趙國主〔公〕主，公主，懿德皇后所生，故蕭托卜嘉與太子善；耶律伊遜嫉之，卒及於難。額都溫見其兄死，遂欲逼尙公主，遼主許之，拜駙馬都尉。公主以額都溫黨於伊遜，惡之。

54 遼徙太子餘黨於邊。耶律努（舊作奴。）舊與耶律伊遜有隙，亦在徙中。其妻蕭意辛爲呼圖（舊作胡獨，今改。）公主之女，遼主以公主故，欲使意辛與努離昏。意辛辭曰：「陛下以妾葭莩之親，使免流竄，實天地之恩。然夫婦之義，生死以之。妾自笄年從努，一旦臨難，頓爾乖離，背綱常之道，與禽獸何異！幸陛下哀憐，與努俱行，妾雖死無憾。」遼主從之。意辛在流所，親執役事無難色，事夫禮敬有加於舊。

伊遜追憾女子常格舊作常哥，今改。嘗作詩讖己，欲因太子事誣以罪，按之無迹，獲免。會其兄耶律迪嚕舊作敵魯，今改。謫鎮州，常格與之俱。時朝臣屏息事伊遜，太子之廢，揚揚如平時。常格在謫所，恆布衣疏食。問曰：「何自苦如此？」常格曰：「皇嗣無罪遭廢，吾輩豈可美食安寢乎！」聞者愧之。

55 遼北院樞密副使蕭罕嘉舊作韓家，今改。經畫西南邊天池塹，立堡砦，正疆界，刻石而還。壬子，擢漢人行宮都部署。【考異】本紀作蕭罕嘉努爲漢人行宮都部署，則與吳王蕭罕嘉努同名也。列傳作「蕭罕嘉」，無「努」字，疑本紀有衍字也。今從列傳。

56 癸丑，潁州團練推官邵雍卒。

雍受易於李之才，探賾索隱，衍伏羲先天之旨，著書十萬餘言。富弼、司馬光、呂公著在雒，雅敬雍，爲市園宅，雍名其居曰安樂窩。以薦授將作主簿，後補潁州團練推官，皆固辭；及受命，竟稱疾不之官。程頤嘗與議論終日，退而歎曰：「堯夫，內聖外王之學也。」

57 甲寅，禱雨。

58 詔：「今後廣南西路係惡弱水土州郡，合差依〔醫〕官處，如額外祗候人願往者聽。」

59 乙卯，帝謂輔臣曰：「元昊昔僭號，遣使上表稱臣，其辭猶遜；朝廷不先詰其所以然，而遽絕之，縱邊民、蕃部討虜，故元昊常自謂爲諸羌所立，不得辭，請於朝廷，不得已而反，西師戰輒敗，天下騷然，仁宗悔之。當元昊僭書來，諫官吳育謂夷狄難以中國叛臣處之，或可稍易以名號。議者皆以爲不然，卒困中原，而使加歲賜，封册爲夏國主，良可惜哉！」

60 丁巳，翰林學士、權三司使沈括爲集賢院學士、知宣州。

先是侍御史知雜事蔡確言：「括以白劄子詣吳充陳說免役事，謂可變法令，輕役依舊輪差。括爲侍從近臣，既見朝廷法令有所未便，不明上章疏，而但於執政處陰獻其說。兼括累奉使察訪，職在措置役法，是時但欲裁減下戶錢，未嘗言復差徭。今非其職而遽請變法，前後反覆不同。朝廷新政，規畫巨細，括莫不預，其於役法講之固熟。如輕役之不用差法，括前日不以爲非而今日不以爲是者，其意固不難曉。蓋自王安石罷相，括恐大臣於法令有所改易，故潛納此說以窺伺其意，爲附納之資爾。且括自主計以來，一無所補，其馭下則取悅而已，其事上則觀望而已，中外之所共傳，聖明之所盡照；而陰以異論干執政欲變更役法一事，尤爲顯著。竊聞中書亦嘗以此劄子進呈，下司農寺相度。天慈兼容，既不加詰，而臣以彈邪繩姦爲職，安敢避默！伏望陛下推括之情，特行罷黜。」詔劄與括知，括即上疏待罪，有詔，令括就職。確又言：「括謂役法可變，何不言之於檢正察訪之日而言之非職事之時；不言之於陛下而陰言之於執事？括之意豈在朝廷法度？但欲依附大臣，巧爲身謀而已。伏望陛下斷在不疑，正括之罪。」故有是命。【考異】李燾云：沈括自誌云：「公〔翁〕嘗請事於相府，是時正肅吳公充當政，問翁：『免役之役今〔法令〕，民之詆訾者今未衰也，是果於民何如？』翁應之曰：『以爲不便者無過士大夫與邑居之民習於復除者，繇使之如邦人，其詆訾無足卹也。惟微戶素無力徭，今使之歲出金，此所當念也。括嘗奏議：「兩浙歲入可減五萬緡，而弛微戶二十八萬餘家。使天下悉如此，微戶盡除，其輸雖小，徭不足爲病也。」公以爲然而表行之。御史乃詆翁『始但議減課，今乃陰易其說使悉除之，首鼠乖剌，陰害司農法。』翁坐謫集賢學士、知宣州事。御史蓋未嘗思以一路言之爲減者，以戶言之蓋除也。」今附見。

61 詔：「諸路歲上知縣、縣令攷課優等治狀，委主判官審校，取最優者上簿，司農寺主簿及提舉常平官有闕，選最優者充；即治狀尤異或資任已高須別加升擢者以聞。」

62 辛酉，羣臣五上尊號曰奉天憲古文武仁孝皇帝，不許。

63 辛未，太常丞、集賢校理、知湖州鞠眞卿爲太常博士、直祕閣；以宣徽北院使王拱辰、御史中丞鄧潤甫言眞卿自改官至登朝三十年，非侍恩未嘗陳請磨勘故也。

64 帝御資政殿，監修國史吳充率修國史宋敏求、編修官王存、黃履、林希以仁宗、英宗紀草進呈。帝服鞾袍，內侍進案，敏求進讀。帝立聽顧問，終篇始坐。

65 乙亥，貶宣徽南院使、雄武軍留後郭逵爲左衞將軍，西京安置；吏部員外郎、天章閣待制趙卨爲左正言、直龍圖閣、依舊知桂州；以御史知雜蔡確言逵經制南安，移疾先還，卨措置糧草乖方及不即平賊也。【考異】范百祿爲趙卨墓誌云：初議南征，上憂糧運。卨奏：「兵食當相須，臣願任責，庶大事可辦。」上大悅，遂以卨兼都大提舉糧草，至湖南，問調發之數，轉運判官唐義問曰：「軍期不敢緩，當一運而足。」安撫使曾布曰：「人何以堪？請爲二番，以紓民力。」義問曰：「安撫建此，欲謀就戮耳。」卨問：「廣西糧至幾何？」曰：「九十萬斛。」「役夫幾何？」曰：「二百七十萬。」卨計見糧足以辦兵食，烏用羨溢以病民，謂義問曰：「役可省矣，有如不給，僕自任此。」因奏罷之。湖南民得保生戢上之德，而感卨不忘。既措置海運，燕達等平廣源，護糧萬斛。并州之民獻禾，供十日糧，且負其餘以歸。師還，太平、廉州積錢穀甚夥，藤、梧羨糧二十餘萬。李燾云：卨方以措置糧草乖方被責，八月一日，又責李平一、蔡曄、周沃等皆緣漕運不辦貶降，不知百祿何故云爾？今不取。

66 是月，河復溢衞州王洪（供）及汲縣上、下埽、懷州黃沁、滑州韓邨，乙丑，遂大決於澶州曹邨，澶州（校者按：澶州二字衍。）北流斷絕，河道南徙，東匯於梁山張澤濼，分爲二派：一合南清河入於淮，一合北清河入於海，凡灌郡縣四十五，而濮、齊、鄆、徐尤甚，壞田踰三十萬頃。遣使修閉。

67 詔太常禮院續修禮閣新編。

68 遼主如秋山，謁慶陵。

69 八月，丙戌，詔監察御史裏行黃廉爲京東路體量安撫。廉嘗言都檢正俞充結中人，徼幸富貴，不宜使佐具瞻之地，并言王中正任使太重，恐爲後憂，又面論之甚切，帝曰：「人才蓋無類，顧駕馭之何如耳。」廉對曰：「雖然，漸不可長。聖人長駕遠馭，故四凶在朝，不廢時雍。彼皆才器桀然過人，任使稱意；爲後世慮，故放殛之耳。」帝曰：「且置此事。河決曹鄆，京東尤被其害，今以累卿。」

廉既受命，前後條畢百餘事，大略疏張澤濼至濱州以紓齊、鄆，而濟、單、曹、濮、淄、齊之間，積潦皆歸其壑。郡守、縣令能救災養民者，勞來勸誘，使即其功，發倉廩府庫以賑不給。水占民居，未能就業者，擇高地聚居之，皆使有屋避水。回遠未能歸者，遣吏移給之，皆使有粟。所灌縣郡，蠲賦棄責，流民所過，毋得征算。使吏爲之道地，止者賦居，行者賦糧；憂其無田而遠徙，故假官地而勸之耕；恐其殺牛而食之，故質私牛而與之錢；棄男女於道者收養之，丁壯而飢者募役之。卒事，所活飢民二十五萬三千口，壯者就功而食，又二萬七千人。

70 戊子，鎮南軍節度使、同平章事王安石再上表，請以本官充集禧觀使，詔不允，仍遣安石弟權發遣度支判官安上齎詔往賜之。

71 己丑，遣蘇頌等賀遼生辰。頌至遼，【考異】宋史言蘇頌賀遼主生辰在八月，不載日，今從長編作己丑。過冬至，其國曆後宋曆一日。北人問：「孰爲是？」頌曰：「曆家算術小異，遲速不同，如亥時節氣交，猶是今夕，若踰數刻，則屬子時，爲明日矣。或先或後，各從其曆可也。」北人以爲然。使還，以奏，帝嘉曰：「朕嘗思之，此最難處，卿所對殊善。」因問其山川人情向背，對曰：「彼講和日久，上下相安，未有離貳之意。昔漢武帝久勤征討，而匈奴終不服；至宣帝，呼韓單于稽首稱藩。唐自中葉以後，河湟陷於吐蕃，憲宗慨然有收復意；至宣宗時，乃以三關、七州歸於有司。由是觀之，外國之叛服不常，不繫中國之盛衰也。」頌意蓋有所諷，帝以爲然。

72 庚寅，遼漢人行宮都部署蕭罕嘉以從獵墜馬卒。

73 辛丑，權發遣三司使李承之言：「三司近歲以來，財貨匱乏爲甚，計月支給，猶懼不足。以承平百餘年，當陛下緝熙庶政之日，國用如此，可不深慮！夫國無三年之蓄，國非其國，況無兼月之備乎！此則有司失職因循苟且之罪也。唯深思邦計之重，詔股肱大臣謀所以理財經久之術。」詔：「三司使副同講求理財經久之術，具利害條畫以聞。」其後三司言：「在京官司，應支用係省錢物，並令關由三司。發運、轉運、提舉鑄錢、鹽事等司及州、縣，於三司所統者，違慢不職，許行劾劾；事理重者，奏乞先行衝替；若職事修辦，乞行奬擢。諸路上供不足，或年計不備，許選官體量。或因朝廷差官出入，許就委點檢錢穀公事。」並從之。

74 遼主復謁慶陵。

75 是月，河決鄭州滎澤埽。

76九月，庚戌，贈潁州團練推官邵雍祕書省著作郎，賜粟帛。以知河南府賈昌衡言，雍行義聞於鄉里，乞贈卹也。宰相吳充請於帝，賜謚康節。雍初與常秩同召，雍竟辭不起，士大夫高之。【考異】雍子伯溫記雍卒後十年，韓絳知河南府，爲雍請謚，謚議則歐陽棐所作，與宋史本傳不同。今從長編。

77乙卯，詔：「諸官司承準傳宣、內降與奏請及面得旨，事無條式者，申中書、樞密院覆奏。例不應申而輒申者，準直批聖旨敕科罪；諸房失檢勘，受而施行者，亦如之。上殿進呈文書，並批送中書、樞密院，不得直批聖旨送諸處，違者承受官司繳連〔進〕以聞。即非理干求恩澤及乞原減罪犯者，中書、樞密院劾之。」

78癸亥，以屯田郎中、侍御史周尹提點荆湖北路刑獄。

先是尹上言：「成都府路置場榷買諸州茶，盡以入官，最爲公私之害。初，李杞倡行敝法，奪民利未甚多，故爲患稍淺。及劉佐攘代其任，增息錢至倍，無他方術，惟割剝於下，而人不聊生矣。大抵在蜀，則園戶所苦，壓其斤兩，支錢侵其價直；在熙、秦州，則官價太高，而民間犯法不可禁止。又，般運不逮，糜費步乘，推積日久，風雨損爛，棄置道左，同於糞壤。兼所至不通客旅，惟資無賴小民，結連羣黨，持伏〔仗〕私販，虧失征稅。茶司認虛額，又侵盜相繼，刑罰日滋，致數千里之害，可爲深慮。臣頃在京師傳聞其事，既未詳盡，安敢輕議！今受命入蜀，所至體問，乃知買茶爲害甚鉅。有知彭州呂陶、知蜀州吳師孟等論奏，可以參驗。往者杞、佐繼陳苛法，卽信用其言，曾不略加參考；今議者條其剗蠹，悉皆明白，未卽采聽；何勇於興利而怯於除害乎？願敕有司速究榷茶之弊，俯徇衆論，寬西南之慮。」又曰：「竊詳朝廷之意，未欲遽罷茶禁者，必以熙河路買馬年計茶最爲急耳。但通商之後，舊來諸路茶稅年額錢總二十九萬餘緡，先已復故，卽可委諸路轉運司一面管認赴熙河路外，有見今官茶所在州縣，堆積極多，足支數年買馬。自今商旅販秦州、熙河路茶，必能有備。臣體問廢罷改革事，皆商旅所願。望速下本路，逐處根究。臣之所陳有實，卽乞罷榷茶之法，許通商買賣以安遠方。」尹還，未至都而有是命。

79 遼玉田縣貢嘉禾。

80 乙丑，詔改名汴河上流北門曰宣澤。舊汴河下流水門南曰上善，北曰通津，上流水門南北皆曰大通，故改今名。五丈河下流水門曰善利，而上流水門舊無名，賜名曰永順。

81 戊辰，涇原路經略司言德順軍捕獲西界禹臧花麻使來賣馬蕃部撒蟬等十四人，詔經略司估直給錢，安慰遣之。或言：「撒蟬等非賣馬，實爲間也。」蔡延慶曰：「彼疑，故來覘；執之，是成其疑也。」卒遣之。

82 壬申，遼修乾陵廟。

83 詔：「近范子淵奏用杷濬榮澤埽河北岸灘脊解南岸急危圖狀，可並付定奪所照會。」

帝既令蔡確等定奪熊本及子淵是非，又令馮宗道監視子淵用杷濬汴。宗道測量汴流，有深於舊者，有爲泥沙所淤更淺於舊者，有不增不減者，大率三分各居其一。宗道日具實以聞。帝意稍悟，治獄微緩。會滎澤河隄將潰，詔判都水監俞充往治之。充奏河欲決，賴用濬川杷疏導得完，子淵因圖狀自明，於是治獄益急矣。

84 癸酉，立義倉。

85 甲戌，濮國公宗樸兼侍中，進封濮陽郡王。

86 權發遣河北西路提點刑獄丁執禮言：「今之縣邑，往往故城尚存，然摧圮斷缺，不足爲固。乞擇今〔令〕之明者，使勸誘城内中上戶出夫以助工役，以漸治之。」詔：「諸路轉運司委知州、知縣，檢視計度合修城壁功料，於豐歲勸誘。五路除緣邊外，擇居民繁庶及當衝要縣諸路，卽先自大郡修完。」初，執禮自館閣校勘出爲提刑，帝宣諭曰：「卿職刑獄盜賊，然盜賊最急，宜用心督捕。」

87 冬，十月，戊寅朔，濮陽郡王宗樸薨；封定王，謚僖穆。

88 庚辰，侍讀鄧潤甫、陳襄邇英閣進讀，因言：「司馬遷載秦、漢以來君臣事迹，有不可陳於君父之前者，如呂不韋傳之類是也。」帝曰：「類此者，皆闕之勿讀。」侍講沈季長、黃履奏「講詩畢，請講何經？」帝曰：「先王禮樂法度莫詳於周，宜講周禮。」

89 辛卯，果莊、棟戩(舊作董氈。)遣人入貢，聽寓止同文館。

90 癸巳，昭化軍節度使宗誼封濮國公。詔濮王子以次襲封奉祠。

91 乙未，知河陽、翰林侍讀學士呂公著提舉中太一宮。公著至京師，時將祀南郊，特詔閤門以散齋日對延和殿，勞問周至，且曰：「不見卿七八年，殊覺卿老也。」公著回奏：「臣伏覩近詔舉才行堪任升擢官。竊觀陛下自臨御以來，虛心屈己以待天下之士，誠欲廣收人才，無所遺棄。然世固未嘗乏賢，而人才亦不可多得。今中外所舉蓋百有餘人，雖不能盡當，誠參攷名實而試用之，宜有可以塞厚望，應明指者。臣又竊詳今日詔意，正欲達所未達，然數年以來，天下之士，陛下素知，其能嘗試以事而終就閒外者尚多，恐其間亦有才實忠厚，欲爲國家宣力者，未必盡出於迂闊繆戾而難用也。漢武帝時，公孫弘初舉於朝，以不稱旨罷，後再以賢良舉，帝親擢爲第一，不數年遂至宰相。由是觀之，人固未易知，而士亦不可忽。何則？昔日所試，或未能究其詳，數年之間，其才業亦容有進。惟陛下更任之事以觀其能，或予之對以攷其言，兼收博納，使各得自盡，則聖明之世無滯才之歎，不勝幸甚！」自熙寧初，論新法不附執政者，皆譴逐，不復收用，故公著首言之。

92 戊戌，太子太師張昪卒，年八十六。贈司徒兼侍中，謚曰康節。

93 庚子，永國公俊卒，年五歲。帝悲甚，廢朝五日，又不視事三日，封兗王，謚哀獻。太常禮院言準禮爲無服之殤，詔特舉哀成服。

94 辛丑，遼主駐蕅絲淀。

95 乙巳，復永靜軍阜城鎮爲縣。

96 十一月，庚午，以西蕃邈川首領棟戩都首領青宜結果莊爲鄜州刺史，阿令骨（舊作阿里骨。）爲松州刺史。

97 甲戌，祀天地於圜丘。

98 遼蕭錫沙遷北院樞密副使，復爲耶律伊遜陳陰害太子之計，伊遜從之。先是蕭達和克舊作達魯古，今改。以姦險附於伊遜，遂見獎援，稍遷至旗鼓蘇拉詳袞。舊作拽刺詳穩，今改。伊遜欲害太子，以達和克凶果可使，遣與近侍直長薩巴舊作撒把，今改。詣上京同留守蕭達德，舊作撻得，今改。夜，引力士至囚室，紿以有赦，召太子，殺之；達德以病歿聞。太子死時年二十。遼主哀之，命有司葬龍門山，欲召其妃還，伊遜復遣人殺之。太子之子延禧及女延壽俱養於蕭懷忠家。伊遜之黨互相慶賀，聚飲數日。

99 耶律伊遜數薦引其黨耶律哈嚕，擢至北院大王，未幾，其弟烏頁亦至南院大王，然其黨又互相猜忌。蕭額都溫旣尙趙國公主，後與伊遜議不合，伊遜銜之，旋以車服僭擬人主被誅。額都溫臨刑語人曰：「前誣告耶律薩喇事，皆伊遜教我，伊遜恐事彰，殺我以滅口耳。」

100遼以蕭達和克爲國舅詳衮，耶律伊遜引之也。達和克恐殺太子事泄，出入常佩刀，有急召，卽欲自殺。然遼主昏闇不省，卒得無恙。

101前同知太常禮院張載卒。載家居，與諸生講學，以易爲宗，以中庸爲體，以孔、孟爲法，其家婚喪嫁祭，率用先王之意而傳以今禮。世稱橫渠先生。

102十二月，丁丑朔，占城國獻馴象。

103壬午，詔改明年爲元豐。

104詳定一司敕所以刑部敕來上，其朝旨自中書頒降者皆曰敕，自樞密院者皆曰宣，凡九門，共六十三條，從之。

105甲申，手詔：「比楊琰、高靖檢河道回，具所見條上，可召審問，參質利害，庶被災之民不致枉有勞役。」

初，河決曹邨，命官塞之，而故道已堙，高仰，水不得下。議者欲自夏津縣東開簽河入董〔董〕固，護舊河七十里九十步，又自張邨埽直東築隄至龐家莊古隄，袤五十里二百步，計用兵三百餘萬，物料三十餘萬。而琬等以爲口塞水流，則河道自成，不必開築以糜工役。帝重其事，故令審問，仍詔侍御史知雜事蔡確同相視以聞，既而以確母病，改命樞密都承旨韓縝。後縝言：「漲水衝刷新河，已成河道。河勢變移無常，雖開河就隄及於河身創立生隄，枉費功力。欲止用新河，量加增修，可以經久。」從之。

106 丁亥，封皇子傭爲均國公。

107 詔：「經制熙河路邊防財用司條上利害事，內有可行者，宜先行下，庶於田事未興，可及時經畫，以助邊費。」時以熙河用度不足，仰度支供億，於是命入內都知李憲領經制財用司。中書具憲所條上可施行者凡十四事，如所奏行之。

108 癸巳，韓縝等上與遼人往復公移及相見語錄並地圖，詔縝同呂大忠以耶律榮等齎來文字、館伴所語錄及劉忱等按視疆埸與北人論議及朝廷前後指揮，分門編錄以聞。

109 甲午，知諫院黃履言：「近因陪侍郊祭，竊觀禮樂之用，以今準古，有未合者。伏望命有司並羣祀攷正其大略，而歸之情文相稱。」詔履與禮院官講求以聞。

110 辛丑，詔以諸路禁軍闕額數多，遣大使臣七員於開封府界、京東、西、陝西、荊湖路，與長吏及當職官招簡塡補。

111 甲辰，詔鑄錢司並以「元豐通寶」爲文。

112 遼以北面宰相遼西郡王蕭呼哩額知北院樞密使事，以左伊勒希巴耶律延格爲契丹行宮都部署；耶律伊遜薦之也。

113 初，遼主從耶律伊遜之言，納蕭后，居二年，未有子。后有妹，嫁伊遜之子舒嘉。舊作綏也，今改。后言於遼主，稱其宜子，遂離婚，納於宮中。蕭呼哩勒即以女姪妻舒嘉，恃勢橫肆，至有無君之語，朝野側目。

114 遼預行正旦禮。

115 是歲，遼南京大有年。【考異】遼以是年置閏十二月，宋以明年閏正月，今從宋紀。然遼所行歲末之事，自在太康三年，今仍書於是年之末。

續資治通鑑卷第七十三

賜進士及第兵部尚書兼都察院右都御史總督湖北湖南等處地方軍務兼理糧餉世襲二等輕車都尉畢沅編集

宋紀七十三 起著雍敦牂(戊午)正月,盡十二月,凡一年。

神宗體元顯道法古立憲帝德王功英文烈武欽仁聖孝皇帝

元豐元年 遼太康四年。(戊午、一〇七八)

1春,正月,【考異】薛鑑書庚申朔日食,錢竹汀推是年正月實丁未朔,庚申乃月十四日,豈有日食之理!考東都事略云:庚申,月有食之。本無「朔」字,乃月食,非日食也。通鑑依春秋例不書月食,今遵其例不載。薛氏改月爲日,又妄加「朔」字,殊足疑誤後學,故特辨之。庚戌,命河北轉運使令所在長吏分禱名山,旱故也。

2乙卯,以王安石爲尚書左僕射、舒國公、集禧觀使。

3交趾郡王李乾德上表言:「奉詔遣人送方物,乞賜還廣源、機榔等州縣。」詔:「候進奉人到闕,別降疆事處分。」

4戊午,始命太常寺置局,以樞密直學士陳襄等爲詳定官,太常博士楊完等爲檢討官。

襄等言：「國朝太〔大〕率皆循唐故，至於壇壝神位、法駕輿輦、仗衞儀物，亦兼用歷代之制。其間情文譌舛，多戾于古。每有規模苟略，因仍既久而重于改作者，有出于一時之儀而不足以爲法者，請先條奏候訓，以爲禮式。」至五年四月十一日成書。

5 甲子，審官東院言：「廣南兩路員闕，願就之人少。欲乞水土惡劣處爲一等，繁難處爲一等，其餘並爲一等，令轉運司保明申奏。」從之。

6 乙丑，以太皇太后疾，驛召天下醫者。

7 權發遣三司使李承之言：「近年以來，朝廷寬假資格稍高之人，爲其衰遲或不任事，未遽令休退，故置提舉、管句宮觀之職，優與俸祿，不立員數。而臣僚趨閒貪祿，或精神未衰，便私避事，亦求此職。條制既寬，初未釐革。今內外宮觀約百餘員，無纖芥職事，歲費廩食不下數萬緡。乞今後在京宮觀提舉、提點、句管官，共毋得過十五員，諸路倍之。如有除授，令依例待闕。所貴勤勞官守之人，有以區別，不虛費國用。」詔：「自今陳請宮觀等差人，年六十以上聽差，仍毋過兩次。」

8 閏月，丙子朔，權發遣戶部副使、兵部郎中陳安石爲集賢殿修撰、河東都轉運使。尋詔河東路十三州歲給和糴錢八萬餘緡，自今罷之，以其錢付轉運司市糴糧草。

先是安石乘驛與知太原府韓絳同轉運司講求邊儲利害。絳乞改和糴之法，減於原數三分，罷官支錢布，但寬其支移之苦，則實惠已及於民，遇災傷十七，則又除之。而安石言：「十三州二稅，以石計之，凡三十九萬二千有餘，而和糴之數，凡八十二萬四千有餘，所以災傷舊不除免。蓋十三州稅輕，又本地恃爲邊儲，理不可闕故也。其和糴舊支，錢布相半，數既畸零，民病入州縣之費，以鈔貿錢於市，人略不收半。公家支費實錢，而百姓乃得虛名。欲自今罷支糴錢，歲以其錢支與緣邊州郡市糧草，封樁，遇災傷，據民不能輸數補塡。如無災傷，三年一免輸，以封樁糧草充數，即不須如韓絳減數三分及災傷除十七。」朝廷以爲然，乃命安石爲河東都轉運使，悉推行之，又降是詔。【考異】食貨志云：「元豐元年，閏正月，詔遣三司戶部副使陳安石詣太原府，與絳及本路轉運司共議其事。安石言：「永利東西監鹽，請如慶曆前，商人輸錢於麟、府、豐、代、嵐、憲、忻、岢嵐、寧化、保德、火山等州、軍，本州、軍乃給券于東西監請鹽，以除加饒折糴之弊。仍令商人自占所賣地，即鹽運于場務者，商人買之，加運費。如是，則官鹽平，商販通，于事簡便。」朝廷行其說，即除安石爲河東轉運使。安石請犯西北青白鹽者，以皇祐敕論罪，首從皆編配。又，青白鹽入河東，犯人罪至流，所歷官不察者罪之。四年七月，安石自言：「元豐元年奉詔治鹽事，歲有羨餘，及增收忻州鹹域鐺戶、馬城池鹽課。」詔安石還官，賞其屬。五年，四月，詔安石前後奏請和糴鹽礬坑冶之類，施行已就緒，召爲戶部侍郎，其職事委莊公岳奉行之。與今詳略不同，今從長編。

9 戊寅，前知曹州劉攽言知濟陰縣羅適開導古湜河，決泄積水有功，御批：「可記適姓名，俟府界劇縣有闕與差，以考其能治之實。」於是以適知陳留縣，仍詔適留舊任，候見任官成資日交替。

10 己卯，詔：「河北東·西、永興、秦鳳、京東東·西、京西南·北、淮南東·西路轉運司，並依未分路以前通管兩路，其錢穀並聽移用；除河北、陝西外，餘減判官一員。」

11 庚辰，遼主如春水。【考異】李銳曰：遼史書此事於正月，緣遼置閏在去年十二月也。

12 先是相州論決劫盜三人死罪，行堂後官周清駁之，謂其徒二人當減等，鞫獄者爲失入人死罪。事下大理。詳斷官竇莘、【考異】涑水記聞作「竇平」。今從宋史及長編。周孝恭白檢正劉奉世曰：「其徒手殺人，非失入也。」於是大理奏相州斷是。清執前議再駁，復下刑部新官定。刑部以清駁爲是，大理不服。

方爭論未決，會皇城司奏相州法司潘開齎貨詣大理，行財枉法。初，殿中丞陳安民簽書相州判官日斷此獄，聞清駁之，懼得罪，詣京師，歷抵親識求救。文彥博之子及甫，安民之姊子，吳充之壻也。安民以書召開云：「爾宜自來照管法司。」開竭其家貲入京師，欲貨大理胥吏問消息。相州人高在等在京師爲司農吏，利其貨，與中書吏數人共耗用其物，實未嘗見大理吏也。爲皇城司所奏，言齎三千餘緡賂大理。事下開封按鞫，無行賂狀，惟得安民與開書。諫官蔡確知安民與充有親，乃密言事連大臣，非開封可了，詔移其獄御史臺，從確請也。

13 辛巳，以翰林侍〔侍〕讀學士、寶文閣學士呂公著兼端明殿學士。帝從容與論治道，遂及釋、老。公著問曰：「堯、舜知此道乎？」帝曰：「堯、舜豈不知！」公著曰：「堯、舜雖知此，而惟以知人、安民爲難，所以爲堯、舜也。」帝又言唐太宗能以權智御臣下，對曰：「太宗之德，以能屈己從諫爾。」帝善其言。有欲復肉刑者，議取死囚試劓、刖。公著曰：「試之不死，則肉刑遂行矣。」乃止。夏人幽其主，將大舉討之。公著曰：「問罪之師，當先擇帥，苟未得人，不如勿舉。」及兵興，秦、晉民力大困，大臣不敢言，公著數白其害。

14 壬午，禮部言：「禘祫之外，親祠太廟，並以功臣配饗。」從之。

15 詔：「常平錢穀當輸錢而願輸穀若金帛者，官立中價示民，物不盡其錢者足以錢，錢不盡其物者還其餘直。常平倉錢穀，其在民者，有常錢，春散之，斂從夏秋稅。有所謂緩急闕乏而貸者，皆定輸息二分，穀則歲豐量增價以糴，歲饑減時價糶之以賑飢。又聽民以金帛易穀，而有司少加金帛之直。凡錢穀當給若糶，皆用九年詔書，通取留一半之餘。」

16 壬辰，樞密直學士孫固同知樞密院事。

初，固言王安石不可爲相。及新法行，數議事不合，出補外。至是帝思其先見，召知開封，遂大用之。

17甲午，詔：「提舉司天監近校月食時分，比崇天、明天二法，已見新曆爲密。又，前聞正月歲在戊子，今復聞於戊午，恐理亦不謬，宜更不須攷究。其所差講究新曆官等並罷，衞朴給路費錢二十千。」先是朴在熙寧初更造新曆，至十年，議者以爲占月食差，故再詔朴集議，至是罷之。

18遣賑東京饑。

19丁酉，廢提點熙河蕃部司。

20御史臺、閤門言：「忌日神御殿行香，自今令羣臣班殿下，宰相一員升殿，上香跪鑪。」從之。

21己亥，太傅兼侍中曾公亮卒，年八十。帝臨哭，輟朝三日，贈太師、中書令。初謚忠獻，禮官劉摯駁曰：「公亮居三事，不聞薦一士，安得爲忠！家累千金，未嘗濟一物，安得爲獻！」衆莫能奪，改謚宣靖。及葬，御篆其碑首曰「兩朝顧命定策亞勳之碑」。公亮性吝嗇，殖貨至巨萬。力薦王安石以間韓琦，持祿固寵，爲世所譏。

22庚子，日中有黑子。

23癸卯，以曾公亮配饗英宗廟庭。

24二月，庚戌，濮國公宗誼薨。

25 辛亥，日本國通事曾仲回來貢方物。

26 知諫院蔡確同御史臺鞫相州失入死罪。（潘開）事下御史獄，旬餘，所按與開封無異，乃詔確與御史同鞫。確以擊搏進，吳充素惡其爲人。會充謁告，王珪奏用確，帝從之。

27 權發遣提點開封府界諸縣鎮公事、集賢校理蔡承禧言：「陛下講義倉之法，使臣等奉行，今率以二碩而輸一斗，至爲輕矣。臣之領邑二十二，其九已行，歲解幾萬。請自今歲下稅之始，不煩中覆而舉行之。」乃詔畿縣義倉事隸常平司。

28 甲寅，以邕州觀察使宗暉爲淮康軍節度使，封濮國公。

29 乙丑，遼主駐埽獲野。

30 三月，癸未，廣南西路經略司乞教閱峒丁，從之。【考異】宋史不著日，玆從長編。

31 乙未，御崇政殿閱諸軍。

32 丁酉，辰、沅猺賊寇邊，州（校者按：州字衍。）州兵擊走之。【考異】丁酉日，宋史缺書，今從長編。

33 鄜延路經略呂惠卿言：「昨準朝旨，令延州西路同都巡檢策應環慶路，慶州東路巡檢策應鄜延路，遇賊大舉，聚入一路，更以主兵之官引兵策應；若本路自有兵事，令經略臨宜相度，以別將應援。臣竊謂虜興師動數十萬，分犯二路，則所在皆賊，我安知其何出也！苟知我有策應之法，而欲攻鄜延，必見兵形于環慶，環慶告急，則鄜延起兵以應之；欲攻環慶，必見兵形於鄜延，鄜延告急，則環慶起兵以應之。少則不足以應敵，多則本路必見空虛無備之處。如此，非特我兵趨疾疲曳，有墮賊掩伏之虞，彼又將分兵擣虛以襲我矣。臣愚以爲諸路有兵事，其鄰路但當團集以爲聲援，或且依條相度牽制，不必更立互相策應之法，免致臨事拘文，以犯兵家之忌。」詔鄜延路依奏，餘路別聽指揮。或又言昔年劉平因救鄰道戰歿，自今宜罷鄰道援兵；環慶副總管林廣，以爲諸道同力，乃國家制賊之長計，苟賊併兵寇一道而鄰道不救，雖古名將亦無能爲。劉平之敗，非援兵罪。於是互相策應之法得不廢。

84 夏，四月，乙巳，知諫院蔡確既被旨同御史臺按潘開獄，遂收大理寺詳斷官竇苹、周孝恭等，枷縛暴於日中，凡五十七日，求其受賂事，皆無狀。中丞鄧潤甫夜聞掠囚聲，以爲苹、孝恭等，其實他囚也。潤甫心非確所爲慘刻，而力不能制。確引陳安民，置枷於前而問之。安民懼，即言嘗請求文及甫，及甫云「已白丞相，甚垂意」。丞相，指吳充也。確得其辭，喜，遽欲與潤甫登對，具奏充受請求枉法，潤甫止之。明日，潤甫在經筵，獨奏：「相州獄事甚微，大理實未嘗納賂。而蔡確深探其獄，支蔓不已。竇苹等皆朝士，榜掠身無完膚，皆銜冤自誣，乞早結正。」權監察御史裏行上官均亦以爲言。帝甚駭異。明日，確欲登對，至殿門，帝使人止之，不得前。手詔：「聞御史臺勘相州法司頗失直，遣知諫院黃履、句當御藥院李舜舉引問證驗。」【考異】長編云：實錄以此語繫之三月二十一日乙未，按御集，乃四月三日下此詔。又按司馬光記聞云：寶苹等枷縛暴日中，凡五十七日。確自閏正月二十五日被旨赴臺，至三月二十一日，才五十五日耳，恐實錄誤。又按上官均所言黃履、李舜舉初赴臺驗問，見禁人初無黃廉姓名，至四月三日改正李舜舉監勘，乃別出黃廉姓名。蓋履及舜舉先赴臺驗問，後又與廉同勘鞫，其實兩事。手詔自當再下，增差黃廉，必須特降手詔，而御集偶失編纂，但得改正監勘手詔，遂誤幷兩事爲一事，故日月差互，若從實錄繫之三月二十一日，則又似太早。今但附見於此而不書月日，庶不相抵牾。記聞亦誤幷兩事爲一事，蓋不詳考履、舜舉初止是驗問，添差黃廉，則云勘鞫，而潤甫等始獲罪，其先後次序可推知。今掇取刪修。

履、舜舉至臺，與潤甫、確等坐廡下，引囚於前，讀示款狀，令實則書實，虛則陳冤。前此確屢問，囚有變詞者，輒笞掠，及是囚不知其爲詔使也，畏吏獄之酷，不敢不承；獨寶苹翻異。驗拷掠之痕則無之。履、舜舉還奏，帝頗不直潤甫等言。詔確、履及監察御史裏行黃廉就臺劾實，仍遣舜舉監之。【考異】黃庭堅作黃廉行狀云：差同結絕相州獄事。初，相州事發於皇城卒，事十九不實，知雜御史蔡確鍛鍊成獄，以此自媒。中丞鄧溫伯、御史上官均上疏論之，溫伯又在經筵進牘而論。確耳目長，具得溫伯、均所言，又善伺察，中人主意，即論溫伯、均朋黨爲邪，與罪人爲地。又任殘賊吏，日引諸囚如使者慮問狀，稱冤者輒苦辱之，有人情所不能堪。及上遣黃履、李舜舉按獄，而囚以爲如前，皆引服。于是天子不疑確，而溫伯、均皆得罪。均猶獨上疏爭之。然廉至未幾，而具獄上矣。廉常謂子弟：「吾失不極論此獄，甚愧上官御史也。」上官均後以此劾廉，罷都承旨。

吳充言：「御史臺鞫相州獄，連臣壻文及甫，其事在申〔中〕書有嫌，乞免進呈，或送樞密院。」詔免充進呈及簽書，候案上，中書、樞密院同取旨。

35 乙卯，知諫院蔡確爲右諫議大夫、權御史中丞。翰林學士兼侍讀、權御史中丞鄧潤甫落職，知撫州。太子中允、權監察御史裏行上官均責授光祿寺丞、知光澤縣。

先是帝別遣黃履、黃廉及李舜舉赴御史臺鞫相州法司獄，確知帝意不直潤甫等，即具奏：「潤甫故造飛語以中傷臣，及欲動搖獄情，陰結執政，乞早賜罷斥。」帝始亦疑相州獄濫及無辜，遣使訊之，乃不盡如潤甫等所言，確從而攻之，故皆坐貶。確遷中丞，凡朝士繫獄者，卽令獄卒與之中室而處，同席而寢，飲食旋溷，共在一室。置大盆於前，凡饋食者，羹飯餅餌，悉投其中，以杓勻攪，分飼之如犬豕，置不問。故繫者幸其得問，無罪不承。【考異】東都事略載蔡確事，今附見。又，上官均傳云：相州富人子殺人，讞獄疑于審刑大理，京師流言，法官竇苹等受賕。知制誥蔡確〔引〕猜險吏法官數十人窮訊慘酷，無敢明其冤。均上疏，乞以獄事詔臣等參治，坐是謫知邵武軍光澤縣。苹等卒無受賕之實，天下服其持平。舊紀書潤甫劾詔獄詐罔不實，落翰林學士，罷御史中丞、知撫州，與此稍異。

36 癸亥，太白晝見。

37 乙丑，封虢國公宗諤爲豫章郡王。

38 戊辰，塞曹郉決河，名其埽曰靈平。

初，熙寧十年，河決鄭州榮澤，文彥博言：「臣嘗奏德州河底淤澱，泄水稽滯，上流必至壅遏。又，河勢變移，四散漫流，兩岸俱被水患。若不預爲經制，必溢魏、博、恩、澶等州之境。而都水略無施設，止固護東流北岸而已。適累年河流低下，官吏希省費之賞，未嘗增修隄岸，大名諸埽，皆可憂虞。謂如曹邨一埽，自熙寧八年至今三年，雖每計春料嘗（當）培低怯，而有司未嘗如約，此非天災，實人力不至也。今河朔、京東州縣，人被患者莫知其數，嗸嗸籲天，上垂聖念，而水官不能自訟，猶汲汲希賞。臣前論所陳，出於至誠，本圖補報，非敢微訐也。」至是決口始塞。

初議塞河也，故道湮而高，水不得下，議者欲自夏津縣東開簽河入董固以護舊河，袤七十里九十步，又自張邨埽直東築隄至龐家莊古隄，袤五十里二百步。詔樞密都承旨韓縝相視。縝言：「漲水衝刷新河，已成河道，河勢無（校者按：無字衍。）變移無常，雖開河就隄及于河身創立生隄，枉費功力，惟增修新河，乃能經久。」詔可。

39 五月，甲戌朔，御文德殿視朝。

40 是日，曹邨決口新隄成，河還北流。自閏正月丙戌首事距此，凡用功一百九十餘萬，材一千二百八十九萬，錢、米各三十萬，隄長一百一十四里。

41 庚辰，召輔臣觀麥於後苑。

42 丙戌，遼主駐散水原。

43 辛丑，詔右武衞大將軍、象州刺史克頌貸死，追毀出身以來告敕，鎖外宅，坐病狂毆傷妻劉死故也。

知宗正丞趙彥若言：「今宗正寺侍祠之外，專掌玉牒屬籍而不豫薦士，竊恐職有未稱。謂宜具爲條流，俾諸教官依國子監外官學例，爲課試法，每遇秋賦，就宗正寺投狀鎖試，別立人數，頗示優異，著於格令，俾其競勸。賢者獲升，不肖自抑，一切之恩，分當裁損，必無觖望。夫親賢兼進，布列中外，以鎮安四海，爲磐石之固，與愚知混淆，聚於一處，徒殫祿廩而無所事者，不可同日語也。」事雖不行，時論是之。

44 六月，癸卯朔，日有食之。甲辰夜，東南有光燭地，大星出匏瓜，裂於內階，聲如雷。

【考異】遼史不載是年日食。契丹國志載日食星變，與宋史同。

45 甲寅，準布舊作阻卜，今改。進良馬於遼。

46 辛酉，殿中丞陳安民等降謫有差。安民坐官相州與失入死罪，屬大理評事文及甫言於宰相吳充也。

初，蔡確劾是獄，欲鍛鍊以傾充，詞連充子安持。時三司使李承之、戶部副使韓忠彥，皆帝所厚，忠彥琦子，而承之嘗爲都檢正，確皆令囚引之。承之知之，數爲帝言確險陂之情；帝意稍解，趣使結正。於是獄成，忠彥猶坐贖銅十斤。充上表乞罷相及閤門待罪者三四，帝趣遣中使召出，令視事。確屢率言事官登對，言安持當獲重譴，帝曰：「子弟爲親識請託，不得已而應之，此亦常事，何足深罪！卿輩但欲共攻吳充去之，此何意也？」以確所彈奏劄還之，言者乃已。

47 秋，七月，癸酉朔，詳定禮文所乞罷南郊壇天皇大帝設位，詔弗許。又言：「古者帝牛必在滌三月，以致嚴潔。今既無滌宮繫養之法，有司滌養不嚴，一切苟簡。欲下將作度修滌宮，具繫養之法，飾〔飭〕所屬官司省視，委太常寺主簿一員閱察。」從之。

48 甲戌，遼諸路奏飯僧尼三十六萬人。

49 辛巳，（校者按：二字衍。）命西上閤門使、忠州團練使韓存寶經制瀘州納溪夷。

50 丁酉，御史黃廉言：「前歲科場逐經發解，人數不均，如別試所，治詩者十取四五，治書者纔及其一。乞自今，於逐經內各取人分數，所貴均收所長以專士習。」詔：「自今在京發解並南京考試，詩、易各取三分，周禮、禮記通取二分。」

又言：「國子監生員著述議論，盡得講官緒餘。將來逐官例差考試，竊恐去取之際，雖未必私徇，而於參校所長，多就己見，人情所不能免。如此，則外方疏遠之人偶不相合，遂致黜落，甚非朝廷兼收博采之意。乞將來止選近歲一科人爲試官，或差近郡教授。」詔：「候差官日取旨。」

51 八月，癸卯，遼命有司決滯獄。

52 壬子，集賢殿修撰俞充爲天章閣待制、知慶州。王珪知帝欲伐夏，故奏乞用充爲邊帥，使圖之，以迎合帝意。【考異】長編引見聞錄云：元豐初，蔡確排吳充罷相，指王珪爲充黨，欲幷逐之。珪畏確，引用爲執政。時珪獨相久，神宗厭薄之，珪不悟，確機警，覺之。一日，密問珪曰：「近上意於公厚薄何如？」珪曰：「無他。」確曰：「上厭公矣。」珪曰：「柰何？」確曰：「上久欲收復靈武，患無任責者，公能任責，則相位可保也。」珪喜，謝之。適江東漕張琬有違法事，帝語珪，欲遣官按治。珪以帝意告都檢正俞充，充與琬善，以書告琬，琬上章自辨。帝問珪曰：「張琬事惟語卿，琬何故知？」珪自以漏上語，退朝，甚憂，召俞充問之。充對以實。珪曰：「某與君俱得罪矣。然有一策，當除君帥環慶，急上取靈武之章，上喜，罪可免。」乃除充待制、帥環慶，果建取靈武之策。未幾，充暴卒，而高遵裕代之。有旨，以遵裕節度五路大兵，爲靈武之役。涇原副帥劉昌祚領本部兵先至靈武城下，以遵裕未至，不敢進兵。熙河李憲兵不至，鄜延副帥种諤獨先班師。遵裕至，夏人大集，決黃河水以灌我師，凍餒沈溺，不戰而死者十餘萬人。遵裕狼狽以遁，虜追襲之，諤擁兵不救以實其說。推其兵端，由王珪避漏上語之罪所致。紹聖初，謂珪策立哲宗有異議，以爲臣不忠追貶，實非其罪；而靈武之禍，則其罪也。蔡確罪尤大，貶死新州，有以也夫！按蔡確以二年五月參政，吳充三年三月乃罷相，此云充以罷相，王珪恐幷被逐，引確參政，誤也。俞充罷都檢正在熙寧十年十二月五日，以集賢殿修撰、都提舉市易司及在京諸司庫務。元豐元年四月四日，向宗儒實爲都檢正，俞充八月十一日方除待制、知慶州，此時俞充已不爲都檢正，吳充初未罷相。又，張琬以荆湖北路提舉常平，坐不當越職言荆南知〔知荆南〕張頡銜替，實元豐元年正月二十日，此云吳充罷相，俞充爲都檢正，張琬爲江東漕，皆誤也。張琬當是何琬。按俞充本傳，充屢請討伐西夏，元豐四年五月又上章，三月，充暴卒。然則初除充帥慶州時，未即上征靈武之章也。靈武之章蓋後此三年。見聞錄所載事，要不可信。或珪用充作帥，其意固在迎合上旨，故實錄、舊傳云：充既死，西師遂大舉，實自充發之。但見聞錄所載因由悉差繆，今特附見於此。

53 戊午，以韓絳爲建雄軍節度使。

54 九月，癸酉，交趾來貢。癸未，李乾德表乞還廣源等州，詔不許。

55 乙酉，以端明殿學士呂公著、樞密直學士薛向並同知樞密院事。

向善商財，計算無遺策，然不能無病民，所上課間失實。時方尚功利，王安石從中主之，御史數有言，不聽也，向以是益得展奮其業。至於論兵帝所，通暢明決，遂由文俗吏得大用。其事公著甚久，公著亦稍親之，議論亦頗相左右。

56 詔：「祀天地及配帝，並用特牲。」

57 乙未，遼主駐藕絲淀。

58 庚子，五國部長貢於遼。

59 冬，十月，癸卯，遼參知政事劉伸出爲保靜軍節度使。

先是仲以戶部使受知於遼主，遼主謂宰相楊績曰：「當今羣臣忠直，耶律玦、劉伸而已，然伸不及玦之剛介。」績拜賀曰：「何代無賢，世亂則獨善其身，主聖則兼善天下。陛下區分邪正，升黜分明，天下幸甚！」遼主又謂伸曰：「卿勿憚宰相。」伸對曰：「臣於耶律伊遜舊作乙辛，今改。尚不畏，何宰相之畏！」伊遜聞而銜之，相與誹詆，遂外遷。玦亦出使於西北部，以酒疾卒。

60 丁未，重修都城畢工，周五十里。

61 己酉，詔兗州常以省錢修葺宣聖祠廟。

62 庚戌，定秋試諸軍賞格。

63 侍禁仵全死事，錄其弟宣爲三班借職。

64 辛亥，韓存寶破瀘夷後城等十有三囤。

65 己未，權發遣興州羅觀乞頒義倉法於川陝〔峽〕四路，從之。

66 壬戌，軍器監言：「昨贊善大夫呂溫卿言：『五路州軍近年增置壯城兵，雖有教閱指揮，而所習武藝全無實用。如大名府城圍四十餘里，礮手止有四人，其他掛搭、施放火藥、全火等人亦皆闕。蓋舊無教閱格，又無專點檢之官。今欲令諸州壯城兵，除修葺城櫓外，並輪上下兩番，教習守禦，以十分爲率，內留礮手三分，餘並習掛搭，施用拒守器械。仍籍所習匠名，每季委本州比試升降。』當下五路安撫司，而五路相度異同。本監今參酌，欲乞五路州軍壯城兵，遇無修城池樓櫓功料，即令安撫司以十分爲率，三分令習礮，餘幷習掛搭、拒守器械。其廣備十一作工匠，並均付五路準備差使及指教施用，三年一替。熙河路州軍亦依此。」從之。

又言：「溫卿謂『朝廷差官製造澶州浮梁、火叉，其爲防患不爲不預。然恐萬一寇至，以火筏、火船隨流而下，順風火熾，橋上容人不多，難以守禦，不若別置戰艦以攻其後。乞造戰船二十艘，仍於澶州置黃河巡檢一員，擇河淸兵五百，以捕黃河盜賊爲名，習水戰以備不虞。』下大名府路安撫司相度。本司言：『澶州界黃河，舊無巡檢；當北使路若增創戰船，竊慮張皇。欲止選河淸兵百人爲橋道水軍，令習熟船水，可使緩急禦捍上流舟筏及裝駕戰艦。』本監欲依安撫司所陳。」從之。

67 癸亥，于闐來貢。

68 十一月，壬申，詳定禮文所言：「郊祀壇域當依儀注，設三壝，撤去青繩。」又言：「郊祀天地席當以稾秸，配帝以蒲越，撤去黃褥、緋褥。」又言：「饗宗廟當用制幣及依儀注焫蕭。」又言：「遇雨望祀，當服祭服，仍設樂。」又言：「分獻官不當先期升壇，當依儀注。」又言：「南郊式，監祭、監禮俱立於壇南，非是。請分監祭立于壇之西北，東向，監禮立于東北，西向。」又言：「景祐中裁定衮冕制度，已與古合，今少府監進樣不應禮。請改用朱組爲紘，玉笄、玉瑱以玄紞，垂瑱以五采玉貫于五采藻爲旒，以青、赤、白、黄、黑五色備爲一玉，每一玉長一寸，前後二十四旒，垂而齊肩，其表裏皆用繒。」又言：「服裳皆前三幅、後四幅，今以八幅爲之，不殊前後。又，佩玉及綬幷服章皆不如古制，當改正。」又言：「百官雖不執事，以朝服侍祠，非是。當並服祭服，如所攷制度，修製五冕及爵弁服，各正冕弁之名。」又言：「天子六服，自鷩冕而下，今既不親祠，廢而不用。」又言：「六冕幷用赤舄。」又言：「景靈宮、太廟、南郊儀注，並云祀前三日，儀鸞司鋪御坐黄道褥。黄道褥設于郊廟，非是。」詔道褥不設，餘皆從之。

乙酉，詳定禮文所言：「古者大帶，天子、諸侯、大夫、士采飾單合皆不同。今羣臣助祭服，一以緋白羅爲之，無等降之別。」又言：「中單亦殊不應禮，並乞據禮改正。」詔送禮院。

69丁亥，遼禁士庶服用錦綺日月、山龍之文。

70己丑，命龍圖閣直學士宋敏求等詳定正旦御殿儀注。敏求遂上朝會儀二篇，令式四十篇，詔頒行之。

71回鶻遣使貢於遼。

72庚寅，遼以南院樞密使耶律仲禧爲廣德軍節度使，以耶律伊遜薦其可任也。仲禧偕伊遜鞫太子之獄，蔓引無辜，未嘗雪正，爲公論所不與。

伊遜既害太子，因爲遼主言：「皇弟宋魏國王和嚕噶舊作和魯斡，今改。之子淳，可爲儲嗣。」羣臣莫敢言。北院宣徽使蕭烏納舊作兀納，今改。及伊勒希巴舊作夷离畢，今改。蕭託輝舊作陶隗，今改。諫曰：「舍嫡不立，是以國與人也。」遼主猶豫不決。時太子之子延禧及女延壽久寄食於蕭懷忠家，會宮中李氏進挾穀歌文，遼主感悟，召延禧及延壽，鞠養於宮中。

73 辛卯，遼錦州民張寶，四世同居，命其諸子爲三班祗候。

74 戊戌，宰臣吳充、王珪、參知政事元絳，言功臣非古，始唐德宗多難之餘，乃有「奉天定難」之號，不應盛世猶襲陳蹟，乞悉減罷。知樞密院馮京等繼以爲請，遂詔管軍臣僚以下至諸軍班衙內帶功臣者並罷。

75 十二月，甲辰，二府奏事，語及淤田之利，帝曰：「大河源深流長，皆山川膏腴滲漉，故灌溉民田，可以變斥鹵爲肥沃也。」

76 丙午，日中有黑子如李。

77 丙辰，詔：「青州民王贇貸死，刺配鄰州牢城。」

初，贇父九思，爲楊五兒毆迫，自縊死。贇纔七歲，嘗欲復仇，而以幼未能。至是一十九歲，以槍刺五兒，斷其頭及手祭父墓，乃自首。法當斬，帝以贇殺仇祭父，又自歸罪，可矜故也。

78 丁卯，遼以北院樞密副使耶律霖知北院樞密使事。

79 帝每憤遼人倔強，慨然有恢復幽燕之志，御景福殿庫，聚金帛爲兵費。是年，始更庫名，自製詩以揭之曰：「五季失圖，玁狁孔熾。藝祖造邦，思有懲艾。爰設內府，基以募士。曾孫保之，敢忘厥志！」凡三十二庫。後集羨贏，又揭以詩曰：「每虔夕惕心，妄意遵遺業。顧余不武姿，何日成戎捷！」

續資治通鑑卷第七十四

賜進士及第兵部尚書兼都察院右都御史總督湖北湖南等處地方軍務兼理糧餉世襲二等輕車都尉 畢沅 編集

宋紀七十四 起屠維協洽（己未）正月，盡十二月，凡一年。

神宗體元顯道法古立憲帝德王功英文烈武欽仁聖孝皇帝

元豐二年 遼太平五年。（己未、一〇七九）

1 春，正月，壬申，遼主如混同江。

耶律伊遜舊作乙辛，今改。薦耶律孝傑忠於社稷，遼主謂孝傑可方唐之狄仁傑，賜名仁傑，許放海東青鶻以寵異之。

2 遼主將出獵，耶律伊遜請留皇孫；遼主欲從之。宣徽使蕭烏納舊作兀納，今改。奏曰：「聞駕出游，欲留皇孫。皇孫尚幼，苟保護非人，恐有他變。果留，願留臣左右，以防不測。」遼主悟，命皇孫從行，如山楡淀。遼主由是始疑伊遜。

3 乙亥，罷岢嵐、火山軍市馬。

4先是市易舊法，聽人賒錢，以田宅或金銀爲抵當；無抵當者，三人相保則給之；皆出息十分之二，過期不輸息，每月更罰錢百分之二。貧民取官貨不能償，積息罰愈多，囚繫督責，僅存虛數。於是都提舉市易王居卿建議：「以田宅金帛抵當者，減其息；無抵當徒相保者，不復給。」己卯，詔：「自正月七日以前，本息之外所負罰錢悉蠲之。」凡數十萬緡。負本息者，延期半年。衆議頗以爲愜。

5壬午，以容州管內觀察使楊遂爲寧遠軍節度使。

6丁亥，詔：「宗室大將軍以下願試者，本經及論語、孟子大義共六道，論一首，大義以五通，論以辭理通爲合格。」

7甲午，京兆府學教授蔣夔乞以十哲從祀孔子，從之。夔請以顏回爲兗國公，毋稱先師；而祭不讀祝，儀物一切降殺；而進閔子騫九人亦在祀典。禮官以「孔子、顏子稱號，歷代各有據依，難輒更改；儀物獻祝，亦難降殺。所請九人，已在祀典。熙寧祀儀，十哲皆爲從祀，惟州縣釋奠未載。請自今，二京及諸州春秋釋奠，並準熙寧祀儀。」

8丙申，帝謂輔臣曰：「向以陝西用度不足，出鈔稍多，而鈔加賤，遂建京師買鹽鈔之法。本欲權鹽價飛錢於塞下，而出鈔付陝西無止法，都內凡出錢五百萬緡，卒不能救鈔法之弊。蓋新進之人，輕議更法，其後見法不可行，猶遂非憚改。」王珪曰：「利不百不變法。」帝曰：

一「大抵均輸之法，如齊之管仲，漢之桑弘羊，唐之劉晏，其才智僅能推行，況其下者乎！朝廷措置經始，所當重惜。雖少年所不快意，然於國計甚便，姑靜以待之。」

9 二月，甲辰，詔威、茂、黎三州罷行義倉法。

初，知興州羅觀乞置義倉於川峽四路，許之。既而成都府路提舉司言：「威、茂、黎三州，夷、夏雜居，稅賦不多，舊不推行新法，歲計軍儲皆轉運司支移；彭、蜀州稅未就輸及募人入中，恐不可置義倉。」故有是命。

10 庚戌，計議措置邊防公事所言：「以環慶路正兵、漢、蕃弓箭手強人、聯爲八將，第一將駐慶州，第二將環州，第三將大順城，第四將淮安鎭，第五將業樂鎭，第六將木波鎭，第七將水和寨，第八將邠州。」從之。

11 辛亥，詔：「禮部下第進士七舉、諸科八舉曾經殿試，進士九舉、諸科十舉曾經禮部試，年四十以上，進士五舉、諸科六舉曾經殿試，進士六舉、諸科七舉曾經禮部試，年五十以上者，聽就殿試。內三路人第減一舉，皇祐元年以前禮部進士兩舉、諸科三舉準此，仍不限年。其進士一舉，諸科二舉，年六十以上者，特推恩。」又詔：「開封府、國子監間歲考場以前，到禮部進士五舉、諸科六舉、年五十以上者，許就殿試。」

12 甲寅，日中有黑子。

13 詔：「大理寺官屬，可依御史臺例，禁出謁及見賓客。」

14 乙卯，以瀘州夷乞弟犯邊，詔王光祖等討之。

15 三月，庚午朔，棟戩（舊作董氈。）遣使來貢。

16 辛未，詔：「河東定奪解板溝地界，毋得張皇或致生事，候究治得實，具奏聽旨。」從管句緣邊安撫司王崇拯言也。

17 遼以宰相耶律仁傑從獵得頭鵝，加侍中。遼主將次黑山之平淀，見扈從官屬多隨耶律伊遜後，心惡之，漸知其姦。

18 庚辰，親試禮部進士。

19 辛巳，詔：「今歲特奏名明法改應新科明法人，試大義三道。」又詔：「京朝官、選人、班行所試經書、律令大義、斷案，上等三人，循一資；中等三十四人，不依名次注官；下等七十人，注官。」

20 丙戌，龍圖閣直學士、知成都劉庠進一官，知秦州。

21 太子中允、集賢校理、知諫院徐禧爲右正言、直龍圖閣、權發遣渭州，其計議措置邊防事如故。

初，陝西緣邊兵馬、蕃弓箭手與漢兵各自爲軍，每戰多以蕃部爲前鋒，而漢兵守城，伺便利後出，不分戰守，每一路必以數將通領之。呂惠卿帥鄜延，以爲調發不能速集，始變舊法，雜漢、蕃兵團結，分戰守，每五千人隨屯置將，具條約以上。邊人及議者多言其不便，帝頗采惠卿議，欲推其法於諸路，故遣禧往計議。禧先具環慶法上之，遣官措置涇原。而涇原帥蔡延慶以爲不可，朝廷亦是之，并難禧環慶法。禧歷疏涇原法疏略參錯，圖其狀，別爲法以奏，且(言)環慶法不可改。帝與惠卿詔曰：「徐禧論措置析將事，惻怛忼慨，謀國不顧己，令代延慶帥涇原，卿宜勉終之。」

22 庚寅，詔：「入內東頭供奉官宋用臣都大提舉導洛通汴，前差盧秉罷勿遣。」

初，去年五月，西頭供奉官張從惠言：「汴河口歲歲閉塞，又修隄防勞費，一歲通漕才二百餘日。往時數有人建議引洛水入汴，患黃河嚙廣武山，須鑿山嶺十五丈至十丈以通汴渠，功大不可爲。自去年七月黃河暴漲，異於常年，水落而河稍北去，距廣武山麓有七里，遠者退灘高闊，可鑿爲渠，引水入汴，爲萬世之利。」知孟州河陰縣鄭佶亦以爲言。都水監丞范子淵言：「氾水出王仙山，索水出嵩渚山，亦可引以入汴。合三水，積其廣深，得二千一百三十六尺，視今汴流尚贏九百七十四尺。以河、洛湍緩不同，得其贏餘，可以相補。懼不足，則旁隄爲塘，滲取河水，每百里置木牐一，以限水勢。隄兩旁溝湖陂濼，皆可引以爲助，禁伊、洛上原私取水者。大約汴舟重載，入水不過四尺，今深五尺，可濟漕運。起鞏縣神尾山至土家隄，築大隄四十七里以捍大河，起沙谷至河陰縣十里店，穿渠五十二里，引洛水入於汴渠，總計用工三百五十七萬有奇。」疏奏，帝重其事，以子淵計畫有未善者，乃命用臣經度，以楊琰往。至是用臣還奏可爲，「請自任邨沙谷口至汴口開河五十里，引伊、洛水入汴，每二十里置束水一，以芻楗爲之，以節湍急之勢。取水深一丈，以通漕運，引古索河爲原，注房家、黃家、孟王陂及三十六陂，高仰處瀦水爲塘，以備洛水不足，則決以入河。又自汜水關北開河五百步，屬於黃河，上下置牐啓閉，以通黃、汴二河船筏。卽洛河舊口置水澾，通黃河，以泄伊、洛暴漲之水。古索河等暴漲，卽以魏樓、滎澤、孔固三斗門泄之，計用工九十萬七千有餘。」又乞責子淵修護黃河南隄埽，以防侵奪新河。詔如用臣策，故有是命。始營清汴，主議者以爲不假河水而足用。後歲旱，洛水不足，遂於汜水斗門以通木筏，爲陰取河水以益之，朝廷不知也。

23壬辰，遼北院樞密使耶律伊遜出知南院大王事，加裕悅。舊作于越，今改。伊遜專政日久，至是始外出。以知北院樞密使耶律霖爲北院樞密使，以北院樞密副使耶律德勒岱舊作特里底，今改。知北院樞密使事，以左伊勒希巴（舊作夷离畢。）耶律世遷同知北院樞密使事。

24癸巳，集英殿賜進士、明經諸科開封時彥以下及第、出身、同出身、同學究出身，總六百二人。【考異】長編引鄧綰傳云：綰知熙寧六年貢舉，請進士第五甲依舊賜本科出身，無以同學究恥之，不從。後元豐二年，再言之，卒從其請。新錄辨曰：熙寧六年有請，不從；元豐二年賜進士及第出身，亦有同學究出身者；云卒從縮請，妄也。舊紀書進士、明經諸科賜及第授官者千三百八十人，新紀同，蓋并癸巳日所賜人數也。

甲午，御集英殿，賜特奏名進士、明經諸科同學究出身、試將作監主簿、國子、四門助教、長史、文學、助教，總七百七十八人。

25 岐王顥之夫人馮氏，侍中拯之曾孫也，失愛於王，屏居後閣者數年。是春，岐王宮遺火，尋撲滅。夫人聞有火，遣二婢往視之。王詰其所以來，二婢曰：「夫人令視大王耳。」王乳母素憎夫人，與二嬖人共譖之曰：「火殆夫人所爲也。」王怒，命內知客鞫其事，二婢不勝拷掠，自誣服。王泣訴於太后，太后怒，謂帝必斬之。帝素知其不睦，徐對曰：「俟按驗得實，然後議之。」乃召二婢，命中使與侍講鄭穆同鞫於皇城司。數日，獄具，無實。又命翊善馮浩錄問。帝乃以具獄白太后，因召夫人入禁中。夫人大懼，欲自殺。帝遣中使慰諭，命徑詣太皇太后宮，太皇太后慰存之。太后與帝繼至，詰以火事。夫人泣拜謝罪，曰：「乃縱火則無之。然妾小家女，福薄，誠不足以當岐王伉儷，幸赦其死，乞削髮出外爲尼。」太后曰：「聞詛詈岐王，有諸？」對曰：「妾乘憤或有之。」帝乃罪乳母及二嬖人，命中使送夫人於瑤華宮，不披戴；舊奉月錢五十緡，增倍之，厚其資給，曰：「俟王意解，當復迎之。」

26 復置熙州狄道縣。

27夏，四月，辛丑，幸金明池，觀水嬉，宴射瓊林苑。

28丁巳，陳升之以檢校太尉依前同平章事、鎮江軍節度使、秀國公，致仕。己未，升之卒，年六十九，贈太保中書令，謚曰成肅。□□□□□□□□□□□□□（升之深狡多數，善傳會以取富貴）。王安石用事，引升之自助，升之心知其不可而竭力爲之用，安石德之，故使先己爲相。甫得志，卽□□□□（求解條例司）。時爲小異，陽若不與之同者，□□□□□□□□□□□□□□□□□（世以是譏之，謂之「筌相」。升之初名旭，避神宗嫌名改焉。）

29遼主如納葛濼。

30癸亥，詳定正旦御殿儀注所言：「元會受朝賀，執鎮圭，非是，請不執。上壽準此。」又言：「元會行禮於朝，而天子服祭服，羣臣服朝服，亦非是，請服通天冠、絳紗袍。」又言：「御殿當設旗幟。仍闢大慶殿門，皇帝卽御座，禮官引中書、門下、親王、使相押諸司三品、尚書省四品及宗室將軍以上班，分東西入，正安之樂作，至位，樂止，羣臣不服劍、不脫屨舄。」並從之。

31甲子，知審刑院安燾言：「天下奏案，視十年前增倍以上，審刑院、刑部詳議、詳斷官，視舊員數頗減，乞復置詳議官一員。又詳議官偏簽刑部斷案，職事不專，乞分議官六員，每案二員連簽；若情狀可疑，未麗於法，卽議官通簽。如此，則疑難之獄得盡，衆議明白，罪案不致留積。」詔：「增審刑院詳議、詳斷官各一員，罷刑部簽法官一員。餘如燾請。」

32 五月，戊辰朔，右神武大將軍、衢州團練使秦國公克瑜爲隰州團練使。大宗正言克瑜歲滿當遷遙郡，帝以克瑜秦王後，襲公爵，故特遷正任。後以右武衛大將軍、潮州刺史楚國公世恩爲袁州刺史，右武衛大將軍、封州刺史魏國公仲來爲筠州刺史，右武衛大將軍、濱州防禦使陳國公仲郃爲棣州團練使，用克瑜例也。

33 詳定正旦御殿儀注所言：「正旦御殿合用黃麾仗。按唐開元禮，冬至朝會及皇太子受册、加元服，册命諸王大臣、朝燕蕃國，皆用黃麾仗。本朝故事，皇帝受羣臣上尊號，諸衛各帥其屬，勒所部屯門，殿庭列仗衛。今獨修正旦儀注而餘皆未及，欲乞冬會等儀注悉加詳定。」從之。

34 庚午，詔輔臣觀麥於後苑。

35 丙子，順州蠻叛，峒、州兵討平之。

36 庚辰，詔以濮安懿王三夫人並稱王夫人，祔濮園。

37 辛巳，太子少師致仕趙槩上所集諫林。詔曰：「請老而去者，類以聲問不至朝廷爲高，唯卿有志愛君，雖退居山林，未嘗一日忘也。當置於座右，時時省閱。」

38 甲申，參知政事元絳數請老，命其子耆寧校書崇文院，慰留之。會太學虞蕃訟博士受賄，事連耆寧，當下獄。絳請上還職祿而容耆寧卽訊於外，從之。於是御史至第，簿責絳，絳一不自辨；罷知亳州。入辭，帝謂曰：「朕知卿，一歲卽召矣，卿意欲陳訴乎？」絳謝罪，願得潁，卽以爲潁州。【考異】甲申，元絳罷知亳州，辛卯，始改潁州。今據長編幷書之。宋史誤作壬申，今改正。

39 丁亥，遼主謁慶陵。以契丹行宮都部署耶律延格舊作燕哥，今改。爲南府宰相，以北面林牙耶律永寧爲伊勒希巴。遼主以蕭烏納爲忠，命同知南院樞密使事，復與駙馬都尉蕭酬斡並封蘭陵郡王。【考異】遼紀作蕭托卜嘉，（舊作撻不也。）據傳則托卜嘉之小字也，今從傳。

40 戊子，御史中丞蔡確參知政事。

確自知制誥爲御史中丞、參知政事，皆以起獄奪人位而居之，士大夫交口唾罵，而確自爲得計。吳充數爲帝言新法不便，欲稍去其甚者，確曰：「曹參與蕭何有隙，至代爲相，一遵何約束。今陛下所自建立，豈容一人挾怨而壞之！」法遂不變。

41 丙申，詔：「諸路有強劫盜人數稍衆，許於聽候差使及得替待闕官內選武勇使臣捕逐，給驛券。」從大名府文彥博請也。

42 六月，庚子，宰臣吳充以從子安國贓汙抵法，奉表待罪，詔趣視事。

43 甲辰，廣西捕斬儂智春，執其妻子以獻。

44 辛亥，準布（舊作阻卜。）貢於遼。

45甲寅，清汴成，凡用工四十五日，自任村沙口至河陰瓦亭子幷汜水關，北通黃河，接運河，長五十一里，兩岸爲隄，總長一百三里，引洛水入汴。

46丁巳，遼以北府宰相遼西郡王蕭伊哩頞（舊作余里也。）爲西北路招討使。

47己未，遼遣使錄囚。

48辛酉，詔鎭寧軍節度使、魏國公宗懿追封舒王。

49左諫議大夫安燾等上諸司敕式。帝閱講筵式，至「開講申中書」，曰：「此非政事，何豫中書！」可刊之。

50是月，遼放進士劉瓘等一十三人。

51秋，七月，己巳，三佛齊、詹卑國使來貢方物。

52御史中丞李定言：「知湖州蘇軾，本無學術，偶中異科。初騰沮毀之論，陛下猶置之不問。軾怙終不悔，狂悖之語日聞。軾讀史傳，非不知事君有禮，訕上有誅，而敢肆其憤心，公爲詆訾；而又應試舉對，即已有厭斆更法之意。及陛下修明政事，怨不用己，遂一切毀之，以爲非是。傷教亂俗，莫甚於此。伏望斷自天衷，特行典憲。」御史舒亶言：「軾近上謝表，頗有譏切時政之言，流俗翕然爭相傳誦。陛下發錢以本業貧民，則曰『贏得兒童語音好，一年強半在城中』。陛下明法以課試羣吏，則曰『讀書萬卷不讀律，致君堯、舜知無術』。陛下興水利，則曰『東海若知明主意，應教斥鹵變桑田』。陛下謹鹽禁，則曰『豈是聞韶解忘味，爾來三月食無鹽』。其他觸物卽事，應口所言，無一不以詆謗爲主；小則鏤板，大則刻石，傳播中外，自以爲能。」並上軾印行詩三卷。御史何正臣亦言軾愚弄朝廷，妄自尊大。詔知諫院張璪、御史中丞李定推治以聞。時定乞選官參治，及罷軾湖州，差職員追攝。既而帝批令御史臺選牒朝臣一員乘驛馬追攝，又責不管別致疏虞狀；其罷湖州朝旨，令差去官齎往。

53 甲戌，張方平以太子少師致仕。

54 戊寅，詳定朝會儀。

55 己卯，命中書句考四方詔獄。

56 遼主獵於夾山。

57 癸未，詔諸路轉運司相度當置學官州軍以聞。

58 乙酉，夏兵犯綏德城（大會）平，等〔第〕四將高永能等擊敗之。

59 丁亥，詳定禮文所言：「請復四時薦新於廟之典，季春薦鮪，以應經義，無則闕之。」詔從其請；如闕王鮪，以魴鯉代。

60 是月，詔：「諸路教閱禁軍，無過兩時。」

61 八月，丙申朔，夏人寇綏德城，都監李浦敗之。

62丁酉，詔：「春秋釋奠昭烈武成王廟，令三班院選差使臣爲讀祝、奉幣、分獻官。」

63辛丑，分涇原路兵馬十一將。

64壬寅，復八作司爲東西兩司，各置監官文臣一員、武臣二員。

65甲辰，同修起居注王存言：「古者左史記事，右史記言。唐貞觀初，仗下議政事，起居郎執筆記於前，史官隨之，其後或修或廢。蓋時君克己，厲精政事，則其職修；或庸臣擅權，務掩過惡，則其職廢；皆理勢然也。陛下臨朝旰昃，裁決萬幾，判別疑隱，皆出羣臣意表。欲望追唐貞觀典故，復起居郎、舍人職事，使得盡聞明天子德音，退而書之，以授史官。儻以爲二府奏事自有時政記，卽乞自餘臣僚前後殿對，許記注官侍立，著其所聞關於治體者，庶幾謨訓之言不至墜失。」帝善其言，卒不果行。

66丙午，詔：「修起居注官雖不兼諫職，如有史事，宜於崇政殿、延和殿承旨司奏事後，直前陳述。」從修起居注王存請也。【考異】王安禮傳云：安禮同修起居注。故事，左右史記言動，毋得輒有所陳，至是詔許直前奏事，自安禮始。蓋安禮與王存同修注，其實存請之也。

67丁未，右諫議大夫、知河南呂公孺知河陽。洛口役兵千餘人，憚役，不稟令，排行慶關，不得入，西趨河橋。其徒有來告者，諸將請出兵擊之，公孺曰：「此曹亡命，窮之則生變。」乃令曰：「敢殺一人者斬！」於是乘馬東出，令牙兵數人前諭曰：「爾輩久役，固當還，然有不稟令之罪；若復渡橋，則罪加重矣。太守在此，願自首者止道左。」衆皆請罪。索其爲首并助謀者，黥配之，餘置不問。復送役所，語洛口官曰：「如尚敢偃蹇者，即斬之。」衆帖然不敢動。乃自劾不俟命，詔釋之。

68 戊申，詔：「濬淮南運河，自邵伯堰至眞州十四節，分二年用工。」從轉運司奏也。

69 甲寅，詔：「增太學生舍爲八十齋，齋三十人，外舍生二千人，內舍生三百人。月一私試，歲一公試，補內舍生。間歲一舍試，補上舍生。」【考異】長編作丁巳日，今從宋史作甲寅。

70 戊午，以潁州爲順昌軍節度。

71 庚申，遼主命有司撰太宗神功碑，立於南京。

72 甲子，詳定朝會儀注所言：「隋、唐冠服，皆以品爲定，蓋其時官與品輕重相準故也。今之令式，尙或用品，雖襲舊文，然以官言之，頗爲舛謬。概舉一二，則太子中允、贊善大夫與御史中丞同品，太常博士品卑於諸寺丞，太子中舍品高於起居郎，內常侍比內殿崇班而在尙書諸司郎中之上，是品不可用也。若以差遣，則有官卑而任要劇者，有官品高而處冗散者，有一官而兼領數局者，有徒以官奉朝請者，有分局涖職特出於一時，隨事立名者，是差遣又不可用也。以此言之，同品及差遣定冠綬之制，則未爲允。伏請以官爲定，庶名實相副，輕重有準。仍乞分官爲七等，冠綬以如之。貂蟬、籠巾、七梁冠、天下樂暈錦綬爲第一等；蟬舊以玳瑁爲胡蝶狀，今請改爲黃金附蟬；宰相、親王、使相、三師、三公服之。七梁冠、雜花暈錦綬爲第二等，樞密使、知樞密院至太子太保服之。六梁冠、方勝宜男錦綬爲第三等，左、右僕射至龍圖、天章、寶文閣直學士服之。五梁冠、翠毛錦綬爲第四等，左、右散騎常侍至殿中、少府、將作監服之。四梁冠、簇四彫錦綬爲第五等，客省使至諸行郎中服之。三梁冠、黃師子錦綬爲第六等，皇城以下城司使至諸衞率服之。內臣自內常侍以上及入內(內)侍省內東西頭供奉官、殿頭前班東西供奉官、左右侍禁、左右班殿直、京官祕書郎至諸寺、監主簿，既豫朝會，亦宜以朝服從事。今參酌自內常侍以上冠服，從本寺寄資者，如本官。入內內侍省內東西頭供奉官、殿頭三班使臣、陪位京官爲第七等，皆二梁冠，方勝練鵲錦綬。高品以下服色衣，古者韠韍舄屨，並從裳色，今制朝服用絳衣而錦有十九等，其七等綬謂宜純用紅錦，以文采高下爲差別。惟法官綬用青地荷蓮錦，以別諸臣，其梁數與佩準本官。」從之。

73 廢慶州府城寨、前郫堡、平戎鎮、環州大拔寨。

74 九月，癸酉，權發遣戶部判官李琮言：「奉詔根究逃絕稅役，有蘇州常熟縣天聖年簿管遠年逃絕戶倚閣稅紬絹苗米丁鹽錢萬一千一百餘貫、石、匹、兩。本縣據稅，合管苗田九百一十九頃有奇，今止根究得一百九十五戶，共當輸苗米三百五十三石，紬絹五十一匹，錦三十五兩；其餘有苗米八千四百石，紬絹一千二百匹，錦一千九十兩，丁鹽錢九百文外，并無田產人戶，亦無請佃主名。蓋久失推究，姦猾因之失陷省稅。乞差著作佐郎劉拯知常熟縣，根究歸著。他縣有類此者，亦乞選官根究。」從之。拯，南陵人也。【考異】李燾曰：食貨志：元豐三年九月，詔三司戶部判官李琮專究江南東、西（兩）浙路逃絕戶虧陷稅役等錢。琮言：「蘇州常熟縣天聖中簿，得久逃絕戶倚閣稅紬絹苗米丁鹽錢萬一千一百餘貫、石、匹、兩。今止百九十五戶，當輸苗米三百五十三石，紬絹五十一匹，錦三十五兩，餘田產人戶、請佃主名皆亡。蓋久不推究，姦猾因之失陷正稅。請凡類此者，皆選官根括。」從之。乃詔轉運司提舉琮所究江、浙路一百二十七縣逃絕戶，計四十萬一千三百三十二，爲書上之。三年正月丙戌，除琮淮南轉運副使，復令究逃絕戶稅役。琮乃辟置官屬，更移令佐，大究治之。淮南東、西兩路州軍縣共八十有八，凡得逃絕、詭名、挾佃、簿籍不載并闕丁，凡四十七萬五千九百六十五戶，丁正稅役并積負凡九十二萬二千二百四十六貫、石、匹、兩。琮又言：「虧陷稅役，乃官司造簿，舛誤已久，請隨夏稅附納。」詔令簿失收稅役錢，特蠲除之。

75 己卯，遼命諸道毋禁僧徒開壇。

76 壬午，遼主禁扈從擾民。

77 壬辰，出馬步射格鬭法頒諸軍。

78 西南諸蕃先後俱來貢。

79 冬，十月，丁酉，參知政事蔡確言：「御史何正臣、黃顏，皆臣任中丞日薦舉，臣今備位政府，理實爲嫌，乞罷正臣、顏御史。」於是權御史中丞李定言：「臺官雖令官長薦舉，然取舍在陛下，不在所舉。夫舍公義而懷私恩，此小人事利者之所爲。今選爲臺官者，必以其忠信正直，足以備耳目之任。儻以區區之嫌，遂使迴避，則是以事利之小人待陛下耳目之官，此尤義理之所不可者也。」詔勿迴避。

80 戊戌，夏遣使貢於遼。

81 己亥，遼主如獨盧金。

82 癸卯，置籍田令。

83 詔立水居船戶，五戶至十戶爲一甲。

84 戊申，交趾歸所掠民，詔以順州賜之。

85 己酉，太皇太后疾，帝不視事，視疾寢門，衣不解帶者旬日。庚戌，罷朝謁景靈宮；命輔臣禱於天地、宗廟、社稷；減天下囚死罪一等，流以下釋之。

86 壬子，詳定禮文所言：「今祭祀既用三代冕服，而加以秦劍，殊爲失禮。又，從事郊廟，不當脫舄履，應改正。」從之。

87 遼定王爵之制，惟皇子仍一字王，餘並削降。於是趙王楊績降封遼西郡王，魏王耶律伊遜降封混同郡王，吳王蕭罕嘉努舊作韓家奴，今改。降封蘭陵郡王，致仕

88 乙卯，太皇太后崩，年六十四。

帝侍奉太皇太后，承迎娛悅，無所不盡，后亦慈愛倍至。或退朝稍晚，必自屏扆候矚。初，王安石當國，變亂舊章，帝至后所，后曰：「吾聞民間甚苦青苗、助役，宜罷之。」帝嘗有意於燕薊，已與大臣定議，乃詣慶壽宮白其事。后曰：「吉凶悔吝生於動，得之不過南面受賀而已，萬一不得，則生靈所係，未易以言。苟可取之，太祖、太宗收復久矣，何待今日！」帝曰：「敢不受教。」蘇軾以詩得罪，下御史獄，后違豫中聞之，謂帝曰：「嘗憶仁宗以制科得軾兄弟，喜曰：『吾爲子孫得兩宰相。』今聞軾以作詩繫獄，得非仇人中傷之乎？捃至於詩，其過微矣。」軾由此得免。及崩，帝哀慕毀瘠，殆不勝喪。后臥內緘封一匱，帝發視之，則舊合同寶也。仁宗時，因火失寶，更鑄之。後淘井得舊寶，故藏之匱中，而人無知者。

【考異】長編云：元祐六年二月，監修國史呂大防奏稟：「慈聖光獻傳內，后有書一匱，常嚴鐍置臥內，人莫知其爲何等書也。嘗因疾病，以其匱送上所，戒曰：『至大故，乃啓之。』數日，后瘳，謂上曰：『前匱啓乎？』上曰：『不也。』后曰：『甚善。』即復收藏之。上仙後，上開后所藏匱，則垂簾時事，非世所得聞。又一籍，則后殿中物，無大小皆書之，按籍不差毫釐。右史官得之傳聞，未審虛實，欲乞批降指揮。」「慈聖光獻傳內，后有書一匱事，此一事乃是仁宗舊合同寶一面，因大內火災失去，仁宗別鑄造合同寶一面，乃今合同寶是也。舊寶後因淘井得之，后常藏收嚴密，不欲使外人知之，是也。即非垂簾時事。此史官得之未詳。」此並據呂大防家所收詔札及批降文字。元豐三年十月，聖慈光獻皇后上仙，既殆，久之，上親至慶壽宮閱視后遺物，得一奩，緘封甚密，舉之頗重，左右取以進。上命啓封，凡發緘數重，復以牛革縵罩甚固，破之，出其函，既啓鑰，得疏一通，上取讀之，乃英宗不豫時，宰相韓琦奏請於太皇太后乞尊立帝爲太上皇之疏也。上覽之，意極不懌，始知韓琦當日之謀，賴后明聖，不從其請，緘祕其書，以詔後人。文潞公私記有此事，其信否不可知。當時史官奏稟，必此事也。今所修慈聖光獻傳已用批降指揮修立，此事不復見。光獻太皇太后元豐四年春感疾，以文字一函，封鐍甚密，付神宗曰：「候吾死開之，惟不可因此罪人。」帝泣受。后疾愈，帝復納此函。后曰：「姑收之。」是年十月，后上仙，帝開函，皆仁宗欲立英宗爲皇嗣時，臣僚異議之書也。神宗執書慟哭，以太皇太后遺訓，不敢追咎其人，故帝宮中服三年之喪，盡禮盡孝者，知慈德之不可報也。此據邵伯溫聞見錄第三卷，與文彥博私記略相似。既有呂大防奏稟及批降指揮，則當以實錄爲正，今姑存之於此。緣批降指揮，獨大防家藏眞本，臣燾實親見，亦已從成都轉運司繳進矣。伯溫稱四年春，誤也；蓋是二年春。

戊午，詔：「易太皇太后園陵曰山陵。」

辛酉，以羣臣七上表，始聽政。

命王珪爲山陵使。

十一月，癸未，始御崇政殿。

89 遼復南京流民差役三年；被火之家，復租稅一年。

90 丁亥，雨土。

91 癸巳，詔：「開封府界教大保長充教頭，其提舉官以昭宣使、果州防禦使、入內副都知王中立、東上閤門使、榮州刺史狄諮爲之。」

92 十二月，乙巳，御史中丞李定等言：「竊以取士兼察行藝，則是古者鄉里之選。蓋藝可以一日而校，行則非歷歲月不可攷。今酌周官書攷賓興之意，爲太學三舍選察升補之法，上國子監敕式令并學令凡百四十三條。」詔行之。初，太學生檀宗益上書言太學教養之策有七：一尊講官，二重正祿，三正三舍，四擇長諭，五增小學，六嚴責罰，七崇師業。帝覽其言，以爲可行，命定與畢仲衍、蔡京、范鏜、張璪同立法，至是上之。

93 丙午，復置御史六察。

94 丁未，御史舒亶言：「比聞朝廷遣中官出使，所至多委州郡造買器物，其當職官承望風旨，追呼督索，無所不至，遠方之民，受獘良甚，乞重立條約。」詔兩浙提點刑獄司體量實狀以聞。

95 戊申，廣南西路提舉常平等事劉誼言：「廣西一路，戶口才二十餘萬，蓋不過江、淮一大郡，而民出役錢至十九萬緡，募役實用錢十四萬緡，餘四萬緡謂之寬賸。百姓貧乏，非他路比，上等之家不能當湖湘中下之戶，而役錢之出，概用稅錢。稅錢既少，又敷之田米，田米不足，復算於身丁。廣西之民，身之有丁也，既稅以錢，又算以米，是一身已輸二稅，殆前世弊法。今既未能蠲除之，而又斂以役錢，甚可憫也。」詔下本路提舉官齊諶相度。諶謂監司、提舉司吏及通引官、客司，月給錢第減二千，歲可減役錢一千二百餘緡，從之。

96 辛亥，提舉廣南東路常平等事林顔言：「聞廣西緣邊稍已肄習武藝，東路雖間有槍手，然保甲之教尚闕。欲乞本路沿江海諸州，依西路法訓閱，使其人既熟山川之險易，而又知夫弓矢金鼓之習，則一方自足爲備。」詔下廣南東路經略、轉運、提舉、鈐轄司相度，皆言廣、惠、潮、封、康、端、南恩七州，皆並邊及江海，外接蠻賊，可依西路保甲教習武藝，從之。顔、福州人也。

97 乙卯，遼主如西京。

98 戊午，遼主行再生禮，赦雜犯死罪以下。

99 庚申，祠部員外郎、直史館蘇軾，責授檢校水部員外郎、黃州團練副使、本州安置。

初，御史臺既以軾具獄上法寺，當徒二年，會赦當原。於是中丞李定言：「軾之姦慝，今已具服，不屏之遠方則亂俗，載之從政則壞法，伏乞特行廢絕。」

御史舒亶又言：「駙馬都尉王詵，收受軾譏諷朝政文字及遺軾錢物，并與王鞏往還，漏泄禁中語。竊以軾之怨望、詆訕君父，蓋雖行路猶所諱聞，而詵恬聞軾言，不以上報，既乃陰通貨賂，密與燕游。至若鞏者，嚮連逆黨，已坐廢停；詵於此時同罡議論，而不自省懼，尙相關通。按詵受國厚恩，列在近戚，而朋比匪人，志趨如此，原情議罪，實不容誅。乞不以赦論。」又言：「收受軾譏諷朝政文字人，除王詵、王鞏、李淸臣外，張方平而下凡二十二人，如盛僑、周班（邠）輩固無足論，乃若方平與司馬光、范鎭、錢藻、陳襄、曾鞏、孫覺、李常、劉攽、劉摯等，蓋皆略能誦說先王之言，辱在公卿士大夫之列，所當以君臣之義望之者，所懷如此，顧可置而不誅乎！」疏奏，詵等皆特責。獄事起，詵嘗屬轍密報軾，而轍不以告官，亦降黜焉。

軾初下獄，方平及鎭皆上書救之，不報。方平書曰：「傳聞有使者追蘇軾過南京，當屬吏。臣不詳軾之所坐，而早嘗識其爲人，其文學實天下奇才，向舉制策高等，而猶碌碌無以異於流輩。陛下振拔，特加眷獎，軾自謂見知明主，亦慨然有報上之心。但其性資疏率，闕於審重，出位多言，以速尤悔。頃年以來，聞軾屢有封章，特爲陛下優容，四方聞之，莫不感歎聖明寬大之德。今其得罪，必緣故態。但陛下於四海生靈，如天覆地載，無不化育，於一蘇軾，豈所好惡！自夫子刪詩，取諸諷刺，以爲言之者足以戒；故詩人之作，其甚者以至指斥當世之事，語涉謗讟不恭，亦未聞見收而下獄也。今軾但以文辭爲罪，非大過惡，臣恐付之狴牢，罪有不測。惟陛下聖度免其禁繫，以全始終之賜，雖重加譴謫，敢不甘心！」

軾既下獄，衆莫敢正言者。直舍人院王安禮乘間進曰：「自古大度之君，不以語言謫人。軾本以才自奮，今一旦致於法，恐後世謂不能容才，願陛下無庸竟其獄。」帝曰：「朕固不深譴，特欲申言者路耳，行爲卿貰之。」既而戒安禮曰：「第去，勿泄言。軾前賈怨於衆，恐言者緣軾以害卿也。」始，安禮在殿廬，見李定，問軾安否狀，定曰：「軾與金陵丞相論事不合，公幸毋營解，人將以爲黨。」至是歸舍人院，遇諫官張璪忿然作色曰：「公果救蘇軾邪，何爲詔趣其獄？」安禮不答。其後獄果緩，卒薄其罪。

100 甲子，禮院言：「大行太皇太后祔仁宗陵廟，當去太字。册文初稱大行太皇太后，所上尊謚即稱慈聖光獻皇后。謚寶宜以『慈聖光獻皇后之寶』爲文。餘行移文字及奏報，即存太字。」從之。

續資治通鑑卷第七十五

賜進士及第兵部尚書兼都察院右都御史總督湖北湖南等處地方軍務兼理糧餉世襲二等輕車都尉畢沅編集

宋紀七十五 起上章涒灘(庚申)正月，盡十二月，凡一年。

神宗體元顯道法古立憲帝德王功英文烈武欽仁聖孝皇帝

元豐三年 遼太康六年。(庚申、一〇八〇)

1春，正月，乙丑朔，以太皇太后在殯，不視朝。

2癸酉，升許州為潁昌府。【考異】張舜民云：神宗自潁川郡王即位，熙寧初，升潁州為潁昌軍，久之，知其誤，遂升潁州為潁昌府。李燾云：升潁州為潁昌軍，乃元豐二年八月二十四日、九月十八日德音，非熙寧初也。神宗初為忠武節度、淮陽郡王，後封潁王。忠武即許州軍額，郡王則封淮陽，非潁川，舜民誤也。

3遼主如鴛鴦濼。

4癸未，審官東院言：「大理寺丞申天規昨乞長告，訪求其父。今已迎歸侍養，乞許天規不候歲滿朝見。」從之。天規少失其父，至是訪得之，年百歲矣。

5 己丑，高麗國遣使來貢。

6 白虹貫日。

7 辛卯，于闐來貢。

8 遼耶律伊遜舊作乙辛，今改。以改封王爵，赴闕入謝；遼主即日遣還，改知興中府事。

9 二月，丙午，以翰林學士章惇參知政事。

10 丙辰，始御崇政殿視朝。

11 丁巳，命輔臣禱雨。

12 三月，乙丑，工部侍郎、平章事吳充罷，爲觀文殿大學士、西太一宮使。

13 癸酉，葬慈聖光獻皇后于永昭陵。

14 甲戌，命王珪提舉修兩朝國史。

15 丙子，南丹州人入貢。

16 庚辰，復置晉州趙城縣。【考異】王存九域志在元豐二年。今從長編。

初，熙寧中，廢入洪洞縣爲鎮，至是知州王說言百姓輸納詞訴回遠，歲輸稅課不便，兼攷趙城乃是國家得姓始封之地，不與他縣邑比，故復之。

17 乙酉，祔慈聖光獻皇后神主于太廟。

18 己丑，以慈聖光獻皇后弟昭德軍節度使曹佾爲司徒兼中書侍郎、（校者按：侍郎應作令。）護國軍節度使，餘親屬加恩有差。

19 庚寅，遼主出皇姪淳於外，立皇孫延禧爲梁王，加守太尉兼中書令，時年六歲。以忠順軍節度使耶律頗德爲南院大王，以廣德軍節度使耶律仲禧爲南院樞密使，以戶部使陳毅參知政事。

20 夏，四月，乙未，觀文殿大學士吳充卒，年六十。贈司空兼侍中，謚正憲。充爲相，務安靜。將終，戒妻子勿以私事干朝廷。世謂充心正而力不足，譏其弗能勇退云。

21 丁酉，封宗暉爲濮陽郡王，濮安懿王子孫皆進官一等。

22 乙巳，以瀘州夷乞弟侵擾，詔邊將討之。戊申，乞弟寇戎州，兵官王宣等戰歿。

23 御史臺言：「奉詔復置六察察在京官司，今請以吏部及審官東・西院、三班院等隸吏察；戶部、三司及司農寺等隸戶察；刑部、大理寺、審刑院等隸刑察；兵部、武學等隸兵察；禮、祠部、太常寺等隸禮察；少府、將作等隸工察。」從之。

24 甲寅，罷羣牧行司，復置提舉買馬監牧司。

25 乙卯，遼主獵於炭山。

26五月，甲子，翰林學士兼詳定禮文張璪言：「伏見天地合祭，議者不一。臣竊謂陽生于十一月，陰生于五月。先王順陰陽之義，以冬至日祀天于地上之圜丘，夏至日祭地于澤中之方丘，以至牲幣、器服、詩歌、樂舞、形色、度數，莫不倣其象類，故天地神祇可得而禮。由此觀之，夏日至祭地于方丘，而天子親涖之，此萬世不可易之理也。議者以爲當今萬乘儀衞加倍于古，方盛夏之時，不可以躬行，乃欲改用他月；不惟無所據依，又失所以事地順陰之義。必不得已，宜卽郊祀之歲，於夏至之日，盛禮容，具樂舞，遣冢相〔宰〕攝事；雖未能皆當于禮，庶幾先王之遺意猶存焉。」詔禮院速詳定以聞。禮官請如璪議；設宮縣樂、文武二舞，改制樂章，用竹册，匏爵，增配帝犢及捧俎分獻官，廣壇壝、齋宮，修定儀注上之。

而判太常寺王存、知禮院曾肇言：「古之祭祀，或天子親行，或有司攝事，不過此二者而已；今于攝事之中又分隆殺，蓋古所未有也。且遣官雖重，終非親祀，恐于天地父母之義有所未順。璪本以合祭非禮，欲革去之；然其所陳，于禮亦未見其可。今夏至日逼，卽乞且依舊制。其親祀之禮，仍乞詔詳定郊廟禮文所精加講求，裁定其當，以正後世之失，庶合先王之意。」判太常寺李清臣亦言：「天地之祀，萬國觀法，未易輕言。今夏至已近，而樂舞未修，樂章未製，八變之音未及習，齋祭之服未及成，齋宮未及立，壇壝未及廣，牲犢未嘗在滁，竊慮有司速於應辦，或致滅裂，有失嚴恭。伏乞更加詳酌。」御批：「張璪之議，在今固無以易。可如清臣言，逡巡以盡衆說。」遂詔禮院更加講求。

陸佃言：「竊觀張璪所請，陛下親郊，夏日至祀地，自如璪議。其冬至祀天之明日，準古方望之事，因令祀地北郊，而以海岳、四瀆、山林、川澤之神，凡在圜丘壝陛舊從祭者，皆得與饗；亦遣冢宰攝事，並如夏至祀儀。是則親行大禮，合祭雖革，而天地之神自得用類以禮從祀，以昭陛下尊天親地之義。然而郊後必有方望之事，經證明白，固當攷復。至於祀地雖未有顯據，而以倫類求之，方望且祀，則地祇助天布功，又其大者，安得而遺也！謹按舜典，類有上帝而無日月星辰，禋有六宗而無太祖，望有山川而無大祇，周官大宗伯祀有上帝而無五帝，有司中、司命而無司祿，祭有社稷、五祀而無大祇，有岳而無四瀆，有山林川澤而無丘陵墳衍，饗有先王而無先公，則祀所秩上下，比義皆從可知故也。」詳定所以佃所稱未有顯據，難以施行。

27 乙丑，閤門言：「每歲盛暑御後殿，便于決事。乞自五月一日至七月終，當御前殿日，閤門取旨。如得旨御後殿，即放朝參。」詔：「今三伏內，五日一御前殿。」

28 荆湖南路安撫司言知邵州關杞，議於溪峒徽、誠等州鎮立城寨屯兵及守禦招納之策，乞下轉運使相度。詔謝景溫、朱初平、趙楊相度利害，及處置後經久不致生事，保明以聞。

其後建置如杞議。

29 壬申，遼以平州民初復業，免其租稅一年。

30 己卯，蜀國長公主薨。主下嫁王詵，事詵母至孝，中外稱賢。主疾甚，太后皇后臨問，帝繼至，見主羸瘠，伏席而泣，親持粥食之，主爲帝彊〔強〕食。翼日，不起。帝未朝食，卽駕往，望第門而哭。賜主家錢五百萬，輟朝五日，追封越國，謚賢惠。詵以侍主疾與婢姦，落駙馬都尉，責授昭化軍節度行軍司馬、均州安置。

31 甲申，復命韓存寶經制瀘夷。

32 詔改都大提舉導洛通汴司爲都提舉汴河隄岸司。

33 庚寅，詳定朝會儀注所言：「今定大慶殿之後門內，東西設幄爲閤，又於殿扆左右設帟於東西房，以爲乘輿出入所由之地。」又言：「朝會所陳平輦逍遙，舊設于西朵殿，今宗室坐西朵殿賜酒，欲移平輦等陳於東西龍墀上。」並從之。

34 遼主以旱禱雨，令左右以水相沃，俄而雨降。

35 六月，戊戌，禮院言：「越國長公主薨在慈聖光獻喪制之內。按禮，重喪未終遭輕喪，自當易服以示恩意，卒事則復常。眞宗諒陰，爲乳母秦國夫人服緦，禫未除，亦爲許國長公主成服。今爲慈聖光獻太后服，已在易月之外，宜爲越國長公主舉哀成服。」從之。

36是日，遼主駐納葛濼。

37庚子，同判太常寺王存言：「近詔祕書監劉几赴詳定郊廟禮文所議樂。伏見禮部侍郎致仕范鎭，嘗論雅樂，乞召鎭與几參攷得失。」從之。

初，鎭致仕，居都城外之東園，每遇同天節，卽乞隨散官班上壽。尋有詔：「鎭班見任翰林學士上，仍自今致仕官遇誕節及大禮，許綴舊班。」後鎭還居潁州，於是入對，閤門奏鎭失儀，有詔放罪。仍詔：「自今致仕官造朝失儀勿劾，著爲令。」

38詳定禮文所言：「請自今皇帝親祠郊廟，搢大圭，執鎭圭。每奉祀之時，既接神，再拜，則奠鎭圭爲摯，執大圭爲笏。當時搢笏，君尊則不搢，別於臣下也。所有儀注皇帝搢鎭圭，皆沿襲之誤，乞從改正。」詔：「俟製到大圭日施行。」又言：「自今親祠郊廟，羣臣冕服助祭執笏，或當事則搢笏，陪位官亦合冕服助祭。」從之。

39丙午，詔中書詳定官制。罷兵部句當公事官。

40詔：「河北、河東、陝西路各選文武一員，提舉義勇保甲。」

41戊申，遼以度支使王績參知政事。

42庚戌，女直貢於遼。

43壬子，詔罷中書門下省主判官，歸其事於中書。

44 乙卯，參知政事章惇上導洛通汴記，以元豐導洛記爲名，刻石於洛口廟。

45 己未，詳定禮文所言：「皇地祇、神州地祇、大社、大稷，其祝版與牲幣、饌物，瘞於埳坎。」又言：「郊廟明堂告神册，使中書侍郎讀之，非是，請改命太祝。」又言：「親祠郊廟，執事之官，皆一切臨時取充位而已；宗室及陪祠官則無預于執事，不應古義。請親祠南郊，薦徹籩豆、簠簋、俎饌，以朝臣充；太廟，以宗室遙郡刺史以上充。」又言：「今禘祫以功臣配饗，而冬烝不及，與經不合。請每遇冬烝，以功臣配饗，其功（禘）祫配饗皆罷。」詔：「讀册以史官攝太祝；郊廟執事官選無過人，冬饗禘祫及親祠並以功臣配饗。」餘皆從之。

46 秋，七月，戊辰，遼主觀市。

47 庚午，河決澶州。澶州孫村、陳埽及大吳、小吳埽決，詔外監丞司速修閉。

初，河決澶州也，監丞陳祐甫謂：「商胡決三十餘年，所行河道，塡淤漸高，隄防歲增，未免泛濫。今當修者有三：商胡一也，橫壠二也，禹舊迹三也。然商胡、橫壠故道，地勢高平，土性疏惡，皆不可復，復亦不能持久。惟禹故瀆尙存，在大伾、太行之間，地卑而勢固。祕閣校理李垂與今知深州孫民先皆有修復之議，望召民先同河北漕臣一員自衞州王供埽按視，訖于海口。」從之。

48 丁丑，詳定禮文所言：「明堂儀注，設御位於中階下之東南，西嚮。謹按古者人君臨祭，立于阼。其臨祭就位于阼階下，大夫士禮也。自曹魏以來，有司失之。伏請設皇帝版位于阼階之上，西嚮；太廟、景靈宮亦如之。」從之。

49癸未，遼主爲皇孫梁王延禧設旗鼓伊喇（舊作拽剌。）六人衞護之。

50甲申，遼主獵於沙嶺。

51丙戌，以彗星見，避殿，減膳，詔求直言。

52丁亥，詔中書曰：「朕惟先王制行以赴禮，孝莫大于嚴父，嚴父莫大於配天。配天一也，而屬有尊親之殊，禮有隆殺之別。故遠而尊者祖，則祀於郊之圜丘而配天；邇而親者禰，則祀於國之明堂而配上帝。天足以及上帝，而上帝未足以盡天，故圜丘祀天則對越諸神，明堂則上帝而已。故其所配如此，然後足以適尊親遠邇之義。而歷代以來，合宮所配，既紊於經，乃至雜以先儒六天之說，皆因陋昧古，以失情文之宜，朕甚不取。其將來祀英宗皇帝於明堂，惟以配上帝，餘從祀羣神悉罷。」

53戊子，太白晝見。

54戶部侍郎致仕范鎭言：「乞下京東、京西、河東、河北、陝西轉運司，量立賞格，求訪眞黍，以審音樂。」

55己丑，詳定禮文所言：「請自今乘輅不執圭，及乘大輦亦不執。」又言：「古者宗廟室中爲石以藏主，謂之宗祏。請遷廟主藏于太祖太室北壁中，帝后之主各共一石室。禮記曰：『天子之席五重。』今太廟几筵皆不應禮，請改用莞筵，紛純加繅席，畫純加次席，黼純左右玉几。祭祀皆繅、次各加一重，並莞筵爲五重。」並從之。

56 庚寅，熙河路經略司言西界首領禹臧結逋藥、蕃部巴鞠等以譯書來告夏國集兵，將築撒逋達宗城於河州界，黃河之南，洮河之西。帝曰：「若如所報，乃屬河州之境，豈可聽其修築！深慮經略司不詳上件所指地分，都無爲備，驅逐約闌次第，可速下本司多備兵馬禁止之。」

57 八月，辛卯朔，詳定禮文所言：「明堂昊天上帝禮神之玉，當用蒼璧。今用四圭有邸，請改用蒼璧禮天。其有司攝事五帝，亦乞依大宗伯禮神之制，陳玉各倣其方之色。」從之。

58 戊戌，詔：「兩制、臺諫至總管、監司，各舉堪應武舉進士一人，以名聞。」

59 庚子，檢正中書戶房公事畢仲衍上所修備對，言：「周家冢宰，歲終令百官府正其治，受其會；小宰以敍受羣吏之要。所謂會要者，正今中書之所宜有也。自漢至唐，曠千百年，莫知議此，故有決獄、錢穀之問而不克對者。創自睿意，俾加纂集。臣攟摭故實，僅就卷秩，凡爲一百二十五門，附五十八件，爲六卷，事多者分上中下，共爲十卷。」詔中書、門下各錄一本納執政，仍分令諸房揭帖。初，書成，仲衍欲求上覽以冀功賞；帝以爲此書乃臣備君問之書，不當奏御，故有是詔。

60乙巳，詔中書：「朕嘉成周以事建官，以爵制祿，萬事條理，監於二代，爲備且隆。國家受命百年，四海承德，豈茲官政，尙愧前聞！今將推本制作董正之原，若稽祖述憲章之意，參酌損益，趨時之宜，使臺省寺監之官實典職事，領空名者，一切罷去而易之以階，因以制祿，凡厥恩數，悉如舊章。其應合行事件，中書條具以聞。」

61祕書丞、同知禮院楊傑言：「十二者，律之本聲也；四者，律之應聲也。本聲重大，應聲輕清；本聲爲君父，應聲爲臣子，故其四聲或曰清聲。自景祐中李照議樂以來，鐘磬簫始不用四聲，是有本而無應，有倡而無和，八音何從而諧也！今巢笙、和笙，其管皆十有九，以十二管發律呂之本聲，以七管爲律呂之應聲，用之已久，而聲至和協。伏請參攷古制，依巢笙、和笙例，用編鐘、編磬、簫，以諧八音。」又言：「今大樂之作，琴、瑟、塤、篪、笛、簫、笙、阮箏、筑奏一聲，則鎛鐘、特磬、編鐘、編磬連擊三聲，于衆樂中聲最煩數。請鎛鐘、特磬、編鐘、編磬並依衆器節奏，不可連擊，所貴八音無相奪倫。」又言：「本朝郊廟之樂，先奏文舞，次奏武舞，武舞容節六變：一變象淮揚底定，所向宜東南；四變象荆湖來歸，所向宜南；五變象邛蜀納款，所向宜西；六變象兵還振旅，所向宜北而南。今舞者非止發揚蹈厲、進退俯仰不稱成功盛德，兼失所向。又，文舞容節，殊無法度。乞定二舞容節及改所向，以稱成功盛德，又乞依周禮奏律歌呂，合陰陽之聲。」又言：「今雅樂古器非不存，太常律呂非不備，而學士大夫置而不講，攷擊奏作，委之賤工，如之何不使雅、鄭之雜也！伏請審調太常鐘磬，依典禮用十二律還宮均法，令上下曉知十二律音，則鄭聲無由亂雅矣。」詔送議樂所。劉几等言傑所請皆可施行，詔從之。

62 戊申，祕書監致仕劉几等言：「太常大樂鐘磬几〔凡〕三等：王朴樂一也，李照樂二也，胡瑗、阮逸樂三也。王朴之樂，其聲太高，此太祖皇帝所嘗言，不俟論而後明。仁宗景祐中，命李照定樂，乃下律法以取黃鍾之聲；是時人習舊聽，疑其太重，李照之樂由是不用。至皇祐中，胡瑗、阮逸再定大樂，比王朴樂微下，而聲律相近；及鑄大鐘，或譏其聲弇鬱，因亦不用，於是郊廟依舊用王朴樂。樂工等自陳，若用王朴樂，鐘磬即清聲難依，如改製下律，鐘磬清聲乃可用。益驗王朴鐘磬太高，難盡用矣。今以三等鐘磬參校其聲，則王朴、阮逸樂之黃鍾，正與李照樂之太簇相當。王朴、阮逸之樂，編鐘、編磬各十六，雖有四清聲，而實差黃鍾、大呂之正聲也；李照之樂，編鐘、編磬各十二，雖有黃鍾、大呂而全闕四清聲，非古制也。聖人作樂以紀中和之聲，所以導中和之氣。清不可太高，重不可太下，使八音協諧，歌者從容而能永其言，乃中和之謂也。臣等因精擇李照編鐘、編磬十二參於律者，增以王朴無射、應鍾及黃鍾、大呂清聲，以爲黃鍾、大呂、太簇、夾鍾之四清聲，俾衆樂隨之，歌工兼清聲以詠之，其音清不太高，重不太下，中和之聲，可以攷矣。欲請下王朴樂二律以定中和之聲，就太常鐘磬擇其可用者，其不可修者別製。」從之。

[63]丙辰，太常寺言：「近乞留王朴鐘磬，今修大樂所已集工匠，備爐炭，恐卽銷變磨鑢。況大樂法度之器，其度量聲律，秒忽精微，已修之後，或陛下躬臨按聽，萬一如有未協，卽更無舊器攷驗。本寺每遇大禮，見用王朴樂外，自有李照、胡瑗所作樂器及石磬材不少，自可別制新樂，以驗議者之術。」詔許借王朴樂鐘爲清聲，毋得銷毀磨鑢。

初，劉几、楊傑欲銷王朴舊鐘，意新樂成，雖不善，更無舊聲可校。後執政至太常寺按試，前一夕，傑乃陳朴鐘已敝者一縣。樂工皆不平，夜易之，而傑弗知。明日，執政至，傑厲聲云：「朴鐘甚不諧美。」使樂工叩之，音韻更佳。傑大慚沮。

[64]王安石上改定詩、書、周禮義誤字，詔錄送國子監修正。

[65]戊午，彗不見。

[66]九月，壬戌，增宣祖定州東安墳地二十頃及守園戶。

[67]丙寅，御殿，復膳。

[63]庚午，知諫院舒亶言：「中書檢正官張商英與臣手簡，並以其壻王潙之所業示臣。臣職在言路，事涉干請，不敢隱默。」詔商英落館閣校勘，監江陵府江陵縣稅。

初，亶爲縣尉，坐手殺人，停廢累年。商英爲御史，言其才可用，乃得改官；至是反陷商英，士論惡之。

69太常博士、集賢校理、新權知湖州陳侗言：「陛下崇奉郊廟百神之祀，攷求典禮，尤爲嚴備。惟五岳、四瀆之兆未設，欲乞依周禮建四望壇于四郊，以祭五岳、四鎭、四瀆，庶合于經，而且以稱陛下奉祀之意。」詔送詳定禮文所。詳定所「請以國朝祠令所載岳、鎭、海、瀆兆四望於四郊。岱山、沂山、東海、大淮於東郊，衡山、會稽山、南海、大江、嵩山、霍山於南郊，華山、吳山、西海、大河于西郊，常山、醫巫閭山、北海、大濟于北郊。每方岳鎭則共爲一壇，海瀆則共爲一坎，以五時迎氣日祭之，皆用血祭瘞埋，有事則請禱之。又以四方山川各附于當方岳鎭海瀆之下，別爲一壇一坎。山共一壇，川共一坎。水旱則禱之。其北郊從祀及諸縣就祭如故。」詔：「四方岳鎭共爲一壇望祭，餘依奏。」

70乙亥，正官名。詳定官制所上以階易官寄祿新格：「中書令、侍中、同平章事爲開府儀同三司，左、右僕射爲特進，吏部尙書爲金紫光祿大夫，五曹尙書爲銀青光祿大夫，左、右丞爲光祿大夫，六曹侍郎爲正議大夫，給事中爲通議大夫，左、右諫議爲太中大夫，祕書監爲中大夫，光祿卿至少府監爲中散大夫，太常至司農少卿爲朝議大夫；六曹郎中爲朝請、朝散、朝奉大夫，凡三等；員外郎爲朝請、朝散、朝奉郎，凡三等；起居舍人爲朝散郎，司諫爲朝奉郎，正言、太常、國子博士爲承議郎，太常、祕書、殿中丞爲奉議郎，太子中允、贊善大夫、中舍、洗馬爲通直郎，著作佐郎、大理寺丞爲宣德郎，光祿、衞尉、將作監丞爲宣議郎，大理評事爲承事郎，太常寺太祝、奉禮郎爲承奉郎，祕書省校書郎、正字、將作監主簿爲承務郎。又自開府儀同三司至通議大夫以上無磨勘法，大〔太〕中大夫至承務郎應磨勘。待制以上，六年遷兩官，至大〔太〕中大夫止；承務郎以上，四年遷一官，至朝議大夫止，候朝議大夫有闕次補；其朝議大夫以七十員爲額，選人磨勘，並依尙書吏部法；遷京朝官者，依今新定官。其祿令並以職事官俸賜祿料舊數與今新定官請給對擬定。」並從之。

故事，兩制不轉卿監官，前行郎中卽超轉諫議大夫；前行郎中於階官爲朝請大夫，諫議大夫於階官爲大〔太〕中大夫。帝以爲磨勘者，古攷績之法，所與百職事共之，而禁近獨超轉，非法也。于是下詔：「待制以下並三年一遷，仍轉朝議大夫、中散大夫、中大夫三官。」

71丙子，詔：「開府儀同三司爲使相，不繫大赦銜。見任宰相、使相，食邑實封通及萬戶，前任宰相，食邑及萬戶，並封國公。宗室如舊例。」

又，中書奏：「官制所申，朝旨除三公、三司外，餘檢校官幷階散並罷。所有宗室及武臣正任至內常侍以上，內臣供奉官以下，選人、伎術官、將校、中書樞密院主事以下，及諸司吏人所授救留官衙校等，各有見帶文散階、檢校官及憲銜，欲並除去。其僧官幷谿峒蠻人知州鎮及化外蕃官所帶散官等，合自朝廷指揮。」從之。其後遂詔：「文武散階，除化外人依舊除授外，餘並罷。」

72 辛巳，大饗明堂，以英宗配。

73 癸未，薛向、孫固並爲樞密副使。

74 乙酉，詔卽景靈宮作十一殿，以時王禮祀祖宗。

75 以王安石爲特進，改封荊國公，王拱辰落開府儀同三司，並以官制行正名故也。詔拱辰判大名府，拱辰辭曰：「臣老矣，不足以任事。」帝曰：「北門重地，卿舊治也，勉爲朕行。」

【考異】李燾曰：劉摯拱辰行狀云：時三路籍民爲保甲，下戶皆不免，日聚教之。提舉官禁令苛急，河北保甲往往爲盜賊，百十爲羣，州縣不敢以聞。拱辰急論其弊，謂非止困其財力，害其農桑，所以使爲不良者，法驅之也。將恐浸淫爲大盜，可憂，願蠲裁下戶。於是主者指拱辰沮泆異論，拱辰曰：「此老臣所以報國也。」章入不已，天子始悟保甲之爲盜也。按今年二月十八日，令諸路坊郭物力戶養馬，蓋因拱辰建議，而摯不書，獨書拱辰論保甲爲盜，不知果有是否？本傳但云三路初籍民兵，拱辰謂稍蠲下戶，亦不如摯所書也。今附見此。

76 丙戌，進封岐王顥爲雍王，嘉王頵爲曹王，並爲司空。文彥博爲太尉。封曹佾爲濟陽郡王，宗旦爲華陰郡王。

77 馮京爲樞密使。薛向罷知潁州。【考異】宰輔表失書此事，今依神宗紀及長編。
會詔民畜馬，向旣奉令，旋知民不便，議欲改爲。於是舒亶論向反覆，無大臣體，斥知
潁州，又改隨州。

78 丁亥，以呂公著爲樞密副使。

公著與馮京、薛向、孫固同在西府，三人者屢於上前爭論，公著獨不言。及帝問之，乃
徐爲開析可否，言簡而當，帝常納之，三人者亦不能違也。帝數與輔臣論天下事，一日，謂
公著曰：「民間不知有役矣。」公著對曰：「上戶昔以役多破家，今則飽食安居，誠幸矣。下
戶昔無役，今率錢，則苦矣。」帝曰：「然則法亦當便〔更〕也。」

79 戊子，熙河路經略司言，乞先團結蕃弓箭手，從之。是年詔：「凡弓箭手、兵騎各以五
十人爲隊，置引戰旗頭、左右傔旗，及以本屬酋〔蕃〕首、將校爲擁隊，並如正軍法。蕃捉生、
蕃敢勇、山河戶亦如之。凡募弓箭手、蕃捉生、強人、山河戶，不以等樣，第募有保任年十七
以上，弓射七斗、任負帶者。鄜延路新舊蕃捉生、環慶路強人、諸路漢引〔弓〕箭手、鄜延路
歸明界保毅蕃戶、弓箭手，皆涅於背。」

80 閏月，辛卯，御史范鏜言：「曹佾以外戚封郡王，祖宗以來，未有佾比。陛下所以富貴寵
祿之厚矣，所以致孝愛于慈聖之情至矣。佾雖不王，乃以保安曹氏；命行而改，抑以爲子

孫萬世之成憲也。」不從。

81 壬寅，遼主祠木葉山。

82 己酉，遼主駐藕絲淀。

83 乙卯，加文彥博河東、永興軍節度使，以富弼爲司徒。

84 冬，十月，辛酉，詳定官制所檢討文字、光祿寺丞李德芻上元豐郡縣志三十卷，圖三卷。

85 遼耶律仁傑，久在相位，貪貨無厭，時與親戚會飲，嘗曰：「無百萬兩黃金，不足爲宰相家。」耶律伊遜既外出，遼主漸悟仁傑姦，丁卯，出爲武定軍節度使。

86 庚午，遼參知政事劉詵致仕。

87 癸酉，遼以陳毅爲漢人行宮都部署，王績同知樞密院事。

88 癸未，詔翰林學士並聽佩魚。

89 十一月，己丑朔，日有食之。【考異】宋史作日當食，雲陰不見，今從遼史。

90 癸卯，遼主召羣臣議政。遼主曰：「北樞密院軍國重任，久闕其人，耶律阿蘇、舊作阿思，今改。蕭額特勒舊作斡特剌，今改。二人孰愈？」羣臣各譽所長，契丹行宮都部署蕭托輝舊作陶隗，今改。獨默然，遼主曰：「卿何不言？」托輝曰：「額特勒懦而敗事，阿蘇有才而貪，將爲禍基；不得已而用，敗事猶勝禍基。」遼主曰：「托輝，雖魏徵不能過也，但恨朕不能及唐太宗爾。」

91壬子，直龍圖閣、句當三班院曾鞏上言曰：「宋興，六聖相繼，與民休息，故生齒既庶，財用有餘。且以景德、皇祐、治平校之，景德戶七百三十萬，墾田一百七十萬頃；皇祐戶一千九十萬，墾田二百二十五萬頃；治平戶一千二百七十萬，墾田四百三十萬頃。天下歲入，皇祐、治平皆一億萬以上，歲費亦一億萬以上。景德官一萬餘員，皇祐二萬餘員，治平并幕職、州縣官三千三百餘員，總二萬四千員。景德郊費六百萬，皇祐一千二百萬，治平一千三百萬。以二者校之，官之衆一倍於景德，郊之費亦一倍於景德。官之數不同如此，則皇祐、治平入官之門多於景德也；郊之費不同如此，則皇祐、治平用財之端多於景德也。誠詔有司按尋載籍而講求其故，使官之數，入者之多門可攷而知，郊之費，用財之多端可攷而知，然後各議其可罷者罷之，可損者損之，使天下之人如皇祐、治平之盛，而天下之用，官之數，郊之費，皆同於景德，二者所省蓋半矣。」

已而再上議曰：「陛下謂臣所言以節用爲理財之要，世之言理財者未有及此也，令付之中書。臣待罪三班，按國初承舊以供奉官、左、右班殿直爲三班，立都知、行首領之，又有殿前承旨，班院別立行首領之。端拱以後，分東、西供奉，又置左、右侍禁及承旨，供職皆領於三班，三班之稱亦不改。初，三班吏員止於三百，或不及之，至天禧之間，乃總四千二百有餘，至於今，乃總一萬一千六百九十，宗室又八百七十。蓋景德員數已十倍于初，而以今攷之，殆三倍於景德。略以三年出入之籍較之，熙寧八年，入籍者四百八十有七，九年，五百四十有四，十年，六百九十；而死亡退免出籍者，歲或過二百人，或不及之。則是歲歲有增，未見其止也。臣又略攷其入官之繇，條於別記以聞，議其可罷者罷之，可損者損之，惟陛下之所擇。臣之所知者三班也，吏部東、西審官與天下他費，尙必有近於此者，惟陛下試加攷察，以類求之。使天下歲入億萬，而所省者什三，計三十年之通，當有十五年之蓄。夫財用，天下之本也，使國家富盛如此，則何求而不得，何爲而不成！以陛下之聖資而加之精勤，以變因循苟且之弊，方大修法度之政，以幸天下，詔萬世，故臣敢因官以講求其損益之數，而終前日之說以獻，惟陛下裁擇。」帝頗嘉納之。

92 十二月，甲子，遼以耶律德勒岱舊作特里底，今改。爲孟父房敞袞。乙丑，以蕭托卜嘉舊作撻不也，今改。爲北府宰相，耶律世遷知北院樞密使事，耶律愼思同知北院樞密使事。

93 庚午，遼免西京流民租賦一年。

甲戌，減民賦。

94 丁亥，遼豫行正旦禮。

95 戊子，遼主如混同江。

續資治通鑑卷第七十六

賜進士及第兵部尚書兼都察院右都御史總督湖北湖南等處地方軍務兼理糧餉世襲二等輕車都尉畢沅編集

宋紀七十六 起重光作噩(辛酉)正月,盡十二月,凡一年。

神宗體元顯道法古立憲帝德王功英文烈武欽仁聖孝皇帝

元豐四年遼太康七年。(辛酉、一〇八一)

1春,正月,乙未,命步軍都虞候林廣經制瀘夷。時韓存寶討瀘蠻乞弟,逗撓不進,以廣代之。廣至,閱兵合將,蒐人材勇怯,三分之,日夕肄習,間椎牛享犒,士心皆奮。遣使開曉乞弟,仍索所亡卒,乞弟歸卒七人,奏書降而身不至。乃決策深入,陳師瀘水,率將吏東嚮再拜,誓之曰:「今孤軍遠略,久駐賊境,退則爲戮。冒死一戰,勝負未可知,縱死,猶有賞,愈於退而死也。與汝等戮力而進,可乎?」衆皆踊躍。

2庚子,詔試進士加律義。

3 戊申，五國部長貢於遼。

4 辛亥，于闐來貢。

5 馮京罷，知河陽。孫固知樞密院，龍圖閣直學士韓縝同知樞密院事。時〔前〕征安南，建順州，其地瘴癘不堪守，固請棄之，內徙者二萬戶。

6 甲寅，女直貢良馬於遼。

7 二月，甲子，遼主如魚兒濼。

8 己巳，知制誥王存言：「遼人覘中朝事頗詳，而邊臣刺遼事殊疏，此邊臣任間不精也。臣觀知雄州劉舜卿，議論方略，宜可任此，當少假以金帛，聽用間於繩墨之外。」詔舜卿具所資用以聞。舜卿乞銀千兩，金百兩，詔三司給之。

舜卿初至雄州，有告以巡馬大至，請申〔甲〕以俟；舜卿不爲變，卒以無事。遼妄捕繫州民，檄取，不聽。會有使者至，因捕其徒一人，請償焉，待釋乃遣。遼遣諜盜西城門鎖，舜卿密令易去舊鐍而大之。數日，以鑰來歸，舜卿曰：「吾未嘗亡鎖也。」引視，納之不能受，乃慚去。諜者因得罪。

9 辛未，置秦州鑄錢監。

10 己卯，分東南團結諸路爲十三將。

11 三月，癸卯，章惇罷，知蔡州。

甲辰，以翰林學士張璪參知政事。

12 乙巳，命官閱九軍營陣法于京城南。

戊申，大閱。

13 丙辰，棟戩（舊作董氊。）遣使來貢。

14 隨州言知州、正議大夫薛向卒。輟視朝，遣中使護其喪歸葬。

15 夏，四月，癸亥，御延和殿閱試保甲。

16 己巳，詔：「罷南郊合祭天地。自今親祀北郊如南郊儀，有故不行，則以上公攝事。」

17 壬申，御崇政殿疏決繫囚。

18 乙酉，河決澶州，小吳埽復大決，自澶注入御河。

19 五月，戊申，封晉程嬰爲成信侯，公孫杵臼爲忠智侯，立廟于絳州。

20 壬子，遼主如嶺西。

21 癸丑，遼永清、武清、固安三縣蝗。

22 甲寅，遼以北府宰相蕭托卜嘉舊作撻不也，今改。兼殿前都點檢，以駙馬都尉蕭酬斡〔斡〕爲漢人行宮都部署兼知樞密院事。

23 六月，戊午，河北諸郡蝗生。

24 甲子，遼詔月祭觀德殿。歲寒食，諸帝在時生辰及忌日，詣景宗御容殿致奠。

25 丙寅，準布舊作阻卜，今改。貢於遼。

26 丁卯，遼以翰林學士王言敷參知政事，封北院宣徽使石篤爲漆水郡王。

27 戊辰，詔：「聞河北飛蝗極盛，漸已南來，速令開封府界提舉司、京東、西路轉運司遣官督捕；仍告諭州縣，收穫先熟禾稼。」

28 己巳，入內東頭供奉官、句當御藥院竇仕宣言：「小吳決口，下至乾寧軍樸椿口。相視今河自乾寧軍樸椿口以下，流行未成河道，又緣河東北流，自下吳向下，與御河、胡蘆、滹沱三河合流，深恐漲水之際，隄防難限。乞令都水監定三河合黃河如何作隄防限隔；或不合黃河，其三河於何所歸納。」詔送李立之相度。後立之言：「三河別無回河歸納處，須當合黃河流。」從之。

29 己卯，洪州言知州、觀文殿學士王韶卒。輟視朝，贈金紫光祿大夫，謚襄敏，官其子六人。

韶用兵頗有方略，每召諸將授指，不復更問，所至輒捷。嘗夜臥軍帳中，前部遇敵，矢石交下，呼聲振山谷，侍旁者往往股栗，而韶鼾息自若。然熙河所奏多欺誕，殺蕃部老弱不可勝數。軍以首級爲功，韶交親皆楚人，多依韶以求仕，韶分屬諸將；諸將畜降羌老弱，或殺其首以應命。至是疽發背而卒。【考異】長編稱墨本韶新傳云：韶性寬仁，少誅殺，士卒以此樂附焉。與宋史正相反，今不取。

30 壬午，詔：「陝西路緣邊諸路，累報夏國大集兵至，須廣爲之備。以東上閤門使、文州刺史种諤爲鄜延路經略安撫副使，應本司事與經略安撫使沈括從長處置。」

先是令諤與括密議點集，諤乃言：「疾雷不及掩耳，今已籍籍，輕兵不可用勢，當成軍進討。」於是入對，大言曰：「夏國無人，秉常孺子，臣往提其臂而來耳！」帝壯之，乃決意西征，命諤副括，賜以金帶，別賜銀萬兩爲招納之用，本路及麟府事悉聽諤節制。招宣使、果州團練使、入內副都知王中正同簽書涇原路經略總管司公事，如遇出界，令王中正及涇原路總管兼本路第一將劉昌祚同往。發開封府界、京東、西諸將軍馬分與鄜延、環慶兩路。以東上閤門使、英州刺史姚麟權環慶路總管，遇出界，令知慶州高遵裕與姚麟同往。其鄜延、環慶、涇原招納蕃部等費用，許支封樁錢。涇原路令王中正候編排本路軍馬畢赴闕，於在京七百料錢以下，選募馬步軍萬五千人，開封府界及本路兵選募義勇保甲萬人。如涇原路五千人不足，於秦鳳路選募。

31 交趾郡王李乾德上表言：「昨遣使臣陶宗元等朝貢，爲廣州禁制室塞，綱運不同向時。

今遣禮賓副使梁用津、著作郎阮文倍等水路入貢，乞降朝旨，依舊進奉。」詔廣州悉準舊例，無得邀阻。差入內使臣一員押伴，仍先降詔諭之。

32 癸未，命提點開封府界諸縣鎮公事楊景略、提舉開封府界常平等事王得臣督諸縣捕蝗。

33 帝初議西討，知樞密院孫固曰：「舉兵易，解禍難。」前後論之甚切。帝意既決，固曰：「必不得已，請聲其罪薄伐之，分裂其地，使其酋長自守。」帝笑曰：「此眞酈生之說。」時執政有請直渡河者，帝意益堅，固曰：「然則孰爲陛下任此者？」帝曰：「吾以屬李憲。」固曰：「伐國大事，而使宦官爲之，士大夫孰肯爲用？」上不悅。固請去，不許。他日，又對曰：「今舉重兵五路並進，而無大帥，就使成功，兵必爲亂。」固數以大帥爲言，帝諭以無其人，同知樞密院呂公著進曰：「既無其人，不若且已。」固曰：「公著言是也。」

34 秋，七月，戊子，遼主如秋山。

35 己丑，太白晝見。

36 壬辰，前河北轉運判官呂大忠言：「天下二稅，有司檢放災傷，執守謬例，每歲僥倖而免者，無慮三二百萬，其餘水旱蠲閣，類多失實。民披訴災傷狀，多不依公式令。諸縣不點檢所差官，不依編敕起離月日程限，託故辭避，乞詳定立法。」中書房言：「熙寧編敕，約束詳盡，欲申明行下。」從之。

37甲午，鄜延、涇原、環慶、熙河、麟府路各賜金銀帶、綿襖、銀器、鞍轡、象笏。

38丙申，遼主謁慶陵。

39戊戌，詔：「自今汴河水漲及一丈四尺以上，即令於向上兩隄，相視地形低下可以納水處決之。」

40甲辰，韓存寶坐逗遛無功，伏誅；韓永式、魏璋、董鉞，罪謫有差。

先是存寶經制瀘州蠻賊無功，而永式照管軍馬，實同其事。朝廷遣侍御史知雜事何正臣鞫存寶等，與乞弟戰，以累敗怯避，乃止令裨將禦敵，致賊脅走逸，反招諭乞弟投降，冀以回軍；而宴州蠻人叛，以急欲回軍故不討；及疑底蓬褒、上·下底行等郖蠻爲寇，因其句點不齊，乃起兵討蕩，欲藉此以蓋前過，并不依朝旨立城寨；餘罪上言不實，魏璋爲從。案既具，于是刑部奏：「存寶逗遛不克，請行軍法。」知諫院蔡卞亦言：「乞正存寶軍法，并置永式典刑。」而正臣又言：「董鉞隨軍，親見存寶等舉事乖謬，罔上不忠。又，鉞賀表稱存寶功效，誣罔尤甚，望特行竄斥。」朝廷懲安南無功，時方大舉伐夏，故誅存寶以令諸將。隨軍主簿鮮于溱、第二將呂眞求合存寶意，虛作申報，詔提點刑獄司劾之。【考異】長編云：存寶伏誅，在八月十二日丙寅。舊紀書存寶討乞弟失律伏誅，新紀書存寶坐逗遛伏誅，皆係七月十九日甲辰。蓋七月十九日下詔，八月十二日乃伏法也。

戎州錄事參軍孫敏行，素爲鉞所厚，先令敏行草賀表，敏行正色止之曰：「彼既罔上，公又從而實之，公亦隨受禍矣。」鉞不聽，卒命他官草表。敏行，眉山人也。

41丙午，涇原路經略司言：「近準朝旨修渭州城置礮臺已畢。防城戰具，止有大小合蟬牀子等弩。按武經總要，有三弓八牛牀子弩，射及二百餘步，用一槍三劍箭，最爲利器，攻守皆可用。乞下軍器監給弩箭各三副，赴本路依樣造，以備急用。」軍器監言弩每座重十餘斤，難運致，乞圖其樣付本路作院，從之。

42丁未，大軍進攻米脂寨。

43戊申，命集賢院學士蘇頌同詳定官制。

44己酉，詔曾鞏充史館修撰，專典史事。【考異】田晝作王安禮行狀云：「曾鞏以文學稱天下，在熙寧、元豐間齟齬，俾修文當代，成一家言。上曰：「公著嘗謂鞏行義不及政事，政事不逮文學，果然，無足爲者。」安禮曰：「誠如其言，請取其最上者。」上乃用鞏爲史官。李燾曰：安禮此時以內翰知開封，未執政，今不取。

45己酉，泰州言：「七月甲午，海風夜起，繼以大雨，浸州城，壞公私屋數千間。」詔淮南轉運副使李琮按視以聞。

46癸丑，詔內外官司舉官悉罷。令大理卿崔台符同尚書吏部、審官東·西、三班院議選格。

47于闐遣蕃部阿辛上表，赴闕朝見，館遇甚厚；回日，并賜敕書諭之。

48八月，乙卯朔，罷中書堂選，悉歸有司。

49丙辰，詔：「自南北通和以來，國信文字，差集賢院學士蘇頌編類。」頌因進對，帝曰：「朝廷與契丹通好歲久，故事、儀式，遺散者多，每使人生事，無以折正。朕欲集國朝以來至昨代州定地界文案，以類編次爲書，使後來得以稽據，非卿不可成。」因令置局於樞密後廳，仍辟官檢閱文字。

50丁巳，帝批：「諸路戰騎所繫甚大，況今軍興，尤爲要急，可督提舉陝西買馬監牧郭茂恂速措置招買，往來諸場督趣。」又詔：「熙、秦、鳳買馬場，以馬價盡一付景靑宜、黨支等，令使回入蕃告諭。」

51辛酉，夏人寇臨州堡，詔㮚戩會兵伐之。

52以金州刺史燕達爲武康軍節度使。【考異】長編作己巳日。

53壬戌，种諤遣諸將出界，遇賊，破之，斬首千級。【考異】長編引本傳云：諤帥軍次綏德城，遣將出師招納，賊遇境上，戰敗，斬首千級。朝廷以諤先期輕出，命還師延安，改命諤及麟府事並聽王中正節制。出界遇敗，當即是初二日丙辰。所書賊益兵禦我，力戰破之，同此一事也。欲詳記諤軍行次第，故書著此，仍以傳所云斬首千級繫之。

54丙寅，涇原路經略司言：「應副軍行戰守等事，乞權許便宜指揮。」詔：「本路措置事稍大奏候朝旨，如小事礙常法，許一面施行。鄜延、環慶、河東路經略司、熙河路都大經制司、措置麟府路兵馬司依此。」

先是詔遣宿衛七將之師戍鄜延，已再頒賜矣，而鎮兵未嘗有所賚。沈括以爲禁兵雖重，而爲國守邊，無歲不戰者，鎮兵也。賞賚不均，此召亂之道，乃矯詔賜鎮兵錢數萬緡，而封藏詔書以驛聞。不數日，有急遞詔括曰：「樞密院漏行頒書，賴卿察事機，不然，幾擾軍政。」自此事不獲聞者得以專制，蕃、漢將卒，自皇城使以降，皆得承制補受。

55丁卯，遼主射鹿赤山，加圍場使尼嚕（舊作涅葛。）爲靜江軍節度使。

56己巳，復置滑州。

57庚午，廣西經略司言：「交阯入貢百五十六人，比舊制增五十六人。」帝令據今已到人數赴闕，後準此。

58丁丑，熙河經制李憲敗夏人於西市新城，獲酋首三人，首領二十餘人。庚辰，又襲破于女遮谷，斬獲甚衆。

59辛巳，司馬光、趙彥若上所修百官公卿年表十卷，宗室世表三卷。

60壬午，詔升南京、青、登、鄧、鄆、曹、齊、洺、濮州有馬軍教閱廂軍及眞定府北寨勁勇、環州下蕃落未排定指揮，並爲禁軍。

61 佛泥國遣使入貢。佛泥不入貢者九百餘年矣。

62 九月，乙酉，棟戩遣使來貢，且言已遣首領將兵三萬會擊夏國。

63 李憲復蘭州古城。

時五路出師討夏國，憲領熙、秦軍至西市新城，復蘭州，城之，請建爲帥府。

64 戊子，蘭州新順首領巴令謁等三族率所部兵攻夏人撒逋宗城，敗之。

65 遼主次懷州，命皇后謁懷陵；辛卯，次祖州，皇后謁祖陵。

66 丙申，熙河路都大經制司言：「蘭州古城，東西約六百餘步，南北約三百餘步。大兵自西市新城約百五十餘里，將至金城，有天澗五六重，僅通人馬。自夏賊敗衄之後，所至部族皆降附。今招納已多，若不築城，無以固降羌之心。見築蘭州城及通過堡，已遣前軍副將苗履、中軍副將王文郁都大管句修築，前軍將李浩專提舉。固根本（校者按：三字衍。）其李浩以次須佐事之人，亦即軍前權選委句當。」

67 己亥，王珪上國朝會要。

68 种諤乞計置濟渡橋栰椽木，令轉運司發步乘運入西界。詔：「凡出兵深入賊境，其濟渡之備，軍中自有過索、渾脫之類，未聞千里運木隨軍。今諤計置材木萬數不少，如何令轉運司應副步乘？縱使可以應副，亦先自困。令种諤如將及河造栰，賊界屋並可毀拆，或斬林木相兼用之。如更不足，以至槍排皆可濟渡。」帝坐制兵間，利害細微，皆得其要，諸將奉行惟恐不及也。

69 壬寅，閱河北保甲于崇政殿，官其優者三十六人。

70 甲辰，詳定郊廟奉祀禮儀。中書言：「前奏禘祫年數差互。昨元豐三年四月已行禘禮，今欲通計年數，皆三十月而一祭，當至五年冬祫。」詔依前行典禮。又言禘祫不當廢時祭，從之。

71 乙巳，遼主駐藕絲淀。

72 丙午，詔諭夏主左右幷嵬名部族諸部首領，並許自歸。

73 是日，王中正發麟州，禡祭祝辭云：「臣中正代皇帝親征。」兵六萬人，民夫亦六萬餘人。行數里，至白草平，即奏已入夏界，留屯九日不進，遣士卒往來就芻糧于麟州。高遵裕發慶州蕃、漢步騎凡八萬七千人，民夫九萬五千人；种諤以鄜延兵五萬四千，畿內七將兵三萬九千，分爲七軍，方陣而進，自綏德城出塞。丁未，攻圍米脂寨。

74 己酉，河北都轉運使王居卿，乞自王供埽上添修南岸，於小吳口北創修遙隄，候將來礬山水下，決王供埽，使河直注東北，於滄州界或南或北，從故道入海。

75庚戌，熙河路都大經制司言：「蘭州西市城川原，地極肥美，兼據邊面，須多選募強壯以備戍守。熙河民兵，惟西關最得力，又地接皋蘭，歲入特厚，芻粟充衍，人馬驍勇。今既復蘭州，遂可廣行選募。欲乞除留置官莊地，并募弓箭手，人給二頃。緣置州城，難得耕牛器用，若募新人，必種植不時。乞依熙河舊例，許涇原、秦鳳、環慶及熙河路弓箭手投換，仍帶舊戶田土耕種，二年卽收入官，別招弓箭手。」從之。

76夏兵救米脂寨，鄜延經略副使种諤率衆擊破之。辛亥，种諤又敗夏人于無定川。【考異】李燾曰：辛亥，九月二十八日也。十月五日戊午奏到。舊紀于十月戊午書种諤敗夏人于無定川，斬級八千，新紀書於此月辛亥。

77冬，十月，乙卯，集賢校理蔡卞爲崇政殿說書。

78樞密院言定州牒報北界事，帝曰：「朝廷作事，但取實利，不當徇虛名。如慶曆中，輔臣欲禁元昊稱烏珠，（舊作兀卒。）費歲賜二十萬，此乃爭虛名而失實利。富弼與契丹再議盟好，自矜國書中入『南朝白溝所管』六字，增歲賜二十萬，其後白溝亦不盡屬我也。昔周世宗不矜功名，惟以實志取天下，如李璟欲稱帝，世宗許之；蓋已盡取其淮南地，不繫其稱帝與否也。」

79丁巳，米脂寨降。种諤下令：「入城，敢殺人及盜者斬！」乃降之，收城中老小萬四百二十一日，給以衣巾，仍命訛遇等各統所部以禦賊。【考異】長編云：初四日丁巳受降，十二日乙丑奏到。高永能傳云：初圍米脂城，虜以衆十萬來援。前鋒將高永能謂從弟永亨曰：「虜衆暴至，易吾軍。吾營當大川，右山左水，宜令前設嚴陣，待其至，選精騎張右翼擊之，可破也。」永亨從之。詰朝，霧四塞，虜果大至，與前軍戰良久，奇兵翼進，虜潰，自相蹈籍于無定河，水爲不流。大軍乘之，自寅至辰，斬首數千級，獲馬三千，橐駝、牛、羊以萬計，器甲不可勝數。城猶不下，永能密遣諜埋都統說其東壁守將，諭以禍福，翼日來降。永能請厚賞之衣以歸，示諸（城）下，導以鼓吹。城中乃擒其僞鈐轄令介訛遇出降。此事當考。永能五年六月二十八日乃遷官。新紀于丁巳（書）米脂寨降，舊紀于甲子日書克米脂寨。

80 戊午，种諤破米脂援軍捷書至，帝喜動顏色；羣臣稱賀。遣中使諭諤曰：「昨以卿急于滅賊，恐或妄進，爲一方憂，故俾聽王中正節制。今乃能首挫賊鋒，功先諸路，朕甚嘉之。中正節制指揮，更不施行。其戰勝兵員並與特支錢，將官等各傳宣撫問。」

81 己未，拂菻國來貢。

82 詳定禮文所請祭地祇以五行之神從，以五人神配，用血祭，又言祭社稷請以埋血爲始，從之。又言：「宗廟之有祼鬯焫蕭，則與祭天燔柴、祭地瘞血同意。近代有上香之制，頗爲不經。按隋志云：『天監初，何佟之議，鬱鬯蕭光，所以達神，與用香其義一也。上古禮朴，未有此制。今請南郊明堂用沈香，北郊用上和香。』臣等攷之，殊無依據。今崇祀郊廟明堂，器服牲幣，一用古典，至于上香，乃襲佟之議。如曰上香亦裸鬯焫蕭之比，則今既上香而又裸焫，求之古義已重複，況開元、開寶禮亦不用乎！」又請戶部陳歲之所貢以充庭實，仍以龜爲前列，金次之，玉帛又次之，餘爲後，從之。

83 庚申，熙河兵至女遮谷，與夏人遇，戰敗之。

84 癸亥，种諤至石州，賊棄積年文案、簿書、枷械，舉衆遁走，移軍據之。【考異】李燾云：丙子二十三日奏到。新紀書癸亥入石州，舊紀係之乙亥，誤也。按石州屬河東，舊兼嵐、隰，自爲一路；又合三州置都巡檢使。三朝、兩朝史地理志及武經邊防皆不載陷賊年月，不知何故賊棄而走？考賊界自有石州監軍司，此必非河東石州也。

85 甲子，詳定禮文所言：「謹按周禮大宗伯以禋祀祀昊天上帝，以實柴祀日、月、星辰，以槱燎祀司中、司命、風師、雨師。近世惟親祀昊天上帝燔柏柴外，其餘天神之祀，惟燔祝板，實爲闕禮。伏請天神之祀皆燔牲首，所有五帝、日、月、司中、司命、風師、雨師、靈星、壽星，並請以柏爲升煙，以爲歆神之始。」從之。又言：「春秋祈報大社、大稷，宜于羊豕之外加以角握牛二。」又言：「南郊、太廟、明堂，祭前一日，請以禮部尚書、侍郎省牲，光祿卿奉牲，告充告備，禮部尚書省鑊；祭之日，禮部侍郎視腥熟之節。」並從之。

86 乙丑，涇原兵至磨臍隘，【考異】李燾曰：史作「磨移隘」，今從張舜民所作劉昌祚墓銘。遇夏兵，與戰，敗之。

先是詔涇原兵聽高遵裕節制，仍令環慶與涇原合兵，擇便路進討。夏人之諜者以爲環慶阻衡山，必從涇原取胡盧河大川出塞，故悉河南之力以支涇原。既而環慶兵不至，劉昌祚與姚麟率本路蕃、漢兵五萬獨出，離夏界堪哥平十五里，遇夏人三萬餘衆扼磨臍隘口，不得進。諸將欲舍而東，出韋州與環慶合，昌祚曰：「遇賊不擊，枉道自全，是謂無次。且爲客，利速戰，古今所聞。公等去此，自度能免乎？」乃謀分軍度胡盧河奪隘，牌手當前，神臂弓次之，弩又次之，選鋒馬在後。諭衆以立功者三倍熙河之賞，衆歡甚，響震山谷。昌祚既挾兩牌先登，弓弩繼前，與夏統軍國母弟梁大王戰，自午至申，夏人小卻；大軍乘之，夏人遂大敗。追奔二十里，斬獲大首領十五級，小首領二百十九級，擒首領統軍姪吃多理等二十二人，斬二千四百六十級，獲僞銅印一。自是大軍通行無所礙。【考異】新紀載涇原總管劉昌祚大敗夏人于磨移隘在己卯日，舊紀書于丙子日，今從長編及宋史。

戊辰，知夏州索九思遁去，种諤入夏州。【考異】長編云：二十六日己卯奏到。舊紀于己巳日書入銀州，新紀戊辰日入夏州，己巳入銀州，當考入銀州實日。又，十二月戊午，詔沈括勿守銀州，當并考。舊紀及新紀並于戊寅再書种諤入夏州。戊寅，二十五日也。夏州，或作「貢州」，蓋字誤耳。

88 朝議既不用林廣所奏，促廣進軍。廣發瀘州，越四日，江安以所招降夷人渠帥及其質子皆隨軍；復令共〔其〕次諸酋各占所居地防援餉道，故入生界免寇抄之患。

89 己巳，种諤入銀州。

90 庚午，環慶行營經略高遵裕復通遠軍。【考異】長編作「清遠軍」，蓋轉寫之誤。又舊紀係此事於戊寅日，今依長編從新紀。

91 种諤遣曲珍等領兵通黑水安定堡路，遇夏人，與戰，破之。

92 是日，王中正至夏州。時夏州已降种諤，諤尋引去。中正軍于城東，城中居民數十家。先是朝旨禁入賊境抄掠，夏人亦棄城邑，皆走河北。士卒無所得，皆憤悒思戰，謂中正曰：「鄜延軍先行，獲功甚多；我軍出界近二旬，所獲才三十餘級，何以復命！且食盡矣，請襲取宥州，聊以藉口。」中正從之。

癸酉，王中正至宥州，城中居民五百餘家，遂屠之，斬首百餘級，降者十數人，獲馬牛百六十，羊千九百。軍于城東二日，殺所得馬牛羊以充食。

93 高遵裕至韋州，監軍司令將士勿毀官寺民居，以示招還〔懷〕。

94 乙亥，李憲敗夏人於屈吳山。

95 丙子，鄜延路鈐轄曲珍破夏人於蒲桃山。

96 高遵裕次旱海。先是李察請以驢代夫運糧，驢塞路，饋不繼，師病之。

97戊寅，林廣軍次土城山，自發江安，距今才十日。始，軍有二道可進：自納溪夷牢口至江門，近而險；自寧遠至樂共壩，回遠而平。賊意必出江門，盛兵距險，而廣實趨樂共。賊不能支，皆逃遁。

98己卯，种諤言：「效順人已刺『歸漢』二字，恐諸路在臣後者，一例殺戮，乞賜約束。」詔：「种諤所過招納效順人，令王中正如行營經過，指揮諸將，更加存撫。」

99庚辰，詔：「自今除授職事官，並以寄祿官品高下爲法。凡高一品以上爲行，下一品者爲守，下二品以下者爲試；品同者不用行、守、試。」

100辛巳，涇原節制王中正入宥州。

涇原兵既破磨臍隘，行次賞移口，有二道：一北出黛黛嶺，一西北出鳴沙川。鳴沙少迂，諸將欲之黛黛，劉昌祚曰：「離漢時，運司備糧一月，今已十八日，未到靈州；儻有不繼，勢將若何？吾聞鳴沙有積粟，夏人謂之御倉，可取而食之，靈州雖久，不足憂也。」既至，得窖藏米百萬，爲留信宿，重載而趨靈州。壬午，師次城下。是時環慶軍未至，城門未闔，先鋒奪門幾入。高遵裕遣李臨、安鼎齎劄子，且曰：「已使王永昌入城招安，可勿殺。」少間，門闔，城守，斬首級四百五十，得戰馬牛羊千餘。昌祚曰：「城不足下，獨嫌于環慶爾，朝廷在遠，必謂兩道爭（功）。」遂按甲。【考異】李燾云：十一月一日，涇原師次靈州城下。此張舜民誌劉昌祚墓所云。據實錄，十一月二十一日奏，乃言壬午趨靈州城下，先鋒獲捷。壬午，十月二十九日也。

101 廢瀘州大硐寨。

102 十一月，癸未朔，日有食之。

103 高遵裕言以環慶兵趨靈州，是日，次南州平（南平州）。【考異】李燾曰：遵裕傳以爲南平濼，今從張舜民墓誌。距城三十里，遇夏人接戰。轉運副使李察，判官范純粹，夜以手書間道促涇原兵來援，劉昌祚即委姚麟留屯，自將選鋒數千人赴之，未至而賊已退。

先是昌祚言軍事不稱旨，帝賜遵裕手札云：「昌祚所言迂闊，必若不堪其任者，宜擇人代之。」遵裕由是輕昌祚。既而昌祚先至靈州城下，或傳昌祚已克靈州，遵裕未至靈州百里，聞之，亟具表稱臣遣昌祚進攻，拔靈州城；尋知所傳皆虛，乃斬諜者以徇。于是昌祚詣遵裕，遵裕訝其來晚，坐帳外移時不見。既見，問：「靈州何如？」昌祚曰：「疇昔即欲取之，以幕府在後，故止；城不足拔也。前日磨臍之戰，餘衆皆保東關鎮。東關在城東三十里，旁直興州渡口，平時自是要害，今復保聚。若乘此急擊之，外援既殲，孤城當自下。」遵裕怒未解，且方欲攻城，謂昌祚曰：「吾夜以萬人負土平壘，黎明入之矣。」因檄昌祚以涇原兵付姚麟；麟不敢當，遵裕亦已。

104 甲申，詔：「降五路對境圖付王中正、种諤，據所分地招討，俟略定河南，如可乘勢渡河，方得前進，蕩覆賊巢。緣環慶、涇原行營已至靈州界，其鄜延、河東兵馬路尚遠，不須必赴會合，但能平靜所分一道，將來議賞不在克定興、靈之下。其措置麟府路兵馬司，可自西界並邊取便路速往，及令趙卨應副糧草。如未到，本路即鄜延路借給，委路昌衡照會。其趙咸、莊公岳，元無朝旨令就鄜延糧草通融支用，既以饋運不繼，乃妄奏陳及走失人夫萬數不少；委趙卨遣官押送，就近裏州軍枷係，令沈括選官鞫之。」後公岳、咸自訴深入賊境，暴露得疾，乞免枷係，御批令在外承勘。

初，王中正在河東，奴視轉運司官，凡有須索，不行文書，但遣人口傳指揮，轉運司不敢違。公岳等以口語無所憑，從容白中正云：「太尉所指揮事多，恐將命者有所忘誤，乞記之于紙筆。」自後始以片紙書之。

公岳等白中正：「軍出境，應備幾日糧？」中正以爲鄜延受我節制，前與鄜延軍遇，彼糧皆我有也。乃書片紙云：「可備半月糧。」公岳等恐中道乏絕，陰更備八日糧。及种諤既得詔，不受中正節制，鄜延糧不可復得，人馬漸乏。

中正不習軍事，自入夏境，望空而行，無鄉導斥候。性畏怯，所至逗遛；恐夏人知其營栅之處，每夜二更，輒令軍中滅火。後軍飯尚未熟，士卒食之多病。又禁軍中驢鳴。及食盡，士卒憤怒，流言「當先殺王昭宣及莊、趙二漕乃潰歸」。中正頗聞之，陽于衆中大言：「必竭力前進，死而後已。」陰令走馬承受全安石奏：「轉運司糧運不繼，故不能進軍，今且於順寧寨境上就食。」公岳等亦奏：「本期得鄜延糧，因朝廷罷中正節制，故糧乏。」帝怒，故令离置獄，劾公岳等。

公岳等急，乃奏：「臣等在麟府，本具四十日糧。王中正令臣止備半月糧，片紙爲驗。臣等復陰備八日糧。今出塞二十餘日，始至宥州，糧不得不乏。」帝徐悟非公岳等過。時卽隰州置獄，中正恐公岳等復有所言，甚懼。及還朝，過隰州，謂公岳等曰：「二君勿憂，保無他。」既而公岳等各降一官，職事皆如故。

105 權鄜延路轉運使李稷言：「糧道阻節，見開路搢運，乞朝廷指揮，討除後患。」帝從之，令种諤速移軍近塞，併力討除。諤初被詔當以兵會靈州，而諤枉道不進；既發夏州，卽饋餉乏絕。諤駐兵麻家，士卒飢困，皆無人色。諤欲歸罪漕臣，誅稷以自解；或私告稷，稷請身督搢運，乃免。民夫苦搢運，多散走。稷不能禁，使士卒斬其足筋，宛轉山谷間，數日乃死，者〔至〕數千人。【考異】李燾曰：朱本云稷所斬九十六人。前史官以爲數千人，多張人數，以害先朝政事。刪改云：民苦搢運，多散走，稷不能禁，遣屬吏斬三百餘人，躬自監斬九十餘人。新本復用墨本，今從之。墨本又云：稷舉張亞之督運司，亞之斬民夫。按亞之乃稷所辟舉，隨稷而已，今不載。

106 乙酉，遼主命歲出官錢以賑諸宮分及邊戍之貧戶。

107丙戌，王中正奉詔引軍還延州，士卒死亡者幾二萬。

108丁亥，遼主幸駙馬都尉蕭酬斡〔斡〕第。方飲，宰相梁穎諫曰：「天子不可飲于人臣之家。」遼主即還宮。

109諸軍合攻靈州，种諤敗夏人于黑水。【考異】長編引新紀：丁亥，諸軍合攻靈州，种諤敗夏人于黑水。按合攻靈州，非丁亥日也。舊紀但書丁亥种諤敗夏人于黑水，獲首虜千七百級，級數與諤奏不同。

戊子，高遵裕始自以環慶兵攻靈州城。時軍中皆無攻具，亦無知其法者。遵裕旋令采木爲之，皆細小不可用。又欲以軍法斬劉昌祚，衆共救解之；昌祚憂恚成疾，涇原兵皆憤怒。轉運判官范純粹謂遵裕曰：「兩軍不協，恐生他變。」力勸遵裕詣昌祚營問疾以和解之。遵裕又使呼城上人曰：「汝何不速降？」其人曰：「我未嘗叛，亦未嘗戰，何謂降也？」

110己丑，李憲敗夏人于囉逋川。

111增製五輅：玉輅，建太常；金輅，建大旂；象輅，建大赤；革輅，建大白；木輅，建大麾，從詳定禮文所奏也。

112辛卯，天章閣待制、知開封府、權管句河東都轉運司、措置麟府軍馬事趙卨知相州。卨初領河東漕，時潞州已再籍夫，械係坊郭民王槪等，責夫錢六萬三千餘緡，號訴于卨。卨諭之曰：「朝廷用兵非獲已，軍興期會，豈可緩也！雖然，吾當以身爲汝等。」即以官錢二萬餘緡代之，爲釋械，寬期使償。

李稷奏：「种諤以河東兵食少，方討宥州，欲取糧于保安，于是令禼領空夫赴之，就借芻糧轉給。禼言中正不更事，爲禼〔諤〕所欺，輕信妄舉，師出踰月，略無功緒。訾虎一軍，夫足糧備，委之麟州。度其本謀，必非持久。既不敢直趨巢穴，而乃旁指鄜延，恥于空還，姑以糧盡爲解，令稷奏請，窺測朝廷。況隨軍空夫，可使摺運；路昌衡在鄜延饋餉，足以應副。方河東輿夫第三番，往往思變，羣聚剽劫，已散復集，必難如期。太原距保安踰十五程，阻阪阻隘，艱于倍道。臣竊計士久暴露，水落草枯，人馬瘠斃，未可以前。況賊素悍，今伏而屢抄，必懷狡謀，不可不慮。」

朝廷再議入界，兼措置麟府軍馬，禼即奏：「諸路昨大舉，方士氣精勇，橫裂四出，勢如壓卵，既閱月矣，雖捷獲不補失亡。今鋒銳銷軟，民力凋耗，若復深入，恐速他變。或謂秉常囚拘，慮爲鄰敵所有。然自興師，未聞北虜以上〔二〕騎窺西夏者。如決圖開拓，即且城宥州，分裂堡障，與夏州相接，建綏、宥、銀、夏別爲一道，修復安遠、塞門三十六寨，須仲春出師，乃困賊之策也。」于是坐不赴鄜延，故有相州之責。

113 种諤降橫河平人戶，破石堡城，斬獲甚衆。

114 辛丑，師還涇原，總兵侍禁魯福、彭孫護饋餉至鳴沙川，與夏人三戰，敗績。

初，夏人聞宋大舉，梁太后問策于廷，諸將少者盡請戰，一老將獨曰：「不須拒之，但堅壁清野，縱其深入，聚勁兵於靈、夏，而遣輕騎抄絕其餽運，大兵無食，可不戰而困也。」梁后從之。宋師卒無功。

115 癸卯，种諤至夏州索家平，兵衆三萬人，以無食而潰。

左班殿直劉歸仁率衆南奔，相繼而潰。入塞者三萬人，塵坌四起，居人駭散。或請閉六戍拒之，或議以河東十二將之師討除，沈括以爲不然，曰：「此皆五州之精甲也，討之未必能勝，而自斃死士以驕虜勢，非術也。」時日南至，大張樂，勞河東之師，得叛卒數十人，括問之曰：「副都總管使汝歸取糧，主帥爲何人？」答曰：「在後。」括各令歸屯，自(日)暮，自歸者八百人，旬日，叛者皆歸。後復治師西討，括出按軍，劉歸仁至，括問：「汝歸取糧，何以不持軍符？」歸仁無以對，乃斬以徇。【考異】長編云：十一月二十四日，乃遣劉惟簡、种諤自麻家平，八日至白宅，據范育墓誌。沈括誅劉歸仁，據括自志。因括自志有日長至之語，遂附見于丁酉，是年十一月丁酉冬至也。

116 甲辰，樞密院置知院、同知院，餘悉罷。

於是大改官制，議者欲廢樞密院歸兵部，帝曰：「祖宗不欲兵權歸有司，故專命官統之，互相維制，何可廢也！」【考異】李燾曰：職官志稱五年，誤也。志云：定置知院二人。時有知院事孫固、有(同)知院事呂公著、韓縝，凡三員。官制既行，上欲以禮退公著，逡巡數月，公著始請補外，乃以資政殿學士知定州。按志所稱定置知院、同知院二人，與四年十一月二十二日甲辰實錄所書樞密院置知院、同知院，餘悉罷蓋不同。實錄初不限員，疑志或有差誤。當是置知院一人、同知院二人，而志偶脫一人字，故于公著遂加誣辭。不然，作志者將以此譏公著也。今略删潤其辭。

117 丙午，高遵裕以師還，夏人來追，遂潰。

118 辛亥，置延州塞門、浮屠二寨。

119 遼除絹帛尺度狹短之令。

120 是月，廢編修院入史館。

121 內府都知李憲自出界討賊，收復土地，皆有功捷，賜銀絹各二千，降敕奬諭，別聽恩命。先是知樞密院孫固乞罷西師，既而出師無功，帝諭固曰：「若用卿言，必不至此。」于是固又言：「兵法期而後至者斬。始議五路入討，會于靈州，李憲獨不赴，乃自開蘭、會，欲以弭責，要不可赦，乞誅之。」不從。

122 十二月，丁卯，遼武定軍節度使耶律仁傑坐私販廣濟鹽及擅改詔旨，削爵，貶安肅州爲民。後數年，放歸，旋死於鄉。時以仁傑未正典刑，謂遼主有逸罰云。

123 林廣師次納江，乞弟遣叔父阿汝約降，求退舍，又約不解甲。廣策其有詐，除阜爲壇，距中軍五十步，且設伏。辛未，乞弟擁千人出降，匿弩士氈裘，猶豫不前謝恩。廣發伏擊之，蠻奔潰，斬大酋二十八人。乞弟以所乘馬授弟阿字，大將王光祖追斬之，軍中爭其尸，乞弟得從江橋下脫走。

124 遼知興中府事耶律伊遜（舊作乙辛。）坐以禁物鬻入外國，下有司議。法當死，伊遜之黨耶律延格（舊作燕哥。）獨奏當入八議；得減死，擊以鐵骨朶，幽於萊州。

125 遼南院樞密使耶律仲禧卒。仲禧素黨於伊遜，至是以失勢而卒。遼主不悟，賜謚欽惠。

126 乙亥，慈聖光獻皇后禫祭，宰臣王珪等上表請聽樂，不許；自是五表，乃從之。

127 壬午，置延州義合寨。

128 是冬，判河南府文彥博奏疏言：「臣聞昨來西師出界，中輟而還，將下師徒，頗有飢凍潰散，以礙人衆，不行軍法。今使欲再舉，何以勵衆？又，運糧遠涉，頗被邀截，官吏民夫，甚有陷沒。伏望聖慈深察王師之舉，必有邊將謀臣首開端緒以誤大計，若不深責，無以勵後。」

又言：「近聞西師已還，中外但知時暫歇泊，而未有分屯解甲之旨，人情憂疑，皆慮王師必有再舉之計。臣竊觀陛下臨御以來，選拔將校，訓齊師徒，修治器械，儲峙糗糧，皆衆智所不及。夏人昏亂，自致天討，陛下赫然命將出師，以伐有罪。師行以來，捷音屢上，雖未能覆其巢穴，繫其君長，而所遇輒克，戰功之多，近世未有。然而數路進軍，彌歷累月，餽輓不貲，民疲供給，將士衝寒冒苦，備極勤勞。臣以爲國威既已震矣，將士之力亦已殫矣，百姓供餽亦已竭矣，今日正當勞徠將士，安撫百姓，按甲養威，以全前日之勝，此宗社無疆之休也。若師徒暫還而復出，士氣已衰而再鼓，民力已困而調發復興，諸路深入而轉餉益遠，如此，則師之勝敗恐未可知，而前功或喪，此天下之深憂也。」

129 張方平上書言：「臣聞好兵猶好色也，傷生之事非一，而好色者必死；賊民之事非一，而好兵者必亡。夫惟聖人之兵皆出于不得已，故其勝也享安全之福，其不勝也必無意外之患。後世用兵，皆得已而不已，故其勝也則變遲而禍大，其不勝也變速而禍小。是以聖人不計勝負之功而深戒用兵之禍。何者？興師十萬，日費千金，內外騷動，殆於道路者七十萬家。內則府庫空虛，外則百姓窮匱。飢寒逼迫，其後必有盜賊之憂；死傷愁怨，其終必致水旱之報。上則將帥擁衆，有跋扈之心；下則士衆久役，有潰叛之志。變故百出，皆由用兵。至於興事首議之人，冥謫尤重。蓋以平民無故緣兵而死，怨氣充積，必有任其咎者。是以聖人畏之重之，非不得已，不敢用也。

昔仁宗皇帝覆育天下，無意於兵，元昊乘間竊發，延安、麟府、涇原之間，敗者三四，所喪動以萬計而海內晏然，兵休事已而民無怨言。何者？天下臣庶知其無好兵之心，天地鬼神諒其有不得已之實故也。陛下卽位以來，繕甲治兵，伺候鄰國，羣臣察見此指，多言用兵。其始也，弼臣執國命者，無憂深思遠之心，樞臣當國論者，無慮害持難之識，在臺諫之職者，無獻替納忠之議，從微至著，遂成厲階。旣而薛向爲橫山之謀，韓絳效深入之計，陳升之、呂公弼等陰與協力。師徒喪敗，財用耗屈，較之寶元、慶曆之敗，不及十一，然而天怒人怨，邊兵叛背，京師騷然，陛下爲之旰食者累月。何則？用兵之端，陛下作之，是以吏士無怒敵之意而不直陛下也。尙賴祖宗積累之厚，皇天保佑之深，故使兵出無功，感悟聖意。然淺見之士，方且以敗爲恥，力欲求勝。于是王韶作禍于熙河，章惇造釁于梅山，熊本發難于渝、瀘。然此等皆殘殺已降，俘纍老弱，困獘腹心，而取空虛無用之地以爲武功，使陛下受此虛名而忽于實禍，勉強砥礪，奮於功名。故沈起、劉彝復發於安南，使十餘萬人暴露瘴毒，死者十五，而六路之人斃於輸送資糧器械，不見敵而盡。以爲用兵之意必且少衰，而李憲之師復出於洮州矣。

數年以來，公私窘乏，內府累世之積，掃地無餘，州縣征稅之儲，上供殆盡，百官廩俸，僅而能繼，南郊賞給，久而未辦，以此舉動，雖有智者，無以善其後矣。且饑疫之後，所在盜賊蠭起，京東、河北，尤不可言。若軍事一興，橫斂隨作，民窮而無告，其勢不爲大盜，無以自全。邊事方深，內患復起，則勝、廣之形，將在於此。此老臣所以終夜不寐，臨食而歎，至於慟哭而不能自已也！

臣聞凡舉大事必順天心，今自近歲，日食、星變，地震、山崩，水旱、疫癘，連年不解，天心之所向背，可以見矣。而陛下方且斷然不顧，興事不已。譬如人子得過於父母，惟有恭順靜默，引咎自責，庶幾可解；今乃紛然詰責奴婢，恣行箠楚，以此事親，未有見赦於父母者。

然而人臣進說於君，因其既厭而止之，則易爲力；迎其方銳而折之，則難爲功。今陛下盛意於用兵，勢不可回，臣非不知；而獻言不已者，誠見陛下聖德寬大，聽納不疑，故不敢以衆人好勝之常心望於陛下，且意陛下他日親見用兵之害，必將哀痛悔恨而追咎左右大臣未嘗一言。臣亦將老且死，見先帝於地下，亦有以藉口矣。惟陛下哀而察之！」其詞蓋蘇軾所爲也。帝頗爲感動，迄不能從；至永樂敗，果如其言。

續資治通鑑卷第七十七

賜進士及第兵部尚書兼都察院右都御史總督湖北湖南等處地方軍務兼理糧餉世襲二等輕車都尉畢沅編集

宋紀七十七 起玄黓閹茂(壬戌)正月，盡閼逢困敦(甲子)六月，凡二年有奇。

神宗體元顯道法古立憲帝德王功英文烈武欽仁聖孝皇帝

元豐五年遼太康八年。(壬戌、一〇八二)

1 春，正月，癸未朔，不受朝。

2 甲申，遼主如混同江。

3 丁酉，鐵驪、五國諸長貢方物於遼。

4 己亥，白虹貫日。

5 辛丑，責授高遵裕郢州團練副使、本州安置，劉昌祚永興軍鈐轄。唯种諤以米脂寨功遷官。

6 乙巳，詳定渾儀官歐陽發進新造渾儀、浮漏，命集其說爲元豐渾儀法要。

7辛亥，以熙河經制李憲爲涇原、熙河、蘭會經略安撫制置使，知蘭州李浩權安撫副使。帝既釋憲弗誅，憲復上再舉之策，兼陳進築五利，將從之。會李舜舉入奏，具陳師老民困狀，乃罷兵，趣憲赴闕。已而再議西討，道賜憲銀帛四千，以爲經略安撫制置使，給衞三百，進景福殿使、武信軍留後，使復還熙河，仍兼秦鳳軍馬。

8二月，癸丑朔，頒三省、樞密、六曹條制。

9烏蠻乞弟遁去，林廣乃率衆深入。會大雨雪，浹旬，始次老人山。山形劍立，度黑崖，至鴉飛不到山，進次歸來州。天大寒，軍士皆凍墮指，留四日，求乞弟不可得。內侍麥文昞問廣軍事，廣曰：「賊未授首，當待罪。」文昞乃出所受密詔曰：「大兵深入討賊，期在梟獲元惡，如已破其巢穴，雖未得乞弟，亦聽班師。」軍中皆呼萬歲。丙辰，廣以衆還。

10戊午，遼主如山榆淀。

11辛酉，遼詔北南院官，凡給驛者必先奏聞；貢新及奏獄訟，方許馳驛，餘皆禁之。

12癸亥，華陰郡王宗旦薨。

13丁卯，封武昌軍留後宗惠爲江夏郡王。

14自納谿之役，師行凡四十日，築樂共城、江門砦、梅嶺、席帽谿堡，西達淯井，東道納谿，皆控制要害。捷書聞，（癸酉），赦梓州路，以歸來州地賜羅氏鬼主。

15進封常樂郡公棟戩（舊作董氈。）爲武威郡王，以會兵討夏故也。時夏人欲與棟戩通好，許割賂斫龍以西地，云：「如歸我，即官爵一隨所欲。」棟戩拒絕之，訓整兵甲以俟入討，且遣使來告。帝召見其使，令歸語棟戩，盡心守圉。每稱其上書情辭忠摯，雖中國士大夫存心公家者不過如此。帝知邈川事力固不足與夏人抗，但欲解散其謀，使不與結和而已。

16壬申，遼以耶律頗德爲南府宰相兼知北院樞密使事，以耶律延格（舊作燕哥。）爲特里袞，（舊作惕隱。）以蕭托卜嘉（舊作撻不也。）兼知契丹行宮都部署事。

17三月，乙酉，提舉江南西路常平等事劉誼上書言：「陛下所立新法，本以爲民。爲民有倍稱之息，故與之貸錢；爲民有破產之患，故與之免役；爲民無聯屬之任，故教伍保；爲民有積貨之不售，故設市易，皆良法也。行之數年，天下訟之，法弊而民病；其於役法尤甚。」又言：「蹇周輔元立鹽法以救淡食之民，今民間積鹽不售，以致怨嗟；賣既不行，月錢逋負，追呼刑責，將滿江西。其勢若此，則安居之民轉爲盜賊，其將柰何！」帝以誼職在奉行法度，既有所見，自合公心陳露，輒敢張皇上書，特勒停。

18己亥，以日當食，避殿，減膳；赦天下，降死罪一等，流以下原之。

19詔杭州歲修吳越王墳廟。

20壬寅，鄜延路副總管曲珍敗夏人於金湯。

21乙巳，御集英殿，賜進士、明經諸科黃裳以下及第、出身、同出身一千四百二十八人。裳，南劍州人也。【考異】按文獻通考、宋登科紀總目，元豐五年進士四百四十五人、明經三人，二科共四百四十八人，其數與宋史神宗紀多寡懸絕。豈二科之外，諸科尚多其人，合之共得若干數乎？今從神宗紀。

22庚戌，黃龍府女直部長附於遼，予官，賜印綬。

23是月，遼行秬黍所定升斗。

24夏，四月，壬子朔，雲陰，日食不見。

25甲寅，御殿，復膳。

26己未，知延州沈括奏遣曲珍將兵（于）綏德城，應援討葭蘆塞（寨）左右見聚羌落，從之。

27壬戌，崇文院校書楊完編類元豐以來詳定郊廟禮文，成三十卷以進。

28遼以耶律世遷爲上京留守。

29乙丑，以直龍圖閣徐禧知制誥兼御史中丞。

30癸酉，官制成，以王珪爲尚書左僕射兼門下侍郎，蔡確爲尚書右僕射兼中書侍郎。

初議官制，蓋倣唐六典，事無大小，並中書取旨，門下審覆，尚書受而行之；三省分班奏事，各行其職，而政柄並歸中書。確說珪曰：「公久在相位，必拜中書令。」珪信不疑。一日，確因奏事罷，留身密言：「三省長官位高，恐不須置令，但以左右僕射兼兩省侍郎足矣。」

帝從之。故確名爲次相，實專政柄，珪拱手而已，凡除吏皆不與聞。帝雖以次序相珪、確，然不加禮重，屢因微失罰金，每罰輒門謝。宰相罰金門謝，前此未有，人皆恥之。

31甲戌，以知定州章惇爲門下侍郎，參知政事張璪爲中書侍郎，翰林學士蒲宗孟爲尚書左丞，翰林學士王安禮爲尚書右丞。

32錄唐段秀實後，復其家。

33蔡確既爲右僕射，且兼中書侍郎，欲以自大，乃議尚書省關移中書，當加上字以重之。王安禮爭曰：「三省皆政事所自出，禮宜均一；確乃欲因人而爲輕重，是法由人變也，非所以敬國家。」已而正色問帝曰：「陛下用確爲宰相，豈以才術卓異有絕人者，抑亦敍遷適在此位邪？」帝曰：「適在此位耳。」安禮顧謂確曰：「陛下謂適在此位，安得自大！」富弼在西京，上言蔡確小人，不宜大用，弗聽。

34時李憲乞再舉伐夏，帝以訪輔臣，王珪對曰：「向所患者用不足，朝廷今捐錢鈔五百萬緡，以供軍食有餘矣。」王安禮曰：「鈔不可噉，必變而爲錢，錢又變爲芻粟。今距出征之期才兩月，安能集事？」帝曰：「李憲以爲已有備，彼宦者能如是，卿等獨無意乎？唐平淮蔡，唯裴度謀議與主同，今乃不出公卿而出於閹寺，朕甚恥之。」安禮曰：「淮西，三州耳，有裴度之謀，李光顏、李愬之將，然猶引天下之兵力，歷歲而後定。今夏氏之強非淮蔡比，憲才非度匹，諸將非有光顏、愬輩，臣懼無以副聖意也。」

35 丁丑，呂公著罷。

始，議五路舉兵伐夏，公著諫，不聽；尋上表求罷，仍謁告不出。帝封還其奏，賜手詔曰：「在廷之臣，可爲腹心之寄，無踰卿者，安得自暇自逸！」公著乃復起視事。及西師無功，將圖再舉，公著又固諫，帝不悅。會章惇自定州召爲門下侍郎，公著因乞代惇守邊；章再上，乃命以資政殿學士知定州。

36 五月，辛巳朔，行官制。詔尚書省左·右僕射、丞合治省事。

37 辛卯，手詔：「自頒行官制以來，內外大小諸司，凡有申稟公事，日告留滯，比之舊日中書，稽延數倍，衆皆有不辦事之憂。可速根研裁議，早令快便，大率止如舊中書發遣可也。」帝又以命令稽緩語輔臣，頗悔改官制。蔡確等慮帝意欲罷之，乃力陳新官制置祿，比舊月省俸錢三萬餘貫，帝意乃止。

38 （己丑），三省言：「九寺、三監分隸六曹，欲申明行下。」帝曰：「不可，一寺、一監，職事或分屬諸曹，豈可專有所隸！宜曰九寺、三監於六曹隨事統屬，著爲令。」

39 詔尚書六曹分隸六察。

40癸巳，作尚書省。

41豐州卒張世矩等作亂，伏誅。（詔家屬應緣坐者，押赴豐州處斬；）其黨王安以母〔母，以〕老，詔特原之。

42戊戌，詔兩省官舉可任御史者各二人。

43种諤西討，得銀、夏、宥三州而不能守。知延州沈括請城古烏延城以包橫山，下瞰平夏，使敵不得絕沙漠。甲辰，遣給事中徐禧及內侍押班李舜舉往鄜延議之。舜舉退，詣政府，王珪迎謂曰：「朝廷以邊事屬押班及李留後，無西顧之憂矣。」舜舉曰：「四郊多壘，卿大夫之辱也。相公當國，而以邊事屬二內臣，可乎？內臣止宜供禁廷洒掃，豈可當將帥之任！」聞者代爲珪慚焉。

44六月，辛亥朔，環慶經略司遣將與夏人戰，破斬其統軍二人。

45遼主如納葛濼。

46甲寅，監修國史王珪上兩朝正史一百二十卷。是書比實錄事迹頗多，但非寇準而是丁謂，託帝詔旨，時以爲譏。

47丙辰，詔：「自今事不以大小，並中書省取旨，門下省覆奏，尚書省施行。三省同得旨事，更不帶三省字行出。」從王安禮言也。是日，輔臣有言中書省獨取旨，事體太重，帝曰：

「三省體均，中書揆而議之，門下審而覆之，尚書承而行之；苟有不當，自可論奏，不當緣此以亂體統也。」先是官制所雖倣舊三省之名，而莫能究其分省設官之意，乃釐中書、門下、尚書爲三，各得取旨出命，紛然無統紀，至是帝一言乃定。

48 夏遣使貢於遼。

49 丁巳，遼以耶律頗德爲北院樞密使，耶律巢爲南府宰相，劉筠爲南院樞密使，蕭托卜嘉兼知北院樞密使事，王績爲漢人行宮都部署。

50 遼主欲立皇孫延禧爲嗣，恐無以釋衆人之疑，乃出駙馬都尉蕭酬斡爲國舅詳袞。（舊作詳穩。）

51 戊午，詔編錄仁、英兩朝寶訓。

52 癸亥，詔：「尚書省六曹事應取旨者，皆尚書省檢具條例，上中書省。」又詔：「中書、門下省已得旨者，自今不得批劄行下，皆送尚書省施行。著爲令。」又詔：「尚書省得彈奏六察御史失職。」

53 乙丑，準布貢於遼。

54 壬申，廣南西路轉運使馬默言安化州蠻作過，帝曰：「默意欲用兵耳；用兵大事，極須謹重。向者郭逵征安南，與昨來西師，兵夫死傷皆不下二十萬。有司失一死罪，其責不輕。

今無罪置數十萬人於死地，朝廷不得不任其咎也。」

55帝臨御久，羣臣俯伏聽命，無能有所論說，時因奏事有被詰責者，王安禮進曰：「陛下固聖，而左右輔弼，宜擇自好之士有廉隅者居之，則朝廷尊。至於論事苟取容悅，偷爲一切之計，人主將何便於此！」帝善其言。

56丙子，遼以耶律愼思知右伊勒希巴（舊作夷离畢。）事。

57是月，河溢北京內黃埽。

58秋，七月，辛巳，廣南西路經略司言知宜州王奇與賊戰，敗績。

59壬午，詔罷大理官赴中書省讞案。

60戊子，詔御史中丞舒亶舉任言事或察官十人。

61种諤謀據橫山，其志未已，遣子朴上其策。會朝廷命徐禧、李舜舉至鄜延議邊事，諤入對，言曰：「橫山延袤千里，多馬，宜稼，人物勁悍善戰，且有鹽鐵之利，夏人恃以爲生；其城壘皆控險，足以守禦。今之興功，當自銀州始，其次遷宥州於烏延，又其次修夏州；三郡鼎峙，則橫山之地已囊括其中。又其次修鹽州，則橫山強兵、戰馬、山澤之利，盡歸中國，其勢居高俯視興、靈，可以直覆巢穴。」

及禧至延州，奏乞趣諤還。諤在道，禧已與沈括定議，先城永樂堞〔埭〕，乃上言：「銀州雖據明堂川、無定河之會，而故城東南已爲河水所吞，其西北又阻天塹，實不如永樂之形勢險阨。竊惟銀、夏、宥三州陷沒百年，一日興復，於邊將事功實爲俊偉；但建州之始，煩費不貲。若選擇要會，建置堡柵，名雖非州，實有其地，舊來疆塞，乃在心腹。已與沈括議築砦堡各六，自永樂堞〔埭〕至長城嶺置六砦，自背岡川至布娘堡置六堡。」從之。詔禧護諸將往城永樂，括移府並塞總兵爲援，陝西轉運判官李稷主饋餉。

62 甲午，遼主如秋山。

63 己酉，始建雩壇於南郊之左，祀上帝，以太宗配。

64 是月，決大吳埽隄，以舒靈平下埽危急。

65 遼南京霖雨，沙河溢，永清、歸義、新城、安次、武清、香河六縣傷稼。

66 八月，進封皇子均國公傭爲延安郡王；以昭容朱氏爲賢妃。

67 庚申，帝有疾。詔歲以四孟月朝獻景靈宮。

68 （辛未），降鳳州團練使种諤爲文州刺史，以言者論諤前迂路出綏德，老師費財故也。

种諤自入對還，極言城永樂非計，徐禧怒，變色，謂諤曰：「君獨不畏死乎，敢誤成事？」諤曰：「城之必敗，敗則死；違節制亦死；死於此，猶愈於喪國師而淪異域也。」禧度不可屈，奏留諤守延州，而自率諸將往築之。甲戌，城永樂。版築方興，羌數十騎濟無定河覘役；

曲珍將追殺之，禧不許。

69 戊寅，河決鄭州原武埽，溢入利津陽武溝、刁馬河，歸納梁山濼。詔曰：「原武決口已奪大河四分以上，不大治之，將貽朝廷巨憂。其輟修汴河隄岸司兵五千，并力築隄修閉。」

70 九月，甲申，永樂城成，距故銀州治二十五里，賜名銀川砦。徐禧等還米脂，以兵萬人屬曲珍守之，李稷輦金銀鈔帛充牣其中，欲夸示禧，以爲城甫就而中已實。

永樂接宥州，附横山，夏人必爭之地。禧等去，夏人卽來攻；曲珍使報禧，禧不之信，曰：「彼若卽來，是吾立功取富貴之秋也。」邊人馳告者十數，禧乃挾李舜舉等赴之。大將高永亨曰：「城小人寡，又無水泉，恐不可守。」禧以爲沮衆，械送延州獄。丙戌，禧、舜舉復入永樂城。

夏人傾國而至，號三十萬，禧登城西望，不見其際。丁亥，夏人漸逼，永亨兄永能，請及其未陣擊之。禧曰：「爾何知！王師不鼓不成列。」乃以萬人陣城下，坐譙門，執黄旗令衆曰：「視吾旗進止。」賊分兵進攻，抵城下。曲珍陣於小〔水〕際，軍不利，將士皆有懼色，遂白禧曰：「今衆心已揺，不可戰，戰必敗，請收兵入城。」禧曰：「君爲大將，柰何遇敵不戰，先自退邪！」俄夏人縱鐵騎渡水，或曰：「此號鐵鷂子，當其半濟擊之，乃可以逞；得地，則其鋒不可當也。」禧不聽。鐵騎既濟，震盪衝突。時鄜延選鋒軍最爲驍鋭，皆一當百，先接戰，敗，奔入城，蹂後陣。夏人乘之，師大敗，將校寇偉、李思〔師〕古、高世才、夏儼、程博古及使臣十餘輩、士卒八百餘人盡沒。曲珍與殘兵入城，崖峻徑窄，騎緣崖而上，喪馬八千匹。夏人遂圍城。

初，沈括奏夏人逼永樂，見官兵整乃還，帝曰：「括料敵疏矣。彼來未出戰，豈肯遽退邪！必有大兵在後。」已而果然。

71 己丑，帝以疾愈，降京畿囚罪一等，徒以下釋之。

72 庚寅，遼主謁慶陵。

73 壬辰，遼遣使行視畿縣民被水患者。

74 乙未，詔李憲、張世矩將兵救永樂，又令沈括遣人與夏約，退軍，當還永樂地。【考異】宋史神宗紀，云詔張世矩等將兵救永樂砦，不言李憲，今從夏國傳。

75 夏人圍永樂城，厚數里，游騎掠米脂，且據其水砦。將士晝夜血戰，城中乏水已數日，鑿井不得泉，渴死者大半，至絞馬糞汁飲之，夏人蟻附登城，尚扶創格鬭。沈括、李憲援兵及饋餉，皆爲游騎所隔。种諤怨徐禧，不遣救。曲珍度不可支，請禧乘兵氣未竭，潰圍而出，使人自求生，禧曰：「此城據要地，柰何棄之！且爲將而奔，衆心搖矣。」珍曰：「非敢自愛，但救使謀臣同沒於此，懼辱國耳。」高永能亦勸李稷盡捐金帛募死士力戰以出，皆不聽。

夏人呼珍來講和，呂整、景思義相繼而行。夏人髡思義，囚之。戊戌夜，大雨，夏人環城急攻，城遂陷。高永能孫昌裔勸永能從間道出，永能歎曰：「吾結髮從事西羌，戰未嘗挫。今年已七十，受國大恩，恨無以報，此吾死所也！」顧易一卒敝衣，戰而死。徐禧、李舜舉、李稷，皆爲亂兵所害；曲珍、王湛、李浦、呂整，裸跣走免；蕃部指揮馬貴，獨持刀殺數十人而死。夏人耀兵於米脂城下，乃還。

禧好談兵，每云：「西北可唾手取，恨將帥怯耳。」呂惠卿力引之，故不次用。自靈州之敗，秦、晉困棘，天下企望息兵，而括、諤陳進取之策，禧更以邊事自任，狂謀輕敵，至於覆沒。舜舉資性安重，與人言，未嘗及宮省事，至是被圍急，斷衣襟作奏曰：「臣死無所恨，願朝廷勿輕此賊！」

76 庚子，安化蠻寇宜州，知州王奇死之，詔贈忠州防禦使。

77 丁未，遼主駐藕絲淀，大風雪，牛馬多死，賜扈從官以下衣、馬有差。

78 是月，河溢滄州南皮上下埽，又溢清池埽，又溢永靜軍阜城下埽。

79 冬，十月，戊申朔，沈括、种諤奏：「永樂城陷，漢、蕃官二百三十人，兵萬二千三百餘人皆沒。」帝涕泣悲憤，爲之不食。早朝，對輔臣慟哭，莫敢仰視，既而歎息曰：「永樂之舉，無一人言其不可者。」蒲宗孟進曰：「臣嘗言之。」帝正色曰：「何嘗有言！在內惟呂公著，在外惟趙禼，嘗言用兵非好事耳。」初帝之除禧也，王安禮諫曰：「禧志大才疏，必誤國事。」不聽。及敗，帝曰：「安禮每勸朕勿用兵，少置獄，蓋爲此也。」

自熙寧開邊以來，凡得夏葭蘆、吴保、義合、米脂、浮圖、塞門六堡，而靈州、永樂之役，官軍、熟羌、義保死者六十萬人，錢粟銀絹以萬數者不可勝計。帝始知邊臣不足任，深悔用兵，無意西伐矣。

80 辛亥，提舉汴河隄岸司言：「洛口廣武埽大河水漲埽岸，壞下牌斗門，萬一入汴，人力無以枝梧，密邇都城，可爲深慮。」詔都水監官速往護之。

81 甲寅，知延州沈括，以措置乖方，責授均州團練副使，隨州安置；鄜延路副都總管曲珍，以城陷敗走，降授皇城使。

82 乙卯，遼主命耶律華格舊作化哥，今改。傅導梁王延禧，加金吾衞大將軍。

83 乙丑，詔贈永樂死事臣徐禧吏部尙書，李舜舉昭化軍節度使，並賜謚忠愍；李稷工部侍郎；高永能房州觀察使，錄其子世亮爲忠州刺史；入內高品張禹勤皇城使；各推恩賜贈有差。

84 壬申，詔戶部右曹於京東、淮、浙、江、湖、福建十二路發常平錢八百萬緡輸元豐庫。

自熙寧以前，諸路榷酤場〔場〕率以酬衙前之陪備官費者，至熙寧行免役，乃罷收酒場，聽民增直以雇〔售〕，取其價以給衙前。時有坊場錢，至元豐初，法既久，儲積贏羨。司農寺請歲發坊場百萬緡輸中都，三年，遂於寺南作元豐庫貯之，幾百楹。凡錢帛之隸諸司，非度支所主，輸之，數益廣，欲以待非常之用焉。

85 資政殿學士、知太原府呂惠卿加大學士，入見，將使仍鎮鄜延。惠卿言：「陝西之師，非唯不可以攻，亦不可以守，要在大爲形勢而已。」帝曰：「如惠卿言，是陝西可棄也，豈宜委以邊事！」癸酉，數其輕躁矯誣之罪，斥知單州。

86 种諤本意身任統帥，謂成功在己，而爲徐禧、沈括所外。賊圍永樂，諤以守延爲名，觀望不救，永樂遂陷。帝冀其後效，置不問，且虞賊至，就命知延州。

87 丙子，遼主謁乾陵。

88 十一月，戊寅朔，罷御史察諸路，官司如有不職，令言事御史彈奏。著爲令。

89 景靈宮成，辛巳，百官班於集英殿門，帝詣蓁珠、凝華等殿行告遷禮。壬午，奉安神御於十一殿。癸未，初行朝獻禮。乙酉，以奉安神御赦天下，官與饗大臣子若孫一人。庚寅，宴侍祠官於紫宸殿。

90 十二月，丁巳，新樂成。

91 庚申，遼主降皇后蕭氏爲惠妃，出居乾陵，還其妹於母家。

92辛酉，原武決河口塞。

93甲子，濬京師城外四壁之壕。

94丙子，錄永樂死事將皇城使寇偉、東上閤門副使景思誼等，贈卹有差。【考異】長編作乙亥，今從宋史本紀作丙子。

六年遼太康九年。（癸亥、一〇八三）

1春，正月，丁丑朔，御大慶殿受朝，（始）用新樂。先是帝以朝會儀物敝，當改爲，詔閤門、御史臺詳定朝會儀，更造仗衞、輿輅、冠服，至是始陳於殿。儀鸞司幕屋壞，毀玉輅。

2辛巳，遼主如春水。

3乙未，詔修周、漢以來陵廟。

4乙巳，御崇政殿閱武士。

5丙午，封楚三閭大夫屈平爲忠潔侯。

6二月，丁未朔，夏人圍蘭州，數十萬衆奄至，已據兩關，李浩閉城距守。鈐轄王文郁請擊之，浩曰：「城中騎兵不滿數百，安可戰？」文郁曰：「賊衆我寡，正當折其鋒以安衆心，然後可守，此張遼所以破合肥也。」及夜，集死士七百餘人，縋城而下，持短刃突之，賊驚潰，爭渡河，溺死者甚衆。

丙辰，以夏人犯蘭州，貶李憲爲經略安撫都總管。以王文郁爲西上閤門使，代李浩知蘭州。

7 甲子，三省言：「御史臺六察按官，以二年爲一任。欲置簿，各書其糾劾之多寡當否爲殿最，歲終條具，取旨升黜，事重者隨事取旨。」從之。

8 三月，辛卯，夏人寇蘭州，副總管李浩以衞城有功，復隴州團練使。

9 丙申，河東將薛義敗夏人於葭蘆西嶺。

10 己亥，河東將高永翼敗夏人於眞卿流部。

11 夏，四月，丙午朔，邊境大雪，平地丈餘，馬死者十之六七。

12 辛亥，龍神衞四廂都指揮使、知延州种諤卒。

諤善馭將士，然殘忍好殺，左右有犯者，立斬之；或先刳肺肝，坐者掩面，諤飲食自若。敵亦畏其敢戰，故數有功。自熙寧初，諤首興邊事，再舉西伐，皆其始謀，終致永樂之敗，每佷爲兪禧、沈括所抑，疽發背而卒。議者謂諤不死，邊事不已。

13 甲子，禮部郎中林希上兩朝寶訓。

14 李浩敗夏人於巴義谿。【考異】長編作「巴義谷」，今從宋史神宗紀。

15 辛未，雨土。

16 是月，中書舍人曾鞏卒。鞏爲文自成一家。少與王安石游，安石聲譽未振，鞏導之於歐陽修，及安石得志，遂與之異。帝嘗問：「安石何如人？」對曰：「安石文學行義不減揚雄，以吝，故不及。」帝曰：「安石輕富貴，何吝也？」曰：「臣所謂吝者，謂其勇於有爲，吝於改過耳。」呂公著嘗言於帝曰：「鞏行義不如政事，政事不如文章。」故不至大用。

17 五月，庚寅，以旱慮囚。

18 夏人寇蘭州，圍九日。甲午，大戰，侍禁韋定死之。

19 癸卯，詔賜資州孝子支漸粟帛。

20 是月，遼主如黑嶺。

21 夏人寇麟州神堂砦，知州訾虎督兵出戰，敗之。詔虎自今毋得輕易出入，恐失利損威以張虜勢；遇有寇邊，止令裨將以兵捍逐。

22 六月，乙巳朔，詔御史臺六察各置御史一員。

23 癸丑，以禮部尚書黃履爲御史中丞。履以大臣多因細故罰金，遂言：「大臣罪在可議，黜之可也，可恕，釋之可也，豈可罰以示辱哉！」時又制侍郎以下不許獨對，履言：「陛下博訪庶政，雖遠外微官，猶令獨對，顧於侍從乃弗得邪？」遂刊其制。御史翟忠言事，有旨詰所自來。履謙曰：「御史以言爲職，非有所聞，則無以言。今乃究其自來，則人將懲之，臺諫不復有聞矣。」

24 先是詔大理兼鞫獄所承內降公事，意必傅重；少卿韓晉卿獨持平覈實，無所上下，帝知其才，尚書省建，擢刑部郎中。天下大辟請讞，執政或以爲煩，將劾不應讞者，晉卿適白事省中，因曰：「聽斷求實，朝廷之心也。今讞而獲戾，後不來矣。」議者或引唐日覆奏，欲令天下庶獄悉從奏決，晉卿曰：「法在天下，而可疑、可矜者上請，此祖宗制也。今四海一家，欲械繫待朝命，恐罪人之死於獄多於伏辜者矣。」朝廷皆從之。

25 己未，遼主駐散水原。

甲子，以耶律阿蘇舊作阿思，今改。爲契丹行宮都部署，以耶律愼思爲北院樞密副使。

26 庚午，遼主命諸路檢校脫戶，罪至死者原之。

27 閏月，乙亥朔，夏主秉常遣使來貢。

永樂之役，夏人亦以是困敝，其西南都統昂〔昴〕星嵬名濟移書涇原劉昌祚，乞通好如初。昌祚以聞，帝諭昌祚答之。及入寇屢敗，國用益竭，乃遣使來貢，上表曰：「臣自歷世以來，貢奉朝廷，無所虧迨〔怠〕，至於近歲，尤甚歡和。不意憸人誣間，朝廷特起大兵，侵奪疆土城砦，因茲構怨，歲致交兵。今乞朝廷示以大義，特還所侵。儻垂開納，別效忠勤。」

帝賜詔曰：「比以權強，敢行廢辱，朕令邊臣往問，匿而不報。王師徂征，蓋討有罪。今遣使造庭，辭禮恭順，仍聞國政悉復故常，益用嘉納。已戒邊吏毋輒出兵，爾亦愼守先盟。」戊寅，詔陝西、河東經略司，其新復城砦徼循，毋出二三里；夏之歲賜悉如其舊，唯乞還侵疆不許。

28 遼主知庶人濬之冤，悔恨無及，追謚爲昭懷太子，以禮改葬玉峯山。

29 丙戌，汴水溢。

30 丁亥，準布（舊作阻卜。）貢於遼。

31 己丑，遼以知興中府事邢熙年爲漢人行宮都部署；以漢人行宮都部署王績爲南院樞密副使。

32 丙申，守司徒、開府儀同三司韓國公富弼卒，謚文忠。

弼年八十，懷不能已，上疏論治道之要曰：「臣聞自古致天下治亂者，不出二端而已：諛佞者進，則人主不聞有過，惟惡是爲，所以致亂；讜直者進，則人主日有開益，惟善是從，所以致治。臣自離朝廷，退居林下，間亦仰知時政，大率諛佞者競進，讜直者居外，雖有在朝者，蓋恐觸忤姦邪，亦皆結舌不敢有所開陳。」疏奏，帝謂輔臣曰：「富弼有疏來。」章惇曰：「弼言何事？」帝曰：「言朕左右多小人。」惇曰：「盍令分析孰爲小人？」帝曰：「弼三朝老臣，豈可令分析！」王安禮進曰：「确之言是也。」罷朝，惇咎安禮曰：「右丞對上之言失矣。」安禮曰：「吾儕今日曰『誠如聖諭』，明日曰『聖學非臣所及』，安得不謂之小人！」惇無以對。

确既上疏，又條陳時政之失以待上問，手封以付其子紹庭。及卒，紹庭上之，其略曰：今日上自輔臣，下及庶士，畏禍圖利，習成獘風，忠詞讜論，無復上達，致陛下聰明蔽塞。天下禍患已成，尚不知警懼改悔，創艾補救，日甚一日，殆將無及。陛下即位之初，邪臣納說圖治之際，聽受失宜，自謂能拒絕衆人，不使異論得行，然後聖化可運，事功可成。此蓋姦人自謀，利於苟悅，而柄任之臣，欲專權自肆以成己志，遂誤陛下，放斥忠直，進用邪佞，忠言杜絕，諂諛日聞。去歲納邊臣妄議，大舉以討西戎，師徒潰敗，兩路騷然。當舉事之初，執政大臣、臺諫、侍從，苟能犯顏極諫，則聖心自回，禍難自息矣。臣不知是時小大之臣，有爲陛下力爭其不可者乎？今久戍未解，百姓困窮，豈諱過恥敗不思救禍之時！天地至仁，寧與羌夷校曲直勝負！願歸其侵地，休兵息民。朝廷之事，莫大於用人。夫輔弼之任，論議之職，皆當極天下之選。彼貪寵患失，柔從順媚者，豈可使之！事一出於上，則下莫任其責，小人因得以爲姦，事成則下得竊其利，事不成則君獨當其咎，豈上下同心，君臣一德之謂邪！」又曰：「宮闈之臣，委之統制方面，皆非所宜。在外則挾權怙寵，陵轢上下。入侍左右，寵祿既過，則驕怨易啓，勢位相及，猜奪隨至，立黨生禍。」又曰：「興利之臣，虧損國體，爲上斂怨。至若爲場以停民貸，造舍而蔽舊屋，榷河舟之載，擅路糞之利，急於斂取，道路嗟怨，此非上所以與民之意也。」

弼恭儉好禮，與人言，雖幼賤必盡敬，氣色穆然，不見喜慍。其好善疾惡，蓋出於天性。常言：「君子與小人並處，其勢必不勝。君子不勝，則奉身而退，樂道無悶；小人不勝，則交結搆扇，千歧萬轍，必勝而後已，迨其得志，遂肆毒於善良，求天下不亂，不可得也。」弼忠義之性，老而彌篤，家居一紀，斯須未嘗忘朝廷。

33 江、淮等路發運司歲漕穀六百二十萬，副使蔣之奇領漕事，以是月至京師，入覲。帝問勞備至，賜三品服，且曰：「朕不復除官，漕事一以委卿。」之奇辭謝，因條畫利病三十餘事，多見納用。

34 秋，七月，乙巳，遼主獵於馬尾山。

35 乙卯，祔孝惠、孝章、淑德、章懷皇后於廟。

36 丙辰，孫固引疾求去，遂罷爲觀文殿學士、知河陽。以同知樞密院韓縝知樞密院，戶部尚書安燾同知樞密院。

37 丁巳，遼主謁慶陵。癸亥，禁外官於部內貸錢取息，及使者館於民家。

38 八月，己卯，太白晝見。

39乙酉，前桐城縣尉周諤上書，詔中書省記姓名。帝日閱匭函，小臣所言利害，無不詳覽如此。

40辛卯，蒲宗孟罷。

先是宰執同對，帝有無人才之歎，宗孟曰：「人才半爲司馬光邪說所壞。」帝不語，直視宗孟久之。宗孟懼甚，無以爲容，帝復曰：「蒲宗孟乃不取司馬光邪？未論別事，其辭樞密副使，朕自即位以來，唯見此一人。他人雖迫之使去，亦不肯矣。」又因泛論古今人物，宗孟盛稱揚雄之賢，帝作色曰：「揚雄劇秦美新，不佳也。」罷朝，王安禮戲宗孟曰：「揚雄爲公坐累。」至是御史論其荒於酒色及繕治府舍過制，遂守本官、知汝州。

41以尚書右丞王安禮爲尚書左丞，吏部尚書李清臣爲尚書右丞。

42九月，癸卯朔，日有食之。

43戊申〔辰〕，起居郎蔡京言：「舊修起居注官二員，不分左右，故月輪一員修纂。今起居郎、舍人分隸兩省，所以備左右史官，則左當書動，右當書言。乞自今，起居郎、舍人隨左右分記言動。」從之。

44己酉，遼主射熊於白石山，加圍場使尼噶舊作涅葛，今改。爲左金吾衞大將軍。（校者按：此條應移上43前。）

45 辛未，五國部長貢於遼。

46 壬申，遼主召北南樞密院官議政事。

47 冬，十月，癸酉朔，夏國主秉常遣使上表，請復修職貢，乞還舊疆。安燾言：「地有非要害者，固宜予之。然虜情無厭，當使知吾有過而罷兵，不可示以厭兵之意。」帝乃賜秉常詔，言：「地界已令鄜延路移牒宥州施行，其歲賜候地界了日依舊。」

48 丁丑，遼主謁觀德殿。

49 己卯，遼南院樞密使劉鎬卒。

50 戊子，封孟軻爲鄒國公，以吏部尚書曾孝寬言孟軻未加爵命故也。

51 壬辰，遼混同郡王耶律伊遜在萊州私藏兵甲，且謀奔宋，事覺，遼主命縊殺之。

52 癸巳，會稽郡王世清薨。

53 庚子，尚書省成。

54 十一月，癸卯，加上仁宗謚曰體天法道極功全德神文聖武濬〔睿〕哲明孝皇帝；英宗謚曰體乾應曆隆功盛德憲文肅武睿神宣孝皇帝。

甲辰，朝獻景靈宮。乙巳，朝太廟。丙午，祀昊天上帝於圜丘，以太祖配，始罷合祭天地。還，御宣德門，大赦。

55遼進封梁王延禧爲燕國王，大赦。

56以南院宣徽使蕭謨噶舊作何葛，今改。爲南府宰相，以三司使王經參知政事、知樞密院事。

57甲寅，判河南府潞國公文彥博，以守太師、開府儀同三司致仕。

58庚申，幸尚書省，召六曹長貳以下，詢以職事，因誡敕焉。

59是月，遼定諸令史、譯史遷敍等級。

60十二月，丁亥，遼以邢熙年知南院樞密使事。辛卯，以王言敷爲漢人行宮都部署。

61先是高麗王徽殂。遼命其子三韓國公勳權知國事，至是勳復殂。

62是年，遼放進士李君裕等五十一人。

七年遼太康十年。（甲子、一〇八四）

1春，正月，辛丑朔，遼主如春水。

2丙午，以洛州防禦使世準爲安定郡王。

3遼復建南京奉福寺浮圖。

4癸丑，夏人寇蘭州，李憲等擊走之。

5甲寅，進賢妃朱氏爲德妃。

6辛酉，詔黃州團練副使蘇軾移汝州。帝每憐軾才，嘗語輔臣曰：「國史大事，朕意欲俾蘇軾成之。」輔臣有難色，帝曰：「非軾則用曾鞏。」其後鞏亦不副上意，帝復有旨起軾，以本官知江州。蔡確、張璪受命，王珪獨以爲不可。明日，改江州太平觀，又明日，命格不下。於是卒出手劄，徙汝州，有「蘇軾黜居思咎，閱歲滋深，人才實難，不忍終棄」之語。軾上表謝，且言有田在常州，願得居之。帝從其請，改常州團練副使。

7戊辰，遼主如山楡淀。

8二月，庚午朔，河北轉運使、措置河北糴便吳雍言：「見管人糧、馬料總千一百七十六萬石，奇贏相補，可支六年。河北十七州邊防大計，倉廩充實，雖因藉豐年，實以吏能幹職。同措置王子淵，在職九年，悉心公家，望考察成效，以勸才吏。」詔賜子淵紫章服。

9甲戌，太師致仕文彥博入覲，置酒垂拱殿。

10癸未，進封濮陽郡王宗暉爲嗣濮王，封宗晟爲高密郡王，宗綽建安郡王，宗隱安康郡王，宗瑗漢東郡王，宗愈華原郡王。

11三月，辛丑，賜文彥博宴於瓊林苑，帝製詩以賜之。

12丁巳，大宴羣臣於集英殿，皇子延安郡王侍立於御座之側，王珪率百僚廷賀。及升殿，帝命珪等與王相見，久之，王乃退。王未出閤，帝特令侍宴以見羣臣。

13 遼主命知制誥王師儒、牌印郎君耶律固傅導燕王延禧。遼主追念蕭烏納（舊作兀納，今改。）保護皇孫之功，嘗謂師儒等曰：「烏納忠純，雖狄仁傑之輔唐，烏珍（舊作屋質。）之立穆宗，無以過也。卿等宜達燕王知之。」旋命烏納以殿前都點檢輔導燕王。

14 庚申，御崇政殿大閱。

15 壬戌，詔以太學外舍生錢唐周邦彥爲試太學正。邦彥獻汴都賦，文采可取，故擢之。

16 夏，四月，丁丑，賜饒州童子朱天錫五經出身。

17 女直貢良馬於遼。

18 癸巳，夏人寇延州安塞堡，將官呂眞敗之。

19 五月，壬子，慮囚，降死罪一等，杖以下釋之。

20 庚申，詔中書舍人蔡卞往江寧府省視王安石疾病。卞，安石之壻也。

21 壬戌，詔：「自今春秋釋奠，以鄒國公孟軻配食文宣王，設位於兗國公之次。」又追封荀況爲蘭陵伯，揚雄爲成都伯，韓愈爲昌黎伯，以世次從祀於二十一賢之間。

22 詔諸路帥臣、監司等舉大使臣爲將領。

23 遼主駐散水原。

24 乙丑，準布貢於遼。

25 六月，禮部言：「歐陽修等編太常因革禮，始自建隆，訖於嘉祐，爲百卷。嘉祐之後，闕而不錄。熙寧以來，禮文制作，足以垂法萬世，乞下太常，委博士接續編纂以備討閱。」從之。

26 丙子，夏人寇順德（德順）軍，巡檢王友死之。

27 戊子，集禧觀使王安石請以所居園屋創禪寺，乞賜名額，從之，以保寧禪院爲額。安石自子雱死，晚年痛悼不已，遂捨半山園宅爲寺，又割田爲常住，以薦冥福云。【考異】宰輔編年錄引丁未錄云：一夕，安石見雱身具桎梏，曳病足立庭下，血汙呻吟，良久而滅。安石不勝父子之情，遂以所居半山園宅爲寺，又割田爲常住，以薦冥福。李燾曰：可見安石晚年益謬也。按安石信道不篤，捨宅割田爲其子薦福，理則有之。若所言雱死後見形，頗近稗官之說。通鑑不語怪，謹遵其例，不敢錄也。

28 辛卯，江夏郡王宗惠卒。

29 壬辰，遼禁毀銅錢爲器。